ŒUVRES COMPLETES

D'ALEXIS DE TOCQUEVILLE

PUBLIÉES

PAR MADAME DE TOCQUEVILLE

—

III

PARIS. — IMP. SIMON RAÇON ET COMP , RUE D ERFURTH, 1

DE LA
DÉMOCRATIE
EN AMÉRIQUE

PAR

ALEXIS DE TOCQUEVILLE

MEMBRE DE L'INSTITUT

QUATORZIÈME ÉDITION

REVUE AVEC LE PLUS GRAND SOIN ET AUGMENTÉE DE LA PRÉFACE
MISE EN TÊTE DES ŒUVRES COMPLÈTES

TOME TROISIÈME

PARIS

MICHEL LÉVY FRÈRES, LIBRAIRES ÉDITEURS

RUE VIVIENNE, 2 BIS, ET BOULEVARD DES ITALIENS, 15

A LA LIBRAIRIE NOUVELLE

1864

AVERTISSEMENT

Les Américains ont un état social démocratique qui leur a naturellement suggéré de certaines lois et de certaines mœurs politiques.

Ce même état social a, de plus, fait naître, parmi eux, une multitude de sentiments et d'opinions qui étaient inconnus dans les vieilles sociétés aristocratiques de l'Europe. Il a détruit ou modifié des rapports qui existaient jadis, et en a établi de nouveaux. L'aspect de la société civile ne s'est pas trouvé moins changé que la physionomie du monde politique.

J'ai traité le premier sujet dans l'ouvrage publié par moi il y a cinq ans, sur la démocratie américaine. Le second fait l'objet du présent livre. Ces deux parties se complètent l'une par l'autre et ne forment qu'une seule œuvre.

Il faut que, sur-le-champ, je prévienne le lecteur contre une erreur qui me serait fort préjudiciable.

En me voyant attribuer tant d'effets divers à l'égalité, il pourrait en conclure que je considère l'égalité comme la cause unique de tout ce qui arrive de nos jours. Ce serait me supposer une vue bien étroite.

Il y a, de notre temps, une foule d'opinions, de sentiments, d'instincts qui ont dû la naissance à des faits étrangers ou même contraires à l'égalité. C'est ainsi que, si je prenais les États-Unis pour exemple, je prouverais aisément que la nature du pays, l'origine de ses habitants, la religion des premiers fondateurs, leurs lumières acquises, leurs habitudes antérieures, ont exercé et exercent encore, indépendamment de la démocratie, une immense influence sur leur manière de penser et de sentir. Des causes différentes mais aussi distinctes du fait de l'égalité se rencontreraient en Europe et expliqueraient une grande partie de ce qui s'y passe.

Je reconnais l'existence de toutes ces différentes causes et leur puissance, mais mon sujet n'est point d'en parler. Je n'ai pas entrepris de montrer la raison de tous nos penchants et de toutes nos idées; j'ai seulement voulu faire voir en quelle partie l'égalité avait modifié les uns et les autres.

On s'étonnera peut-être qu'étant fermement de cette opinion, que la révolution démocratique dont nous sommes témoins est un fait irrésistible contre lequel il ne serait ni désirable ni sage de lutter, il me soit arrivé souvent dans ce livre d'adresser des paroles si sévères aux sociétés démocratiques que cette révolution a créées.

Je répondrai simplement que c'est parce que je n'étais point un adversaire de la démocratie que j'ai voulu être sincère envers elle.

Les hommes ne reçoivent point la vérité de leurs ennemis, et leurs amis ne la leur offrent guère; c'est pour cela que je l'ai dite.

J'ai pensé que beaucoup se chargeraient d'annoncer les biens nouveaux que l'égalité promet aux hommes, mais que peu oseraient signaler de loin les périls dont elle les menace. C'est donc principalement vers ces périls que j'ai dirigé mes regards, et, ayant cru les découvrir clairement, je n'ai pas eu la lâcheté de les taire.

J'espère qu'on retrouvera dans ce second ouvrage l'impartialité qu'on a paru remarquer dans le premier. Placé au milieu des opinions contradictoires qui nous divisent, j'ai tâché de détruire momentanément dans mon cœur les sympathies favorables ou les instincts contraires que m'inspire chacune d'elles. Si ceux qui liront mon livre y rencontrent une seule phrase dont l'objet soit de flatter l'un des grands partis qui ont agité notre pays, ou l'une des petites factions qui, de nos jours, le tracassent et l'énervent, que ces lecteurs élèvent la voix et m'accusent.

Le sujet que j'ai voulu embrasser est immense; car il comprend la plupart des sentiments et des idées que fait naître l'état nouveau du monde. Un tel sujet excède assurément mes forces; en le traitant, je ne suis point parvenu à me satisfaire.

Mais, si je n'ai pu atteindre le but auquel j'ai tendu, les lecteurs me rendront du moins cette justice que j'ai conçu et suivi mon entreprise dans l'esprit qui pouvait me rendre digne d'y réussir.

DE LA

DÉMOCRATIE

EN AMÉRIQUE

PREMIÈRE PARTIE

INFLUENCE DE LA DÉMOCRATIE SUR LE MOUVEMENT INTELLECTUEL AUX ÉTATS-UNIS

CHAPITRE PREMIER

DE LA MÉTHODE PHILOSOPHIQUE DES AMÉRICAINS.

Je pense qu'il n'y a pas, dans le monde civilisé, de pays où l'on s'occupe moins de philosophie qu'aux États-Unis.

Les Américains n'ont point d'école philosophique qui leur soit propre, et ils s'inquiètent fort peu de toutes celles qui divisent l'Europe; ils en savent à peine les noms.

Il est facile de voir cependant que presque tous les habitants des États-Unis dirigent leur esprit de la même
manière, et le conduisent d'après les mêmes règles;
c'est-à-dire qu'ils possèdent, sans qu'ils se soient jamais
donné la peine d'en définir les règles, une certaine méthode philosophique qui leur est commune à tous.

Échapper à l'esprit de système, au joug des habitudes,
aux maximes de famille, aux opinions de classe, et,
jusqu'à un certain point, aux préjugés de nation; ne
prendre la tradition que comme un renseignement, et
les faits présents que comme une utile étude pour faire
autrement et mieux; chercher par soi-même et en soi
seul la raison des choses, tendre au résultat sans se laisser enchaîner au moyen; et viser au fond à travers la
forme, tels sont les principaux traits qui caractérisent ce
que j'appellerai la méthode philosophique des Américains.

Que si je vais plus loin encore, et que parmi ces traits
divers je cherche le principal, et celui qui peut résumer
presque tous les autres, je découvre que dans la plupart
des opérations de l'esprit chaque Américain n'en appelle
qu'à l'effort individuel de sa raison.

L'Amérique est donc l'un des pays du monde où l'on
étudie le moins, et où l'on suit le mieux les préceptes de
Descartes. Cela ne doit pas surprendre.

Les Américains ne lisent point les ouvrages de Descartes, parce que leur état social les détourne des études
spéculatives, et ils suivent ses maximes parce que ce
même état social dispose naturellement leur esprit à les
adopter.

Au milieu du mouvement continuel qui règne au sein d'une société démocratique, le lien qui unit les générations entre elles se relâche ou se brise; chacun y perd aisément la trace des idées de ses aïeux, ou ne s'en inquiète guère.

Les hommes qui vivent dans une semblable société ne sauraient non plus puiser leurs croyances dans les opinions de la classe à laquelle ils appartiennent, car il n'y a, pour ainsi dire, plus de classes, et celles qui existent encore sont composées d'éléments si mouvants, que le corps ne saurait jamais y exercer un véritable pouvoir sur ses membres.

Quant à l'action que peut avoir l'intelligence d'un homme sur celle d'un autre, elle est nécessairement fort restreinte dans un pays où les citoyens, devenus à peu près pareils, se voient tous de fort près, et, n'apercevant dans aucun d'entre eux les signes d'une grandeur et d'une supériorité incontestables, sont sans cesse ramenés vers leur propre raison comme vers la source la plus visible et la plus proche de la vérité. Ce n'est pas seulement alors la confiance en tel homme qui est détruite, mais le goût d'en croire un homme quelconque sur parole.

Chacun se renferme donc étroitement en soi-même, et prétend de là juger le monde.

L'usage où sont les Américains de ne prendre qu'en eux-mêmes la règle de leur jugement conduit leur esprit à d'autres habitudes.

Comme ils voient qu'ils parviennent à résoudre sans aide toutes les petites difficultés que présente leur vie pratique, ils en concluent aisément que tout dans le monde est explicable, et que rien n'y dépasse les bornes de l'intelligence.

Ainsi, ils nient volontiers ce qu'ils ne peuvent comprendre : cela leur donne peu de foi pour l'extraordinaire, et un dégoût presque invincible pour le surnaturel.

Comme c'est à leur propre témoignage qu'ils ont coutume de s'en rapporter, ils aiment à voir très-clairement l'objet dont ils s'occupent ; ils le débarrassent donc, autant qu'ils le peuvent, de son enveloppe, ils écartent tout ce qui les en sépare, et enlèvent tout ce qui le cache aux regards, afin de le voir de plus près et en plein jour. Cette disposition de leur esprit les conduit bientôt à mépriser les formes, qu'ils considèrent comme des voiles inutiles et incommodes placés entre eux et la vérité.

Les Américains n'ont donc pas eu besoin de puiser leur méthode philosophique dans les livres, ils l'ont trouvée en eux-mêmes. J'en dirai autant de ce qui s'est passé en Europe.

Cette même méthode ne s'est établie et vulgarisée en Europe qu'à mesure que les conditions y sont devenues plus égales et les hommes plus semblables.

Considérons un moment l'enchaînement des temps :

Au seizième siècle, les réformateurs soumettent à la raison individuelle quelques-uns des dogmes de l'ancienne foi ; mais ils continuent à lui soustraire la discussion de tous les autres. Au dix-septième, Bacon, dans les sciences naturelles, et Descartes, dans la philosophie proprement dite, abolissent les formules reçues, détruisent l'empire des traditions et renversent l'autorité du maître.

Les philosophes du dix-huitième siècle, généralisant enfin le même principe, entreprennent de soumettre à l'examen individuel de chaque homme l'objet de toutes ses croyances.

Qui ne voit que Luther, Descartes et Voltaire se sont servis de la même méthode, et qu'ils ne diffèrent que dans le plus ou moins grand usage qu'ils ont prétendu qu'on en fît?

D'où vient que les réformateurs se sont si étroitement renfermés dans le cercle des idées religieuses? pourquoi Descartes, ne voulant se servir de sa méthode qu'en certaines matières, bien qu'il l'eût mise en état de s'appliquer à toutes, a-t-il déclaré qu'il ne fallait juger par soi-même que les choses de philosophie et non de politique? Comment est-il arrivé qu'au dix-huitième siècle on ait tiré tout à coup de cette même méthode des applications générales que Descartes et ses prédécesseurs n'avaient point aperçues ou s'étaient refusés à découvrir? D'où vient enfin qu'à cette époque la méthode dont nous parlons est soudainement sortie des écoles pour pénétrer dans la société et devenir la règle commune de l'intelligence, et qu'après avoir été populaire chez les Français, elle a été ostensiblement adoptée ou secrètement suivie par tous les peuples de l'Europe?

La méthode philosophique dont il est question a pu naître au seizième siècle, se préciser et se généraliser au dix-septième; mais elle ne pouvait être communément adoptée dans aucun des deux. Les lois politiques, l'état social, les habitudes d'esprit qui découlent de ces premières causes, s'y opposaient.

Elle a été découverte à une époque où les hommes commençaient à s'égaliser et à se ressembler. Elle ne pouvait être généralement suivie que dans des siècles où les conditions étaient enfin devenues à peu près pareilles et les hommes presque semblables.

La méthode philosophique du dix-huitième siècle n'est donc pas seulement française, mais démocratique, ce qui explique pourquoi elle a été si facilement admise dans toute l'Europe dont elle a tant contribué à changer la face. Ce n'est point parce que les Français ont changé leurs anciennes croyances et modifié leur anciennes mœurs qu'ils ont bouleversé le monde, c'est parce que, les premiers, ils ont généralisé et mis en lumière une méthode philosophique à l'aide de laquelle on pouvait aisément attaquer toutes les choses anciennes et ouvrir la voie à toutes les nouvelles.

Que si maintenant l'on me demande pourquoi, de nos jours, cette même méthode est plus rigoureusement suivie, et plus souvent appliquée parmi les Français que chez les Américains, au sein desquels l'égalité est cependant aussi complète et plus ancienne, je répondrai que cela tient en partie à deux circonstances qu'il est d'abord nécessaire de faire bien comprendre.

C'est la religion qui a donné naissance aux sociétés anglo-américaines; il ne faut jamais l'oublier : aux États-

Unis la religion se confond donc avec toutes les habitudes nationales et tous les sentiments que la patrie fait naître; cela lui donne une force particulière.

A cette raison puissante, ajoutez cette autre qui ne l'est pas moins : En Amérique la religion s'est, pour ainsi dire, posé elle-même ses limites; l'ordre religieux y est resté entièrement distinct de l'ordre politique, de telle sorte qu'on a pu changer facilement les lois anciennes sans ébranler les anciennes croyances.

Le christianisme a donc conservé un grand empire sur l'esprit des Américains, et, ce que je veux surtout remarquer, il ne règne point seulement comme une philosophie qu'on adopte après examen, mais comme une religion qu'on croit sans la discuter.

Aux États-Unis, les sectes chrétiennes varient à l'infini et se modifient sans cesse, mais le christianisme lui-même est un fait établi et irrésistible qu'on n'entreprend point d'attaquer ni de défendre.

Les Américains, ayant admis sans examen les principaux dogmes de la religion chrétienne, sont obligés de recevoir de la même manière un grand nombre de vérités morales qui en découlent et qui y tiennent. Cela resserre dans des limites étroites l'action de l'analyse individuelle, et lui soustrait plusieurs des plus importantes opinions humaines.

L'autre circonstance dont j'ai parlé est celle-ci:

Les Américains ont un état social et une constitution démocratiques, mais ils n'ont point eu de révolution démocratique. Ils sont arrivés à peu près tels que nous les voyons sur le sol qu'ils occupent. Cela est très-considérable.

Il n'y a pas de révolutions qui ne remuent les anciennes croyances, n'énervent l'autorité et n'obscurcissent les idées communes. Toute révolution a donc plus ou moins pour effet de livrer les hommes à eux-mêmes et d'ouvrir devant l'esprit de chacun d'eux un espace vide et presque sans bornes.

Lorsque les conditions deviennent égales à la suite d'une lutte prolongée entre les différentes classes dont la vieille société était formée, l'envie, la haine et le mépris du voisin, l'orgueil et la confiance exagérée en soi-même, envahissent, pour ainsi dire, le cœur humain et en font quelque temps leur domaine. Ceci, indépendamment de l'égalité, contribue puissamment à diviser les hommes; à faire qu'ils se défient du jugement les uns des autres et qu'ils ne cherchent la lumière qu'en eux seuls.

Chacun entreprend alors de se suffire et met sa gloire à se faire sur toutes choses des croyances qui lui soient propres. Les hommes ne sont plus liés que par des intérêts et non par des idées, et l'on dirait que les opinions humaines ne forment plus qu'une sorte de poussière intellectuelle qui s'agite de tous côtés, sans pouvoir se rassembler et se fixer.

Ainsi, l'indépendance d'esprit que l'égalité suppose n'est jamais si grande et ne paraît si excessive qu'au moment où l'égalité commence à s'établir et durant le pénible travail qui la fonde. On doit donc distinguer avec soin l'espèce de liberté intellectuelle que l'égalité peut donner, de l'anarchie que la révolution amène. Il faut considérer à part chacune de ces deux choses, pour ne pas concevoir des espérances et des craintes exagérées de l'avenir.

Je crois que les hommes qui vivront dans les sociétés nouvelles feront souvent usage de leur raison individuelle; mais je suis loin de croire qu'ils en fassent souvent abus.

Ceci tient à une cause plus généralement applicable à *tous* les pays démocratiques et qui, à la longue, doit y retenir dans des limites fixes, et quelquefois étroites, l'indépendance individuelle de la pensée.

Je vais la dire dans le chapitre qui suit.

CHAPITRE II

Les croyances dogmatiques sont plus ou moins nombreuses, suivant les temps. Elles naissent de différentes manières, et peuvent changer de forme et d'objet ; mais on ne saurait faire qu'il n'y ait pas de croyances dogmatiques, c'est-à-dire d'opinions que les hommes reçoivent de confiance et sans les discuter. Si chacun entreprenait lui-même de former toutes ses opinions et de poursuivre isolément la vérité, dans des chemins frayés par lui seul, il n'est pas probable qu'un grand nombre d'hommes dût jamais se réunir dans aucune croyance commune.

Or, il est facile de voir qu'il n'y a pas de société qui puisse prospérer sans croyances semblables, ou plutôt il n'y en a point qui subsistent ainsi ; car, sans idées communes, il n'y a pas d'action commune, et, sans action commune, il existe encore des hommes, mais non un corps social. Pour qu'il y ait société, et, à plus forte raison, pour que cette société prospère, il faut donc que tous les esprits des citoyens soient toujours rassemblés et tenus ensemble par quelques idées principales; et cela ne saurait être, à moins que chacun d'eux ne vienne quelquefois puiser ses opinions à une même source et ne consente à recevoir un certain nombre de croyances toutes faites.

Si je considère maintenant l'homme à part, je trouve que les croyances dogmatiques ne lui sont pas moins indispensables pour vivre seul que pour agir en commun avec ses semblables.

Si l'homme était forcé de se prouver à lui-même toutes les vérités dont il se sert chaque jour, il n'en finirait point; il s'épuiserait en démonstrations préliminaires sans avancer; comme il n'a pas le temps, à cause du court espace de la vie, ni la faculté, à cause des bornes de son esprit, d'en agir ainsi, il en est réduit à tenir pour assurés une foule de faits et d'opinions qu'il n'a eu ni le loisir ni le pouvoir d'examiner et de vérifier par lui-même, mais que de plus habiles ont trouvés ou que la foule adopte. C'est sur ce premier fondement qu'il élève lui-même l'édifice de ses propres pensées. Ce n'est pas sa volonté qui l'amène à procéder de cette manière; la loi inflexible de sa condition l'y contraint.

Il n'y a pas de si grand philosophe dans le monde qui ne croie un million de choses sur la foi d'autrui, et qui ne suppose beaucoup plus de vérités qu'il n'en établit.

Ceci est non-seulement nécessaire, mais désirable. Un homme qui entreprendrait d'examiner tout par lui-même, ne pourrait accorder que peu de temps et d'attention à chaque chose; ce travail tiendrait son esprit dans une agitation perpétuelle qui l'empêcherait de pénétrer profondément dans aucune vérité et de se fixer avec solidité dans aucune certitude. Son intelligence serait tout à la fois indépendante et débile. Il faut donc que, parmi les divers objets des opinions humaines, il fasse un choix et qu'il adopte beaucoup de croyances sans les discuter, afin d'en mieux approfondir un petit nombre dont il s'est réservé l'examen.

Il est vrai que tout homme qui reçoit une opinion sur la parole d'autrui met son esprit en esclavage; mais c'est une servitude salutaire qui permet de faire un bon usage de la liberté.

Il faut donc toujours, quoi qu'il arrive, que l'autorité se rencontre quelque part dans le monde intellectuel et moral. Sa place est variable, mais elle a nécessairement une place. L'indépendance individuelle peut être plus ou moins grande; elle ne saurait être sans bornes. Ainsi, la question n'est pas de savoir s'il existe une autorité intellectuelle dans les siècles démocratiques, mais seulement où en est le dépôt et quelle en sera la mesure.

J'ai montré dans le chapitre précédent comment l'égalité des conditions faisait concevoir aux hommes une sorte d'incrédulité instinctive pour le surnaturel, et une idée très-haute et souvent fort exagérée de la raison humaine.

Les hommes qui vivent dans ces temps d'égalité sont

donc difficilement conduits à placer l'autorité intellectuelle à laquelle ils se soumettent en dehors et au-dessus de l'humanité. C'est en eux-mêmes ou dans leurs semblables qu'ils cherchent d'ordinaire les sources de la vérité. Cela suffirait pour prouver qu'une religion nouvelle ne saurait s'établir dans ces siècles, et que toutes tentatives pour la faire naître ne seraient pas seulement impies, mais ridicules et déraisonnables. On peut prévoir que les peuples démocratiques ne croiront pas aisément aux missions divines, qu'ils se riront volontiers des nouveaux prophètes et qu'ils voudront trouver dans les limites de l'humanité, et non au delà, l'arbitre principal de leurs croyances.

Lorsque les conditions sont inégales et les hommes dissemblables, il y a quelques individus très-éclairés, très-savants, très-puissants par leur intelligence, et une multitude très-ignorante et fort bornée. Les gens qui vivent dans les temps d'aristocratie sont donc naturellement portés à prendre pour guide de leurs opinions la raison supérieure d'un homme ou d'une classe, tandis qu'ils sont peu disposés à reconnaître l'infaillibilité de la masse.

Le contraire arrive dans les siècles d'égalité.

A mesure que les citoyens deviennent plus égaux et plus semblables, le penchant de chacun à croire aveuglément un certain homme ou une certaine classe diminue. La disposition à en croire la masse augmente, et c'est de plus en plus l'opinion qui mène le monde.

Non-seulement l'opinion commune est le seul guide

qui reste à la raison indivduelle chez les peuples démocratiques; mais elle a chez ces peuples une puissance
infiniment plus grande que chez nul autre. Dans les
temps d'égalité, les hommes n'ont aucune foi les uns
dans les autres, à cause de leur similitude; mais cette
même similitude leur donne une confiance presque illimitée dans le jugement du public; car il ne leur paraît
pas vraisemblable qu'ayant tous des lumières pareilles, la
vérité ne se rencontre pas du côté du plus grand nombre.

Quand l'homme qui vit dans les pays démocratiques
se compare individuellement à tous ceux qui l'environnent, il sent avec orgueil qu'il est égal à chacun d'eux;
mais lorsqu'il vient à envisager l'ensemble de ses semblables et à se placer lui-même à côté de ce grand corps,
il est aussitôt accablé de sa propre insignifiance et de
sa faiblesse.

Cette même égalité qui le rend indépendant de chacun de ses concitoyens en particulier, le livre isolé et
sans défense à l'action du plus grand nombre.

Le public a donc chez les peuples démocratiques une
puissance singulière dont les nations aristocratiques ne
pouvaient pas même concevoir l'idée. Il ne persuade pas
ses croyances, il les impose et les fait pénétrer dans les
âmes par une sorte de pression immense de l'esprit de
tous sur l'intelligence de chacun.

Aux États-Unis, la majorité se charge de fournir aux
individus une foule d'opinions toutes faites, et les soulage ainsi de l'obligation de s'en former qui leur soient
propres. Il y a un grand nombre de théories en matière

de philosophie, de morale ou de politique que chacun
y adopte ainsi sans examen sur la foi du public; et si
l'on regarde de très-près, on verra que la religion elle-
même y règne bien moins comme doctrine révélée que
comme opinion commune.

Je sais que parmi les Américains les lois politiques
sont telles, que la majorité y régit souverainement la société; ce qui accroît beaucoup l'empire qu'elle y exerce
naturellement sur l'intelligence. Car il n'y a rien de
plus familier à l'homme que de reconnaître une sagesse
supérieure dans celui qui l'opprime.

Cette omnipotence politique de la majorité aux États-
Unis augmente, en effet, l'influence que les opinions
du public y obtiendraient sans elle sur l'esprit de chaque citoyen, mais elle ne la fonde point. C'est dans
l'égalité même qu'il faut chercher les sources de cette
influence, et non dans les institutions plus ou moins
populaires que des hommes égaux peuvent se donner.
Il est à croire que l'empire intellectuel du plus grand
nombre serait moins absolu chez un peuple démocratique soumis à un roi qu'au sein d'une pure démocratie;
mais il sera toujours très-absolu, et, quelles que soient
les lois politiques qui régissent les hommes dans les
siècles d'égalité, l'on peut prévoir que la foi dans l'opinion commune y deviendra une sorte de religion dont
la majorité sera le prophète.

Ainsi l'autorité intellectuelle sera différente, mais elle
ne sera pas moindre; et, loin de croire qu'elle doive
disparaître, j'augure qu'elle deviendrait aisément trop

grande et qu'il pourrait se faire qu'elle renfermât enfin l'action de la raison individuelle dans des limites plus étroites qu'il ne convient à la grandeur et au bonheur de l'espèce humaine. Je vois clairement dans l'égalité deux tendances; l'une qui porte l'esprit de chaque homme vers des pensées nouvelles, et l'autre qui le réduirait volontiers à ne plus penser. Et j'aperçois comment, sous l'empire de certaines lois, la démocratie éteindrait la liberté intellectuelle que l'état social démocratique favorise, de telle sorte qu'après avoir brisé toutes les entraves que lui imposaient jadis des classes ou des hommes, l'esprit humain s'enchaînerait étroitement aux volontés générales du plus grand nombre.

Si, à la place de toutes les puissances diverses qui gênaient ou retardaient outre mesure l'essor de la raison individuelle, les peuples démocratiques substituaient le pouvoir absolu d'une majorité, le mal n'aurait fait que changer de caractère. Les hommes n'auraient point trouvé le moyen de vivre indépendants; ils auraient seulement découvert, chose difficile, une nouvelle physionomie de la servitude. Il y a là, je ne saurais trop le redire, de quoi faire réfléchir profondément ceux qui voient dans la liberté de l'intelligence une chose sainte et qui ne haïssent point seulement le despote, mais le despotisme. Pour moi, quand je sens la main du pouvoir qui s'appesantit sur mon front, il m'importe peu de savoir qui m'opprime, et je ne suis pas mieux disposé à passer ma tête dans le joug, parce qu'un million de bras me le présentent.

CHAPITRE III

Dieu ne songe point au genre humain, en général. Il voit d'un seul coup d'œil et séparément tous les êtres dont l'humanité se compose, et il aperçoit chacun d'eux avec les ressemblances qui le rapprochent de tous et les différences qui l'en isolent.

Dieu n'a donc pas besoin d'idées générales; c'est-à-dire qu'il ne sent jamais la nécessité de renfermer un très-grand nombre d'objets analogues sous une même forme afin d'y penser plus commodément.

Il n'en est point ainsi de l'homme. Si l'esprit humain entreprenait d'examiner et de juger individuellement tous les cas particuliers qui le frappent, il se perdrait bientôt au milieu de l'immensité des détails et ne verrait plus rien; dans cette extrémité, il a recours à un procédé imparfait mais nécessaire, qui aide sa faiblesse et qui la prouve.

Après avoir considéré superficiellement un certain nombre d'objets et remarqué qu'ils se ressemblent, il

leur donne à tous un même nom, les met à part, et poursuit sa route.

Les idées générales n'attestent point la force de l'intelligence humaine, mais plutôt son insuffisance, car il
n'y a point d'êtres exactement semblables dans la nature; point de faits identiques; point de règles applicables indistinctement et de la même manière à plusieurs
objets à la fois.

Les idées générales ont cela d'admirable qu'elles permettent à l'esprit humain de porter des jugements rapides sur un grand nombre d'objets à la fois; mais,
d'une autre part, elles ne lui fournissent jamais que des
notions incomplètes, et elles lui font toujours perdre en
exactitude ce qu'elles lui donnent en étendue.

A mesure que les sociétés vieillissent, elles acquièrent
la connaissance de faits nouveaux et elles s'emparent
chaque jour, presque à leur insu, de quelques vérités
particulières.

A mesure que l'homme saisit plus de vérités de cette
espèce, il est naturellement amené à concevoir un plus
grand nombre d'idées générales. On ne saurait voir séparément une multitude de faits particuliers, sans découvrir enfin le lien commun qui les rassemble. Plusieurs
individus font percevoir la notion de l'espèce; plusieurs
espèces conduisent nécessairement à celle du genre.
L'habitude et le goût des idées générales seront donc
toujours d'autant plus grands chez un peuple, que
ses lumières y seront plus anciennes et plus nombreuses.

Mais il y a d'autres raisons encore qui poussent les hommes à généraliser leurs idées ou les en éloignent.

Les Américains font beaucoup plus souvent usage qu les Anglais des idées générales et s'y complaisent bie davantage; cela paraît fort singulier au premier abord, si l'on considère que ces deux peuples ont une même origine, qu'ils ont vécu pendant des siècles sous les mêmes lois, et qu'ils se communiquent encore sans cesse leurs opinions et leurs mœurs. Le contraste paraît beaucoup plus frappant encore lorsque l'on concentre ses regards sur notre Europe, et que l'on compare entre eux les deux peuples les plus éclairés qui l'habitent.

On dirait que chez les Anglais l'esprit humain ne s'arrache qu'avec regret et avec douleur à la contemplation des faits particuliers pour remonter de là jusqu'aux causes, et qu'il ne généralise qu'en dépit de lui-même.

Il semble, au contraire, que parmi nous le goût des idées générales soit devenu une passion si effrénée, qu'il faille à tout propos la satisfaire. J'apprends, chaque matin en me réveillant, qu'on vient de découvrir une certaine loi générale et éternelle dont je n'avais jamais ouï parler jusque-là. Il n'y a pas de si médiocre écrivain auquel il suffise pour son coup d'essai de découvrir des vérités applicables à un grand royaume, et qui ne reste mécontent de lui-même, s'il n'a pu renfermer le genre humain dans le sujet de son discours.

Une pareille dissemblance entre deux peuples très-éclairés m'étonne. Si je reporte enfin mon esprit vers l'Angleterre, et que je remarque ce qui se passe depuis

un demi-siècle dans son sein, je crois pouvoir affirmer
que le goût des idées générales s'y développe à mesure
que l'ancienne constitution du pays s'affaiblit.

L'état plus ou moins avancé des lumières ne suffit
donc point seul pour expliquer ce qui suggère à l'esprit
humain l'amour des idées générales ou l'en détourne.

Lorsque les conditions sont fort inégales et que les
inégalités sont permanentes, les individus deviennent
peu à peu si dissemblables, qu'on dirait qu'il y a autant
d'humanités distinctes qu'il y a de classes; on ne découvre jamais à la fois que l'une d'elles, et, perdant de
vue le lien général qui les rassemble toutes dans le vaste
sein du genre humain, on n'envisage jamais que certains
hommes et non pas l'homme.

Ceux qui vivent dans ces sociétés aristocratiques ne
conçoivent donc jamais d'idées fort générales relativement à eux-mêmes, et cela suffit pour leur donner une
défiance habituelle de ces idées, et un dégoût instinctif
pour elles.

L'homme qui habite les pays démocratiques ne découvre au contraire, près de lui, que des êtres à peu
près pareils; il ne peut donc songer à une partie quelconque de l'espèce humaine, que sa pensée ne s'agran-
disse et ne se dilate jusqu'à embrasser l'ensemble. Toutes
les vérités qui sont applicables à lui-même lui paraissent
s'appliquer également et de la même manière à chacun
de ses concitoyens et de ses semblables. Ayant contracté
'habitude des idées générales dans celle de ses études
dont il s'occupe le plus, et qui l'intéresse davantage, il

transporte cette même habitude dans toutes les autres, et c'est ainsi que le besoin de découvrir en toutes choses des règles communes, de renfermer un grand nombre d'objets sous une même forme, et d'expliquer un ensemble de faits par une seule cause, devient une passion ardente et souvent aveugle de l'esprit humain.

Rien ne montre mieux la vérité de ce qui précède que les opinions de l'antiquité relativement aux esclaves.

Les génies les plus profonds et les plus vastes de Rome et de la Grèce n'ont jamais pu arriver à cette idée si générale, mais en même temps si simple, de la similitude des hommes, et du droit égal que chacun d'eux apporte, en naissant, à la liberté; et ils se sont évertués à prouver que l'esclavage était dans la nature, et qu'il existerait toujours. Bien plus, tout indique que ceux des anciens qui ont été esclaves avant de devenir libres, et dont plusieurs nous ont laissé de beaux écrits, envisageaient eux-mêmes la servitude sous ce même jour.

Tous les grands écrivains de l'antiquité faisaient partie de l'aristocratie des maîtres, ou du moins ils voyaient cette aristocratie établie sans contestation sous leurs yeux; leur esprit, après s'être étendu de plusieurs côtés, se trouva donc borné de celui-là, et il fallut que Jésus-Christ vînt sur la terre pour faire comprendre que tous les membres de l'espèce humaine étaient naturellement semblables et égaux.

Dans les siècles d'égalité, tous les hommes sont indépendants les uns des autres, isolés et faibles; on n'en voit point dont la volonté dirige d'une façon permanente les mouvements de la foule; dans ces temps, l'humanité semble toujours marcher d'elle-même. Pour expliquer ce qui se passe dans le monde, on en est donc réduit à rechercher quelques grandes causes, qui, agissant de la même manière sur chacun de nos semblables, les porte ainsi à suivre tous volontairement une même route. Cela conduit encore naturellement l'esprit humain à concevoir des idées générales, et l'amène à en contracter le goût.

J'ai montré précédemment comment l'égalité des conditions portait chacun à chercher la vérité par soi-même. Il est facile de voir qu'une pareille méthode doit insensiblement faire tendre l'esprit humain vers les idées générales. Lorsque je répudie les traditions de classe, de profession et de famille, que j'échappe à l'empire de l'exemple pour chercher, par le seul effort de ma raison, la voie à suivre, je suis enclin à puiser les motifs de mes opinions dans la nature même de l'homme, ce qui me conduit nécessairement, et presque à mon insu, vers un grand nombre de notions très-générales.

Tout ce qui précède achève d'expliquer pourquoi les Anglais montrent beaucoup moins d'aptitude et de goût pour la généralisation des idées que leurs fils les Américains, et surtout que leurs voisins les Français, et pourquoi les Anglais de nos jours en montrent plus que ne l'avaient fait leurs pères.

Les Anglais ont été longtemps un peuple très-éclairé, et en même temps très-aristocratique; leurs lumières les faisaient tendre sans cesse vers des idées très-générales, et leurs habitudes aristocratiques les retenaient dans des idées très-particulières. De là, cette philosophie, tout à la fois audacieuse et timide, large et étroite, qui a dominé jusqu'ici en Angleterre, et qui y tient encore tant d'esprits resserrés et immobiles.

Indépendamment des causes que j'ai montrées plus haut, on en rencontre d'autres encore, moins apparentes, mais non moins efficaces, qui produisent chez presque tous les peuples démocratiques le goût et souvent la passion des idées générales.

Il faut bien distinguer entre ces sortes d'idées. Il y en a qui sont le produit d'un travail lent, détaillé, consciencieux de l'intelligence, et celles-là élargissent la sphère des connaissances humaines.

Il y en a d'autres qui naissent aisément d'un premier effort rapide de l'esprit, et qui n'amènent que des notions très-superficielles et très-incertaines.

Les hommes qui vivent dans les siècles d'égalité ont beaucoup de curiosité et peu de loisir; leur vie est si pratique, si compliquée, si agitée, si active, qu'il ne leur reste que peu de temps pour penser.- Les hommes des siècles démocratiques aiment les idées générales, parce qu'elles les dispensent d'étudier les cas particuliers; elles contiennent, si je puis m'exprimer ainsi, beaucoup de choses sous un petit volume, et donnent en peu de temps un grand produit. Lors donc qu'après un examen inattentif et court, ils croient apercevoir entre certains objets un rapport commun, ils ne poussent pas plus loin leur recherche, et, sans examiner dans le détail comment ces divers objets se ressemblent ou diffè-

rent, ils se hâtent de les ranger tous sous la même formule, afin de passer outre.

L'un des caractères distinctifs des siècles démocratiques, c'est le goût qu'y éprouvent tous les hommes
pour les succès faciles et les jouissances présentes. Ceci
se retrouve dans les carrières intellectuelles comme
dans toutes les autres. La plupart de ceux qui vivent
dans les temps d'égalité sont pleins d'une ambition tout
à la fois vive et molle; ils veulent obtenir sur-le-champ
de grands succès, mais ils désireraient se dispenser de
grands efforts. Ces instincts contraires les mènent directement à la recherche des idées générales, à l'aide
desquelles ils se flattent de peindre de très-vastes objets
à peu de frais, et d'attirer les regards du public sans
peine.

Et je ne sais s'ils ont tort de penser ainsi; car leurs
lecteurs craignent autant d'approfondir, qu'ils peuvent
le faire eux-mêmes, et ne cherchent d'ordinaire dans
les travaux de l'esprit que des plaisirs faciles et de l'in-
struction sans travail.

Si les nations aristocratiques ne font pas assez d'usage
des idées générales, et leur marquent souvent un mépris inconsidéré, il arrive au contraire que les peuples démocratiques sont toujours prêts à faire abus de
ces sortes d'idées et à s'enflammer indiscrétement pour
elles.

CHAPITRE IV

POURQUOI LES AMÉRICAINS N'ONT JAMAIS ÉTÉ AUSSI PASSIONNÉS QUE LES FRANÇAIS POUR LES IDÉES GÉNÉRALES EN MATIÈRE POLITIQUE.

J'ai dit précédemment que les Américains montraient un goût moins vif que les Français pour les idées générales. Cela est surtout vrai des idées générales relatives à la politique.

Quoique les Américains fassent pénétrer dans la législation infiniment plus d'idées générales que les Anglais, et qu'ils se préoccupent beaucoup plus que ceux-ci d'ajuster la pratique des affaires humaines à la théorie, on n'a jamais vu aux États-Unis de corps politiques aussi amoureux d'idées générales, que l'ont été chez nous l'Assemblée constituante et la Convention ; jamais la nation américaine tout entière ne s'est passionnée pour ces sortes d'idées de la même manière que le peuple français du dix-huitième siècle, et n'a fait voir une foi aussi aveugle dans la bonté et dans la vérité absolue d'aucune théorie.

Cette différence entre les Américains et nous, naît de plusieurs causes, mais de celle-ci principalement :

Les Américains forment un peuple démocratique qui

a toujours dirigé par lui-même les affaires publiques, et nous sommes un peuple démocratique qui, pendant longtemps, n'a pu que songer à la meilleure manière de les conduire.

Notre état social nous portait déjà à concevoir des idées très-générales en matière de gouvernement, alors que notre constitution politique nous empêchait encore de rectifier ces idées par l'expérience, et d'en découvrir peu à peu l'insuffisance : tandis que chez les Américains ces deux choses se balancent sans cesse et se corrigent naturellement.

Il semble, au premier abord, que ceci soit fort opposé à ce que j'ai dit précédemment que les nations démocratiques puisaient dans les agitations même de leur vie pratique l'amour qu'elles montrent pour les théories. Un examen plus attentif fait découvrir qu'il n'y a là rien de contradictoire.

Les hommes qui vivent dans les pays démocratiques sont fort avides d'idées générales parce qu'ils ont peu de loisirs et que ces idées les dispensent de perdre leur temps à examiner les cas particuliers ; cela est vrai, mais ne doit s'entendre que des matières qui ne sont pas l'objet habituel et nécessaire de leurs pensées. Des commerçants saisiront avec empressement et sans y regarder de fort près toutes les idées générales qu'on leur présentera relativement à la philosophie, à la politique, aux sciences et aux arts ; mais ils ne recevront qu'après examen celles qui auront trait au commerce, et ne les admettront que sous réserve.

La même chose arrive aux hommes d'État, quand il s'agit d'idées générales relatives à la politique.

Lors donc qu'il y a un sujet sur lequel il est particulièrement dangereux que les peuples démocratiques se livrent aveuglément et outre mesure aux idées générales, le meilleur correctif qu'on puisse employer, c'est de faire qu'ils s'en occupent tous les jours et d'une manière pratique; il faudra bien alors qu'ils entrent forcément dans les détails, et les détails leur feront apercevoir les côtés faibles de la théorie.

Le remède est souvent douloureux, mais son effet est sûr.

C'est ainsi que les institutions démocratiques qui forcent chaque citoyen de s'occuper pratiquement du gouvernement, modèrent le goût excessif des théories générales en matière politique, que l'égalité suggère.

CHAPITRE V

J'ai établi dans un des chapitres précédents que les hommes ne peuvent se passer de croyances dogmatiques, et qu'il était même très à souhaiter qu'ils en eussent de telles. J'ajoute ici que, parmi toutes les croyances dogmatiques, les plus désirables me semblent être les croyances dogmatiques en matière de religion; cela se déduit très-clairement, alors même qu'on ne veut faire attention qu'aux seuls intérêts de ce monde.

Il n'y a presque point d'action humaine, quelque particulière qu'on la suppose, qui ne prenne naissance dans une idée très-générale que les hommes ont conçue de Dieu, de ses rapports avec le genre humain, de la nature de leur âme et de leurs devoirs envers leurs semblables. L'on ne saurait faire que ces idées ne soient pas la source commune dont tout le reste découle.

Les hommes ont donc un intérêt immense à se faire des idées bien arrêtées sur Dieu, leur âme, leurs devoirs généraux envers leur créateur et leurs semblables; car le doute sur ces premiers points livrerait toutes leurs actions au hasard, et les condamnerait, en quelque sorte, au désordre et à l'impuissance.

C'est donc la matière sur laquelle il est le plus important que chacun de nous ait des idées arrêtées, et malheureusement c'est aussi celle dans laquelle il est le plus difficile que chacun, livré à lui-même, et par le seul effort de sa raison, en vienne à arrêter ses idées.

Il n'y a que des esprits très-affranchis des préoccupations ordinaires de la vie, très-pénétrants, très-déliés, très-exercés, qui, à l'aide de beaucoup de temps et de soins, puissent percer jusqu'à ces vérités si nécessaires.

Encore voyons-nous que ces philosophes eux-mêmes sont presque toujours environnés d'incertitudes; qu'à chaque pas la lumière naturelle qui les éclaire s'obscurcit et menace de s'éteindre, et que, malgré tous leurs efforts, ils n'ont encore pu découvrir qu'un petit nombre de notions contradictoires, au milieu desquelles l'esprit humain flotte sans cesse depuis des milliers d'années, sans pouvoir saisir fermement la vérité ni même trouver de nouvelles erreurs. De pareilles études sont fort au-dessus de la capacité moyenne des hommes, et quand même la plupart des hommes seraient capables de s'y livrer, il est évident qu'ils n'en auraient pas le loisir.

Des idées arrêtées sur Dieu et la nature humaine sont indispensables à la pratique journalière de leur vie, et cette pratique les empêche de pouvoir les acquérir.

Cela me paraît unique. Parmi les sciences, il en est qui, utiles à la foule, sont à sa portée ; d'autres ne sont abordables qu'à peu de personnes et ne sont point cultivées par la majorité qui n'a besoin que de leurs applications les plus éloignées ; mais la pratique journalière de celle-ci est indispensable à tous, bien que son étude soit inaccessible au plus grand nombre.

Les idées générales relatives à Dieu et à la nature humaine sont donc parmi toutes les idées celles qu'il convient le mieux de soustraire à l'action habituelle de la raison individuelle, et pour laquelle il y a le plus à gagner et le moins à perdre, en reconnaissant une autorité.

Le premier objet, et l'un des principaux avantages des religions, est de fournir sur chacune de ces questions primordiales une solution nette, précise, intelligible pour la foule et très-durable.

Il y a des religions très-fausses et très-absurdes ; cependant l'on peut dire que toute religion, qui reste dans le cercle que je viens d'indiquer et qui ne prétend pas en sortir, ainsi que plusieurs l'ont tenté, pour aller arrêter de tous côtés le libre essor de l'esprit humain, impose un joug salutaire à l'intelligence ; et il faut reconnaître que, si elle ne sauve point les hommes dans l'autre monde, elle est du moins très-utile à leur bonheur et à leur grandeur dans celui-ci.

Cela est surtout vrai des hommes qui vivent dans les pays libres.

Quand la religion est détruite chez un peuple, le doute

s'empare des portions les plus hautes de l'intelligence, et il paralyse à moitié toutes les autres. Chacun s'habitue à n'avoir que des notions confuses et changeantes sur les matières qui intéressent le plus ses semblables et lui-même ; on défend mal ses opinions ou on les abandonne, et, comme on désespère de pouvoir, à soi seul, résoudre les plus grands problèmes que la destinée humaine présente, on se réduit lâchement à n'y point songer.

Un tel état ne peut manquer d'énerver les âmes ; il détend les ressorts de la volonté et il prépare les citoyens à la servitude.

Non-seulement il arrive alors que ceux-ci laissent prendre leur liberté ; mais souvent ils la livrent.

Lorsqu'il n'existe plus d'autorité en matière de religion, non plus qu'en matière politique, les hommes s'effrayent bientôt à l'aspect de cette indépendance sans limites. Cette perpétuelle agitation de toutes choses les inquiète et les fatigue. Comme tout remue dans le monde des intelligences, ils veulent, du moins, que tout soit ferme et stable dans l'ordre matériel et, ne pouvant plus reprendre leurs anciennes croyances, ils se donnent un maître.

Pour moi, je doute que l'homme puisse jamais supporter à la fois une complète indépendance religieuse et une entière liberté politique ; et je suis porté à penser que, s'il n'a pas de foi, il faut qu'il serve, et s'il est libre, qu'il croie.

Je ne sais cependant si cette grande utilité des religions n'est pas plus visible encore chez les peuples où les conditions sont égales que chez tous les autres.

Il faut reconnaître que l'égalité qui introduit de grands biens dans le monde, suggère cependant aux hommes, ainsi qu'il sera montré ci-après, des instincts fort dangereux; elle tend à les isoler les uns des autres, pour ne porter chacun d'eux à ne s'occuper que de lui seul.

Elle ouvre démesurément leur âme à l'amour des jouissances matérielles.

Le plus grand avantage des religions est d'inspirer des instincts tout contraires. Il n'y a point de religion qui ne place l'objet des désirs de l'homme au delà et au-dessus des biens de la terre, et qui n'élève naturellement son âme vers des régions fort supérieures à celles des sens. Il n'y en a point non plus qui n'impose à chacun des devoirs quelconques envers l'espèce humaine, ou en commun avec elle, et qui ne le tire ainsi, de temps à autre, de la contemplation de lui-même. Ceci se rencontre dans les religions les plus fausses et les plus dangereuses.

Les peuples religieux sont donc naturellement forts précisément à l'endroit où les peuples démocratiques sont faibles; ce qui fait bien voir de quelle importance il est que les hommes gardent leur religion en devenant égaux.

Je n'ai ni le droit ni la volonté d'examiner les moyens surnaturels dont Dieu se sert pour faire parvenir une croyance religieuse dans le cœur de l'homme. Je n'envisage en ce moment les religions que sous un point de vue purement humain; je cherche de quelle manière elles peuvent le plus aisément conserver leur empire dans les siècles démocratiques où nous entrons.

J'ai fait voir comment, dans les temps de lumières et d'égalité, l'esprit humain ne consentait qu'avec peine à recevoir des croyances dogmatiques, et n'en ressentait vivement le besoin qu'en fait de religion. Ceci indique d'abord que, dans ces siècles-là, les religions doivent se tenir *plus* discrètement qu'en tous les autres dans les bornes qui leur sont propres, et ne point chercher à en sortir; car, en voulant étendre leur pouvoir plus loin que les matières religieuses, elles risquent de n'être plus crues en aucune matière. Elles doivent donc tracer avec soin le cercle dans lequel elles prétendent arrêter l'esprit humain, et au delà le laisser entièrement libre et l'abandonner à lui-même.

Mahomet a fait descendre du ciel, et a placé dans le Coran, non-seulement des doctrines religieuses, mais des maximes politiques, des lois civiles et criminelles, des théories scientifiques. L'Évangile ne parle au contraire que des rapports généraux des hommes avec Dieu, et entre eux. Hors de là, il n'enseigne rien et n'oblige à rien croire. Cela seul, entre mille autres raisons, suffit pour montrer que la première de ces deux religions ne saurait dominer longtemps dans des temps de lumières et de démocratie, tandis que la seconde est destinée à régner dans ces siècles comme dans tous les autres.

Si je continue plus avant cette même recherche, je trouve que, pour que les religions puissent, humainement parlant, se maintenir dans les siècles démocratiques, il ne faut pas seulement qu'elles se renferment avec soin dans le cercle des matières religieuses. Leur pouvoir dépend encore beaucoup de la nature des croyances qu'elles professent, des formes extérieures qu'elles adoptent, et des obligations qu'elles imposent.

Ce que j'ai dit précédemment que l'égalité porte les hommes à des idées très-générales et très-vastes, doit principalement s'entendre en matière de religion. Des hommes semblables et égaux conçoivent aisément la notion d'un Dieu unique, imposant à chacun d'eux les mêmes règles et leur accordant le bonheur futur au même prix. L'idée de l'unité du genre humain les ramène sans cesse à l'idée de l'unité du Créateur, tandis qu'au contraire des hommes très-séparés les uns des autres et fort dissemblables en arrivent volontiers à faire autant de divinités qu'il y a de peuples, de castes, de classes et de familles, et à tracer mille chemins particuliers pour aller au ciel.

L'on ne peut disconvenir que le christianisme lui-même n'ait en quelque façon subi cette influence qu'exerce l'état social et politique sur les croyances religi euses.

Au moment où la religion chrétienne a paru sur la terre, la Providence, qui, sans doute, préparait le monde pour sa venue, avait réuni une grande partie de l'espèce humaine, comme un immense troupeau, sous le sceptre des Césars. Les hommes qui composaient cette multitude différaient beaucoup les uns des autres; mais ils avaient cependant ce point commun qu'ils obéissaient tous aux mêmes lois; et chacun d'eux était si faible et si petit par rapport à la grandeur du prince, qu'ils paraissaient tous égaux quand on venait à les comparer à lui.

Il faut reconnaître que cet état nouveau et particulier de l'humanité dut disposer les hommes à recevoir les *vérités générales que le christianisme enseigne,* et sert à expliquer la manière facile et rapide avec laquelle il pénétra alors dans l'esprit humain.

La contre-épreuve se fit après la destruction de l'Empire.

Le monde romain s'étant alors brisé, pour ainsi dire, en mille éclats, chaque nation en revint à son individualité première. Bientôt, dans l'intérieur de ces mêmes nations, les rangs se graduèrent à l'infini; les races se marquèrent; les castes partagèrent chaque nation en plusieurs peuples. Au milieu de cet effort commun qui semblait porter les sociétés humaines à se subdiviser elles-mêmes en autant de fragments qu'il était possible de le concevoir, le christianisme ne perdit point de vue les principales idées générales qu'il avait mises en lumière. Mais il parut néanmoins se prêter, autant qu'il était en lui, aux tendances nouvelles que le fractionnement de l'espèce humaine faisait naître. Les hommes continuèrent à n'adorer qu'un seul Dieu créateur et conservateur de toutes choses; mais chaque peuple, chaque cité, et, pour ainsi dire, chaque homme crut pouvoir obtenir quelque privilége à part et se créer des protecteurs particuliers auprès du souverain maître. Ne pouvant diviser la Divinité, l'on multiplia du moins et l'on grandit outre mesure ses agents; l'hommage dû aux anges et aux saints devint pour la plupart des chrétiens un culte presque idolâtre, et l'on put craindre un moment que la religion chrétienne ne rétrogradât vers les religions qu'elle avait vaincues.

Il me paraît évident que plus les barrières qui séparaient les nations dans le sein de l'humanité et les citoyens dans l'intérieur de chaque peuple tendent à disparaître, plus l'esprit humain se dirige, comme de lui-même, vers l'idée d'un être unique et tout-puissant, dispensant également et de la même manière les mêmes lois à chaque homme. C'est donc parculièrement dans ces siècles de démocratie qu'il importe de ne pas laisser confondre l'hommage rendu aux agents secondaires avec le culte qui n'est dû qu'au Créateur.

Une autre vérité me paraît fort claire : c'est que les religions doivent moins se charger de pratiques extérieures dans les temps démocratiques que dans tous les autres.

J'ai fait voir, à propos de la méthode philosophique des Américains, que rien ne révolte plus l'esprit humain dans les temps d'égalité que l'idée de se soumettre à des formes. Les hommes qui vivent dans ces temps supportent impatiemment les figures; les symboles leur paraissent des artifices puérils dont on se sert pour

voiler ou parer à leurs yeux des vérités qu'il serait plus
naturel de leur montrer toutes nues et au grand jour;
ils restent froids à l'aspect des cérémonies et ils sont naturellement portés à n'attacher qu'une importance secondaire aux détails du culte.

Ceux qui sont chargés de régler la forme extérieure
des religions dans les siècles démocratiques doivent
bien faire attention à ces instincts naturels de l'intelligence humaine pour ne point lutter sans nécessité contre eux.

Je crois fermement à la nécessité des formes; je sais
qu'elles fixent l'esprit humain dans la contemplation
des vérités abstraites, et, l'aidant à les saisir fortement,
les lui font embrasser avec ardeur. Je n'imagine point
qu'il soit possible de maintenir une religion sans pratiques extérieures; mais, d'une autre part, je pense
que, dans les siècles où nous entrons, il serait particulièrement dangereux de les multiplier outre mesure;
qu'il faut plutôt les restreindre, et qu'on ne doit en retenir que ce qui est absolument nécessaire pour la perpétuité du dogme lui-même, qui· est la substance des
religions [1] dont le culte n'est que la forme. Une religion
qui deviendrait plus minutieuse, plus inflexible et plus
chargée de petites observances dans le même temps que

[1] Dans toutes les religions il y a des cérémonies qui sont inhérentes
à la substance même de la croyance et auxquelles il faut bien se garder
de rien changer. Cela se voit particulièrement dans le catholicisme où
souvent la forme et le fond sont si étroitement unis qu'ils ne font
qu'un.

les hommes deviennent plus égaux, se verrait bientôt réduite à une troupe de zélateurs passionnés au milieu d'une multitude incrédule.

Je sais qu'on ne manquera pas de m'objecter que les religions ayant toutes pour objet des vérités générales et éternelles, ne peuvent ainsi se plier aux instincts mobiles de chaque siècle, sans perdre aux yeux des hommes les caractères de la certitude ; je répondrai encore ici qu'il faut distinguer très-soigneusement les opinions principales qui constituent une croyance et qui y forment ce que les théologiens appellent des articles de foi, et les notions accessoires qui s'y rattachent. Les religions sont obligées de tenir toujours ferme dans les premières, quel que soit l'esprit particulier du temps ; mais elles doivent bien se garder de se lier de la même manière aux secondes, dans les siècles où tout change sans cesse de place, et où l'esprit, habitué au spectacle mouvant des choses humaines, souffre à regret qu'on le fixe. L'immobilité dans les choses extérieures et secondaires ne me paraît une chance de durée que quand la société civile elle-même est immobile ; partout ailleurs je suis porté à croire que c'est un péril.

Nous verrons que, parmi toutes les passions que l'égalité fait naître ou favorise, il en est une qu'elle rend particulièrement vive et qu'elle dépose en même temps dans le cœur de tous les hommes : c'est l'amour du bien-être. Le goût du bien-être forme comme le trait saillant et indélébile des âges démocratiques.

Il est permis de croire qu'une religion qui entreprendrait de détruire cette passion-mère, serait à la fin détruite par elle; si elle voulait arracher entièrement les hommes à la contemplation des biens de ce monde pour les livrer uniquement à la pensée de ceux de l'autre, on peut prévoir que les âmes s'échapperaient enfin d'entre ses mains, pour aller se plonger loin d'elle dans les seules jouissances matérielles et présentes.

La principale affaire des religions est de purifier, de régler et de restreindre le goût trop ardent et trop exclusif du bien-être que ressentent les hommes dans les temps d'égalité; mais je crois qu'elles auraient tort d'essayer de le dompter entièrement et de le détruire. Elles ne réussiront point à détourner les hommes de l'amour des richesses; mais elles peuvent encore leur persuader de ne s'enrichir que par des moyens honnêtes.

Ceci m'amène à une dernière considération qui comprend, en quelque façon, toutes les autres. A mesure que les hommes deviennent plus semblables et plus égaux, il importe davantage que les religions, tout en se mettant soigneusement à l'écart du mouvement journalier des affaires, ne heurtent point sans nécessité les idées généralement admises, et les intérêts permanents qui règnent dans la masse; car l'opinion commune apparaît de plus en plus comme la première et la plus irrésistible des puissances, il n'y a pas en dehors d'elles d'appui si fort qui permette de résister longtemps à ses coups. Cela n'est pas moins vrai chez un peuple démo-

cratique, soumis à un despote, que dans une république. Dans les siècles d'égalité, les rois font souvent
obéir, mais c'est toujours la majorité qui fait croire;
c'est donc à la majorité qu'il faut complaire dans tout
ce qui n'est pas contraire à la foi.

J'ai montré dans mon premier ouvrage comment
les prêtres américains s'écartaient des affaires publiques. Ceci est l'exemple le plus éclatant, mais non le
seul exemple de leur retenue. En Amérique, la religion
est un monde à part où le prêtre règne, mais dont il a
soin de ne jamais sortir; dans ses limites, il conduit
l'intelligence; au dehors, il livre les hommes à eux-
mêmes et les abandonne à l'indépendance et à l'instabilité qui sont propres à leur nature et au temps. Je n'ai
point vu de pays où le christianisme s'enveloppât moins
de formes, de pratiques et de figures qu'aux États-Unis,
et présentât des idées plus nettes, plus simples et plus
générales à l'esprit humain. Bien que les chrétiens d'A-
mérique soient divisés en multitude de sectes, ils aperçoivent tous leur religion sous ce même jour. Ceci s'applique au catholicisme aussi bien qu'aux autres croyances. Il n'y a pas de prêtres catholiques qui montrent
moins de goût pour les petites observances individuelles,
les méthodes extraordinaires et particulières de faire
son salut, ni qui s'attachent plus à l'esprit de la loi et
moins à sa lettre que les prêtres catholiques des États-
Unis; nulle part on n'enseigne plus clairement et l'on
ne suit davantage cette doctrine de l'Église qui défend de
rendre aux saints le culte qui n'est réservé qu'à Dieu.

Cependant les catholiques d'Amérique sont très-soumis et très-sincères.

Une autre remarque est applicable au clergé de toutes les communions : les prêtres américains n'essayent point d'attirer et de fixer tous les regards de l'homme vers la vie future ; ils abandonnent volontiers une partie de son cœur aux soins du présent ; ils semblent considérer les biens du monde comme des objets importants, quoique secondaires ; s'ils ne s'associent pas eux-mêmes à l'industrie, ils s'intéressent du moins à ses progrès et y applaudissent, et tout en montrant sans cesse au fidèle l'autre monde comme le grand objet de ses craintes et de ses espérances, ils ne lui défendent point de rechercher honnêtement le bien-être dans celui-ci. Loin de faire voir comment ces deux choses sont divisées et contraires, ils s'attachent plutôt à trouver par quel endroit elles se touchent et se lient.

Tous les prêtres américains connaissent l'empire intellectuel que la majorité exerce, et le respectent. Ils ne soutiennent jamais contre elle que des luttes nécessaires. Ils ne se mêlent point aux querelles des partis, mais ils adoptent volontiers les opinions générales de leur pays et de leur temps, et ils se laissent aller sans résistance dans le courant de sentiments et d'idées qui entraînent autour d'eux toutes choses. Ils s'efforcent de corriger leurs contemporains, mais ils ne s'en séparent point. L'opinion publique ne leur est donc jamais ennemie ; elle les soutient plutôt et les protége, et leurs croyances règnent à la fois et par les forces qui lui sont propres et par celles de la majorité qu'ils empruntent.

C'est ainsi qu'en respèctant tous les instincts démocratiques qui ne lui sont pas contraires et en s'aidant
de plusieurs d'entre eux, la religion parvient à lutter
avec avantage contre l'esprit d'indépendance individuelle, qui est le plus dangereux de tous pour elle.

CHAPITRE VI

DES PROGRÈS DU CATHOLICISME AUX ÉTATS-UNIS

L'Amérique est la contrée la plus démocratique de la terre, et c'est en même temps le pays où, suivant des rapports dignes de foi, la religion catholique fait le plus de progrès. Cela surprend au premier abord.

Il faut bien distinguer deux choses : l'égalité dispose les hommes à vouloir juger par eux-mêmes ; mais d'un autre côté, elle leur donne le goût et l'idée d'un pouvoir social unique, simple, et le même pour tous. Les hommes qui vivent dans les siècles démocratiques sont donc fort enclins à se soustraire à toute autorité religieuse. Mais s'ils consentent à se soumettre à une autorité semblable, ils veulent du moins qu'elle soit une et uniforme ; des pouvoirs religieux qui n'aboutissent pas tous à un même centre, choquent naturellement leur intelligence, et ils conçoivent presque aussi aisément qu'il n'y ait pas de religion que plusieurs.

On voit de nos jours, plus qu'aux époques antérieures, des catholiques qui deviennent incrédules et des protestants qui se font catholiques. Si l'on considère le catholicisme intérieurement, il semble perdre; si on regarde hors de lui, il gagne. Cela s'explique.

Les hommes de nos jours sont naturellement peu disposés à croire; mais, dès qu'ils ont une religion, ils rencontrent aussitôt en eux-mêmes un instinct caché qui les pousse à leur insu vers le catholicisme. Plusieurs des doctrines et des usages de l'Église romaine les étonnent : mais ils éprouvent une admiration secrète pour son gouvernement, et sa grande unité les attire.

Si le catholicisme parvenait enfin à se soustraire aux haines politiques qu'il a fait naître, je ne doute presque point que ce même esprit du siècle, qui lui semble si contraire, ne lui devînt très-favorable, et qu'il ne fît tout à coup de grandes conquêtes.

C'est une des faiblesses les plus familières à l'intelligence humaine, de vouloir concilier des principes contraires et d'acheter la paix aux dépens de la logique. Il y a donc toujours eu et il y aura toujours des hommes qui, après avoir soumis à une autorité quelques-unes de leurs croyances religieuses, voudront lui en soustraire plusieurs autres, et laisseront flotter leur esprit au hasard entre l'obéissance et la liberté. Mais je suis porté à croire que le nombre de ceux-là sera moins grand dans les siècles démocratiques que dans les autres siècles, et que nos neveux tendront de plus en plus à ne se diviser qu'en deux parts, les uns sortant entièrement du christianisme, et les autres entrant dans le sein de l'Église romaine.

CHAPITRE VII

CE QUI FAIT PENCHER L'ESPRIT DES PEUPLES DÉMOCRATIQUES
VERS LE PANTHÉISME.

Je montrerai plus tard comment le goût prédominant des peuples démocratiques pour les idées très-générales se retrouve dans la politique; mais je veux indiquer, dès à présent, son principal effet en philosophie.

On ne saurait nier que le panthéisme n'ait fait de grands progrès de nos jours. Les écrits d'une portion de l'Europe en portent visiblement l'empreinte. Les Allemands l'introduisent dans la philosophie, et les Français dans la littérature. Parmi les ouvrages d'imagination qui se publient en France, la plupart renferment quelques opinions ou quelques peintures empruntées aux doctrines panthéistiques, ou laissent apercevoir chez leurs auteurs une sorte de tendance vers ces doctrines. Ceci ne me paraît pas venir seulement d'un accident, mais tenir à une cause durable.

A mesure que, les conditions devenant plus égales, chaque homme en particulier devient plus semblable à tous les autres, plus faible et plus petit, on s'habitue à

ne plus envisager les citoyens pour ne considérer que le
peuple ; on oublie les individus pour ne songer qu'à l'espèce.

Dans ces temps, l'esprit humain aime à embrasser à
la fois une foule d'objets divers ; il aspire sans cesse à
pouvoir rattacher une multitude de conséquences à une
seule cause.

L'idée de l'unité l'obsède, il la cherche de tous côtés,
et, quand il croit l'avoir trouvée, il s'étend volontiers
dans son sein et s'y repose. Non-seulement il en vient à
ne découvrir dans le monde qu'une création et un créateur ; cette première division des choses le gêne encore,
et il cherche volontiers à grandir et à simplifier sa pensée en renfermant Dieu et l'univers dans un seul tout.
Si je rencontre un système philosophique suivant lequel
les choses matérielles et immatérielles, visibles et invisibles, que renferme le monde, ne sont plus considérées
que comme les parties diverses d'un être immense qui
seul reste éternel au milieu du changement continuel et
de la transformation incessante de tout ce qui le compose, je n'aurai pas de peine à conclure qu'un pareil
système, quoiqu'il détruise l'individualité humaine, ou
plutôt parce qu'il la détruit, aura des charmes secrets
pour les hommes qui vivent dans les démocraties ; toutes
leurs habitudes intellectuelles les préparent à le concevoir et les mettent sur la voie de l'adopter. Il attire naturellement leur imagination et la fixe ; il nourrit l'orgueil de leur esprit et flatte sa paresse.

Parmi les différents systèmes à l'aide desquels la phi-

losophie cherche à expliquer l'univers, le panthéisme me
paraît l'un des plus propres à séduire l'esprit humain
dans les siècles démocratiques ; c'est contre lui que tous
ceux qui restent épris de la véritable grandeur de l'homme
doivent se réunir et combattre.

CHAPITRE VIII

COMMENT L'ÉGALITÉ SUGGÈRE AUX AMÉRICAINS L'IDÉE DE LA PERFECTIBILITÉ
INDÉFINIE DE L'HOMME.

L'égalité suggère à l'esprit humain plusieurs idées qui ne lui seraient pas venues sans elle, et elle modifie presque toutes celles qu'il avait déjà. Je prends pour exemple l'idée de la perfectibilité humaine, parce qu'elle est une des principales que puisse concevoir l'intelligence, et qu'elle constitue à elle seule une grande théorie philosophique dont les conséquences se font voir à chaque instant dans la pratique des affaires.

Bien que l'homme ressemble sur plusieurs points aux animaux, un trait n'est particulier qu'à lui seul : il se perfectionne, et eux ne se perfectionnent point. L'espèce humaine n'a pu manquer de découvrir dès l'origine cette différence. L'idée de la perfectibilité est donc aussi ancienne que le monde; l'égalité ne l'a point fait naître, mais elle lui donne un caractère nouveau.

Quand les citoyens sont classés suivant le rang, la profession, la naissance, et que tous sont contraints de suivre la voie à l'entrée de laquelle le hasard les a placés,

chacun croit apercevoir près de soi les dernières bornes
de la puissance humaine, et nul ne cherche plus à lutter
contre une destinée inévitable. Ce n'est pas que les peuples aristocratiques refusent absolument à l'homme la
faculté de se perfectionner. Ils ne la jugent point indéfinie; ils conçoivent l'amélioration, non le changement;
ils imaginent la condition des sociétés à venir meilleure,
mais non point autre; et, tout en admettant que l'humanité a fait de grands progrès et qu'elle peut en faire
quelques-uns encore, ils la renferment d'avance dans de
certaines limites infranchissables.

Ils ne croient donc point être parvenus au souverain
bien et à la vérité absolue (quel homme ou quel peuple
a été assez insensé pour l'imaginer jamais?), mais ils
aiment à se persuader qu'ils ont atteint à peu près le
degré de grandeur et de savoir que comporte notre nature imparfaite; et, comme rien ne remue autour d'eux,
ils se figurent volontiers que tout est à sa place. C'est
alors que le législateur prétend promulguer des lois éternelles, que les peuples et les rois ne veulent élever que
des monuments séculaires, et que la génération présente
se charge d'épargner aux générations futures le soin de
régler leurs destinées.

A mesure que les castes disparaissent, que les classes
se rapprochent, que, les hommes se mêlant tumultueusement, les usages, les coutumes, les lois varient, qu'il
survient des faits nouveaux, que des vérités nouvelles
sont mises en lumière, que d'anciennes opinions disparaissent, et que d'autres prennent leur place, l'image

d'une perfection idéale et toujours fugitive se présente à l'esprit humain.

De continuels changements se passent alors à chaque instant sous les yeux de chaque homme. Les uns empirent sa position, et il ne comprend que trop bien qu'un peuple, ou qu'un individu, quelque éclairé qu'il soit, n'est point infaillible. Les autres améliorent son sort, et il en conclut que l'homme, en général, est doué de la faculté indéfinie de perfectionner. Ses revers lui font voir que nul ne peut se flatter d'avoir découvert le bien absolu; ses succès l'enflamment à le poursuivre sans relâche. Ainsi, toujours cherchant, tombant, se redressant, souvent déçu, jamais découragé, il tend incessamment vers cette grandeur immense qu'il entrevoit confusément au bout de la longue carrière que l'humanité doit encore parcourir.

On ne saurait croire combien de faits découlent naturellement de cette théorie philosophique suivant laquelle l'homme est indéfiniment perfectible, et l'influence prodigieuse qu'elle exerce sur ceux mêmes qui, ne s'étant jamais occupés que d'agir et non de penser, semblent y conformer leurs actions sans la connaître.

Je rencontre un matelot américain, et je lui demande pourquoi les vaisseaux de son pays sont construits de manière à durer peu, et il me répond sans hésiter que l'art de la navigation fait chaque jour des progrès si rapides, que le plus beau navire deviendrait bientôt presque inutile s'il prolongeait son existence au delà de quelques années.

Dans ces mots prononcés au hasard par un homme grossier et à propos d'un fait particulier, j'aperçois l'idée générale et systématique suivant laquelle un grand peuple conduit toutes choses.

Les nations aristocratiques sont naturellement portées à trop resserrer les limites de la perfectibilité humaine, et les nations démocratiques les étendent quelquefois outre mesure.

CHAPITRE IX

Il faut reconnaître que, parmi les peuples civilisés de nos jours, il en est peu chez qui les hautes sciences aient fait moins de progrès qu'aux États-Unis, et qui aient fourni moins de grands artistes, de poëtes illustres et de célèbres écrivains.

Plusieurs Européens, frappés de ce spectacle, l'ont considéré comme un résultat naturel et inévitable de l'égalité, et ils ont pensé que, si l'état social et les institutions démocratiques venaient une fois à prévaloir sur toute la terre, l'esprit humain verrait s'obscurcir peu à peu les lumières qui l'éclairent et que les hommes retomberaient dans les ténèbres.

Ceux qui raisonnent ainsi confondent, je pense, plusieurs idées qu'il serait important de diviser et d'examiner à part. Ils mêlent sans le vouloir ce qui est démocratique avec ce qui n'est qu'américain.

La religion que professaient les premiers émigrants, et qu'ils ont léguée à leurs descendants, simple dans son culte, austère et presque sauvage dans ses prin-

cipes, ennemie des signes extérieurs et de la pompe des
cérémonies, est naturellement peu favorable aux beaux-
arts, et ne permet qu'à regret les plaisirs littéraires.

Les Américains sont un peuple très-ancien et très-
éclairé, qui a rencontré un pays nouveau et immense
dans lequel il peut s'étendre à volonté, et qu'il féconde
sans peine. Cela est sans exemple dans le monde. En
Amérique, chacun trouve donc des facilités, inconnues
ailleurs, pour faire sa fortune ou pour l'accroître. La
cupidité y est toujours en haleine, et l'esprit humain,
distrait à tout moment des plaisirs de l'imagination et
des travaux de l'intelligence, n'y est entraîné qu'à la
poursuite de la richesse. Non-seulement on voit aux
États-Unis, comme dans tous les autres pays, des classes
industrielles et commerçantes, mais, ce qui ne s'était
jamais rencontré, tous les hommes s'y occupent à la fois
d'industrie et de commerce

Je suis cependant convaincu que si les Américains
avaient été seuls dans l'univers, avec les libertés et les
lumières acquises par leurs pères, et les passions qui
leur étaient propres, ils n'eussent point tardé à découvrir qu'on ne saurait faire longtemps des progrès dans
la pratique des sciences sans cultiver la théorie; que
tous les arts se perfectionnent les uns par les autres, et,
quelque absorbés qu'ils eussent pu être dans la poursuite de l'objet principal de leurs désirs, ils auraient
bientôt reconnu qu'il fallait, de temps en temps, s'en
détourner pour mieux l'atteindre.

Le goût des plaisirs de l'esprit est d'ailleurs si natu-

rel au cœur de l'homme civilisé que, chez les nations
polies, qui sont le moins disposées à s'y livrer, il se
trouve toujours un certain nombre de citoyens qui le
conçoivent. Ce besoin intellectuel, une fois senti, aurait
été bientôt satisfait.

Mais, en même temps que les Américains étaient naturellement portés à ne demander à la science que ses
applications particulières aux arts, que les moyens de
rendre la vie aisée, la docte et littéraire Europe se chargeait de remonter aux sources générales de la vérité, et
perfectionnait en même temps tout ce qui peut concourir
aux plaisirs comme tout ce qui doit servir aux besoins de
l'homme.

En tête des nations éclairées de l'ancien monde, les
habitants des États-Unis en distinguaient particulièrement une à laquelle les unissaient étroitement une origine commune et des habitudes analogues. Ils trouvaient chez ce peuple des savants célèbres, d'habiles
artistes, de grands écrivains, et ils pouvaient recueillir
les trésors de l'intelligence, sans avoir besoin de travailler à les amasser.

Je ne puis consentir à séparer l'Amérique de l'Europe, malgré l'Océan qui les divise. Je considère le
peuple des États-Unis comme la portion du peuple anglais chargée d'exploiter les forêts du nouveau monde;
tandis que le reste de la nation, pourvu de plus de
loisirs et moins préoccupé des soins matériels de la vie,
peut se livrer à la pensée et développer en tous sens
l'esprit humain.

La situation des Américains est donc entièrement exceptionnelle, et il est à croire qu'aucun peuple démocratique n'y sera jamais placé. Leur origine toute puritaine, leurs habitudes uniquement commerciales, le pays même qu'ils habitent et qui semble détourner leur intelligence de l'étude des sciences, des lettres et des arts; le voisinage de l'Europe qui leur permet de ne point les étudier sans retomber dans la barbarie; mille causes particulières dont je n'ai pu faire connaître que les principales, ont dû concentrer d'une manière singulière l'esprit américain dans le soin des choses purement matérielles. Les passions, les besoins, l'éducation, les circonstances, tout semble, en effet, concourir pour pencher l'habitant des États-Unis vers la terre. La religion seule lui fait, de temps en temps, lever des regards passagers et distraits vers le ciel.

Cessons donc de voir toutes les nations démocratiques sous la figure du peuple américain, et tâchons de les envisager enfin sous leurs propres traits.

On peut concevoir un peuple dans le sein duquel il n'y aurait ni castes, ni hiérarchie, ni classes; où la loi, ne reconnaissant point de priviléges, partagerait également les héritages, et qui, en même temps, serait privé de lumières et de liberté. Ceci n'est pas une vaine hypothèse : un despote peut trouver son intérêt à rendre ses sujets égaux, et à les laisser ignorants, afin de les tenir plus aisément esclaves.

Non-seulement un peuple démocratique de cette espèce ne montrera point d'aptitude ni de goût pour les sciences, la littérature et les arts ; mais il est à croire qu'il ne lui arrivera jamais d'en montrer.

La loi des successions se chargerait elle-même à chaque génération de détruire les fortunes, et personne n'en créerait de nouvelles. Le pauvre, privé de lumières et de liberté, ne concevrait même pas l'idée de s'élever vers la richesse, et le riche se laisserait entraîner vers la pauvreté sans savoir se défendre. Il s'établirait bientôt entre ces deux citoyens une complète et invincible égalité. Personne n'aurait alors ni le temps, ni le goût de se livrer aux travaux et aux plaisirs de l'intelligence. Mais tous demeureraient engourdis dans une même ignorance et dans une égale servitude.

Quand je viens à imaginer une société démocratique de cette espèce, je crois aussitôt me sentir dans un de ces lieux bas, obscurs et étouffés, où les lumières, apportées du dehors, ne tardent point à pâlir et à s'éteindre. Il me semble qu'une pesanteur subite m'accable, et que je me traîne au milieu des ténèbres qui m'environnent pour trouver l'issue qui doit me ramener à l'air et au grand jour. Mais tout ceci ne saurait s'appliquer à des hommes déjà éclairés qui, après avoir détruit parmi eux les droits particuliers et héréditaires qui fixaient à perpétuité les biens dans les mains de certains individus ou de certains corps, restent libres.

Quand les hommes, qui vivent au sein d'une société démocratique, sont éclairés, ils découvrent sans peine que rien ne les borne ni ne les fixe et ne les force de se contenter de leur fortune présente

Ils conçoivent donc tous l'idée de l'accroître, et, s'ils sont libres, ils essayent tous de le faire, mais tous n'y réussissent pas de la même manière. La législature n'accorde plus, il est vrai, de priviléges, mais la nature en donne. L'inégalité naturelle étant très-grande, les fortunes deviennent inégales du moment où chacun fait usage de toutes ses facultés pour s'enrichir.

La loi des successions s'oppose encore à ce qu'il se fonde des familles riches, mais elle n'empêche plus qu'il n'y ait des riches. Elle ramène sans cesse les citoyens vers un commun niveau auquel ils échappent sans cesse ; ils deviennent plus inégaux en biens à mesure que leurs lumières sont plus étendues et leur liberté plus grande.

Il s'est élevé de nos jours une secte célèbre par son génie et ses extravagances, qui prétendait concentrer tous les biens dans les mains d'un pouvoir central, et charger celui-là de les distribuer ensuite, suivant le mérite, à tous les particuliers. On se fût soustrait, de cette manière, à la complète et éternelle égalité qui semble menacer les sociétés démocratiques.

Il y a un autre remède plus simple et moins dangereux, c'est de n'accorder à personne de privilége, de donner à tous d'égales lumières et une égale indépendance, et de laisser à chacun le soin de marquer lui-même sa place. L'inégalité naturelle se fera bientôt jour et la richesse passera d'elle-même du côté des plus habiles.

Les sociétés démocratiques et libres renfermeront donc toujours dans leur sein une multitude de gens opulents

ou aisés. Ces riches ne seront point liés aussi étroitement
entre eux que les membres de l'ancienne classe aristocratique; ils auront des instincts différents et ne posséde-
deront presque jamais un loisir aussi assuré et aussi
complet; mais ils seront infiniment plus nombreux que
ne pouvaient l'être ceux qui composaient cette classe.
Ces hommes ne seront point étroitement renfermés dans
les préoccupations de la vie matérielle, et ils pourront,
bien qu'à des degrés divers, se livrer aux travaux et aux
plaisirs de l'intelligence : ils s'y livreront donc; car, s'il
est vrai que l'esprit humain penche par un bout vers le
borné, le matériel et l'utile, de l'autre, il s'élève naturellement vers l'infini, l'immatériel et le beau. Les besoins physiques l'attachent à la terre, mais, dès qu'on
ne le retient plus, il se redresse de lui-même.

Non-seulement le nombre de ceux qui peuvent s'inté-
résser aux œuvres de l'esprit sera plus grand, mais le
goût des jouissances intellectuelles descendra, de proche
en proche, jusqu'à ceux mêmes qui, dans les sociétés
aristocratiques, ne semblent avoir ni le temps ni la capacité de s'y livrer.

Quand il n'y a plus de richesses héréditaires, de
priviléges de classes et de prérogatives de naissance, et
que chacun ne tire plus sa force que de lui-même, il
devient visible que ce qui fait la principale différence
entre la fortune des hommes, c'est l'intelligence. Tout
ce qui sert à fortifier, à étendre, à orner l'intelligence,
acquiert aussitôt un grand prix.

L'utilité du savoir se découvre avec une clarté toute

particulière aux yeux mêmes de la foule. Ceux qui ne goûtent point ses charmes prisent ses effets, et font quelques efforts pour l'atteindre.

Dans les siècles démocratiques, éclairés et libres, les hommes n'ont rien qui les sépare ni qui les retienne à leur place; ils s'élèvent ou s'abaissent avec une rapidité singulière. Toutes les classes se voient sans cesse, parce qu'elles sont fort proches. Elles se communiquent et se mêlent tous les jours, s'imitent et s'envient; cela suggère au peuple une foule d'idées, de notions, de désirs qu'il n'aurait point eus si les rangs avaient été fixes et la société immobile. Chez ces nations le serviteur ne se considère jamais comme entièrement étranger aux plaisirs et aux travaux du maître, le pauvre à ceux du riche; l'homme des champs s'efforce de ressembler à celui des villes, et les provinces à la métropole.

Ainsi, personne ne se laisse aisément réduire aux seuls soins matériels de la vie, et le plus humble artisan y jette, de temps à autre, quelques regards avides et furtifs dans le monde supérieur de l'intelligence. On ne lit point dans le même esprit et de la même manière que chez les peuples aristocratiques; mais le cercle des lecteurs s'étend sans cesse et finit par renfermer tous les citoyens.

Du moment où la foule commence à s'intéresser aux travaux de l'esprit, il se découvre qu'un grand moyen d'acquérir de la gloire, de la puissance, ou des richesses, c'est d'exceller dans quelques-uns d'entre eux. L'inquiète ambition que l'égalité fait naître se tourne aussitôt de ce côté comme de tous les autres. Le nombre de ceux qui cultivent les sciences, les lettres et les arts, devient immense. Une activité prodigieuse se révèle dans le monde de l'intelligence; chacun cherche à s'y ouvrir un chemin, et s'efforce d'attirer l'œil du public à sa suite. Il s'y passe quelque chose d'analogue à ce qui arrive aux États-Unis dans la société politique; les œuvres y sont souvent imparfaites, mais elles sont innombrables; et, bien que les résultats des efforts individuels soient ordinairement très-petits, le résultat général est toujours très-grand.

Il n'est donc pas vrai de dire que les hommes qui vivent dans les siècles démocratiques soient naturellement indifférents pour les sciences, les lettres et les arts; seulement il faut reconnaître qu'ils les cultivent à leur manière, et qu'ils apportent, de ce côté, les qualités et les défauts qui leur sont propres.

CHAPITRE X

Si l'état social et les institutions démocratiques n'arrêtent point l'essor de l'esprit humain, il est du moins incontestable qu'ils le dirigent d'un côté plutôt que d'un autre. Leurs efforts, ainsi limités, sont encore très-grands, et l'on me pardonnera, j'espère, de m'arrêter un moment pour les contempler.

Nous avons fait, quand il s'est agi de la méthode philosophique des Américains, plusieurs remarques dont il faut profiter ici.

L'égalité développe dans chaque homme le désir de juger tout par lui-même ; elle lui donne, en toutes choses, le goût du tangible et du réel, le mépris des traditions et des formes. Ces instincts généraux se font principalement voir dans l'objet particulier de ce chapitre.

Ceux qui cultivent les sciences chez les peuples démocratiques craignent toujours de se perdre dans les utopies. Ils se défient des systèmes, ils aiment à se tenir très près des faits et à les étudier par eux-mêmes ; comme ils ne s'en laissent point imposer facilement par le nom d'aucun de leurs semblables, ils ne sont jamais disposés à jurer sur la parole du maître; mais, au contraire, on les voit sans cesse occupés à chercher le côté faible de sa doctrine. Les traditions scientifiques ont sur eux peu d'empire; ils ne s'arrêtent jamais longtemps dans les subtilités d'une école et se payent malaisément de grands mots; ils pénètrent, autant qu'ils le peuvent, jusqu'aux parties principales du sujet qui les occupe, et ils aiment à les exposer en langue vulgaire. Les sciences ont alors une allure plus libre et plus sûre, mais moins haute.

L'esprit peut, ce me semble, diviser la science en trois parts.

La première contient les principes les plus théoririques, les notions les plus abstraites, celles dont l'application n'est point connue ou est fort éloignée.

La seconde se compose des vérités générales qui, tenant encore à la théorie pure, mènent cependant par un chemin direct et court à la pratique.

Les procédés d'application et les moyens d'exécution remplissent la troisième.

Chacune de ces différentes portions de la science peut être cultivée à part, bien que la raison et l'expérience fassent connaître qu'aucune d'elles ne saurait prospérer longtemps, quand on la sépare absolument des deux autres.

En Amérique la partie purement pratique des sciences est admirablement cultivée, et l'on s'y occupe avec soin de la portion théorique immédiatement nécessaire à l'ap-

plication; les Américains font voir de ce côté un esprit
toujours net, libre, original et fécond; mais il n'y a
presque personne, aux États-Unis, qui se livre à la portion essentiellement théorique et abstraite des connaissances humaines. Les Américains montrent en ceci l'excès
d'une tendance qui se retrouvera, je pense, quoiqu'à un
degré moindre, chez tous les peuples démocratiques.

Rien n'est plus nécessaire à la culture des hautes
sciences, ou de la portion élevée des sciences que la
méditation, et il n'y a rien de moins propre à la méditation que l'intérieur d'une société démocratique. On n'y
rencontre pas, comme chez les peuples aristocratiques,
une classe nombreuse qui se tient dans le repos parce
qu'elle se trouve bien; et une autre qui ne remue point
parce qu'elle désespère d'être mieux. Chacun s'agite;
les uns veulent atteindre le pouvoir, les autres s'emparer de la richesse. Au milieu de ce tumulte universel, de
ce choc répété des intérêts contraires, de cette marche
continuelle des hommes vers la fortune, où trouver le
calme nécessaire aux profondes combinaisons de l'intelligence? comment arrêter sa pensée sur un seul point
quand autour de soi tout remue, et qu'on est soi-même
entraîné et ballotté chaque jour dans le courant impétueux qui roule toutes choses?

Il faut bien discerner l'espèce d'agitation permanente
qui règne au sein d'une démocratie tranquille et déjà
constituée, des mouvements tumultueux et révolutionnaires qui accompagnent presque toujours la naissance
et le développement d'une société démocratique.

Lorsqu'une violente révolution a lieu chez un peuple très-civilisé, elle ne saurait manquer de donner une impulsion soudaine aux sentiments et aux idées.

Ceci est vrai surtout des révolutions démocratiques, qui, remuant à la fois toutes les classes dont un peuple se compose, font naître en même temps d'immenses ambitions dans le cœur de chaque citoyen.

Si les Français ont fait tout à coup de si admirables progrès dans les sciences exactes, au moment même où ils achevaient de détruire les restes de l'ancienne société féodale, il faut attribuer cette fécondité soudaine, non pas à la démocratie, mais à la révolution sans exemple qui accompagnait ses développements. Ce qui survint alors était un fait particulier; il serait imprudent d'y voir l'indice d'une loi générale.

Les grandes révolutions ne sont pas plus communes chez les peuples démocratiques que chez les autres peuples; je suis même porté à croire qu'elles le sont moins. Mais il règne dans le sein de ces nations un petit mouvement incommode, une sorte de roulement incessant des hommes les uns sur les autres, qui trouble et distrait l'esprit sans l'animer ni l'élever.

Non-seulement les hommes qui vivent dans les sociétés démocratiques se livrent difficilement à la méditation, mais ils ont naturellement peu d'estime pour elle. L'état social et les institutions démocratiques portent la plupart des hommes à agir constamment; or, les habitudes d'esprit qui conviennent à l'action ne conviennent pas toujours à la pensée. L'homme qui agit en est réduit

à se contenter souvent d'à peu près parce qu'il n'arriverait jamais au bout de son dessein, s'il voulait perfectionner chaque détail. Il lui faut s'appuyer sans cesse sur des
idées qu'il n'a pas eu le loisir d'approfondir, car c'est
bien plus l'opportunité de l'idée dont il se sert que sa
rigoureuse justesse qui l'aide; et à tout prendre, il y a
moins de risque pour lui à faire usage de quelques principes faux, qu'à consumer son temps à établir la vérité
de tous ses principes. Ce n'est point par de longues et
savantes démonstrations que se mène le monde. La vue
rapide d'un fait particulier, l'étude journalière des passions changeantes de la foule, le hasard du moment et
l'habileté à s'en saisir, y décident de toutes les affaires.

Dans les siècles où presque tout le monde agit, on est
donc généralement porté à attacher un prix excessif aux
élans rapides et aux conceptions superficielles de l'intelligence, et, au contraire, à déprécier outre mesure son
travail profond et lent.

Cette opinion publique influe sur le jugement des
hommes qui cultivent les sciences, elle leur persuade
qu'ils peuvent y réussir sans méditation, ou les écarte
de celles qui en exigent.

Il y a plusieurs manières d'étudier les sciences. On
rencontre chez une foule d'hommes un goût égoïste,
mercantile et industriel pour les découvertes de l'esprit
qu'il ne faut pas confondre avec la passion désintéressée
qui s'allume dans le cœur d'un petit nombre; il y a un
désir d'utiliser les connaissances et un pur désir de connaître. Je ne doute point qu'il ne naisse, de loin en loin,

chez quelques-uns, un amour ardent et inépuisable de la vérité, qui se nourrit de lui-même et jouit incessamment sans pouvoir jamais se satisfaire. C'est cet amour ardent, orgueilleux et désintéressé du vrai qui conduit les hommes jusqu'aux sources abstraites de la vérité pour y puiser les idées mères.

Si Pascal n'eût envisagé que quelque grand profit, ou si même il n'eût été mû que par le seul désir de la gloire, je ne saurais croire qu'il eût jamais pu rassembler, comme il l'a fait, toutes les puissances de son intelligence pour mieux découvrir les secrets les plus cachés du Créateur. Quand je le vois arracher, en quelque façon, son âme du milieu des soins de la vie, afin de l'attacher tout entière à cette recherche, et, brisant prématurément les liens qui la retiennent au corps, mourir de vieillesse avant quarante ans, je m'arrête interdit, et je comprends que ce n'est point une cause ordinaire qui peut produire de si extraordinaires efforts.

L'avenir prouvera si ces passions, si rares et si fécondes, naissent et se développent aussi aisément au milieu des sociétés démocratiques qu'au sein des aristocraties. Quant à moi, j'avoue que j'ai peine à le croire.

Dans les sociétés aristocratiques, la classe qui dirige l'opinion et mène les affaires, étant placée d'une manière permanente et héréditaire au-dessus de la foule, conçoit naturellement une idée superbe d'elle-même et de l'homme. Elle imagine volontiers pour lui des jouissances glorieuses, et fixe des buts magnifiques à ses dé-

sirs. Les aristocraties font souvent des actions fort tyranniques et fort inhumaines, mais elles conçoivent rarement des pensées basses, et elles montrent un certain
dédain orgueilleux pour les petits plaisirs, alors même
qu'elles s'y livrent; cela y monte toutes les âmes sur un
ton fort haut. Dans les temps aristocratiques on se fait
généralement des idées très-vastes de la dignité, de la
puissance, de la grandeur de l'homme. Ces opinions influent sur ceux qui cultivent les sciences comme sur
tous les autres; elles facilitent l'élan naturel de l'esprit
vers les plus hautes régions de la pensée, et la disposent
naturellement à concevoir l'amour sublime et presque
divin de la vérité.

Les savants de ces temps sont donc entraînés vers la
théorie, et il leur arrive même souvent de concevoir un
mépris inconsidéré pour la pratique. « Archimède, dit
Plutarque, a eu le cœur si haut qu'il ne daigna jamais
laisser par écrit aucune œuvre de la manière de dresser
toutes ces machines de guerre, et réputant toute cette
science d'inventer et composer machines et généralement tout art qui rapporte quelque utilité à le mettre en
pratique, vil, bas et mercenaire, il employa son esprit
et son étude à écrire seulement choses dont la beauté et
la subtilité ne fût aucunement mêlée avec nécessité. »
Voilà la visée aristocratique des sciences.

Elle ne saurait être la même chez les nations démocratiques.

La plupart des hommes qui composent ces nations
sont fort avides de jouissances matérielles et présentes;

comme ils sont toujours mécontents de la position qu'ils occupent, et toujours libres de la quitter, ils ne songent qu'aux moyens de changer leur fortune ou de l'accroître. Pour des esprits ainsi disposés, toute méthode nouvelle qui mène par un chemin plus court à la richesse, toute machine qui abrége le travail, tout instrument qui diminue les frais de la production, toute découverte qui facilite les plaisirs et les augmente, semble le plus magnifique effort de l'intelligence humaine. C'est principalement par ce côté que les peuples démocratiques s'attachent aux sciences, les comprennent et les honorent. Dans les siècles aristocratiques on demande particulièrement aux sciences les jouissances de l'esprit; dans les démocraties, celles du corps.

Comptez que plus une nation est démocratique, éclairée et libre, plus le nombre de ces appréciateurs intéressés du génie scientifique ira s'accroissant, et plus les découvertes immédiatement applicables à l'industrie, donneront de profit, de gloire, et même de puissance à leurs auteurs; car, dans les démocraties, la classe qui travaille prend part aux affaires publiques, et ceux qui la servent ont à attendre d'elle des honneurs aussi bien que de l'argent.

On peut aisément concevoir que dans une société organisée de cette manière, l'esprit humain soit insensiblement conduit à négliger la théorie, et qu'il doit au contraire, se sentir poussé avec une énergie sans pareille vers l'application, ou tout au moins vers cette portion de la théorie qui est nécessaire à ceux qui appliquent.

En vain, un penchant instinctif l'élève-t-il vers les plus hautes sphères de l'intelligence, l'intérêt le ramène vers les moyennes. C'est là qu'il déploie sa force et son inquiète activité, et enfante des merveilles. Ces mêmes Américains, qui n'ont pas découvert une seule des lois générales de la mécanique, ont introduit dans la navigation une machine nouvelle qui change la face du monde.

Certes, je suis loin de prétendre que les peuples démocratiques de nos jours soient destinés à voir éteindre les lumières transcendantes de l'esprit humain, ni même qu'il ne doive pas s'en allumer de nouvelles dans leur sein. A l'âge du monde où nous sommes, et parmi tant de nations lettrées, que tourmente incessamment l'ardeur de l'industrie, les liens qui unissent entre elles les différentes parties de la science ne peuvent manquer de frapper les regards; et le goût même de la pratique s'il est éclairé, doit porter les hommes à ne point négliger la théorie. Au milieu de tant d'essais d'applications, de tant d'expériences chaque jour répétées, il est comme impossible que, souvent des lois très-générales ne viennent pas à apparaître; de telle sorte que les grandes découvertes seraient fréquentes, bien que les grands inventeurs fussent rares.

Je crois d'ailleurs aux hautes vocations scientifiques. Si la démocratie ne porte point les hommes à cultiver les sciences pour elles-mêmes, d'une autre part elle augmente immensément le nombre de ceux qui les cultivent. Il n'est pas à croire que, parmi une si grande multitude, il ne naisse point de temps en temps quelque génie spéculatif, que le seul amour de la vérité enflamme. On peut être assuré que celui-là s'efforcera de percer les plus profonds mystères de la nature, quel que soit l'esprit de son pays et de son temps. Il n'est pas besoin d'aider son essor; il suffit de ne point l'arrêter. Tout ce que je veux dire est ceci : l'inégalité permanente des conditions porte les hommes à se renfermer dans la recherche orgueilleuse et stérile des vérités abstraites; tandis que l'état social et les institutions démocratiques les disposent à ne demander aux sciences que leurs applications immédiates et utiles.

Cette tendance est naturelle et inévitable. Il est curieux de la connaître, et il peut être nécessaire de la montrer.

Si ceux qui sont appelés à diriger les nations de nos jours apercevaient clairement et de loin ces instincts nouveaux qui bientôt seront irrésistibles, ils comprendraient qu'avec des lumières et de la liberté, les hommes qui vivent dans les siècles démocratiques, ne peuvent manquer de perfectionner la portion industrielle des sciences, et que désormais tout l'effort du pouvoir social doit se porter à soutenir les hautes études, et à créer de grandes passions scientifiques.

De nos jours, il faut retenir l'esprit humain dans la théorie, il court de lui-même à la pratique, et au lieu de le ramener sans cesse vers l'examen détaillé des effets secondaires, il est bon de l'en distraire quelquefois, pour l'élever jusqu'à la contemplation des causes premières.

Parce que la civilisation romaine est morte à la suite de l'invasion des barbares, nous sommes peut-être trop enclins à croire que la civilisation ne saurait autrement mourir.

Si les lumières qui nous éclairent venaient jamais à s'éteindre, elles s'obscurciraient peu à peu, et comme d'elles-mêmes. A force de se renfermer dans l'application, on perdrait de vue les principes, et quand on aurait entièrement oublié les principes, on suivrait mal les méthodes qui en dérivent; on ne pourrait plus en inventer de nouvelles, et l'on emploierait sans intelligence et sans art de savants procédés qu'on ne comprendrait plus.

Lorsque les Européens abordèrent, il y a trois cents ans, à la Chine, ils y trouvèrent presque tous les arts parvenus à un certain degré de perfection, et ils s'étonnèrent, qu'étant arrivés à ce point, on n'eût pas été plus avant. Plus tard, ils découvrirent les vestiges de quelques hautes connaissances qui s'étaient perdues. La nation était industrielle; la plupart des méthodes scientifiques s'étaient conservées dans son sein; mais la science elle-même n'y existait plus. Cela leur expliqua l'espèce d'immobilité singulière dans laquelle ils avaient trouvé l'esprit de ce peuple. Les Chinois, en suivant la trace de leurs pères, avaient oublié les raisons qui avaient dirigé ceux-ci. Ils se servaient encore de la formule sans en rechercher le sens; ils gardaient l'instrument et ne possédaient plus l'art de le modifier et de le reproduire. Les Chinois ne pouvaient donc rien changer. Ils devaient renoncer à améliorer. Ils étaient forcés d'imiter toujours et en tout leurs pères, pour ne pas se jeter dans des ténèbres impénétrables, s'ils s'écartaient un instant du chemin que ces derniers avaient tracé. La source des connaissances humaines était presque tarie; et, bien que le fleuve coulât encore, il ne pouvait plus grossir ses ondes ou changer son cours.

Cependant la Chine subsistait paisiblement, depuis des siècles; ses conquérants avaient pris ses mœurs; l'ordre y régnait. Une sorte de bien-être matériel s'y laissait apercevoir de tous côtés. Les révolutions y étaient très-rares, et la guerre pour ainsi dire inconnue.

Il ne faut donc point se rassurer en pensant que les barbares sont encore loin de nous; car, s'il y a des peuples qui se laissent arracher des mains la lumière, il y en a d'autres qui l'étouffent eux-mêmes sous leurs pieds.

CHAPITRE XI

Je croirais perdre le temps des lecteurs et le mien, si je m'attachais à montrer comment la médiocrité générale des fortunes, l'absence du superflu, le désir universel du bien-être, et les constants efforts auxquels chacun se livre pour se le procurer, font prédominer dans le cœur de l'homme le goût de l'utile sur l'amour du beau. Les nations démocratiques, chez lesquelles toutes ces choses se rencontrent, cultiveront donc les arts qui servent à rendre la vie commode, de préférence à ceux dont l'objet est de l'embellir; elles préféreront habituellement l'utile au beau, et elles voudront que le beau soit utile.

Mais je prétends aller plus avant, et après avoir indiqué le premier trait, en dessiner plusieurs autres.

Il arrive d'ordinaire que dans les siècles de priviléges, l'exercice de presque tous les arts devient un privilége, et que chaque profession est un monde à part où il n'est pas loisible à chacun d'entrer. Et lors même que l'industrie est libre, l'immobilité naturelle aux nations aristocratiques, fait que tous ceux qui s'occupent d'un même art, finissent néanmoins par former une classe distincte, toujours composée des mêmes familles, dont tous les membres se connaissent, et où il naît bientôt une opinion publique et un orgueil de corps. Dans une classe industrielle de cette espèce, chaque artisan n'a pas seulement sa fortune à faire, mais sa considération à garder. Ce n'est pas seulement son intérêt qui fait sa règle, ni même celui de l'acheteur, mais celui du corps, et l'intérêt du corps est que chaque artisan produise des chefs-d'œuvre. Dans les siècles aristocratiques, la visée des arts est donc de faire le mieux possible, et non le plus vite, ni au meilleur marché.

Lorsqu'au contraire chaque profession est ouverte à tous, que la foule y entre et en sort sans cesse, et que ses différents membres deviennent étrangers, indifférents et presque invisibles les uns aux autres, à cause de leur multitude, le lien social est détruit, et chaque ouvrier ramené vers lui-même, ne cherche qu'à gagner le plus d'argent possible aux moindres frais, il n'y a plus que la volonté du consommateur qui le limite. Or, il arrive que, dans le même temps, une révolution correspondante se fait sentir chez ce dernier.

Dans les pays où la richesse comme le pouvoir se trouve concentrée, dans quelques mains, et n'en sort pas, l'usage de la plupart des biens de ce monde appartient à un petit nombre d'individus toujours le même; la nécessité, l'opinion, la modération des désirs en écartent tous les autres.

Comme cette classe aristocratique se tient immobile au point de grandeur où elle placée sans se resserrer ni s'étendre, elle éprouve toujours les mêmes besoins et les ressent de la même manière. Les hommes qui la composent puisent naturellement dans la position supérieure et héréditaire qu'ils occupent, le goût de ce qui est très-bien fait et très-durable.

Cela donne une tournure générale aux idées de la nation en fait d'arts.

Il arrive souvent que, chez ces peuples, le paysan lui-même aime mieux se priver entièrement des objets qu'il convoite, que de les acquérir imparfaits.

Dans les aristocraties les ouvriers ne travaillent donc que pour un nombre limité d'acheteurs, très-difficiles à satisfaire. C'est de la perfection de leurs travaux que dépend principalement le gain qu'ils attendent.

Il n'en est plus ainsi lorsque tous les priviléges étant détruits, les rangs se mêlent, et que tous les hommes s'abaissent et s'élèvent sans cesse sur l'échelle sociale.

On rencontre toujours dans le sein d'un peuple démocratique, une foule de citoyens dont le patrimoine se divise et décroît. Ils ont contracté, dans des temps meilleurs, certains besoins qui leur restent, après que la faculté de les satisfaire n'existe plus, et ils cherchent avec inquiétude s'il n'y aurait pas quelques moyens détournés d'y pourvoir.

D'autre part, on voit toujours dans les démocraties un très-grand nombre d'hommes dont la fortune croît, mais dont les désirs croissent bien plus vite que la fortune, et qui dévorent des yeux les biens qu'elle leur promet, longtemps avant qu'elle ne les livre. Ceux-ci cherchent de tous côtés à s'ouvrir des voies plus courtes vers ces jouissances voisines. De la combinaison de ces deux causes, il résulte qu'on rencontre toujours dans les démocraties une multitude de citoyens dont les besoins sont au-dessus des ressources, et qui consentiraient volontiers à se satisfaire incomplétement, plutôt que de renoncer tout à fait à l'objet de leur convoitise.

L'ouvrier comprend aisément ces passions, parce que lui-même les partage : dans les aristocraties, il cherchait à vendre ses produits très-cher à quelques-uns ; il conçoit maintenant qu'il y aurait un moyen plus expéditif de s'enrichir ; ce serait de les vendre bon marché à tous.

Or, il n'y a que deux manières d'arriver à baisser le prix d'une marchandise.

La première est de trouver des moyens meilleurs, plus courts et plus savants de la produire. La seconde est de fabriquer en plus grande quantité des objets à peu près semblables, mais d'une moindre valeur. Chez les peuples démocratiques, toutes les facultés intellectuelles de l'ouvrier sont dirigées vers ces deux points.

Il s'efforce d'inventer des procédés qui lui permettent de travailler, non pas seulement mieux, mais plus vite, et à moindres frais, et, s'il ne peut y parvenir, de diminuer les qualités intrinsèques de la chose qu'il fait, sans la rendre entièrement impropre à l'usage auquel on la destine. Quand il n'y avait que les riches qui eussent des montres, elles étaient presque toutes excellentes. On n'en fait plus guère que de médiocres, mais tout le monde en a. Ainsi, la démocratie ne tend pas seulement à diriger l'esprit humain vers les arts utiles; elle porte les artisans à faire très-rapidement beaucoup de choses imparfaites, et le consommateur à se contenter de ces choses.

Ce n'est pas que dans les démocraties l'art ne soit capable, au besoin, de produire des merveilles. Cela se découvre parfois, quand il se présente des acheteurs qui consentent à payer le temps et la peine. Dans cette lutte de toutes les industries, au milieu de cette concurrence immense et de ces essais sans nombre, il se forme des ouvriers excellents qui pénètrent jusqu'aux dernières limites de leur profession; mais ceux-ci ont rarement l'occasion de montrer ce qu'ils savent faire : ils ménagent leurs efforts avec soin; ils se tiennent dans une médiocrité savante qui se juge elle-même, et qui, pouvant atteindre au delà du but qu'elle se propose, ne vise qu'au but qu'elle atteint. Dans les aristocraties, au contraire, les ouvriers font toujours tout ce qu'ils savent faire, et lorsqu'ils s'arrêtent, c'est qu'ils sont au bout de leur science.

Lorsque j'arrive dans un pays et que je vois les arts donner quelques produits admirables, cela ne m'apprend rien sur l'état social et la constitution politique du pays. Mais si j'aperçois que les produits des arts y sont généralement imparfaits, en très-grand nombre et à bas prix, je suis assuré que, chez le peuple où ceci se passe, les priviléges s'affaiblissent, et les classes commencent à se mêler et vont bientôt se confondre.

Les artisans qui vivent dans les siècles démocratiques ne cherchent pas seulement à mettre à la portée de tous les citoyens leurs produits utiles, ils s'efforcent encore de donner à tous leurs produits des qualités brillantes que ceux-ci n'ont pas.

Dans la confusion de toutes les classes, chacun espère pouvoir paraître ce qu'il n'est pas et se livre à de grands efforts pour y parvenir. La démocratie ne fait pas naître ce sentiment qui n'est que trop naturel au cœur de l'homme; mais elle l'applique aux choses matérielles : l'hypocrisie de la vertu est de tous les temps; celle du luxe appartient plus particulièrement aux siècles démocratiques.

Pour satisfaire ces nouveaux besoins de la vanité humaine, il n'est point d'impostures auxquelles les arts n'aient recours; l'industrie va quelquefois si loin dans ce sens qu'il lui arrive de se nuire à elle-même. On est déjà parvenu à imiter si parfaitement le diamant, qu'il est facile de s'y méprendre. Du moment où l'on aura inventé l'art de fabriquer les faux diamants, de manière à ce qu'on ne puisse plus les distinguer des véritables, on abandonnera vraisemblement les uns et les autres, et ils redeviendront des cailloux.

Ceci me conduit à parler de ceux des arts qu'on a nommés, par excellence, les beaux-arts.

Je ne crois point que l'effet nécessaire de l'état social

et des institutions démocratiques soit de diminuer le nombre des hommes qui cultivent les beaux arts; mais ces causes influent puissamment sur la manière dont ils sont cultivés. La plupart de ceux qui avaient déjà contracté le goût des beaux-arts devenant pauvres, et, d'un autre côté, beaucoup de ceux qui ne sont pas encore riches commençant à concevoir, par imitation, le goût des beaux-arts, la quantité des consommateurs en général s'accroît, et les consommateurs très-riches et très-fins deviennent plus rares. Il se passe alors dans les beaux-arts quelque chose d'analogue à ce que j'ai déjà fait voir quand j'ai parlé des arts utiles. Ils multiplient leurs œuvres et diminuent le mérite de chacune d'elles.

Ne pouvant plus viser au grand, on cherche l'élégant et le joli; on tend moins à la réalité qu'à l'apparence.

Dans les aristocraties on fait quelques grands tableaux, et, dans les pays démocratiques, une multitude de petites peintures. Dans les premières on élève des statues de bronze, et dans les seconds on coule des statues de plâtre.

Lorsque j'arrivai pour la première fois à New-York par cette partie de l'océan Atlantique qu'on nomme la rivière de l'Est, je fus surpris d'apercevoir, le long du rivage, à quelque distance de la ville, un certain nombre de petits palais de marbre blanc, dont plusieurs avaient une architecture antique; le lendemain, ayant été pour considérer de plus près celui qui avait particulièrement attiré mes regards, je trouvai que ses murs étaient de briques blanchies et ses colonnes de bois peint. Il en était de même de tous les monuments que j'avais admirés la veille.

L'état social et les institutions démocratiques donnent, de plus, à tous les arts d'imitation, de certaines tendances particulières qu'il est facile de signaler. Ils les détournent souvent de la peinture de l'âme pour ne les attacher qu'à celle du corps; et ils substituent la représentation des mouvements et des sensations à celle des sentiments et des idées; à la place de l'idéal ils mettent enfin le réel.

Je doute que Raphaël ait fait une étude aussi approfondie des moindres ressorts du corps humain que les dessinateurs de nos jours. Il n'attachait pas la même importance qu'eux à la rigoureuse exactitude sur ce point, car il prétendait surpasser la nature. Il voulait faire de l'homme quelque chose qui fût supérieur à l'homme; il entreprenait d'embellir la beauté même.

David et ses élèves étaient, au contraire, aussi bons anatomistes que bons peintres. Ils représentaient merveilleusement bien les modèles qu'ils avaient sous les yeux, mais il était rare qu'ils imaginassent rien au delà; ils suivaient exactement la nature, tandis que Raphaël cherchait mieux qu'elle. Ils nous ont laissé une exacte peinture de l'homme, mais le premier nous fait entrevoir la Divinité dans ses œuvres.

On peut appliquer au choix même du sujet ce que j'ai dit de la manière de le traiter.

Les peintres de la renaissance cherchaient d'ordinair au-dessus d'eux, ou loin de leur temps, de grands sujets qui laissassent à leur imagination une vaste carrière. Nos peintres mettent souvent leur talent à reproduire exactement les détails de la vie privée qu'ils ont sans cesse sous les yeux, et ils copient de tous côtés de petits objets qui n'ont que trop d'originaux dans la nature.

CHAPITRE XII

Je viens de dire que, dans les siècles démocratiques,
les monuments des arts tendaient à devenir plus nombreux et moins grands. Je me hâte d'indiquer moi-même
l'exception à cette règle.

Chez les peuples démocratiques, les individus sont
très-faibles; mais l'État qui les représente tous, et les
lient tous dans sa main, est très-fort. Nulle part les citoyens ne paraissent plus petits que dans une nation démocratique. Nulle part la nation elle-même ne semble
plus grande et l'esprit ne s'en fait plus aisément un vaste
tableau. Dans les sociétés démocratiques, l'imagination
des hommes se resserre quand ils songent à eux-mêmes;
elle s'étend indéfiniment quand ils pensent à l'État. Il
arrive de là que les mêmes hommes qui vivent petite-
ment dans d'étroites demeures, visent souvent au gigantesque dès qu'il s'agit des monuments publics.

Les Américains ont placé sur le lieu dont ils voulaient
faire leur capitale, l'enceinte d'une ville immense qui

aujourd'hui encore, n'est guère plus peuplée que Pontoise, mais qui, suivant eux, doit contenir un jour un million d'habitants; déjà, ils ont déraciné les arbres à dix lieues à la ronde, de peur qu'ils ne vinssent à incommoder les futurs citoyens de cette métropole imaginaire. Ils ont élevé, au centre de la cité, un palais magnifique pour servir de siége au congrès et ils lui ont donné le nom pompeux de Capitole.

Tous les jours, les États particuliers eux-mêmes conçoivent et exécutent des entreprises prodigieuses dont s'étonnerait le génie des grandes nations de l'Europe.

Ainsi, la démocratie ne porte pas seulement les hommes à faire une multitude de menus ouvrages; elle les porte aussi à élever un petit nombre de très-grands monuments. Mais entre ces deux extrêmes, il n'y a rien. Quelques restes épars de très-vastes édifices n'annoncent donc rien sur l'état social et les institutions du peuple qui les a élevés.

J'ajoute, quoique cela sorte de mon sujet, qu'ils ne font pas mieux connaître sa grandeur, ses lumières et sa prospérité réelle.

Toutes les fois qu'un pouvoir quelconque sera capable de faire concourir tout un peuple à une seule entreprise, il parviendra avec peu de science et beaucoup de temps à tirer du concours de si grands efforts quelque chose d'immense, sans que pour cela il faille conclure que le peuple est très-heureux, très-éclairé ni même très-fort. Les Espagnols ont trouvé la ville de Mexico remplie de temples magnifiques et de vastes palais; ce qui n'a point empêché Cortès de conquérir l'empire du Mexique avec six cents fantassins et seize chevaux.

Si les Romains avaient mieux connu les lois de l'hydraulique, ils n'auraient point élevé tous ces aqueducs qui environnent les ruines de leurs cités, ils auraient fait un meilleur emploi de leur puissance et de leur richesse. S'ils avaient découvert la machine à vapeur, peut-être n'auraient-ils point étendu jusqu'aux extrémités de leur empire ces longs rochers artificiels qu'on nomme des voies romaines.

Ces choses sont de magnifiques témoignages de leur ignorance en même temps que de leur grandeur.

Le peuple qui ne laisserait d'autres vestiges de son passage que quelques tuyaux de plomb dans la terre et quelques tringles de fer sur sa surface, pourrait avoir été plus maître de la nature que les Romains.

CHAPITRE XIII

Lorsqu'on entre dans la boutique d'un libraire aux États-Unis, et qu'on visite les livres américains qui en garnissent les rayons, le nombre des ouvrages y paraît fort grand ; tandis que celui des auteurs connus y semble au contraire fort petit.

On trouve d'abord une multitude de traités élémentaires destinés à donner la première notion des connaissances humaines. La plupart de ces ouvrages ont été composés en Europe. Les Américains les réimpriment en les adaptant à leur usage. Vient ensuite une quantité presque innombrable de livres de religion, Bibles, sermons, anecdotes pieuses, controverses, comptes rendus d'établissements charitables. Enfin, paraît le long catalogue des pamphlets politiques ; en Amérique, les partis ne font point de livres pour se combattre, mais des brochures qui circulent avec une incroyable rapidité, vivent un jour et meurent.

Au milieu de toutes ces obscures productions de l'esprit humain, apparaissent les œuvres plus remarquables d'un petit nombre d'auteurs seulement qui sont connus des Européens ou qui devraient l'être.

Quoique l'Amérique soit peut-être de nos jours le pays civilisé où l'on s'occupe le moins de littérature, il s'y rencontre cependant une grande quantité d'individus qui s'intéressent aux choses de l'esprit, et qui en font sinon l'étude de toute leur vie, du moins le charme de leurs loisirs. Mais c'est l'Angleterre qui fournit à ceux-ci la plupart des livres qu'ils réclament. Presque tous les grands ouvrages anglais sont reproduits aux États-Unis. Le génie littéraire de la Grande-Bretagne darde encore ses rayons jusqu'au fond des forêts du nouveau monde. Il n'y a guère de cabane de pionnier où l'on ne rencontre quelques tomes dépareillés de Shakespeare. Je me rappelle avoir lu pour la première fois le drame féodal de Henri V dans une log-house.

Non-seulement les Américains vont puiser chaque jour dans les trésors de la littérature anglaise, mais on peut dire avec vérité qu'ils trouvent la littérature de l'Angleterre sur leur propre sol. Parmi le petit nombre d'hommes qui s'occupent aux États-Unis à composer des œuvres de littérature la plupart sont Anglais par le fond et surtout par la forme. Ils transportent ainsi au milieu de la démocratie les idées et les usages littéraires qui ont cours chez la nation aristocratique qu'ils ont prise pour modèle. Ils peignent avec des couleurs empruntées des mœurs étrangères; ne représentant presque jamais dans sa réalité le pays qui les a vus naître, ils y sont rarement populaires.

Les citoyens des États-Unis semblent eux-mêmes si convaincus que ce n'est point pour eux qu'on publie des libres, qu'avant de se fixer sur le mérite d'un de leurs écrivains, ils attendent d'ordinaire qu'il ait été goûté en Angleterre. C'est ainsi qu'en fait de tableaux on laisse volontiers à l'auteur de l'original le droit de juger la copie.

Les habitants des États-Unis n'ont donc point encore, à proprement parler, de littérature. Les seuls auteurs que je reconnaisse pour Américains sont des journalistes. Ceux-ci ne sont pas de grands écrivains, mais ils parlent la langue du pays et s'en font entendre. Je ne vois dans les autres que des étrangers. Ils sont pour les Américains ce que furent pour nous les imitateurs des Grecs et des Romains à l'époque de la renaissance des lettres, un objet de curiosité, non de générale sympathie. Ils amusent l'esprit, et n'agissent point sur les mœurs.

J'ai déjà dit que cet état de choses était bien loin de tenir seulement à la démocratie, et qu'il fallait en rechercher les causes dans plusieurs circonstances particulières et indépendantes d'elle.

Si les Américains, tout en conservant leur état social et leurs lois, avaient une autre origine et se trouvaient transportés dans un autre pays, je ne doute point qu'ils n'eussent une littérature. Tels qu'ils sont, je suis assuré qu'ils finiront par en avoir une; mais elle aura un caractère différent de celui qui se manifeste dans les écrits américains de nos jours et qui lui sera propre. Il n'est pas impossible de tracer ce caractère à l'avance.

Je suppose un peuple aristocratique chez lequel on cultive les lettres ; les travaux de l'intelligence, de même que les affaires du gouvernement, y sont réglés par une classe souveraine. La vie littéraire, comme l'existence politique, est presque entièrement concentrée dans cette classe ou dans celles qui l'avoisinent le plus près. Ceci me suffit pour avoir la clef de tout le reste.

Lorsqu'un petit nombre d'hommes, toujours les mêmes, s'occupent en même temps des mêmes objets, ils s'entendent aisément, et arrêtent en commun certaines règles principales qui doivent diriger chacun d'eux. Si l'objet qui attire l'attention de ces hommes est la littérature, les travaux de l'esprit seront bientôt soumis par eux à quelques lois précises dont il ne sera plus permis de s'écarter.

Si ces hommes occupent dans le pays une position héréditaire, ils seront naturellement enclins non-seulement à adopter pour eux-mêmes un certain nombre de règles fixes, mais à suivre celles que s'étaient imposés leurs aïeux ; leur législation sera tout à la fois rigoureuse et traditionnelle.

Comme ils ne sont point nécessairement préoccupés des choses matérielles, qu'ils ne l'ont jamais été, et que leurs pères ne l'étaient pas davantage, ils ont pu s'intéresser, pendant plusieurs générations, aux travaux de l'esprit. Ils ont compris l'art littéraire et ils finissent par l'aimer pour lui-même et par goûter un plaisir savant à voir qu'on s'y conforme.

Ce n'est pas tout encore : les hommes dont je parle ont

commencé leur vie et l'achèvent dans l'aisance ou dans
la richesse ; ils ont donc naturellement conçu le goût des
jouissances recherchées et l'amour des plaisirs fins et
délicats.

Bien plus, une certaine mollesse d'esprit et de cœur,
qu'ils contractent souvent au milieu de ce long et paisible
usage de tant de biens, les porte à écarter de leurs plaisirs
mêmes ce qui pourrait s'y rencontrer de trop inattendu et
de trop vif. Ils préfèrent être amusés que vivement émus ;
ils veulent qu'on les intéresse, mais non qu'on les entraîne.

Imaginez maintenant un grand nombre de travaux littéraires exécutés par les hommes que je viens de peindre,
ou pour eux, et vous concevrez sans peine une littérature
où tout sera régulier et coordonné à l'avance. Le moindre
ouvrage y sera soigné dans ses plus petits détails ; l'art
et le travail s'y montreront en toutes choses ; chaque genre
y aura ses règles particulières dont il ne sera point loisible de s'écarter, et qui l'isoleront de tous les autres.

Le style y paraîtra presque aussi important que l'idée,
la forme que le fond ; le ton en sera poli, modéré, sou-
tenu. L'esprit y aura toujours une démarche noble, rarement une allure vive, et les écrivains s'attacheront plus
à perfectionner qu'à produire.

Il arrivera quelquefois que les membres de la classe
lettrée, ne vivant jamais qu'entre eux et n'écrivant que
pour eux, perdront entièrement de vue le reste du monde,
ce qui les jettera dans le recherché et le faux ; ils s'imposeront de petites règles littéraires à leur seul usage qui

les écarteront insensiblement du bon sens et les conduiront enfin hors de la nature.

A force de vouloir parler autrement que le vulgaire, ils
en viendront à une sorte de jargon aristocratique qui
n'est guère moins éloigné du beau langage que le patois
du peuple.

Ce sont là les écueils naturels de la littérature dans les
aristocraties.

Toute aristocratie qui se met entièrement à part du
peuple devient impuissante. Cela est vrai dans les lettres
aussi bien qu'en politique[1].

Retournons présentement le tableau et considérons le
revers.

Transportons-nous au sein d'une démocratie que ses
anciennes traditions et ses lumières présentes rendent
sensible aux jouissances de l'esprit. Les rangs y sont mê-
lés et confondus ; les connaissances comme le pouvoir y
sont divisés à l'infini, et, si j'ose le dire, éparpillés de
tous côtés.

Voici une foule confuse dont les besoins intellectuels
sont à satisfaire. Ces nouveaux amateurs des plaisirs de

---

[1] Tout ceci est surtout vrai des pays aristocratiques, qui ont été longtemps et paisiblement soumis au pouvoir d'un roi.

Quand la liberté règne dans une aristocratie, les hautes classes sont
sans cesse obligées de se servir des basses ; et, en s'en servant, elles s'en
rapprochent. Cela fait souvent pénétrer quelque chose de l'esprit démocratique dans leur sein. Il se développe, d'ailleurs, chez un corps privi-
légié qui gouverne, une énergie et une habitude d'entreprise, un goût du
mouvement et du bruit, qui ne peuvent manquer d'influer sur tous les
travaux littéraires.

l'esprit n'ont point tous reçu la même éducation ; ils ne possèdent pas les mêmes lumières, ils ne ressemblent point à leurs pères, et à chaque instant ils diffèrent d'eux-mêmes ; car ils changent sans cesse de place, de sentiments et de fortunes. L'esprit de chacun d'eux n'est donc point lié à celui de tous les autres par des traditions et des habitudes communes, et ils n'ont jamais eu ni le pouvoir, ni la volonté, ni le temps de s'entendre entre eux.

C'est pourtant au sein de cette multitude incohérente et agitée que naissent les auteurs, et c'est elle qui distribue à ceux-ci les profits et la gloire.

Je n'ai point de peine à comprendre que, les choses étant ainsi, je dois m'attendre à ne rencontrer dans la littérature d'un pareil peuple qu'un petit nombre de ces conventions rigoureuses que reconnaissent dans les siècles aristocratiques les lecteurs et les écrivains. S'il arrivait que les hommes d'une époque tombassent d'accord sur quelques-unes, cela ne prouverait encore rien pour l'époque suivante ; car, chez les nations démocratiques, chaque génération nouvelle est un nouveau peuple. Chez ces nations, les lettres ne sauraient donc que difficilement être soumises à des règles étroites, et il est comme impossible qu'elles le soient jamais à des règles permanentes.

Dans les démocraties, il s'en faut de beaucoup que tous les hommes qui s'occupent de littérature aient reçu une éducation littéraire et, parmi ceux d'entre eux qui ont quelque teinture de belles-lettres, la plupart suivent une carrière politique, ou embrassent une profession dont ils ne peuvent se détourner que par moments, pour goûter à la dérobée les plaisirs de l'esprit. Ils ne font donc point de ces plaisirs le charme principal de leur existence; mais ils les considèrent comme un délassement passager et nécessaire au milieu des sérieux travaux de la vie : de tels hommes ne sauraient jamais acquérir la connaissance assez approfondie de l'art littéraire pour en sentir les délicatesses; les petites nuances leur échappent. N'ayant qu'un temps fort court à donner aux lettres, ils veulent le mettre à profit tout entier. Ils aiment les livres qu'on se procure sans peine, qui se lisent vite, qui n'exigent point de recherches savantes pour être compris. Ils demandent des beautés faciles qui se livrent d'elles-mêmes et dont on puisse jouir sur l'heure; il leur faut surtout de l'inattendu et du nouveau. Habitués à une existence pratique, contestée, monotone, ils ont besoin d'émotions vives et rapides, de clartés soudaines, de vérités ou d'erreurs brillantes qui les tirent à l'instant d'eux-mêmes et les introduisent tout à coup, et comme par violence, au milieu du sujet.

Qu'ai-je besoin d'en dire davantage? et qui ne comprend, sans que je l'exprime, ce qui va suivre?

Prise dans son ensemble, la littérature des siècles démocratiques ne saurait présenter, ainsi que dans les temps d'aristocratie, l'image de l'ordre, de la régularité, de la science et de l'art; la forme s'y trouvera, d'ordinaire, négligée et parfois méprisée. Le style s'y montrera souvent bizarre, incorrect, surchargé et mou, et presque toujours hardi et véhément. Les auteurs y viseront à la rapidité de l'exécution plus qu'à la perfection des détails. Les petits écrits y seront plus fréquents que les gros livres ; l'esprit que l'érudition, l'imagination que la profondeur ; il y régnera une force inculte et presque sauvage dans la pensée, et souvent une variété très-grande et une fécondité singulière dans ses produits. On tâchera d'étonner plutôt que de plaire, et l'on s'efforcera d'entraîner les passions plus que de charmer le goût.

Il se rencontrera sans doute de loin en loin des écrivains qui voudront marcher dans une autre voie, et, s'ils ont un mérite supérieur, ils réussiront, en dépit de leurs défauts et de leurs qualités, à se faire lire ; mais ces exceptions seront rares, et ceux même qui, dans l'ensemble de leurs ouvrages, seront ainsi sortis du commun usage, y rentreront toujours par quelques détails.

Je viens de peindre deux états extrêmes ; mais les nations ne vont point tout à coup du premier au second ; elles n'y arrivent que graduellement et à travers des nuances infinies. Dans le passage qui conduit un peuple lettré de l'un à l'autre, il survient presque toujours un moment où le génie littéraire des nations démocratiques se rencontrant avec celui des aristocraties, tous deux semblent vouloir régner d'accord sur l'esprit humain.

Ce sont là des époques passagères, mais très-brillantes : on a alors la fécondité sans exubérance, et le mouvement sans confusion. Telle fut la littérature française du dix-huitième siècle.

J'irais plus loin que ma pensée, si je disais que la littérature d'une nation est toujours subordonnée à son état social et à sa constitution politique. Je sais que, indépendamment de ces causes, il en est plusieurs autres, qui donnent de certains caractères aux œuvres littéraires; mais celles-là me paraissent les principales

Les rapports qui existent entre l'état social et politique d'un peuple et le génie de ses écrivains sont toujours très-nombreux; qui connaît l'un, n'ignore jamais complétement l'autre.

CHAPITRE XIV

DE L'INDUSTRIE LITTÉRAIRE.

La démocratie ne fait pas seulement pénétrer le goût des lettres dans les classes industrielles, elle introduit l'esprit industriel au sein de la littérature.

Dans les aristocraties, les lecteurs sont difficiles et peu nombreux ; dans les démocraties, il est moins malaisé de leur plaire, et leur nombre est prodigieux. Il résulte de là que, chez les peuples aristocratiques, on ne doit espérer de réussir qu'avec d'immenses efforts, et que ces efforts, qui peuvent donner beaucoup de gloire, ne sauraient jamais procurer beaucoup d'argent ; tandis que, chez les nations démocratiques, un écrivain peut se flatter d'obtenir à bon marché une médiocre renommée et une grande fortune. Il n'est pas nécessaire pour cela qu'on l'admire, il suffit qu'on le goûte.

La foule toujours croissante des lecteurs et le besoin continuel qu'ils ont du nouveau assurent le débit d'un livre qu'ils n'estiment guère.

Dans les temps de démocratie le public en agit souvent avec les auteurs, comme le font d'ordinaire les rois avec leurs courtisans ; il les enrichit et les méprise. Que faut-il de plus aux âmes vénales qui naissent dans les cours, ou qui sont dignes d'y vivre ?

Les littératures démocratiques fourmillent toujours de ces auteurs qui n'aperçoivent dans les lettres qu'une industrie, et, pour quelques grands écrivains qu'on y voit, on y compte par milliers des vendeurs d'idées.

CHAPITRE XV

Ce qu'on appelait le peuple, dans les républiques les plus démocratiques de l'antiquité, ne ressemblait guère à ce que nous nommons le peuple. A Athènes, tous les citoyens prenaient part aux affaires publiques ; mais il n'y avait que vingt mille citoyens sur plus de trois cent cinquante mille habitants ; tous les autres étaient esclaves, et remplissaient la plupart des fonctions qui appartiennent de nos jours au peuple et même aux classes moyennes.

Athènes, avec son suffrage universel, n'était donc, après tout, qu'une république aristocratique où tous les nobles avaient un droit égal au gouvernement.

Il faut considérer la lutte des patriciens et des plébéiens de Rome sous le même jour et n'y voir qu'une querelle intestine entre les cadets et les aînés de la même famille. Tous tenaient en effet à l'aristocratie, et en avaient l'esprit.

L'on doit, de plus, remarquer que dans toute l'antiquité les livres ont été rares et chers, et qu'on a éprouvé
une grande difficulté à les reproduire et à les faire circu-
ler. Ces circonstances venant à concentrer dans un petit
nombre d'hommes le goût et l'usage des lettres, formaient
comme une petite aristocratie littéraire de l'élite d'une
grande aristocratie politique. Aussi rien n'annonce que
chez les Grecs et les Romains les lettres aient jamais été
traitées comme une industrie.

Ces peuples, qui ne formaient pas seulement des aristocraties, mais qui étaient encore des nations très-policées
et très-libres, ont donc dû donner à leurs productions
littéraires les vices particuliers et les qualités spéciales qui
caractérisent la littérature dans les siècles aristocratiques.

Il suffit, en effet, de jeter les yeux sur les écrits que
nous a laissés l'antiquité pour découvrir que si les écrivains y ont quelquefois manqué de variété et de fécondité
dans les sujets, de hardiesse, de mouvement et de généralisation dans la pensée, ils ont toujours fait voir un art
et un soin admirables dans les détails ; rien dans leurs
œuvres ne semble fait à la hâte ni au hasard ; tout y est
écrit pour les connaisseurs, et la recherche de la beauté
idéale s'y montre sans cesse. Il n'y a pas de littérature
qui mette plus en relief que celle des anciens les qualités
qui manquent naturellement aux écrivains des démocraties. Il n'existe donc point de littérature qu'il convienne
mieux d'étudier dans les siècles démocratiques. Cette
étude est, de toutes, la plus propre à combattre les défauts
littéraires inhérents à ces siècles ; quant à leurs qualités

naturelles, elles naîtront bien toutes seules, sans qu'il soit nécessaire d'apprendre à les acquérir.

C'est ici qu'il est besoin de bien s'entendre.

Une étude peut être utile à la littérature d'un peuple, et ne point être appropriée à ses besoins sociaux et politiques.

Si l'on s'obstinait à n'enseigner que les belles-lettres, dans une société où chacun serait habituellement conduit à faire de violents efforts pour accroître sa fortune, ou pour la maintenir, on aurait des citoyens très-polis et très-dangereux; car l'état social et politique leur donnant, tous les jours, des besoins que l'éducation ne leur apprendrait jamais à satisfaire, ils troubleraient l'État, au nom des Grecs et des Romains, au lieu de le féconder par leur industrie.

Il est évident que, dans les sociétés démocratiques, l'intérêt des individus, aussi bien que la sûreté de l'État, exigent que l'éducation du plus grand nombre soit scientifique, commerciale et industrielle plutôt que littéraire.

Le grec et le latin ne doivent pas être enseignés dans toutes les écoles; mais il importe que ceux que leur naturel ou leur fortune destinent à cultiver les lettres, ou prédisposent à les goûter, trouvent des écoles où l'on puisse se rendre parfaitement maître de la littérature antique, et se pénétrer entièrement de son esprit. Quelques Universités excellentes vaudraient mieux, pour atteindre ce résultat, qu'une multitude de mauvais colléges, où des études superflues qui se font mal, empêchent de bien faire des études nécessaires.

Tous ceux qui ont l'ambition d'exceller dans les lettres, chez les nations démocratiques, doivent souvent se nourrir des œuvres de l'antiquité. C'est une hygiène salutaire.

Ce n'est pas que je considère les productions littéraires des anciens comme irréprochables. Je pense seulement qu'elles ont des qualités spéciales qui peuvent merveilleusement servir à contre-balancer nos défauts particuliers. Elles nous soutiennent par le bord où nous penchons.

CHAPITRE XVI

Si ce que j'ai dit précédemment, à propos des lettres en général, a été bien compris du lecteur, il concevra sans peine quelle espèce d'influence l'état social et les institutions démocratiques peuvent exercer sur la langue elle-même, qui est le premier instrument de la pensée.

Les auteurs américains vivent plus, à vrai dire, en Angleterre que dans leur propre pays, puisqu'ils étudient sans cesse les écrivains anglais, et les prennent chaque jour pour modèle. Il n'en est pas ainsi de la population elle-même : celle-ci est soumise plus immédiatement aux causes particulières qui peuvent agir sur les États-Unis. Ce n'est donc point au langage écrit, mais au langage parlé, qu'il faut faire attention, si l'on veut apercevoir les modifications que l'idiome d'un peuple aristocratique peut subir en devenant la langue d'une démocratie.

Des Anglais instruits et appréciateurs plus compétents de ces nuances délicates que je ne puis l'être moi-même, m'ont souvent assuré que les classes éclairées des États-

Unis différaient notablement, par leur langage, des classes éclairées de la Grande-Bretagne.

Ils ne se plaignaient pas seulement de ce que les Américains avaient mis en usage beaucoup de mots nouveaux ; la différence et l'éloignement des pays eût suffi pour l'expliquer ; mais de ce que ces mots nouveaux étaient particulièrement empruntés, soit au jargon des partis, soit aux arts mécaniques, ou à la langue des affaires. Ils ajoutaient que les anciens mots anglais étaient souvent souvent pris par les Américains dans une acception nouvelle. Ils disaient enfin que les habitants des États-Unis entremêlaient fréquemment les styles d'une manière singulière, et qu'ils plaçaient quelquefois ensemble des mots qui, dans le langage de la mère patrie, avaient coutume de s'éviter.

Ces remarques, qui me furent faites à plusieurs reprises par des gens qui me parurent mériter d'être crus, me portèrent moi-même à réfléchir sur ce sujet, et mes réflexions m'amenèrent, par la théorie, au même point où ils étaient arrivés par la pratique.

Dans les aristocraties, la langue doit naturellement participer au repos où se tiennent toutes choses. On fait peu de mots nouveaux, parce qu'il se fait peu de choses nouvelles ; et fît-on des choses nouvelles, on s'efforcerait de les peindre avec les mots connus, et dont la tradition a fixé le sens.

S'il arrive que l'esprit humain s'y agite enfin de lui-même, où que la lumière, pénétrant du dehors, le réveille, les expressions nouvelles qu'on crée ont un caractère savant, intellectuel et philosophique, qui indique qu'elles ne doivent pas la naissance à une démocratie. Lorsque la chute de Constantinople eut fait refluer les sciences et les lettres vers l'occident, la langue française se trouva presque tout à coup envahie par une multitude de mots nouveaux, qui tous avaient leur racine dans le grec et le latin. On vit alors en France un néologisme érudit, qui n'était à l'usage que des classes éclairées, et dont les effets ne se firent jamais sentir, ou ne parvinrent qu'à la longue jusqu'au peuple.

Toutes les nations de l'Europe donnèrent successivement le même spectacle. Le seul Milton a introduit dans la langue anglaise plus de six cents mots, presque tous tirés du latin, du grec et de l'hébreu.

Le mouvement perpétuel qui règne au sein d'une démocratie tend au contraire à y renouveler sans cesse la face de la langue, comme celle des affaires. Au milieu de cette agitation générale et de ce concours de tous les esprits, il se forme un grand nombre d'idées nouvelles; des idées anciennes se perdent ou reparaissent; ou bien elles se subdivisent en petites nuances infinies.

Il s'y trouve donc souvent des mots qui doivent sortir de l'usage, et d'autres qu'il faut y faire entrer.

Les nations démocratiques aiment d'ailleurs le mouvement pour lui-même. Cela se voit dans la langue aussi bien que dans la politique. Alors qu'elles n'ont pas le besoin de changer les mots, elles en sentent quelquefois le désir.

Le génie des peuples démocratiques ne se manifeste pas seulement dans le grand nombre de nouveaux mots qu'ils mettent en usage, mais encore dans la nature des idées que ces mots nouveaux représentent.

Chez ces peuples c'est la majorité qui fait la loi en matière de langue, ainsi qu'en tout le reste. Son esprit se révèle là comme ailleurs. Or, la majorité est plus occupée d'affaires que d'études, d'intérêts politiques et commerciaux que de spéculations philosophiques, ou de belles-lettres. La plupart des mots créés ou admis par elle porteront l'empreinte de ces habitudes ; ils serviront principalement à exprimer les besoins de l'industrie, les passions des partis ou les détails de l'administration publique. C'est de ce côté-là que la langue s'étendra sans cesse, tandis qu'au contraire elle abandonnera peu à peu le terrain de la métaphysique et de la théologie.

Quant à la source où les nations démocratiques puisent leurs mots nouveaux, et à la manière dont elles s'y prennent pour les fabriquer, il est facile de les dire.

Les hommes qui vivent dans les pays démocratiques ne savent guère la langue qu'on parlait à Rome et à Athènes, et ils ne se soucient point de remonter jusqu'à l'antiquité, pour y trouver l'expression qui leur manque. S'ils ont quelquefois recours aux savantes étymologies, c'est d'ordinaire la vanité qui les leur fait chercher au fond des langues mortes ; et non l'érudition qui les offre naturellement à leur esprit. Il arrive même quelquefois que ce sont les plus ignorants d'entre eux qui en font le plus d'usage. Le désir tout démocratique de sortir de sa sphère les porte souvent à vouloir rehausser une profession très-grossière par un nom grec ou latin. Plus le métier est bas et éloigné de la science, plus le nom est pompeux et érudit. C'est ainsi que nos danseurs de corde se sont transformés en acrobates et en funambules.

A défaut de langues mortes, les peuples démocratiques empruntent volontiers des mots aux langues vivantes. Car, ils communiquent sans cesse entre eux, et les hommes des différents pays s'imitent volontiers, parce qu'ils se ressemblent chaque jour davantage.

Mais c'est principalement dans leur propre langue que les peuples démocratiques cherchent les moyens d'innover. Ils reprennent de temps en temps dans leur vocabulaire, des expressions oubliées qu'ils remettent en lumière; ou bien, ils retirent à une classe particulière de citoyens, un terme qui lui est propre pour le faire entrer avec un sens figuré dans le langage habituel; une multitude d'expressions qui n'avaient d'abord appartenu qu'à la langue spéciale d'un parti ou d'une profession, se trouvent ainsi entraînées dans la circulation générale.

L'expédient le plus ordinaire qu'emploient les peuples démocratiques pour innover en fait de langage, consiste à donner à une expression déjà en usage un sens inusité. Cette méthode-là est très-simple, très-prompte et très-commode. Il ne faut pas dé science pour s'en bien servir, et l'ignorance même en facilite l'emploi. Mais elle fait courir de grands périls à la langue. Les peuples démocratiques en doublant ainsi le sens d'un mot, rendent quelquefois douteux celui qu'ils lui laissent et celui qu'ils lui donnent.

Un auteur commence par détourner quelque peu une expression connue de son sens primitif, et, après l'avoir ainsi modifiée, il l'adapte de son mieux à son sujet. Un autre survient qui attire la signification d'un autre côté; un troisième l'entraîne avec lui dans une nouvelle route; et, comme il n'y a point d'arbitre commun, point de tribunal permanent qui puisse fixer définitivement le sens du mot, celui-ci reste dans une situation ambulatoire. Cela fait que les écrivains n'ont presque jamais l'air de s'attacher à une seule pensée, mais qu'ils semblent toujours viser au milieu d'un groupe d'idées, laissant au lecteur le soin de juger celle qui est atteinte.

Ceci est une conséquence fâcheuse de la démocratie. J'aimerais mieux qu'on hérissât la langue de mots chinois, tartares ou hurons, que de rendre incertain le sens des mots français. L'harmonie et l'homogénéité ne sont que des beautés secondaires du langage. Il y a beaucoup de convention dans ces sortes de choses, et l'on peut à la rigueur s'en passer. Mais il n'y a pas de bonne langue sans termes clairs.

L'égalité apporte nécessairement plusieurs autres changements au langage.

Dans les siècles aristocratiques, où chaque nation tend à se tenir à l'écart de toutes les autres, et aime à avoir une physionomie qui lui soit propre, il arrive souvent que plusieurs peuples qui ont une origine commune deviennent cependant fort étrangers les uns aux autres, de telle sorte, que sans cesser de pouvoir tous s'entendre, ils ne parlent plus tous de la même manière.

Dans ces mêmes siècles chaque nation est divisée en un certain nombre de classes qui se voient peu et ne se mêlent point ; chacune de ces classes prend et conserve invariablement des habitudes intellectuelles qui ne sont propres qu'à elle, et adopte de préférence certains mots et certains termes qui passent ensuite de génération en génération comme des héritages. On rencontre alors dans le même idiome une langue de pauvres et une langue de riches, une langue de roturiers et une langue de nobles, une langue savante et une langue vulgaire. Plus les divisions sont profondes et les barrières infranchissables, plus il doit en être ainsi. Je parierais volontiers que parmi les castes de l'Inde le langage varie prodigieusement, et qu'il se trouve presque autant de différence entre la langue d'un paria et celle d'un brame qu'entre leurs habits.

Quand, au contraire, les hommes, n'étant plus tenus à leur place, se voient et se communiquent sans cesse, que les castes sont détruites et que les classes se renouvellent et se confondent, tous les mots de la langue se mêlent. Ceux qui ne peuvent pas convenir au plus grand nombre périssent ; le reste forme une masse commune où chacun prend à peu près au hasard. Presque tous les différents dialectes qui divisaient les idiomes de l'Europe tendent visiblement à s'effacer; il n'y a pas de patois dans le nouveau monde, et ils disparaissent chaque jour de l'ancien.

Cette révolution dans l'état social influe aussi bien sur le style que sur la langue.

Non-seulement tout le monde se sert des mêmes mots, mais on s'habitue à employer indifféremment chacun d'eux. Les règles que le style avait créées sont presque détruites. On ne rencontre guère d'expressions qui, par leur nature, semblent vulgaires, et d'autres qui paraissent distinguées. Des individus sortis de rangs divers ayant amené avec eux, partout où ils sont parvenus, les expressions et les termes dont ils avaient l'usage, l'origine des mots s'est perdue comme celle des hommes, et il s'est fait une confusion dans le langage comme dans la société.

Je sais que dans la classification des mots il se rencontre des règles qui ne tiennent pas à une forme de société plutôt qu'à une autre, mais qui dérivent de la nature même des choses. Il y a des expressions et des tours qui sont vulgaires parce que les sentiments qu'ils doivent exprimer sont réellement bas, et d'autres qui sont relevés parce que les objets qu'ils veulent peindre sont naturellement fort haut.

Les rangs, en se mêlant, ne feront jamais disparaître ces différences. Mais l'égalité ne peut manquer de détruire ce qui est purement conventionnel et arbitraire dans les formes de la pensée. Je ne sais même si la classification nécessaire, que j'indiquais plus haut, ne

sera pas toujours moins respectée chez un peuple démocratique que chez un autre; parce que, chez un pareil peuple, il ne se trouve point d'hommes que leur
éducation, leurs lumières et leurs loisirs disposent d'une
manière permanente à étudier les lois naturelles du langage et qui les fassent respecter en les observant eux-
mêmes.

Je ne veux point abandonner ce sujet sans peindre
les langues démocratiques par un dernier trait qui les
caractérisera plus peut-être que tous les autres.

J'ai montré précédemment que les peuples démocratiques avaient le goût et souvent la passion des idées
générales; cela tient à des qualités et à des défauts qui
leur sont propres. Cet amour des idées générales se
manifeste, dans les langues démocratiques, par le continuel usage des termes génériques et des mots abstraits,
et par la manière dont on les emploie. C'est là le grand
mérite et la grande faiblesse de ces langues.

Les peuples démocratiques aiment passionnément les
termes génériques et les mots abstraits, parce que ces
expressions agrandissent la pensée et permettant de renfermer en peu d'espace beaucoup d'objets, aident le
travail de l'intelligence.

Un écrivain démocratique dira volontiers d'une manière abstraite *les capacités* pour les hommes capables, et
sans entrer dans le détail des choses auxquelles cette
capacité s'applique. Il parlera des *actualités* pour peindre d'un seul coup les choses qui se passent en ce moment sous ses yeux, et il comprendra, sous le mot *éven-*

tualités, tout ce qui peut arriver dans l'univers à partir du moment où il parle.

Les écrivains démocratiques font sans cesse des mots abstraits de cette espèce, ou ils prennent dans un sens de plus en plus abstrait les mots abstraits de la langue.

Bien plus, pour rendre le discours plus rapide, ils personnifient l'objet de ces mots abstraits et le font agir comme un individu réel. Ils diront que la *force des choses veut que les capacités gouvernent.*

Je ne demande pas mieux que d'expliquer ma pensée par mon propre exemple :

J'ai souvent fait usage du mot égalité dans un sens absolu; j'ai, de plus, personnifié l'égalité en plusieurs endroits, et .c'est ainsi qu'il m'est arrivé de dire que l'égalité faisait de certaines choses, ou s'abstenait de certaines autres. On peut affirmer que les hommes du siècle de Louis XIV n'eussent point parlé de cette sorte; il ne serait jamais venu dans l'esprit d'aucun d'entre eux d'user du mot égalité sans l'appliquer à une chose particulière, et ils auraient plutôt renoncé à s'en servir que de consentir à faire de l'égalité une personne vivante.

Ces mots abstraits qui remplissent les langues démocratiques, et dont on fait usage à tout propos sans les rattacher à aucun fait particulier, agrandissent et voilent la pensée; ils rendent l'expression plus rapide et l'idée moins nette. Mais, en fait de langage, les peuples démocratiques aiment mieux l'obscurité que le travail.

Je ne sais d'ailleurs si le vague n'a point un certain

charme secret pour ceux qui parlent et qui écrivent chez ces peuples.

Les hommes qui y vivent étant souvent livrés aux efforts individuels de leur intelligence, sont presque toujours travaillés par le doute. De plus, comme leur situation change sans cesse, ils ne sont jamais tenus fermes à aucune de leurs opinions par l'immobilité même de leur fortune.

Les hommes qui habitent les pays démocratiques, ont donc souvent des pensées vacillantes; il leur faut des expressions très-larges pour les renfermer. Comme ils ne savent jamais si l'idée qu'ils expriment aujourd'hui conviendra à la situation nouvelle qu'ils auront demain, ils conçoivent naturellement le goût des termes abstraits. Un mot abstrait est comme une boîte à double fond; on y met les idées que l'on désire, et on les en retire sans que personne le voie.

Chez tous les peuples les termes génériques et abstraits forment le fond du langage; je ne prétends donc point qu'on ne rencontre ces mots que dans les langues démocratiques; je dis seulement que la tendance des hommes, dans les temps d'égalité, est d'augmenter particulièrement le nombre des mots de cette espèce; de les prendre toujours isolément dans leur acception la plus abstraite, et d'en faire usage à tous propos, lors même que le besoin du discours ne le requiert point.

CHAPITRE XVII

On a donné plusieurs significations fort diverses au mot poésie. Ce serait fatiguer les lecteurs que de rechercher avec eux lequel de ces différents sens il convient le mieux de choisir; je préfère leur dire sur-le-champ celui que j'ai choisi.

La poésie, à mes yeux, est la recherche et la peinture de l'idéal.

Celui qui, retranchant une partie de ce qui existe, ajoutant quelques traits imaginaires au tableau, combinant certaines circonstances réelles, mais dont le concours ne se rencontre pas, complète, agrandit la nature; celui-là est le poëte. Ainsi, la poésie n'aura pas pour but de représenter le vrai, mais de l'orner, et d'offrir à l'esprit une image supérieure.

Les vers me paraîtront comme le beau idéal du langage, et, dans ce sens, ils seront éminemment poétiques; mais, à eux seuls, ils ne constitueront pas la poésie.

Je veux rechercher si parmi les actions, les sentiments et les idées des peuples démocratiques, il ne s'en rencontre pas quelques-uns qui se prêtent à l'imagination de l'idéal, et qu'on doive, pour cette raison, considérer comme des sources naturelles de poésie.

Il faut d'abord reconnaître que le goût de l'idéal et le plaisir que l'on prend à en voir la peinture ne sont jamais aussi vifs et aussi répandus chez un peuple démocratique qu'au sein d'une aristocratie.

Chez les nations aristocratiques, il arrive quelquefois que le corps agit comme de lui-même, tandis que l'âme est plongée dans un repos qui lui pèse. Chez ces nations, le peuple lui-même fait souvent voir des goûts poétiques, et son esprit s'élance parfois au delà et au-dessus de ce qui l'environne.

Mais, dans les démocraties, l'amour des jouissances matérielles, l'idée du mieux, la concurrence, le charme prochain du succès, sont comme autant d'aiguillons qui précipitent les pas de chaque homme dans la carrière qu'il a embrassée, et lui défendent de s'en écarter un seul moment. Le principal effort de l'âme va de ce côté. L'imagination n'est point éteinte; mais elle s'adonne presque exclusivement à concevoir l'utile et à représenter le réel.

L'égalité ne détourne pas seulement les hommes de la peinture de l'idéal; elle diminue le nombre des objets à peindre.

L'aristocratie, en tenant la société immobile, favorise la fermeté et la durée des religions positives, comme la stabilité des institutions politiques.

Non-seulement elle maintient l'esprit humain dans la foi, mais elle le dispose à adopter une foi plutôt qu'une autre. Un peuple aristocratique sera toujours enclin à placer des puissances intermédiaires entre Dieu et l'homme.

On peut dire qu'en ceci l'aristocratie se montre très-favorable à la poésie. Quand l'univers est peuplé d'êtres surnaturels qui ne tombent point sous les sens, mais que l'esprit découvre, l'imagination se sent à l'aise, et les poëtes, trouvant mille sujets divers à peindre, rencontrent des spectateurs sans nombre prêts à s'intéresser à leurs tableaux.

Dans les siècles démocratiques, il arrive au contraire quelquefois, que les croyances s'en vont flottantes comme les lois. Le doute ramène alors l'imagination des poëtes sur la terre, et les renferme dans le monde visible et réel.

Lors même que l'égalité n'ébranle point les religions, elle les simplifie; elle détourne l'attention des agents secondaires, pour la porter principalement sur le souverain maître.

L'aristocratie conduit naturellement l'esprit humain à la contemplation du passé, et l'y fixe. La démocratie, au contraire, donne aux hommes une sorte de dégoût instinctif pour ce qui est ancien. En cela, l'aristocratie est bien plus favorable à la poésie: car les choses grandissent d'ordinaire et se voilent à mesure qu'elles s'éloignent; et, sous ce double rapport, elles prêtent davantage à la peinture de l'idéal.

Après avoir ôté à la poésie le passé, l'égalité lui enlève en partie le présent.

Chez les peuples aristocratiques, il existe un certain nombre d'individus privilégiés, dont l'existence est pour ainsi dire en dehors et au-dessus de la condition humaine; le pouvoir, la richesse, la gloire, l'esprit, la délicatesse et la distinction en toutes choses paraissent appartenir en propre à ceux-là. La foule ne les voit jamais de fort près, ou ne les suit point dans les détails; on a peu à faire pour rendre poétique la peinture de ces hommes.

D'une autre part, il existe chez ces mêmes peuples des classes ignorantes, humbles et asservies; et celles-ci prêtent à la poésie, par l'excès même de leur grossièreté et de leur misère, comme les autres par leur raffinement et leur grandeur. De plus, les différentes classes dont un peuple aristocratique se compose étant fort séparées les unes des autres, et se connaissant mal entre elles, l'imagination peut toujours, en les représentant, ajouter ou ôter quelque chose au réel.

Dans les sociétés démocratiques, où les hommes sont tous très-petits et fort semblables, chacun, en s'envisageant soi-même, voit à l'instant tous les autres. Les poëtes qui vivent dans les siècles démocratiques ne sauraient donc jamais prendre un homme en particulier pour sujet de leur tableau; car un objet d'une grandeur médiocre, et qu'on aperçoit distinctement de tous les côtés, ne prêtera jamais à l'idéal.

Ainsi donc l'égalité, en s'établissant sur la terre, tarit la plupart des sources anciennes de la poésie.

Essayons de montrer comment elle en découvre de nouvelles.

Quand le doute eut dépeuplé le ciel, et que les progrès de l'égalité eurent réduit chaque homme à des proportions mieux connues et plus petites, les poëtes n'imaginant pas encore ce qu'ils pouvaient mettre à la place de ces grands objets qui fuyaient avec l'aristocratie, tournèrent les yeux vers la nature inanimée. Perdant de vue les héros et les dieux, ils entreprirent d'abord de peindre des fleuves et des montagnes.

Cela donna naissance, dans le siècle dernier, à la poésie qu'on a appelée, par excellence, descriptive.

Quelques-uns ont pensé que cette peinture, embellie des choses matérielles et inanimées qui couvrent la terre, était la poésie propre aux siècles démocratiques; mais je pense que c'est une erreur. Je crois qu'elle ne représente qu'une époque de passage.

Je suis convaincu qu'à la longue la démocratie détourne l'imagination de tout ce qui est extérieur à l'homme pour ne la fixer que sur l'homme.

Les peuples démocratiques peuvent bien s'amuser un moment à considérer la nature; mais ils ne s'animent réellement qu'à la vue d'eux-mêmes. C'est de ce côté seulement que se trouvent chez ces peuples les sources naturelles de la poésie, et il est permis de croire que tous les poëtes qui ne voudront point y puiser perdront tout empire sur l'âme de ceux qu'ils prétendent charmer, et qu'ils finiront par ne plus avoir que de froids témoins de leurs transports.

J'ai fait voir comment l'idée du progrès et de la perfectibilité indéfinie de l'espèce humaine était propre aux âges démocratiques.

Les peuples démocratiques ne s'inquiètent guère de ce qui a été ; mais ils rêvent volontiers à ce qui sera, et, de ce côté, leur imagination n'a point de limites ; elle s'y étend et s'y agrandit sans mesure.

Ceci offre une vaste carrière aux poëtes et leur permet de reculer loin de l'œil leur tableau. La démocratie, qui ferme le passé à la poésie, lui ouvre l'avenir.

Tous les citoyens qui composent une société démocratique étant à peu près égaux et semblables, la poésie ne saurait s'attacher à aucun d'entre eux ; mais la nation elle-même s'offre à son pinceau. La similitude de tous les individus, qui rend chacun d'eux séparément impropre à devenir l'objet de la poésie, permet aux poëtes de les renfermer tous dans une même image, et de considérer enfin le peuple lui-même. Les nations démocratiques aperçoivent plus clairement que toutes les autres leur propre figure, et cette grande figure prête merveilleusement à la peinture de l'idéal.

Je conviendrai aisément que les Américains n'ont point de poëtes ; je ne saurais admetttre de même qu'ils n'ont point d'idées poétiques.

On s'occupe beaucoup en Europe des déserts de l'Amé-

rique ; mais les Américains eux-mêmes n'y songent guère.
Les merveilles de la nature inanimée les trouvent insensibles, et ils n'aperçoivent pour ainsi dire les admirables
forêts qui les environnent qu'au moment où elles tombent
sous leurs coups. Leur œil est rempli d'un autre spectacle. Le peuple américain se voit marcher lui-même
à travers ces déserts, desséchant les marais, redressant
les fleuves, peuplant la solitude et domptant la nature.
Cette image magnifique d'eux-mêmes ne s'offre pas seulement de loin en loin à l'imagination des Américains ;
on peut dire qu'elle suit chacun d'entre eux dans les
moindres de ses actions comme dans les principales, et
qu'elle reste toujours suspendue devant son intelligence.

On ne saurait rien concevoir de si petit, de si terne,
de si rempli de misérables intérêts, de si antipoétique,
en un mot, que la vie d'un homme aux États-Unis ; mais,
parmi les pensées qui la dirigent, il s'en rencontre toujours une qui est pleine de poésie, et celle-là est comme
le nerf caché qui donne la vigueur à tout le reste.

Dans les siècles aristocratiques, chaque peuple, comme
chaque individu, est enclin à se tenir immobile et séparé
de tous les autres.

Dans les siècles démocratiques, l'extrême mobilité des
hommes et leurs impatients désirs font qu'ils changent
sans cesse de place, et que les habitants des différents
pays se mêlent, se voient, s'écoutent et s'empruntent.
Ce ne sont donc pas seulement les membres d'une même
nation qui deviennent semblables ; les nations elles-

mêmes s'assimilent, et toutes ensemble ne forment plus à l'œil du spectateur qu'une vaste démocratie dont chaque citoyen est un peuple. Cela met pour la première fois au grand jour la figure du genre humain.

Tout ce qui se rapporte à l'existence du genre humain pris en entier, à ses vicissitudes, à son avenir, devient une mine très-féconde pour la poésie.

Les poëtes qui vécurent dans les âges aristocratiques ont fait d'admirables peintures en prenant pour sujets certains incidents de la vie d'un peuple ou d'un homme; mais aucun d'entre eux n'a jamais osé renfermer dans son tableau les destinées de l'espèce humaine, tandis que les poëtes qui écrivent dans les âges démocratiques peuvent l'entreprendre.

Dans le même temps que chacun, élevant les yeux au-dessus de son pays, commence enfin à apercevoir l'humanité elle-même, Dieu se manifeste de plus en plus à l'esprit humain dans sa pleine et entière majesté.

Si dans les siècles démocratiques la foi aux religions positives est souvent chancelante, et que les croyances à des puissances intermédiaires, quelque nom qu'on leur donne, s'obscurcissent; d'autre part les hommes sont disposés à concevoir une idée beaucoup plus vaste de la Divinité elle-même, et son intervention dans les affaires humaines leur apparaît sous un jour nouveau et plus grand.

Apercevant le genre humain comme un seul tout, ils conçoivent aisément qu'un même dessein préside à ses destinées; et, dans les actions de chaque individu, ils sont portés à reconnaître la trace de ce plan général et constant suivant lequel Dieu conduit l'espèce.

Ceci peut encore être considéré comme une source très-abondante de poésie, qui s'ouvre dans ces siècles.

Les poëtes démocratiques paraîtront toujours petits et froids s'ils essaient de donner à des dieux, à des démons ou à des anges, des formes corporelles, et s'ils cherchent à les faire descendre du ciel pour se disputer la terre.

Mais s'ils veulent rattacher les grands événements qu'ils retracent aux desseins généraux de Dieu sur l'univers, et, sans montrer la main du souverain maître, faire pénétrer dans sa pensée, ils seront admirés et compris, car l'imagination de leurs contemporains suit d'elle-même cette route.

On peut également prévoir que les poëtes qui vivent dans les âges démocratiques peindront des passions et des idées plutôt que des personnes et des actes.

Le langage, le costume et les actions journalières des hommes dans les démocraties se refusent à l'imagination de l'idéal. Ces choses ne sont pas poétiques par elles-mêmes, et elles cesseraient d'ailleurs de l'être, par cette raison qu'elles sont trop bien connues de tous ceux auxquels on entreprendrait d'en parler. Cela force les poëtes à percer sans cesse au-dessous de la surface extérieure que les sens leur découvrent, afin d'entrevoir l'âme elle-même. Or, il n'y a rien qui prête plus à la peinture de l'idéal que l'homme ainsi envisagé dans les profondeurs de sa nature immatérielle.

Je n'ai pas besoin de parcourir le ciel et la terre pour

découvrir un objet merveilleux plein de contrastes, de grandeurs et de petitesses infinies, d'obscurités profondes et de singulières clartés ; capable à la fois de faire naître la pitié, l'admiration, le mépris, la terreur. Je n'ai qu'à me considérer moi-même : l'homme sort du néant, traverse le temps, et va disparaître pour toujours dans le sein de Dieu. On ne le voit qu'un moment errer sur la limite des deux abîmes, où il se perd.

Si l'homme s'ignorait complétement, il ne serait point poétique ; car on ne peut peindre ce dont on n'a pas l'idée. S'il se voyait clairement, son imagination resterait oisive, et n'aurait rien à ajouter au tableau. Mais l'homme est assez découvert pour qu'il aperçoive quelque chose de lui-même, et assez voilé pour que le reste s'enfonce dans des ténèbres impénétrables, parmi lesquelles il plonge sans cesse, et toujours en vain, afin d'achever de se saisir.

Il ne faut donc pas s'attendre à ce que, chez les peuples démocratiques, la poésie vive de légendes, qu'elle se nourrisse de traditions et d'antiques souvenirs, qu'elle essaie de repeupler l'univers d'êtres surnaturels auxquels les lecteurs et les poëtes eux-mêmes ne croient plus, ni qu'elle personnifie froidement des vertus et des vices, qu'on veut voir sous leur propre forme. Toutes ces ressources lui manquent ; mais l'homme lui reste, et c'est assez pour elle. Les destinées humaines, l'homme, pris à part de son temps et de son pays, et placé en face de la nature et de Dieu, avec ses passions, ses doutes, ses prospérités inouïes et ses misères incompréhensibles, deviendront pour ces peuples l'objet principal et presque unique de la poésie; et c'est ce dont on peut déjà s'assurer si l'on considère ce qu'ont écrit les plus grands poëtes qui aient paru depuis que le monde achève de tourner à la démocratie.

Les écrivains qui, de nos jours, ont si admirablement reproduit les traits de Child-Harold, de René et de Jocelyn, n'ont pas prétendu raconter les actions d'un homme; ils ont voulu illuminer et agrandir certains côtés encore obscurs du cœur humain.

Ce sont là les poëmes de la démocratie.

L'égalité ne détruit donc pas tous les objets de la poésie; elle les rend moins nombreux et plus vastes.

CHAPITRE XVIII

J'ai souvent remarqué que les Américains qui traitent en général les affaires dans un langage clair et sec, dépourvu de tout ornement et dont l'extrême simplicité est souvent vulgaire, donnent volontiers dans le boursouflé, dès qu'ils veulent aborder le style poétique. Ils se montrent alors pompeux sans relâche d'un bout à l'autre du discours, et l'on croirait, en les voyant prodiguer ainsi les images à tout propos, qu'ils n'ont jamais rien dit simplement.

Les Anglais tombent plus rarement dans un défaut semblable.

La cause de ceci peut être indiquée sans beaucoup de peine.

Dans les sociétés démocratiques, chaque citoyen est habituellement occupé à contempler un très-petit objet, qui est lui-même. S'il vient à lever plus haut les yeux, il n'aperçoit alors que l'image immense de la société, ou la figure plus grande encore du genre humain. Il n'a que des idées très-particulières et très-claires, ou des notions très-générales et très-vagues ; l'espace intermédiaire est vide.

Quand on l'a tiré de lui-même, il s'attend donc toujours qu'on va lui offrir quelque objet prodigieux à regarder, et ce n'est qu'à ce prix qu'il consent à s'arracher un moment aux petits soins compliqués qui agitent et charment sa vie.

Ceci me paraît expliquer assez bien pourquoi les hommes des démocraties, qui ont, en général, de si minces affaires, demandent à leurs poëtes des conceptions si vastes et des peintures si démesurées.

De leur côté, les écrivains ne manquent guère d'obéir à ces instincts qu'ils partagent : ils gonflent leur imagination sans cesse, et l'étendant outre mesure, ils lui font atteindre le gigantesque pour lequel elle abandonne souvent le grand.

De cette manière, ils espèrent attirer sur-le-champ es regards de la foule, et les fixer aisément autour d'eux, et ils réussissent souvent à le faire ; car la foule qui ne cherche dans la poésie que des objets très-vastes, n'a pas le temps de mesurer exactement les proportions de tous les objets qu'on lui présente, ni le goût assez sûr pour apercevoir facilement en quoi ils sont disproportionnés. L'auteur et le public se corrompent à la fois l'un par l'autre.

Nous avons vu d'ailleurs que, chez les peuples démocratiques, les sources de la poésie étaient belles, mais peu abondantes. On finit bientôt par les épuiser. Ne trouvant plus matière à l'idéal dans le réel et dans le vrai, les poëtes en sortent entièrement et créent des monstres.

Je n'ai pas peur que la poésie des peuples démocratiques se montre timide ni qu'elle se tienne très-près de terre. J'appréhende plutôt qu'elle ne se perde à chaque instant dans les nuages, et qu'elle ne finisse par peindre des contrées entièrement imaginaires. Je crains que les œuvres des poëtes démocratiques n'offrent souvent des images immenses et incohérentes, des peintures surchargées, des composés bizarres, et que les êtres fantastiques sortis de leur esprit ne fassent quelquefois regretter le monde réel.

CHAPITRE XIX

Lorsque la révolution qui a changé l'état social et politique d'un peuple aristocratique commence à se faire jour dans la littérature, c'est en général par le théâtre qu'elle se produit d'abord, et c'est là qu'elle demeure toujours visible.

Le spectateur d'une œuvre dramatique est, en quelque sorte, pris au dépourvu par l'impression qu'on lui suggère. Il n'a pas le temps d'interroger sa mémoire, ni de consulter les habiles; il ne songe point à combattre les nouveaux instincts littéraires qui commencent à se manifester en lui; il y cède avant de les connaître.

Les auteurs ne tardent pas à découvrir de quel côté incline ainsi secrètement le goût du public. Ils tournent de ce côté-là leurs œuvres; et les pièces de théâtre, après avoir servi à faire apercevoir la révolution littéraire qui se prépare, achèvent bientôt de l'accomplir. Si vous voulez juger d'avance la littérature d'un peuple qui tourne à la démocratie, étudiez son théâtre.

Les pièces de théâtre forment d'ailleurs chez les nations aristocratiques elles-mêmes la portion la plus démocratique de la littérature. Il n'y a pas de jouissance littéraire plus à portée de la foule que celles qu'on éprouve à la vue de la scène. Il ne faut ni préparation ni étude pour les sentir. Elles vous saisissent au milieu de vos préoccupations et de votre ignorance. Lorsque l'amour encore à moitié grossier des plaisirs de l'esprit commence à pénétrer dans une classe de citoyens, il la pousse aussitôt au théâtre. Les théâtres des nations aristocratiques ont toujours été remplis de spectateurs qui n'appartenaient point à l'aristocratie. C'est au théâtre seulement que les classes supérieures se sont mêlées avec les moyennes et les inférieures, et qu'elles ont consenti sinon à recevoir l'avis de ces dernières, du moins à souffrir que celles-ci le donnassent. C'est au théâtre que les érudits et les lettrés ont toujours eu le plus de peine à faire prévaloir leur goût sur celui du peuple, et à se défendre d'être entraînés eux-mêmes par le sien. Le parterre y a souvent fait la loi aux loges.

S'il est difficile à une aristocratie de ne point laisser envahir le théâtre par le peuple, on comprendra aisément que le peuple doit y régner en maître, lorsque les principes démocratiques ayant pénétré dans les lois et dans les mœurs, les rangs se confondent, et les intelligences se rapprochent comme les fortunes, et que la classe supérieure perd, avec ses richesses héréditaires, son pouvoir, ses traditions et ses loisirs.

Les goûts et les instincts naturels aux peuples démocratiques, en fait de littérature, se manifesteront donc d'abord au théâtre, et on peut prévoir qu'ils s'y introduiront avec violence. Dans les écrits, les lois littéraires de l'aristocratie se modifieront peu à peu, d'une manière graduelle et pour ainsi dire légale. Au théâtre, elles seront renversées par des émeutes.

Le théâtre met en relief la plupart des qualités et presque tous les vices inhérents aux littératures démocratiques.

Les peuples démocratiques n'ont qu'une estime fort médiocre pour l'érudition, et ils ne se soucient guère de ce qui se passait à Rome et à Athènes; ils entendent qu'on leur parle d'eux-mêmes, et c'est le tableau du présent qu'ils demandent.

Aussi, quand les héros et les mœurs de l'antiquité sont reproduits souvent sur la scène, et qu'on a soin d'y rester très-fidèle aux traditions antiques, cela suffit pour en conclure que les classes démocratiques ne dominent point encore au théâtre.

Racine s'excuse fort humblement dans la préface de *Britannicus* d'avoir fait entrer Junie au nombre des vestales, où, selon Aulu-Gelle, dit-il, « on ne recevait per- « sonne au-dessous de six ans, ni au-dessus de dix. » Il est à croire qu'il n'eût pas songé à s'accuser où à se défendre d'un pareil crime, s'il avait écrit de nos jours.

Un semblable fait m'éclaire, non-seulement sur l'état de la littérature dans les temps où il a lieu, mais encore sur celui de la société elle-même. Un théâtre démocratique ne prouve point que la nation est en démocratie, car comme nous venons de le voir, dans les aristocraties mêmes il peut arriver que les goûts démocratiques influent sur la scène ; mais, quand l'esprit de l'aristocratie règne seul au théâtre, cela démontre invinciblement que la société tout entière est aristocratique, et l'on peut hardiment en conclure que cette même classe érudite et lettrée, qui dirige les auteurs, commande les citoyens et mène les affaires.

Il est bien rare que les goûts raffinés et les penchants hautains de l'aristocratie, quand elle régit le théâtre, ne la portent point à faire, pour ainsi dire, un choix dans la nature humaine. Certaines conditions sociales l'intéressent principalement, et elle se plaît à en retrouver la peinture sur la scène ; certaines vertus, et mêmes certains vices, lui paraissent mériter plus particulièrement d'y être reproduits ; elle agrée le tableau de ceux-ci tandis qu'elle éloigne de ses yeux tous les autres. Au théâtre, comme ailleurs, elle ne veut rencontrer que de grands seigneurs, et elle ne s'émeut que pour des rois. Ainsi des styles. Une aristocratie impose volontiers, aux auteurs dramatiques, de certaines manières de dire, elle veut que tout soit dit sur ce ton.

Le théâtre arrive souvent ainsi à ne peindre qu'un des côtés de l'homme, ou même quelquefois à représenter ce qui ne se rencontre point dans la nature humaine ; il s'élève au-dessus d'elle et en sort.

Dans les sociétés démocratiques les spectateurs n'ont point de pareilles préférences, et ils font rarement voir de semblables antipathies ; ils aiment à retrouver sur la scène le mélange confus de conditions, de sentiments et d'idées qu'ils rencontrent sous leurs yeux ; le théâtre devient plus frappant, plus vulgaire, et plus vrai

Quelquefois cependant ceux qui écrivent pour le théâtre dans les démocraties, sortent aussi de la nature humaine, mais c'est par un autre bout que leurs devanciers. A force de vouloir reproduire minutieusement les petites singularités du moment présent et la physionomie particulière de certains hommes, ils oublient de retracer les traits généraux de l'espèce.

Quand les classes démocratiques règnent au théâtre, elles introduisent autant de liberté dans la manière de traiter le sujet que dans le choix même de ce sujet.

L'amour du théâtre étant, de tous les goûts littéraires, le plus naturel aux peuples démocratiques, le nombre des auteurs et celui des spectateurs s'accroît sans cesse chez ces peuples comme celui des spectacles. Une pareille multitude, composée d'éléments si divers et répandus en tant de lieux différents, ne saurait reconnaître les mêmes règles et se soumettre aux mêmes lois. Il n'y a pas d'accord possible entre des juges très-nombreux, qui ne sachant point où se retrouver, portent chacun à part leur arrêt. Si l'effet de la démocratie est en général de rendre douteuses les règles et les conventions littéraires, au théâtre elle les abolit entièrement pour n'y substituer que le caprice de chaque auteur et de chaque public.

C'est également au théâtre que se fait surtout voir ce que j'ai déjà dit ailleurs, d'une manière générale, à

propos du style et de l'art dans les littératures démocratiques. Lorsqu'on lit les critiques que faisaient naître
les ouvrages dramatiques du siècle de Louis XIV, on est
est surpris de voir la grande estime du public pour la
vraisemblance et l'importance qu'il mettait à ce qu'un
homme, restant toujours d'accord avec lui-même, ne fît
rien qui ne pût être aisément expliqué et compris. Il
est également surprenant combien on attachait alors de
prix aux formes du langage et quelles petites querelles
de mots on faisait aux auteurs dramatiques.

Il semble que les hommes du siècle de Louis XIV attachaient une valeur fort exagérée à ces détails qui s'a-
perçoivent dans le cabinet, mais qui échappent à la
scène. Car, après tout, le principal objet d'une pièce de
théâtre est d'être représentée et son premier mérite
d'émouvoir. Cela venait de ce que les spectateurs de
cette époque étaient en même temps des lecteurs. Au
sortir de la représentation, ils attendaient chez eux
l'écrivain, afin d'achever de le juger.

Dans les démocraties on écoute les pièces de théâtre,
mais on ne les lit point. La plupart de ceux qui assistent
aux jeux de la scène n'y cherchent pas les plaisirs de
l'esprit, mais les émotions vives du cœur. Ils ne s'attendent point à y trouver une œuvre de littérature, mais
un spectacle, et pourvu que l'auteur parle assez correc-
tement la langue du pays pour se faire entendre, et que
ses personnages excitent la curiosité et éveillent la sympathie, ils sont contents; sans rien demander de plus à
la fiction, ils rentrent aussitôt dans le monde réel. Le

style y est donc moins nécessaire ; car, à la scène, l'observation de ces règles échappe davantage.

Quant aux vraisemblances, il est impossible d'être souvent nouveau, inattendu, rapide en leur restant fidèle. On les néglige donc et le public le pardonne. On peut compter qu'il ne s'inquiétera point des chemins par où vous l'avez conduit, si vous l'amenez enfin devant un objet qui le touche. Il ne vous reprochera jamais de l'avoir ému en dépit des règles.

Les Américains mettent au grand jour les différents instincts que je viens de peindre, quand ils vont au théâtre. Mais il faut reconnaître qu'il n'y a encore qu'un petit nombre d'entre eux qui y aillent. Quoique les spectateurs et les spectacles se soient prodigieusement accrus depuis quarante ans aux États-Unis, la pŏpulation ne se livre encore à ce genre d'amusement qu'avec une extrême retenue.

Cela tient à des causes particulières, que le lecteur connaît déjà, et qu'il suffit de lui rappeler en deux mots :

Les Puritains qui ont fondé les républiques américaines n'étaient pas seulement ennemis des plaisirs ; ils professaient de plus une horreur toute spéciale pour le théâtre. Ils le considéraient comme un divertissement abominable, et, tant que leur esprit a régné sans partage, les représentations dramatiques ont été absolument inconnues parmi eux. Ces opinions des premiers pères de la colonie ont laissé des traces profondes dans l'esprit de leurs descendants.

L'extrême régularité d'habitudes et la grande rigidité de mœurs qui se voient aux États-Unis, ont d'ailleurs été jusqu'à présent peu favorables au développement de l'art théâtral.

Il n'y a point de sujets de drame dans un pays qui n'a pas été témoin de grandes catastrophes politiques, et où l'amour mène toujours par un chemin direct et facile au mariage. Des gens qui emploient tous les jours de la semaine à faire fortune, et le dimanche à prier Dieu, ne prêtent point à la muse comique.

Un seul fait suffit pour montrer que le théâtre est peu populaire aux États-Unis.

Les Américains, dont les lois autorisent la liberté et même la licence de la parole en toutes choses, ont néanmoins soumis les auteurs dramatiques à une sorte de censure. Les représentations théâtrales ne peuvent avoir lieu que quand les administrateurs de la commune les permettent. Ceci montre bien que les peuples sont comme les individus. Ils se livrent sans ménagement à leurs passions principales, et ensuite ils prennent bien garde de ne point trop céder à l'entraînement des goûts qu'ils n'ont pas.

Il n'y a point de portion de la littérature qui se rattache par des liens plus étroits et plus nombreux à l'état actuel de la société que le théâtre.

Le théâtre d'une époque ne saurait jamais convenir à l'époque suivante, si, entre les deux, une importante révolution a changé les mœurs et les lois.

On étudie encore les grands écrivains d'un autre

siècle. Mais on n'assiste plus à des pièces écrites pour un autre public. Les auteurs dramatiques du temps passé ne vivent que dans les livres.

Le goût traditionnel de quelques hommes, la vanité, la mode, le génie d'un acteur peuvent soutenir quelque temps ou relever un théâtre aristocratique au sein d'une démocratie; mais bientôt il tombe de lui-même. On ne le renverse point, on l'abandonne.

Les historiens qui écrivent dans les siècles aristocratiques font dépendre d'ordinaire tous les événements de
la volonté particulière et de l'humeur de certains hommes, et ils rattachent volontiers aux moindres accidents
les révolutions les plus importantes. Ils font ressortir
avec sagacité les plus petites causes, et souvent ils n'a-
perçoivent point les plus grandes.

Les historiens qui vivent dans les siècles démocratiques montrent des tendances toutes contraires.

La plupart d'entre eux n'attribuent presque aucune
influence à l'individu sur la destinée de l'espèce, ni aux
citoyens sur le sort du peuple. Mais, en retour, ils donnent de grandes causes générales à tous les petits faits
particuliers. Ces tendances opposées s'expliquent.

Quand les historiens des siècles aristocratiques jettent
les yeux sur le théâtre du monde, ils y aperçoivent tout
d'abord un très-petit nombre d'acteurs principaux qui

conduisent toute la pièce. Ces grands personnages, qui se tiennent sur le devant de la scène, arrêtent leur vue et la fixent : tandis qu'ils s'appliquent à dévoiler les motifs secrets qui font agir et parler ceux-là, ils oublient le reste.

L'importance des choses qu'ils voient faire à quelques hommes leur donne une idée exagérée de l'influence que peut exercer un homme, et les dispose naturellement à croire qu'il faut toujours remonter à l'action particulière d'un individu pour expliquer les mouvements de la foule.

Lorsque, au contraire, tous les citoyens sont indépendants les uns des autres, et que chacun d'eux est faible, on n'en découvre point qui exerce un pouvoir fort grand, ni surtout fort durable, sur la masse. Au premier abord, les individus semblent absolument impuissants sur elle ; et l'on dirait que la société marche toute seule par le concours libre et spontané de tous les hommes qui la composent.

Cela porte naturellement l'esprit humain à rechercher la raison générale qui a pu frapper ainsi à la fois tant d'intelligences, et les tourner simultanément du même côté.

Je suis très-convaincu que, chez les nations démocratiques elle-mêmes, le génie, les vices ou les vertus de certains individus retardent ou précipitent le cours naturel de la destinée du peuple ; mais ces sortes de causes fortuites et secondaires sont infiniment plus variées, plus cachées, plus compliquées, moins puissantes, et par conséquent plus difficiles à démêler et à suivre dans des temps d'égalité que dans des siècles d'aristocratie, où il ne s'agit que d'analyser, au milieu des faits généraux, l'action particulière d'un seul homme ou de quelques-uns.

L'historien se fatigue bientôt d'un pareil travail; son esprit se perd au milieu de ce labyrinte, et, ne pouvant parvenir à apercevoir clairement, et à mettre suffisamment en lumière les influences individuelles, il les nie. Il préfère nous parler du naturel des races, de la constitution physique du pays, ou de l'esprit de la civilisation. Cela abrége son travail, et à moins de frais satisfait mieux le lecteur.

M. de la Fayette a dit quelque part dans ses Mémoires que le système exagéré des causes générales procurait de merveilleuses consolations aux hommes publics médiocres. J'ajoute qu'il en donne d'admirables aux historiens médiocres. Il leur fournit toujours quelques grandes raisons qui les tirent promptement d'affaire à l'endroit le plus difficile de leur livre, et favorisent la faiblesse ou la paresse de leur esprit, tout en faisant honneur à sa profondeur.

Pour moi, je pense qu'il n'y a pas d'époque où il ne faille attribuer une partie des événements de ce monde à des faits très-généraux, et une autre à des influences très-particulières. Ces deux causes se rencontrent toujours; leur rapport seul diffère. Les faits généraux expliquent plus de choses dans les siècles démocratiques que dans les siècles aristocratiques, et les influences

particulières moins. Dans les temps d'aristocratie, c'est
le contraire : les influences particulières sont plus
.fortes, et les causes générales sont plus faibles, à moins
qu'on ne considère comme une cause générale le fait
même de l'inégalité des conditions, qui permet à quelques individus de contrarier les tendances naturelles de
tous les autres.

Les historiens qui cherchent à peindre ce qui se passe
dans les sociétés démocratiques ont donc raison de faire
une large part aux causes générales, et de s'appliquer
principalement à les découvrir ; mais ils ont tort de
nier entièrement l'action particulière des individus,
parce qu'il est mal aisé de la retrouver et de la suivre.

Non-seulement les historiens qui vivent dans les siècles démocratiques sont entraînés à donner à chaque fait
une grande cause, mais ils sont encore portés à lier les
faits entre eux et à en faire sortir un système.

Dans les siècles d'aristocratie, l'attention des historiens étant détournée à tous moments sur les individus,
l'enchaînement des événements leur échappe, ou plutôt
ils ne croient pas à un enchaînement semblable. La
trame de l'histoire leur semble à chaque instant rompue
par le passage d'un homme.

Dans les siècles démocratiques, au contraire, l'historien voyant beaucoup moins les acteurs, et beaucoup
plus les actes, peut établir aisément une filiation et un
ordre méthodique entre ceux-ci.

La littérature antique, qui nous a laissé de si belles
histoires, n'offre point un seul grand système histori-

que, tandis que les plus misérables littératures modernes en fourmillent. Il semble que les historiens anciens ne faisaient pas assez usage de ces théories générales dont les nôtres sont toujours près d'abuser.

Ceux qui écrivent dans les siècles démocratiques ont e autre tendance plus dangereuse

Lorsque la trace de l'action des individus sur les nations se perd, il arrive souvent qu'on voit le monde se remuer sans que le moteur se découvre. Comme il devient très-difficile d'apercevoir et d'analyser les raisons qui, agissant séparément sur la volonté de chaque citoyen, finissent par produire le mouvement du peuple, on est tenté de croire que ce mouvement n'est pas volontaire, et que les sociétés obéissent sans le savoir à une force supérieure qui les domine.

Alors même que l'on croit découvrir sur la terre le fait général qui dirige la volonté particulière de tous les individus, cela ne sauve point la liberté humaine. Une cause assez vaste pour s'appliquer à la fois à des millions d'hommes, et assez forte pour les incliner tous ensemble du même côté, semble aisément irrésistible ; après avoir vu qu'on y cédait, on est bien près de croire qu'on ne pouvait y résister.

Les historiens qui vivent dans les temps démocratiques ne refusent donc pas seulement à quelques citoyens la puissance d'agir sur la destinée du peuple, ils ôtent encore aux peuples eux-mêmes la faculté de modifier leur propre sort, et ils les soumettent soit à une providence inflexible, soit à une sorte de fatalité aveugle. Suivant eux, chaque nation est invinciblement attachée, par sa position, son origine, ses antécédents, son naturel, à une certaine destinée que tous ses efforts ne sauraient changer. Ils rendent les générations solidaires les unes des autres, et remontant ainsi, d'âge en âge et d'événements nécessaires en événements nécessaires, jusqu'à l'origine du monde, ils font une chaîne serrée et immense qui enveloppe tout le genre humain et le lie.

Il ne leur suffit pas de montrer comment les faits sont arrivés; ils se plaisent encore à faire voir qu'ils ne pouvaient arriver autrement. Ils considèrent une nation parvenue à un certain endroit de son histoire, et ils affirment qu'elle a été contrainte de suivre le chemin qui l'a conduite là. Cela est plus aisé que d'enseigner comment elle aurait pu faire pour prendre une meilleure route.

Il semble, en lisant les historiens des âges aristocratiques, et particulièrement ceux de l'antiquité, que, pour devenir maître de son sort et pour gouverner ses semblables, l'homme n'a qu'à savoir se dompter lui-même. On dirait, en parcourant les histoires écrites de notre temps, que l'homme ne peut rien, ni sur lui, ni autour de lui. Les historiens de l'antiquité enseignaient à commander, ceux de nos jours n'apprennent guère qu'à obéir. Dans leurs écrits l'auteur paraît souvent grand, mais l'humanité est toujours petite.

Si cette doctrine de la fatalité, qui a tant d'attraits pour ceux qui écrivent l'histoire dans les siècles démocratiques, passant des écrivains à leurs lecteurs, péné-

trait ainsi la masse entière des citoyens et s'emparait de
l'esprit public, on peut prévoir qu'elle paralyserait bientôt le mouvement des sociétés nouvelles, et réduirait les
chrétiens en Turcs.

Je dirai de plus qu'une pareille doctrine est particulièrement dangereuse à l'époque où nous sommes; nos
contemporains ne sont que trop enclins à douter du libre arbitre, parce que chacun d'eux se sent borné de
tous côtés par sa faiblesse, mais ils accordent encore volontiers de la force et de l'indépendance aux hommes
réunis en corps social. Il faut se garder d'obscurcir
cette idée, car il s'agit de relever les âmes et non d'a-
chever de les abattre.

CHAPITRE XXI

Chez les peuples aristocratiques, tous les hommes se tiennent et dépendent les uns des autres; il existe entre tous un lien hiérarchique à l'aide duquel on peut maintenir chacun à sa place et le corps entier dans l'obéissance. Quelque chose d'analogue se retrouve toujours au sein des assemblées politiques de ces peuples. Les partis s'y rangent naturellement sous de certains chefs auxquels ils obéissent, par une sorte d'instinct qui n'est que le résultat d'habitudes contractées ailleurs. Ils transportent dans la petite société les mœurs de la plus grande.

Dans les pays démocratiques, il arrive souvent qu'un grand nombre de citoyens se dirigent vers un même point; mais chacun n'y marche, ou se flatte du moins de n'y marcher que de lui-même. Habitué à ne régler ses mouvements que suivant ses impulsions personnelles, il se plie mal aisément à recevoir du dehors sa règle. Ce goût et cet usage de l'indépendance le suivent dans les conseils nationaux. S'il consent à s'y associer à d'autres pour la poursuite du même dessein, il veut du moins rester maître de coopérer au succès commun à sa manière.

De là vient que dans les contrées démocratiques, les partis souffrent si impatiemment qu'on les dirige, et ne se montrent subordonnés que quand le péril est très-grand. Encore, l'autorité des chefs, qui dans ces circonstances peut aller jusqu'à faire agir et parler, ne s'étend-elle presque jamais jusqu'au pouvoir de faire taire.

Chez les peuples aristocratiques, les membres des assemblées politiques sont en même temps les membres de l'aristocratie. Chacun d'eux possède par lui-même un rang élevé et stable, et la place qu'il occupe dans l'assemblée est souvent moins importante à ses yeux que celle qu'il remplit dans le pays. Cela le console de n'y point jouer un rôle dans la discussion des affaires, et le dispose à n'en pas rechercher avec trop d'ardeur un médiocre.

En Amérique, il arrive d'ordinaire que le député n'est quelque chose que par sa position dans l'assemblée. Il est donc sans cesse tourmenté du besoin d'y acquérir de l'importance, et il sent un désir pétulant d'y mettre à tous moments ses idées au grand jour.

Il n'est pas seulement poussé de ce côté par sa vanité, mais par celle de ses électeurs et par la nécessité continuelle de leur plaire.

Chez les peuples aristocratiques, le membre de la législature est rarement dans une dépendance étroite des électeurs ; souvent il est pour eux un représentant en quelque façon nécessaire ; quelquefois il les tient eux-mêmes dans une étroite dépendance, et, s'ils viennent enfin à lui refuser leur suffrage, il se fait aisément nommer ailleurs ; ou, renonçant à la carrière publique, il se renferme dans une oisiveté qui a encore de la splendeur.

Dans un pays démocratique, comme les États-Unis, le député n'a presque jamais de prise durable sur l'esprit de ses électeurs. Quelque petit que soit un corps électoral, l'instabilité démocratique fait qu'il change sans cesse de face. Il faut donc le captiver tous les jours. Il n'est jamais sûr d'eux ; et, s'ils l'abandonnent, il est aussitôt sans ressource ; car il n'a pas naturellement une position assez élevée pour être facilement aperçu de ceux qui ne sont pas proche ; et, dans l'indépendance complète où vivent les citoyens, il ne peut espérer que ses amis ou le gouvernement l'imposeront aisément à un corps électoral qui ne le connaîtra pas. C'est donc dans le canton qu'il représente que sont déposés tous les germes de sa fortune ; c'est de ce coin de terre qu'il lui faut sortir pour s'élever à commander le peuple et à influer sur les destinées du monde.

Ainsi, il est naturel que, dans les pays démocratiques, les membres des assemblées politiques songent à leurs électeurs plus qu'à leur parti, tandis que, dans les aristocraties, ils s'occupent plus de leur parti que de leurs électeurs.

Or, ce qu'il faut dire pour plaire aux électeurs n'est

pas toujours ce qu'il conviendrait de faire pour bien servir l'opinion politique qu'ils professent.

L'intérêt général d'un parti est souvent que le député qui en est membre ne parle jamais des grandes affaires qu'il entend mal ; qu'il parle peu des petites dont la marche des grandes serait embarrassée, et le plus souvent enfin qu'il se taise entièrement. Garder le silence est le plus utile service qu'un médiocre discoureur puisse rendre à la chose publique.

Mais ce n'est point ainsi que les électeurs l'entendent.

La population d'un canton charge un citoyen de prendre part au gouvernement de l'État, parce qu'elle a conçu une très-vaste idée de son mérite. Comme les hommes paraissent plus grands en proportion qu'ils se trouvent entourés d'objets plus petits, il est à croire que l'opinion qu'on se fera du mandataire sera d'autant plus haute que les talents seront plus rares parmi ceux qu'il représente. Il arrivera donc souvent que les électeurs espéreront d'autant plus de leur député qu'ils auront moins à en attendre ; et, quelque incapable qu'il puisse être, ils ne sauraient manquer d'exiger de lui des efforts signalés qui répondent au rang qu'ils lui donnent.

Indépendamment du législateur de l'État, les électeurs voient encore en leur représentant le protecteur naturel du canton près de la législature ; ils ne sont pas même éloignés de le considérer comme le fondé de pouvoirs de chacun de ceux qui l'ont élu, et ils se flattent qu'il ne déploiera pas moins d'ardeur à faire valoir leurs intérêts particuliers que ceux du pays.

Ainsi, les électeurs se tiennent d'avance pour assurés que le député qu'ils choisiront sera un orateur; qu'il parlera souvent s'il le peut, et que, au cas où il lui faudrait se restreindre, il s'efforcera du moins de renfermer dans ses rares discours l'examen de toutes les grandes affaires de l'État, joint à l'exposé de tous les petits griefs dont ils ont eux-mêmes à se plaindre; de telle façon que, ne pouvant se montrer souvent, il fasse voir à chaque occasion ce qu'il sait faire, et que, au lieu de se répandre incessamment, il se resserre de temps à autre tout entier sous un petit volume, fournissant ainsi une sorte de résumé brillant et complet de ses commettants et de lui-même. A ce prix, ils promettent leurs prochains suffrages.

Ceci pousse au désespoir d'honnêtes médiocrités qui, se connaissant, ne se seraient pas produites d'elles-mêmes. Le député, ainsi excité, prend la parole au grand chagrin de ses amis, et, se jetant imprudemment au milieu des plus célèbres orateurs, il embrouille le débat et fatigue l'assemblée.

Toutes les lois qui tendent à rendre l'élu plus dépendant de l'électeur, ne modifient donc pas seulement la conduite des législateurs, ainsi que je l'ai fait remarquer ailleurs, mais aussi leur langage. Elles influent tout à la fois sur les affaires et sur la manière d'en parler.

Il n'est pour ainsi dire pas de membre du congrès qui consente à rentrer dans ses foyers sans s'y être fait précéder au moins par un discours, ni qui souffre d'être

interrompu avant d'avoir pu renfermer dans les limites
de sa harangue tout ce qu'on peut dire d'utile aux vingt-
quatre États dont l'union se compose, et spécialement
au district qu'il représente. Il fait donc passer successivement devant l'esprit de ses auditeurs de grandes vérités générales qu'il n'aperçoit souvent lui-même, et
qu'il n'indique que confusément, et de petites particularités fort ténues qu'il n'a que trop de facilité à découvrir et à exposer. Aussi arrive-t-il très-souvent que dans
le sein de ce grand corps, la discussion devient vague et
embarrassée, et qu'elle semble se traîner vers le but
qu'on se propose plutôt qu'y marcher.

Quelque chose d'analogue se fera toujours voir, je
pense, dans les assemblées publiques des démocraties.

D'heureuses circonstances et de bonnes lois pourraient
parvenir à attirer dans la législature d'un peuple démocratique des hommes beaucoup plus remarquables que
ceux qui sont envoyés par les Américains au congrès ;
mais on n'empêchera jamais les hommes médiocres qui
s'y trouvent de s'y exposer complaisamment et de tous
les côtés au grand jour.

Le mal ne me paraît pas entièrement guérissable,
parce qu'il ne tient pas seulement au règlement de l'assemblée, mais à sa constitution et à celle même du
pays.

Les habitants des États-Unis semblent considérer
eux-mêmes la chose sous ce point de vue, et ils témoignent leur long usage de la vie parlementaire, non point
en s'abstenant de mauvais discours, mais en se sou-

mettant avec courage à les entendre. Ils s'y résignent
comme au mal que l'expérience leur a fait reconnaître
inévitable.

Nous avons montré le petit côté des discussions politiques dans les démocraties; faisons voir le grand.

Ce qui s'est passé depuis cent cinquante ans dans le
parlement d'Angleterre n'a jamais eu un grand reten-
tissement au dehors; les idées et les sentiments expri-
més par les orateurs ont toujours trouvé peu de sympathie chez les peuples même qui se trouvaient placés
le plus près du grand théâtre de la liberté britannique,
tandis que, dès les premiers débats qui ont eu lieu
dans les petites assemblées coloniales d'Amérique à
l'époque de la révolution, l'Europe fut émue.

Cela n'a pas tenu seulement à des circonstances particulières et fortuites, mais à des causes générales et
durables.

Je ne vois rien de plus admirable ni de plus puissant qu'un grand orateur discutant de grandes affaires,
dans le sein d'une assemblée démocratique. Comme il
n'y a jamais de classe qui y ait ses représentants chargés de soutenir ses intérêts, c'est toujours à la nation
tout entière, et au nom de la nation tout entière qu'on
parle. Cela agrandit la pensée et relève le langage.

Comme les précédents y ont peu d'empire; qu'il n'y
a plus de priviléges attachés à certains biens, ni de
droits inhérents à certains corps ou à certains hommes,
l'esprit est obligé de remonter jusqu'à des vérités générales puisées dans la nature humaine pour traiter

l'affaire particulière qui l'occupe. De là naît dans les discussions politiques d'un peuple démocratique, quelque petit qu'il soit, un caractère de généralité qui les rend souvent attachantes pour le genre humain. Tous les hommes s'y intéressent parce qu'il s'agit de l'homme qui est partout le même.

Chez les plus grands peuples aristocratiques, au contraire, les questions les plus générales sont presque toujours traitées par quelques raisons particulières tirées des usages d'une époque ou des droits d'une classe; ce qui n'intéresse que la classe dont il est question, ou tout au plus le peuple dans le sein duquel cette classe se trouve.

C'est à cette cause autant qu'à la grandeur de la nation française, et aux dispositions favorables des peuples qui l'écoutent, qu'il faut attribuer le grand effet que nos discussions politiques produisent quelquefois dans le monde.

Nos orateurs parlent souvent à tous les hommes, alors même qu'ils ne s'adressent qu'à leurs concitoyens.

DEUXIÈME PARTIE

INFLUENCE DE LA DÉMOCRATIE SUR LES SENTIMENTS DES AMÉRICAINS

CHAPITRE PREMIER

POURQUOI LES PEUPLES DÉMOCRATIQUES MONTRENT UN AMOUR PLUS ARDENT ET PLUS DURABLE POUR L'ÉGALITÉ QUE POUR LA LIBERTÉ.

La première et la plus vive des passions que l'égalité des conditions fait naître, je n'ai pas besoin de le dire, c'est l'amour de cette même égalité. On ne s'étonnera donc pas que j'en parle avant toutes les autres.

Chacun a remarqué que de notre temps, et spécialement en France, cette passion de l'égalité prenait chaque jour une place plus grande dans le cœur humain. On a dit cent fois que nos contemporains avaient un amour bien plus ardent et bien plus tenace pour l'égalité que pour la liberté; mais je ne trouve point qu'on soit encore suffisamment remonté jusqu'aux causes de ce fait. Je vais l'essayer.

On peut imaginer un point extrême où la liberté et l'égalité se touchent et se confondent.

Je suppose que tous les citoyens concourent au gouvernement et que chacun ait un droit égal d'y concourir.

Nul ne différant alors de ses semblables, personne ne pourra exercer un pouvoir tyrannique; les hommes seront parfaitement libres, parce qu'ils seront tous entièrement égaux; et ils seront tous parfaitement égaux parce qu'ils seront entièrement libres. C'est vers cet idéal que tendent les peuples démocratiques.

Voilà la forme la plus complète que puisse prendre l'égalité sur la terre; mais il en est mille autres, qui, sans être aussi parfaites, n'en sont guère moins chères à ces peuples.

L'égalité peut s'établir dans la société civile, et ne point régner dans le monde politique. On peut avoir le droit de se livrer aux mêmes plaisirs, d'entrer dans les mêmes professions, de se rencontrer dans les mêmes lieux; en un mot, de vivre de la même manière et de poursuivre la richesse par les mêmes moyens, sans prendre tous la même part au gouvernement.

Une sorte d'égalité peut même s'établir dans le monde politique, quoique la liberté politique n'y soit point. On est l'égal de tous ses semblables, moins un, qui est, sans distinction, le maître de tous, et qui prend également, parmi tous, les agents de son pouvoir.

Il serait facile de faire plusieurs autres hypothèses suivant lesquelles une fort grande égalité pourrait aisément se combiner avec des institutions plus ou moins libres, ou même avec des institutions qui ne le seraient point du tout.

Quoique les hommes ne puissent devenir absolument égaux sans être entièrement libres, et que par conséquent l'égalité, dans son degré le plus extrême, se confonde avec la liberté, on est donc fondé à distinguer l'une de l'autre.

Le goût que les hommes ont pour la liberté, et celui qu'ils ressentent pour l'égalité, sont, en effet, deux choses distinctes, et je ne crains pas d'ajouter que, chez les peuples démocratiques, ce sont deux choses inégales.

Si l'on veut y faire attention, on verra qu'il se rencontre dans chaque siècle un fait singulier et dominant auquel les autres se rattachent; ce fait donne presque toujours naissance à une pensée mère, ou à une passion principale qui finit ensuite par attirer à elle et par entraîner dans son cours tous les sentiments et toutes les idées. C'est comme le grand fleuve vers lequel chacun des ruisseaux environnants semble courir.

La liberté s'est manifestée aux hommes dans différents temps et sous différentes formes; elle ne s'est point attachée exclusivement à un état social, et on la rencontre autre part que dans les démocraties. Elle ne saurait donc former le caractère distinctif des siècles démocratiques.

Le fait particulier et dominant qui singularise ces siècles, c'est l'égalité des conditions; la passion principale qui agite les hommes dans ces temps-là, c'est l'amour de cette égalité.

Ne demandez point quel charme singulier trouvent les hommes des âges démocratiques à vivre égaux, ni les raisons particulières qu'ils peuvent avoir de s'attacher si obstinément à l'égalité plutôt qu'aux autres biens que la société leur présente : l'égalité forme le caractère distinctif de l'époque où ils vivent; cela seul suffit pour expliquer qu'ils la préfèrent à tout le reste.

Mais, indépendamment de cette raison, il en est plusieurs autres qui, dans tous les temps, porteront habituellement les hommes à préférer l'égalité à la liberté.

Si un peuple pouvait jamais parvenir à détruire ou seulement à diminuer lui-même dans son sein l'égalité qui y règne, il n'y arriverait que par de longs et pénibles efforts. Il faudrait qu'il modifiât son état social, abolît ses lois, renouvelât ses idées, changeât ses habitudes, altérât ses mœurs. Mais, pour perdre la liberté politique, il suffit de ne pas la retenir, et elle s'échappe.

Les hommes ne tiennent donc pas seulement à l'égalité parce qu'elle leur est chère; ils s'y attachent encore parce qu'ils croient qu'elle doit durer toujours.

Que la liberté politique puisse, dans ses excès, compromettre la tranquillité, le patrimoine, la vie des particuliers, on ne rencontre point d'hommes si bornés et si légers qui ne le découvrent. Il n'y a, au contraire, que les gens attentifs et clairvoyants qui aperçoivent les périls dont l'égalité nous menace, et d'ordinaire ils évitent de les signaler. Ils savent que les misères qu'ils redoutent sont éloignées, et ils se flattent qu'elles n'atteindront que les générations à venir, dont la génération présente ne s'inquiète guère. Les maux que la liberté amène quelquefois sont immédiats; ils sont visibles pour tous, et tous, plus ou moins, les ressentent. Les maux que l'extrême égalité peut produire ne se manifestent que peu à peu; ils s'insinuent graduellement dans le corps social; on ne les voit que de loin en loin, et au moment où ils deviennent les plus violents, l'habitude a déjà fait qu'on ne les sent plus.

Les biens que la liberté procure ne se montrent qu'à la longue; et il est toujours facile de méconnaître la cause qui les fait naître.

Les avantages de l'égalité se font sentir dès à présent, et chaque jour on les voit découler de leur source.

La liberté politique donne de temps en temps, à un certain nombre de citoyens, de sublimes plaisirs.

L'égalité fournit chaque jour une multitude de petites jouissances à chaque homme. Les charmes de l'égalité se sentent à tous moments, et ils sont à la portée de tous; les plus nobles cœurs n'y sont pas insensibles, et les âmes les plus vulgaires en font leurs délices. La passion que l'égalité fait naître doit donc être tout à la fois énergique et générale.

Les hommes ne sauraient jouir de la liberté politique sans l'acheter par quelques sacrifices, et ils ne s'en emparent jamais qu'avec beaucoup d'efforts. Mais les plaisirs que l'égalité procure s'offrent d'eux-mêmes. Chacun des petits incidents de la vie privée semble les faire naître, et pour les goûter il ne faut que vivre.

Les peuples démocratiques aiment l'égalité dans tous les temps, mais il est de certaines époques où ils poussent jusqu'au délire la passion qu'ils ressentent pour elle. Ceci arrive au moment où l'ancienne hiérarchie sociale, longtemps menacée, achève de se détruire, après une dernière lutte intestine, et que les barrières qui séparaient les citoyens sont enfin renversées. Les hommes se précipitent alors sur l'égalité comme sur une conquête, et ils s'y attachent comme à un bien précieux qu'on veut leur ravir. La passion d'égalité pénètre de toutes parts dans le cœur humain, elle s'y étend, elle le remplit tout entier. Ne dites point aux hommes qu'en se livrant ainsi aveuglément à une passion exclusive, ils compromettent leurs intérêts les plus chers ; ils sont sourds. Ne leur montrez pas la liberté qui s'échappe de leurs mains, tandis qu'ils regardent ailleurs ; ils sont aveugles, ou plutôt ils n'aperçoivent dans tout l'univers qu'un seul bien digne d'envie.

Ce qui précède s'applique à toutes les nations démocratiques. Ce qui suit ne regarde que nous-mêmes.

Chez la plupart des nations modernes, et en particulier chez tous les peuples du continent de l'Europe, le goût et l'idée de la liberté n'ont commencé à naître et à se développer qu'au moment où les conditions commençaient à s'égaliser, et comme conséquence de cette égalité même. Ce sont les rois absolus qui ont le plus travaillé à niveler les rangs parmi leurs sujets. Chez ces peuples, l'égalité a précédé la liberté; l'égalité était donc un fait ancien, lorsque la liberté était encore une chose nouvelle; l'une avait déjà créé des opinions, des usages, des lois qui lui étaient propres, lorsque l'autre se produisait seule, et pour la première fois, au grand jour. Ainsi, la seconde n'était encore que dans les idées et dans les goûts, tandis que la première avait déjà pénétré dans les habitudes, s'était emparée des mœurs, et avait donné un tour particulier aux moindres actions de la vie. Comment s'étonner si les hommes de nos jours préfèrent l'une à l'autre?

Je pense que les peuples démocratiques ont un goût naturel pour la liberté; livrés à eux-mêmes, ils la cherchent, ils l'aiment, et ils ne voient qu'avec douleur qu'on les en écarte. Mais ils ont pour l'égalité une passion ardente, insatiable, éternelle, invincible; ils veulent l'égalité dans la liberté, et, s'ils ne peuvent l'obtenir, ils la veulent encore dans l'esclavage. Ils souffriront la pauvreté, l'asservissement, la barbarie, mais ils ne souffriront pas l'aristocratie.

Ceci est vrai dans tous les temps, et surtout dans le nôtre. Tous les hommes et tous les pouvoirs qui voudront lutter contre cette puissance irrésistible, seront renversés et détruits par elle. De nos jours, la liberté ne peut s'établir sans son appui, et le despotisme lui-même ne saurait régner sans elle.

CHAPITRE II

J'ai fait voir comment, dans les siècles d'égalité, chaque homme cherchait en lui-même ses croyances; je veux montrer comment, dans les mêmes siècles, il tourne tous ses sentiments vers lui seul.

L'*individualisme* est une expression récente qu'une idée nouvelle a fait naître. Nos pères ne connaissaient que l'égoïsme.

L'égoïsme est un amour passionné et exagéré de soi-même, qui porte l'homme à ne rien rapporter qu'à lui seul et à se préférer à tout.

L'individualisme est un sentiment réfléchi et paisible qui dispose chaque citoyen à s'isoler de la masse de ses semblables, et à se retirer à l'écart avec sa famille et ses amis; de telle sorte que, après s'être ainsi créé une petite société à son usage, il abandonne volontiers la grande société à elle-même.

L'égoïsme naît d'un instinct aveugle; l'individualisme procède d'un jugement erroné plutôt que d'un sentiment dépravé. Il prend sa source dans les défauts de l'esprit autant que dans les vices du cœur.

L'égoïsme dessèche le germe de toutes les vertus; l'individualisme ne tarit d'abord que la source des vertus publiques; mais, à la longue, il attaque et détruit toutes les autres, et va enfin s'absorber dans l'égoïsme.

L'égoïsme est un vice aussi ancien que le monde. Il n'appartient guère plus à une forme de société qu'à une autre.

L'individualisme est d'origine démocratique, et il menace de se développer à mesure que les conditions s'égalisent.

Chez les peuples aristocratiques, les familles restent pendant des siècles dans le même état, et souvent dans le même lieu. Cela rend, pour ainsi dire, toutes les générations contemporaines. Un homme connaît presque toujours ses aïeux et les respecte; il croit déjà apercevoir ses arrière-petits-fils, et il les aime. Il se fait volontiers des devoirs envers les uns et les autres, et il lui arrive fréquemment de sacrifier ses jouissances personnelles à ces êtres qui ne sont plus ou qui ne sont pas encore.

Les institutions aristocratiques ont, de plus, pour effet de lier étroitement chaque homme à plusieurs de ses concitoyens.

Les classes étant fort distinctes et immobiles dans le sein d'un peuple aristocratique, chacune d'elles devient pour celui qui en fait partie une sorte de petite patrie, plus visible et plus chère que la grande.

Comme, dans les sociétés aristocratiques, tous les citoyens sont placés à poste fixe, les uns au-dessus des autres, il en résulte encore que chacun d'entre eux aperçoit toujours plus haut que lui un homme dont la protection lui est nécessaire, et plus bas il en découvre un autre dont il peut réclamer le concours.

Les hommes qui vivent dans les siècles aristocratiques sont donc presque toujours liés d'une manière étroite à quelque chose qui est placé en dehors d'eux, et ils sont souvent disposés à s'oublier eux-mêmes. Il est vrai que, dans ces mêmes siècles, la notion générale du *semblable* est obscure, et qu'on ne songe guère à s'y dévouer pour la cause de l'humanité; mais on se sacrifie souvent à certains hommes.

Dans les siècles démocratiques, au contraire, où les devoirs de chaque individu envers l'espèce sont bien plus clairs, le dévouement envers un homme devient plus rare : le lien des affections humaines s'étend et se desserre.

Chez les peuples démocratiques, de nouvelles familles sortent sans cesse du néant, d'autres y retombent sans cesse, et toutes celles qui demeurent changent de face; la trame des temps se rompt à tout moment, et le vestige des générations s'efface. On oublie aisément ceux qui vous ont précédé, et l'on n'a aucune idée de ceux qui vous suivront. Les plus proches seuls intéressent.

Chaque classe venant à se rapprocher des autres et à s'y mêler, ses membres deviennent indifférents et comme étrangers entre eux.

L'aristocratie avait fait de tous les citoyens une longue chaîne qui remontait du paysan au roi : la démocratie brise la chaîne et met chaque anneau à part.

A mesure que les conditions s'égalisent, il se rencontre un plus grand nombre d'individus qui, n'étant plus assez riches ni assez puissants pour exercer une grande influence sur le sort de leurs semblables, ont acquis cependant ou ont conservé assez de lumières et de biens pour pouvoir se suffire à eux-mêmes. Ceux-là ne doivent rien à personne, ils n'attendent pour ainsi dire rien de personne; ils s'habituent à se considérer toujours isolément, et ils se figurent volontiers que leur destinée tout entière est entre leurs mains.

Ainsi, non-seulement la démocratie fait oublier à chaque homme ses aïeux, mais elle lui cache ses descendants et le sépare de ses contemporains; elle le ramène sans cesse vers lui seul, et menace de le renfermer enfin tout entier dans la solitude de son propre cœur.

CHAPITRE III

C'est surtout au moment où une société démocratique achève de se former sur les débris d'une aristocratie, que cet isolement des hommes les uns des autres, et l'égoïsme qui en est la suite, frappent le plus aisément les regards.

Ces sociétés ne renferment pas seulement un grand nombre de citoyens indépendants, elles sont journellement remplies d'hommes qui, arrivés d'hier à l'indépendance, sont enivrés de leur nouveau pouvoir : ceux-ci conçoivent une présomptueuse confiance dans leurs forces, et n'imaginant pas qu'ils puissent désormais avoir besoin de réclamer le secours de leurs semblables, ils ne font pas difficulté de montrer qu'ils ne songent qu'à eux-mêmes.

Une aristocratie ne succombe d'ordinaire qu'après une lutte prolongée, durant laquelle il s'est allumé entre les différentes classes des haines implacables. Ces passions survivent à la victoire ; et l'on peut en suivre la trace au milieu de la confusion démocratique qui lui succède.

Ceux d'entre les citoyens qui étaient les premiers dans la hiérarchie détruite ne peuvent oublier aussitôt leur ancienne grandeur ; longtemps ils se considèrent comme des étrangers au sein de la société nouvelle. Ils voient dans tous les égaux que cette société leur donne des oppresseurs, dont la destinée ne saurait exciter la sympatie ; ils ont perdu de vue leurs anciens égaux, et ne se sentent plus liés par un intérêt commun à leur sort ; chacun, se retirant à part, se croit donc réduit à ne s'occuper que de lui-même. Ceux, au contraire, qui jadis étaient placés au bas de l'échelle sociale, et qu'une révolution soudaine a rapprochés du commun niveau, ne jouissent qu'avec une sorte d'inquiétude secrète de l'indépendance nouvellement acquise ; s'ils retrouvent à leurs côtés quelques-uns de leurs anciens supérieurs, ils jettent sur eux des regards de triomphe et de crainte, et s'en écartent.

C'est donc ordinairement à l'origine des sociétés démocratiques que les citoyens se montrent le plus disposés à s'isoler.

La démocratie porte les hommes à ne pas se rapprocher de leurs semblables ; mais les révolutions démocratiques les disposent à se fuir, et perpétuent au sein de l'égalité les haines que l'inégalité a fait naître.

Le grand avantage des Américains est d'être arrivés à la démocratie sans avoir à souffrir de révolutions démocratiques, et d'être nés égaux au lieu de le devenir.

CHAPITRE IV

Le despotisme, qui, de sa nature, est craintif, voit dans l'isolement des hommes le gage le plus certain de sa propre durée, et il met d'ordinaire tous ses soins à les isoler. Il n'est pas de vice du cœur humain qui lui agrée autant que l'égoïsme : un despote pardonne aisément aux gouvernés de ne point l'aimer, pourvu qu'ils ne s'aiment pas entre eux. Il ne leur demande pas de l'aider à conduire l'État ; c'est assez qu'ils ne prétendent point à le diriger eux-mêmes. Il appelle esprits turbulents et inquiets ceux qui prétendent unir leurs efforts pour créer la prospérité commune, et changeant le sens naturel des mots, il nomme bons citoyens ceux qui se renferment étroitement en eux-mêmes.

Ainsi, les vices que le despotisme fait naître sont précisément ceux que l'égalité favorise. Ces deux choses se complètent et s'entr'aident d'une manière funeste.

L'égalité place les hommes à côté les uns des autres, sans lien commun qui les retienne. Le despotisme élève

des barrières entre eux et les sépare. Elle les dispose à
ne point songer à leurs semblables, et il leur fait une
sorte de vertu publique de l'indifférence.

Le despotisme, qui est dangereux dans tous les temps,
est donc particulièrement à craindre dans les siècles démocratiques.

Il est facile de voir que dans ces mêmes siècles les
hommes ont un besoin particulier de la liberté.

Lorsque les citoyens sont forcés de s'occuper des affaires publiques, ils sont tirés nécessairement du milieu
de leurs intérêts individuels et arrachés, de temps à autre, à la vue d'eux-mêmes.

Du moment où l'on traite en commun les affaires communes, chaque homme aperçoit qu'il n'est pas aussi
indépendant de ses semblables qu'il se le figurait d'a-
bord, et que, pour obtenir leur appui, il faut souvent
leur prêter son concours.

Quand le public gouverne, il n'y a pas d'homme qui
ne sente le prix de la bienveillance publique et qui ne
cherche à la captiver en s'attirant l'estime et l'affection
de ceux au milieu desquels il doit vivre.

Plusieurs des passions qui glacent les cœurs et les divisent sont alors obligées de se retirer au fond de l'âme
et de s'y cacher. L'orgueil se dissimule ; le mépris n'ose
se faire jour. L'égoïsme a peur de lui-même.

Sous un gouvernement libre, la plupart des fonctions
publiques étant électives, les hommes que la hauteur de
leur âme ou l'inquiétude de leurs désirs mettent à l'é-
troit dans la vie privée, sentent chaque jour qu'ils ne

peuvent se passer de la population qui les environne.

Il arrive alors que l'on songe à ses semblables par ambition, et que souvent on trouve en quelque sorte son intérêt à s'oublier soi-même. Je sais qu'on peut m'opposer ici toutes les intrigues qu'une élection fait naître ; les moyens honteux dont les candidats se servent souvent et les calomnies que leurs ennemis répandent. Ce sont là des occasions de haines, et elles se représentent d'autant plus souvent que les élections deviennent plus fréquentes.

Ces maux sont grands sans doute, mais ils sont passagers, tandis que les biens qui naissent avec eux demeurent.

L'envie d'être élu peut porter nomentanément certains hommes à se faire la guerre ; mais ce même désir porte à la longue tous les hommes à se prêter un mutuel appui ; et, s'il arrive qu'une élection divise accidentellement deux amis, le système électoral rapproche d'une manière permanente une multitude de citoyens qui seraient toujours restés étrangers les uns aux autres. La liberté crée des haines particulières ; mais le despotisme fait naître l'indifférence générale.

Les Américains ont combattu par la liberté l'individualisme que l'égalité faisait naître, et ils l'ont vaincu.

Les législateurs de l'Amérique n'ont pas cru que, pour guérir une maladie si naturelle au corps social dans les temps démocratiques et si funeste, il suffisait d'accorder à la nation tout entière une représentation d'elle-même ; ils ont pensé que de plus il convenait de donner une vie politique à chaque portion du territoire, afin de multiplier à l'infini, pour les citoyens, les occasions d'agir ensemble, et de leur faire sentir tous les jours qu'ils dépendent les uns des autres.

C'était se conduire avec sagesse.

Les affaires générales d'un pays n'occupent que les principaux citoyens. Ceux-là ne se rassemblent que de loin en loin dans les mêmes lieux ; et comme il arrive souvent qu'ensuite ils se perdent de vue, il ne s'établit pas entre eux de liens durables. Mais quand il s'agit de faire régler les affaires particulières d'un canton par les hommes qui l'habitent, les mêmes individus sont toujours en contact, et ils sont en quelque sorte forcés de se connaître et de se complaire.

On tire difficilement un homme de lui-même pour l'intéresser à la destinée de tout l'État, parce qu'il comprend mal l'influence que la destinée de l'État peut exercer sur son sort. Mais faut-il faire passer un chemin au bout de son domaine, il verra d'un premier coup d'œil qu'il se rencontre un rapport entre cette petite affaire publique et ses plus grandes affaires privées, et il découvrira, sans qu'on le lui montre, le lien étroit qui unit ici l'intérêt particulier à l'intérêt général.

C'est donc en chargeant les citoyens de l'administration des petites affaires, bien plus qu'en leur livrant le gouvernement des grandes, qu'on les intéresse au bien public, et qu'on leur fait voir le besoin qu'ils ont sans cesse les uns des autres pour le produire.

On peut, par une action d'éclat, captiver tout à coup

la faveur d'un peuple; mais, pour gagner l'amour et le respect de la population qui vous entoure, il faut une longue succession de petits services rendus, de bons offices obscurs, une habitude constante de bienveillance et une réputation bien établie de désintéressement.

Les libertés locales, qui font qu'un grand nombre de citoyens mettent du prix à l'affection de leurs voisins et de leurs proches, ramènent donc sans cesse les hommes les uns vers les autres, en dépit des instincts qui les sé-parent, et les forcent à s'entr'aider.

Aux États-Unis, les plus opulents citoyens ont bien soin de ne point s'isoler du peuple; au contraire, ils s'en rapprochent sans cesse, ils l'écoutent volontiers, et lui parlent tous les jours. Ils savent que les riches des dé-mocraties ont toujours besoin des pauvres, et que dans les temps démocratiques on s'attache le pauvre par les manières plus que par les bienfaits. La grandeur même des bienfaits, qui met en lumière la différence des con-ditions, cause une irritation secrète à ceux qui en pro-fitent; mais la simplicité des manières a des charmes presque irrésistibles : leur familiarité entraîne et leur grossièreté même ne déplaît pas toujours.

Ce n'est pas du premier coup que cette vérité pénètre dans l'esprit des riches. Ils y résistent d'ordinaire tant que dure la révolution démocratique, et ils ne l'admettent même point aussitôt après que cette révolution est accom-plie. Ils consentent volontiers à faire du bien au peuple; mais ils veulent continuer à le tenir soigneusement à distance. Ils croient que cela suffit; ils se trompent. Ils se ruineraient ainsi sans réchauffer le cœur de la population qui les environne. Ce n'est pas le sacrifice de leur argent qu'elle leur demande ; c'est celui de leur orgueil.

On dirait qu'aux États-Unis il n'y a pas d'imagination qui ne s'épuise à inventer des moyens d'accroître la richesse et de satisfaire les besoins du public. Les habitants les plus éclairés de chaque canton se servent sans cesse de leurs lumières pour découvrir des secrets nouveaux, propres à accroître la prospérité commune ; et, lorsqu'ils en ont trouvé quelques-uns, ils se hâtent de les livrer à la foule.

En examinant de près les vices et les faiblesses que font voir souvent en Amérique ceux qui gouvernent, on s'étonne de la prospérité croissante du peuple, et on a tort. Ce n'est point le magistrat élu qui fait prospérer la démocratie américaine ; mais elle prospère parce que le magistrat est électif.

Il serait injuste de croire que le patriotisme des Américains et le zèle que montre chacun d'eux pour le bien-être de ses concitoyens n'aient rien de réel. Quoique l'intérêt privé dirige, aux États-Unis aussi bien qu'ailleurs, la plupart des actions humaines, il ne les règle pas toutes.

Je dois dire que j'ai souvent vu des Américains faire de grands et véritables sacrifices à la chose publique, et j'ai remarqué cent fois qu'au besoin ils ne manquaient presque jamais de se prêter un fidèle appui les uns aux autres.

Les institutions libres que possèdent les habitants des

États-Unis, et les droits politiques dont ils font tant d'usage, rappellent sans cesse, et de mille manières, à chaque citoyen qu'il vit en société. Elles ramènent à tous moments son esprit vers cette idée, que le devoir aussi bien que l'intérêt des hommes est de se rendre utiles à leurs semblables; et comme il ne voit aucun sujet particulier de les haïr, puisqu'il n'est jamais ni leur esclave ni leur maître, son cœur penche aisément du côté de la bienveillance. On s'occupe d'abord de l'intérêt général par nécessité, et puis par choix; ce qui était calcul devient instinct; et, à force de travailler au bien de ses concitoyens, on prend enfin l'habitude et le goût de les servir.

Beaucoup de gens en France considèrent l'égalité des conditions comme un premier mal, et la liberté politique comme un second. Quand ils sont obligés de subir l'une, ils s'efforcent du moins d'échapper à l'autre. Et moi je dis que, pour combattre les maux que l'égalité peut produire, il n'y a qu'un remède efficace : c'est la liberté politique.

CHAPITRE V

Je ne veux point parler de ces associations politiques à
l'aide desquelles les hommes cherchent à se défendre
contre l'action despotique d'une majorité ou contre les
empiétements du pouvoir royal. J'ai déjà traité ce sujet
ailleurs. Il est clair que si chaque citoyen, à mesure qu'il
devient individuellement plus faible, et par conséquent
plus incapable de préserver isolément sa liberté, n'ap-
prenait pas l'art de s'unir à ses semblables pour la défendre, la tyrannie croîtrait nécessairement avec l'égalité.
Il ne s'agit ici que des associations qui se forment dans
la vie civile, et dont l'objet n'a rien de politique.

Les associations politiques qui existent aux États-Unis
ne forment qu'un détail au milieu de l'immense tableau
que l'ensemble des associations y présente.

Les Américains de tous les âges de toutes les conditions, de tous les esprits, s'unissent sans cesse. Non-seulement ils ont des associations commerciales et industrielles auxquelles tous prennent part, mais ils en ont

encore de mille autres espèces : de religieuses, de morales, de graves, de futiles, de fort générales et de très-particulières, d'immenses et de fort petites ; les Américains s'associent pour donner des fêtes, fonder des séminaires, bâtir des auberges, élever des églises, répandre des livres, envoyer des missionnaires aux antipodes ; ils créent de cette manière des hôpitaux, des prisons, des écoles. S'agit-il enfin de mettre en lumière une vérité, ou de développer un sentiment par l'appui d'un grand exemple : ils s'associent. Partout où, à la tête d'une entreprise nouvelle, vous voyez en France le gouvernement, et en Angleterre un grand seigneur, comptez que vous apercevrez aux États-Unis une association.

J'ai rencontré en Amérique des sortes d'associations dont je confesse que je n'avais pas même l'idée, et j'ai souvent admiré l'art infini avec lequel les habitants des États-Unis parvenaient à fixer un but commun aux efforts d'un grand nombre d'hommes, et à les y faire marcher librement.

J'ai parcouru depuis l'Angleterre, où les Américains ont pris quelques-unes de leurs lois et beaucoup de leurs usages, et il m'a paru qu'on était fort loin d'y faire un aussi constant et un aussi habile emploi de l'association.

Il arrive souvent que des Anglais exécutent isolément de très-grandes choses, tandis qu'il n'est guère de si petite entreprise pour laquelle les Américains ne s'unissent. Il est évident que les premiers considèrent l'association comme un puissant moyen d'action ; mais les autres semblent y voir le seul moyen qu'ils aient d'agir.

Ainsi le pays le plus démocratique de la terre se trouve être celui de tous où les hommes ont le plus perfectionné de nos jours l'art de poursuivre en commun l'objet de leurs communs désirs, et ont appliqué au plus grand nombre d'objets cette science nouvelle.

Ceci résulte-t-il d'un accident, ou serait-ce qu'il existe en effet un rapport nécessaire entre les associations et l'égalité?

Les sociétés aristocratiques renferment toujours dans leur sein, au milieu d'une multitude d'individus qui ne peuvent rien par eux-mêmes, un petit nombre de citoyens très-puissants et très-riches; chacun de ceux-ci peut exécuter à lui seul de grandes entreprises.

Dans les sociétés aristocratiques, les hommes n'ont pas besoin de s'unir pour agir, parce qu'ils sont retenus fortement ensemble.

Chaque citoyen, riche et puissant, y forme comme la tête d'une association permanente et forcée, qui est composée de tous ceux qu'il tient dans sa dépendance et qu'il fait concourir à l'exécution de ses desseins.

Chez les peuples démocratiques, au contraire, tous les citoyens sont indépendants et faibles; ils ne peuvent presque rien par eux-mêmes, et aucun d'entre eux ne saurait obliger ses semblables à lui prêter leur concours. Ils tombent donc tous dans l'impuissance s'ils n'apprennent à s'aider librement.

Si les hommes qui vivent dans les pays démocratiques n'avaient ni le droit, ni le goût de s'unir dans des buts politiques, leur indépendance courrait de grands hasards;

mais ils pourraient conserver longtemps leurs richesses
et leurs lumières ; tandis que s'ils n'acquéraient point
l'usage de s'associer dans la vie ordinaire, la civilisation
elle-même serait en péril. Un peuple chez lequel les particuliers perdraient le pouvoir de faire isolément de
grandes choses sans acquérir la faculté de les produire
en commun retournerait bientôt vers la barbarie.

Malheureusement le même état social qui rend les associations si nécessaires aux peuples démocratiques les
leur rend plus difficiles qu'à tous les autres.

Lorsque plusieurs membres d'une aristocratie veulent
s'associer, ils réussissent aisément à le faire. Comme
chacun d'eux apporte une grande force dans la société,
le nombre des sociétaires peut être fort petit, et, lorsque
les sociétaires sont en petit nombre, il leur est très-facile
de se connaître, de se comprendre et d'établir des règles
fixes.

- La même facilité ne se rencontre pas chez les nations
démocratiques, où il faut toujours que les associés soient
très-nombreux pour que l'association ait quelque puissance.

Je sais qu'il y a beaucoup de mes contemporains que
ceci n'embarrasse point. Ils prétendent qu'à mesure
que les citoyens deviennent plus faibles et plus incapables, il faut rendre le gouvernement plus habile et
plus actif, afin que la société puisse exécuter ce que les
individus ne peuvent plus faire. Ils croient avoir ré-
pondu à tout en disant cela. Mais je pense qu'ils se
trompent.

Un gouvernement pourrait tenir lieu de quelques-unes des plus grandes associations américaines, et, dans le sein de l'Union, plusieurs États particuliers l'ont déjà tenté. Mais quel pouvoir politique serait jamais en état de suffire à la multitude innombrable de petites entreprises que les citoyens américains exécutent tous les jours à l'aide de l'association?

Il est facile de prévoir que le temps approche où l'homme sera de moins en moins en état de produire par lui seul les choses les plus communes et les plus nécessaires à sa vie. La tâche du pouvoir social s'accroîtra donc sans cesse, et ses efforts mêmes la rendront chaque jour plus vaste. Plus il se mettra à la place des associations, et plus les particuliers, perdant l'idée de s'associer, auront besoin qu'ils viennent à leur aide : ce sont des causes et des effets qui s'engendrent sans repos. L'administration publique finira-t-elle par diriger toutes les industries auxquelles un citoyen isolé ne peut suffire? et s'il arrive enfin un moment où, par une conséquence de l'extrême division de la propriété foncière, la terre se trouve partagée à l'infini, de sorte qu'elle ne puisse plus être cultivée que par des associations de laboureurs, faudra-t-il que le chef du gouvernement quitte le timon de l'État pour venir tenir la charrue?

La morale et l'intelligence d'un peuple démocratique ne courraient pas de moindres dangers que son négoce et son industrie, si le gouvernement venait y prendre partout la place des associations.

Les sentiments et les idées ne se renouvellent, le

cœur ne s'agrandit, et l'esprit humain ne se développe
que par l'action réciproque des hommes les uns sur les
autres.

J'ai fait voir que cette action est presque nulle dans
les pays démocratiques. Il faut donc l'y créer artificiellement. Et c'est ce que les associations seules peuvent
faire.

Quand les membres d'une aristocratie adoptent une
idée neuve, ou conçoivent un sentiment nouveau, ils les
placent, en quelque sorte, à côté d'eux sur le grand
théâtre où ils sont eux-mêmes, et, les exposant ainsi
aux regards de la foule, ils les introduisent aisément
dans l'esprit ou le cœur de tous ceux qui les environnent.

Dans les pays démocratiques il n'y a que le pouvoir
social qui soit naturellement en état d'agir ainsi, mais il
est facile de voir que son action est toujours insuffisante
et souvent dangereuse.

Un gouvernement ne saurait pas plus suffire à entretenir seul et à renouveler la circulation des sentiments
et des idées chez un grand peuple, qu'à y conduire
toutes les entreprises industrielles. Dès qu'il essayera de
sortir de la sphère politique pour se jeter dans cette
nouvelle voie, il exercera, même sans le vouloir, une
tyrannie insupportable; car, un gouvernement ne sait
que dicter des règles précises; il impose les sentiments
et les idées qu'il favorise, et il est toujours malaisé de
discerner ses conseils de ses ordres.

Ce sera bien pis encore s'il se croit réellement intéressé à ce que rien ne remue. Il se tiendra alors immobile, et se laissera appesantir par un sommeil volontaire.

Il est donc nécessaire qu'il n'agisse pas seul.

Ce sont les associations qui, chez les peuples démocratiques, doivent tenir lieu des particuliers puissants que l'égalité des conditions a fait disparaître.

Sitôt que plusieurs des habitants des États-Unis ont conçu un sentiment ou une idée qu'ils veulent produire dans le monde, ils se cherchent, et, quand ils se sont trouvés, ils s'unissent. Dès lors ce ne sont plus des hommes isolés, mais une puissance qu'on voit de loin, et dont les actions servent d'exemple; qui parle, et qu'on écoute.

La première fois que j'ai entendu dire aux États-Unis que cent mille hommes s'étaient engagés publiquement à ne pas faire usage de liqueurs fortes, la chose m'a paru plus plaisante que sérieuse, et je n'ai pas bien vu d'abord pourquoi ces citoyens si tempérants ne se contentaient point de boire de l'eau dans l'intérieur de leur famille.

J'ai fini par comprendre que ces cent mille Américains, effrayés des progrès que faisait autour d'eux l'ivrognerie, avaient voulu accorder à la sobriété leur patronage. Ils avaient agi précisément comme un grand seigneur qui se vêtirait très-uniment afin d'inspirer aux simples citoyens le mépris du luxe. Il est à croire que si ces cent mille hommes eussent vécu en France, chacun d'eux se serait adressé individuellement au gouver-

nement, pour le prier de surveiller les cabarets sur
toute la surface du royaume.

Il n'y a rien, suivant moi, qui mérite plus d'attirer
nos regards que les associations intellectuelles et morales de l'Amérique. Les associations politiques et industrielles des Américains tombent aisément sous nos
sens; mais les autres nous échappent; et, si nous les
découvrons, nous les comprenons mal, parce que nous
n'avons presque jamais vu rien d'analogue. On doit reconnaître cependant qu'elles sont aussi nécessaires que
les premières au peuple américain, et peut-être plus.

Dans les pays démocratiques, la science de l'association est la science-mère; le progrès de toutes les autres
dépend des progrès de celle-là.

Parmi les lois qui régissent les sociétés humaines, il
y en a une qui semble plus précise et plus claire que
toutes les autres. Pour que les hommes restent civilisés
ou le deviennent, il faut que parmi eux l'art de s'associer se développe et se perfectionne dans le même rapport que l'égalité des conditions s'accroît.

CHAPITRE VI

DU RAPPORT DES ASSOCIATIONS ET DES JOURNAUX.

Lorsque les hommes ne sont plus liés entre eux d'une manière solide et permanente on ne saurait obtenir d'un grand nombre d'agir en commun, à moins de persuader à chacun de ceux dont le concours est nécessaire que son intérêt particulier l'oblige à unir volontairement ses efforts aux efforts de tous les autres.

Cela ne peut se faire habituellement et commodément qu'à l'aide d'un journal; il n'y a qu'un journal qui puisse venir déposer au même moment dans mille esprits la même pensée.

Un journal est un conseiller qu'on n'a pas besoin d'aller chercher, mais qui se présente de lui-même, et qui vous parle tous les jours et brièvement de l'affaire commune, sans vous déranger de vos affaires particulières.

Les journaux deviennent donc plus nécessaires à mesure que les hommes sont plus égaux et l'individualisme plus à craindre. Ce serait diminuer leur importance que

de croire qu'ils ne servent qu'à garantir la liberté; ils
maintiennent la civilisation.

Je ne nierai point que, dans les pays démocratiques,
les journaux ne portent souvent les citoyens à faire en
commun des entreprises fort inconsidérées; mais s'il n'y
avait pas de journaux, il n'y aurait presque pas d'action
commune. Le mal qu'ils produisent est donc bien moindre que celui qu'ils guérissent.

Un journal n'a pas seulement pour effet de suggérer
à un grand nombre d'hommes un même dessein; il leur
fournit les moyens d'exécuter en commun les desseins
qu'ils auraient conçus d'eux-mêmes.

Les principaux citoyens qui habitent un pays aristocratique s'aperçoivent de loin; et s'ils veulent réunir
leurs forces, ils marchent les uns vers les autres, en-
traînant une multitude à leur suite.

Il arrive souvent, au contraire, dans les pays démocratiques, qu'un grand nombre d'hommes qui ont le
désir ou le besoin de s'associer ne peuvent le faire, parce
qu'étant tous fort petits et perdus dans la foule, ils ne
se voient point et ne savent où se trouver. Survient un
journal qui expose aux regards le sentiment ou l'idée
qui s'était présentée simultanément, mais séparément,
à chacun d'entre eux. Tous se dirigent aussitôt vers cette
lumière, et ces esprits errants, qui se cherchaient depuis longtemps dans les ténèbres, se rencontrent enfin
et s'unissent.

Le journal les a rapprochés, et il continue à leur être
nécessaire pour les tenir ensemble.

Pour que chez un peuple démocratique une association ait quelque puissance, il faut qu'elle soit nombreuse. Ceux qui la composent sont donc disséminés sur un grand espace, et chacun d'eux est retenu dans le lieu qu'il habite par la médiocrité de sa fortune et par la multitude des petits soins qu'elle exige. Il leur faut trouver un moyen de se parler tous les jours sans se voir, et de marcher d'accord sans s'être réunis. Ainsi il n'y a guère d'association démocratique qui puisse se passer d'un journal.

Il existe donc un rapport nécessaire entre les associations et les journaux : les journaux font les associations, et les associations font les journaux; et, s'il a été vrai de dire que les associations doivent se multiplier à mesure que les conditions s'égalisent, il n'est pas moins certain que le nombre des journaux s'accroît à mesure que les associations se multiplient.

Aussi, l'Amérique est-elle le pays du monde où l'on rencontre à la fois le plus d'associations et le plus de journaux.

Cette relation entre le nombre des journaux et celui des associations, nous conduit à en découvrir une autre entre l'état de la presse périodique et la forme de l'administration du pays, et nous apprend que le nombre des journaux doit diminuer ou croître chez un peuple démocratique, à proportion que la centralisation administrative est plus ou moins grande. Car, chez les peuples démocratiques, on ne saurait confier l'exercice des pouvoirs locaux aux principaux citoyens comme dans

les aristocraties. Il faut abolir ces pouvoirs ou en remettre l'usage à un très-grand nombre d'hommes. Ceux-
là forment une véritable association établie d'une manière permanente par la loi pour l'administration d'une
portion du territoire, et ils ont besoin qu'un journal
vienne les trouver chaque jour au milieu de leurs petites affaires, et leur apprenne en quel état se trouve
l'affaire publique. Plus les pouvoirs locaux sont nombreux, plus le nombre de ceux que la loi appelle à les
exercer est grand, et plus, cette nécessité se faisant sentir à tous moments, les journaux pullulent.

C'est le fractionnement extraordinaire du pouvoir administratif, bien plus encore que la grande liberté politique et l'indépendance absolue de la presse, qui multiplie
si singulièrement le nombre des journaux en Amérique.
Si tous les habitants de l'Union étaient électeurs, sous
l'empire d'un système qui bornerait leur droit électoral
au choix des législateurs de l'État, ils n'auraient besoin
que d'un petit nombre de journaux, parce qu'ils n'auraient que quelques occasions très-importantes, mais
très-rares, d'agir ensemble; mais, au dedans de la
grande association nationale, la loi a établi dans chaque
province, dans chaque cité, et pour ainsi dire dans chaque village, de petites associations ayant pour objet l'administration locale. Le législateur a forcé de cette manière chaque Américain de concourir journellement avec
quelques-uns de ses concitoyens à une œuvre commune,
et il faut à chacun d'eux un journal pour lui apprendre
ce que font les autres.

Je pense qu'un peuple démocratique[1] qui n'aurait point de représentation nationale, mais un grand nombre de petits pouvoirs locaux, finirait par posséder plus de journaux qu'un autre chez lequel une administration centralisée existerait à côté d'une législature élective. Ce qui m'explique le mieux le développement prodigieux qu'a pris aux États-Unis la presse quotidienne, c'est que je vois chez les Américains la plus grande liberté nationale s'y combiner avec des libertés locales de toutes espèces.

On croit généralement en France et en Angleterre qu'il suffit d'abolir les impôts qui pèsent sur la presse, pour augmenter indéfiniment les journaux. C'est exagérer beaucoup les effets d'une semblable réforme. Les journaux ne se multiplient pas seulement suivant le bon marché, mais suivant le besoin plus ou moins répété qu'un grand nombre d'hommes ont de communiquer ensemble et d'agir en commun.

J'attribuerais également la puissance croissante des journaux à des raisons plus générales que celles dont on se sert souvent pour l'expliquer.

Un journal ne peut subsister qu'à la condition de reproduire une doctrine ou un sentiment commun à un grand nombre d'hommes. Un journal représente donc

---

[1] Je dis un *peuple démocratique*. L'administration peut être très-décentralisée chez un peuple aristocratique, sans que le besoin des journaux se fasse sentir, parce que les pouvoirs locaux sont alors dans les mains d'un très-petit nombre d'hommes qui agissent isolément ou qui se connaissent et peuvent aisément se voir et s'entendre.

toujours une association dont ses lecteurs habituels sont les membres.

Cette association peut être plus ou moins définie, plus ou moins étroite, plus ou moins nombreuse; mais elle existe au moins en germe dans les esprits, par cela seul que le journal ne meurt pas.

Ceci nous mène à une dernière réflexion qui terminera ce chapitre.

Plus les conditions deviennent égales, moins les hommes sont individuellement forts, plus ils se laissent aisément aller au courant de la foule, et ont de peine à se tenir seuls dans une opinion qu'elle abandonne.

Le journal représente l'association; l'on peut dire qu'il parle à chacun de ses lecteurs au nom de tous les autres, et il les entraîne d'autant plus aisément qu'ils sont individuellement plus faibles.

L'empire des journaux doit donc croître à mesure que les hommes s'égalisent.

CHAPITRE VII

Il n'y a qu'une nation sur la terre où l'on use chaque jour de la liberté illimitée de s'associer dans des vues politiques. Cette même nation est la seule dans le monde dont les citoyens aient imaginé de faire un continuel usage du droit d'association dans la vie civile, et soient parvenus à se procurer de cette manière tous les biens que la civilisation peut offrir.

Chez tous les peuples où l'association politique est interdite l'association civile est rare.

Il n'est guère probable que ceci soit le résultat d'un accident ; mais on doit plutôt en conclure qu'il existe un rapport naturel et peut-être nécessaire entre ces deux genres d'associations.

Des hommes ont par hasard un intérêt commun dans une certaine affaire. Il s'agit d'une entreprise commerciale à diriger, d'une opération industrielle à conclure ; ils se rencontrent et s'unissent ; ils se familiarisent peu à peu de cette manière avec l'association.

Plus le nombre de ces petites affaires communes augmente, et plus les hommes acquièrent, à leur insu même, la faculté de poursuivre en commun les grandes.

Les associations civiles facilitent donc les associations politiques; mais, d'une autre part, l'association politique développe et perfectionne singulièrement l'association civile.

Dans la vie civile chaque homme peut, à la rigueur, se figurer qu'il est en état de se suffire. En politique, il ne saurait jamais l'imaginer. Quand un peuple a une vie publique, l'idée de l'association et l'envie de s'associer se présentent donc chaque jour à l'esprit de tous les citoyens : quelque répugnance naturelle que les hommes aient à agir en commun, ils seront toujours prêts à le faire dans l'intérêt d'un parti.

Ainsi la politique généralise le goût et l'habitude de l'association; elle fait désirer de s'unir et apprend l'art de le faire à une foule d'hommes qui auraient toujours vécu seuls.

La politique ne fait pas seulement naître beaucoup d'associations, elle crée des associations très-vastes.

Dans la vie civile il est rare qu'un même intérêt attire naturellement vers une action commune un grand nombre d'hommes. Ce n'est qu'avec beaucoup d'art qu'on parvient à en créer un semblable.

En politique l'occasion s'en offre à tous moments d'elle-même. Or, ce n'est que dans de grandes associations que la valeur générale de l'association se manifeste. Des citoyens individuellement faibles ne se font pas d'a-

vance une idée claire de la force qu'ils peuvent acquérir en s'unissant ; il faut qu'on le leur montre pour
qu'ils le comprennent. De là vient qu'il est souvent plus
facile de rassembler dans un but commun une multitude
que quelques hommes ; mille citoyens ne voyent point
l'intérêt qu'ils ont à s'unir ; dix mille l'aperçoivent. En
politique, les hommes s'unissent pour de grandes entreprises, et le parti qu'ils tirent de l'association dans les
affaires importantes leur enseigne, d'une manière pratique, l'intérêt qu'ils ont à s'en aider dans les moindres.

Une association politique tire à la fois une multitude
d'individus hors d'eux-mêmes ; quelque séparés qu'ils
soient naturellement par l'âge, l'esprit, la fortune, elle
les rapproche et les met en contact. Ils se rencontrent
une fois et apprennent à se retrouver toujours.

L'on ne peut s'engager dans la plupart des associations civiles qu'en exposant une portion de son patrimoine ; il en est ainsi pour toutes les compagnies industrielles et commerciales. Quand les hommes sont encore
peu versés dans l'art de s'associer et qu'ils en ignorent
les principales règles, ils redoutent, en s'associant pour
la première fois de cette manière, de payer cher leur
expérience. Ils aiment donc mieux se priver d'un moyen
puissant de succès, que de courir les dangers qui l'accompagnent. Mais ils hésitent moins à prendre part aux
associations politiques qui leur paraissent sans péril
parce qu'ils n'y risquent pas leur argent. Or, ils ne
sauraient faire longtemps partie de ces associations-là
sans découvrir comment on maintient l'ordre parmi un

grand nombre d'hommes, et par quel procédé on parvient à les faire marcher, d'accord et méthodiquement, vers le même but. Ils y apprennent à soumettre leur volonté à celle de tous les autres, et à subordonner leurs efforts particuliers à l'action commune, toutes choses qu'il n'est pas moins nécessaire de savoir dans les associations civiles que dans les associations politiques.

Les associations politiques peuvent donc être considérées comme de grandes écoles gratuites, où tous les citoyens viennent apprendre la théorie générale des associations.

Alors même que l'association politique ne servirait pas directement au progrès de l'association civile, ce serait encore nuire à celle-ci que de détruire la première.

Quand les citoyens ne peuvent s'associer que dans certains cas, ils regardent l'association comme un procédé rare et singulier, et ils ne s'avisent guère d'y songer.

Lorsqu'on les laisse s'associer librement en toutes choses, ils finissent par voir, dans l'association, le moyen universel, et pour ainsi dire unique, dont les hommes peuvent se servir pour atteindre les diverses fins qu'ils se proposent. Chaque besoin nouveau en réveille aussitôt l'idée. L'art de l'association devient alors, comme je l'ai dit plus haut, la science mère; tous l'étudient et l'appliquent.

Quand certaines associations sont défendues et d'autres permises, il est difficile de distinguer d'avance les premières des secondes. Dans le doute on s'abstient de toutes, et il s'établit une sorte d'opinion publique qui tend à faire considérer une association quelconque comme une entreprise hardie et presque illicite[1].

C'est donc une chimère que de croire que l'esprit d'association, comprimé sur un point, ne laissera pas de se développer avec la même vigueur sur tous les autres, et qu'il suffira de permettre aux hommes d'exécuter en commun certaines entreprises, pour qu'ils se hâtent de le tenter. Lorsque les citoyens auront la faculté et l'habitude de s'associer pour toutes choses, ils s'associeront aussi volontiers pour les petites que pour les grandes. Mais s'ils ne peuvent s'associer que pour les petites, ils ne trouveront pas même l'envie et la capacité de le faire. En vain leur laisserez-vous l'entière liberté de s'occuper en commun de leur négoce : ils n'useront que nonchalamment des droits qu'on leur accorde;

[1] Cela est surtout vrai lorsque c'est le pouvoir exécutif qui est chargé de permettre ou de défendre les associations suivant sa volonté arbitraire.

Quand la loi se borne à prohiber certaines associations et laisse aux tribunaux le soin de punir ceux qui désobéissent, le mal est bien moins grand; chaque citoyen sait alors à peu près d'avance sur quoi compter; il se juge en quelque sorte lui-même avant ses juges, et s'écartant des associations défendues, il se livre aux associations permises. C'est ainsi que tous les peuples libres ont toujours compris qu'on pouvait restreindre le droit d'association. Mais s'il arrivait que le législateur chargeât un homme de démêler d'avance quelles sont les associations dangereuses et utiles, et le laissât libre de détruire toutes les associations dans leur germe ou de les laisser naître, personne ne pouvant plus prévoir d'avance dans quel cas on peut s'associer, et dans quel autre il faut s'en abstenir, l'esprit d'association serait entièrement frappé d'inertie. La première de ces deux lois n'attaque que certaines associations; la seconde s'adresse à la société elle-même et la blesse. Je conçois qu'un gouvernement régulier ait recours à la première, mais je ne reconnais à aucun gouvernement le droit de porter la seconde.

et, après vous être épuisés en efforts pour les écarter
des associations défendues, vous serez surpris de ne pouvoir leur persuader de former les associations permises.

Je ne dis point qu'il ne puisse pas y avoir d'associations civiles dans un pays où l'association *politique* est
interdite; car les hommes ne sauraient jamais vivre en
société sans se livrer à quelque entreprise commune.
Mais je soutiens que, dans un semblable pays, les associations civiles seront toujours en très-petit nombre, faiblement conçues, inhabilement conduites, et qu'elles
n'embrasseront jamais de vastes desseins, ou échoueront
en voulant les exécuter.

Ceci me conduit naturellement à penser que la liberté
d'association en matière politique n'est point aussi dangereuse pour la tranquillité publique qu'on le suppose,
et qu'il pourrait se faire qu'après avoir quelque temps
ébranlé l'État, elle l'affermisse.

Dans les pays démocratiques, les associations politiques
forment pour ainsi dire les seuls particuliers puissants
qui aspirent à régler l'État. Aussi les gouvernements
de nos jours considèrent-ils ces espèces d'associations
du même œil que les rois du moyen âge regardaient les
grands vassaux de la couronne : ils sentent une sorte
d'horreur instinctive pour elles, et les combattent en
toutes rencontres.

Ils ont, au contraire, une bienveillance naturelle pour
les associations civiles, parce qu'ils ont aisément découvert que celles-ci, au lieu de diriger l'esprit des citoyens
vers les affaires publiques, servent à l'en distraire, et,

les engageant de plus en plus dans des projets qui ne peuvent s'accomplir sans la paix publique, les détournent des révolutions. Mais ils ne prennent point garde que les associations politiques multiplient et facilitent prodigieusement les associations civiles, et qu'en évitant un mal dangereux ils se privent d'un remède efficace. Lorsque vous voyez les Américains s'associer librement, chaque jour, dans le but de faire prévaloir une opinion politique, d'élever un homme d'État au gouvernement, ou d'arracher la puissance à un autre, vous avez de la peine à comprendre que des hommes si indépendants ne tombent pas à tous moments dans la licence.

Si vous venez, d'autre part, à considérer le nombre infini d'entreprises industrielles qui se poursuivent en commun aux États-Unis, et que vous aperceviez de tous côtés les Américains travaillant sans relâche à l'exécution de quelque dessein important et difficile, que la moindre révolution pourrait confondre, vous concevez aisément pourquoi ces gens si bien occupés ne sont point tentés de troubler l'État ni de détruire un repos public dont ils profitent.

Est-ce assez d'apercevoir ces choses séparément, et ne faut-il pas découvrir le nœud caché qui les lie? C'est au sein des associations politiques que les Américains de tous les états, de tous les esprits et de tous les âges prennent chaque jour le goût général de l'association, et se familiarisent à son emploi. Là, ils se voient en grand nombre, se parlent, s'entendent, et s'animent en commun à toutes sortes d'entreprises. Ils transportent ensuite dans la vie civile les notions qu'ils ont ainsi acquises, et les font servir à mille usages.

C'est donc en jouissant d'une liberté dangereuse que les Américains apprennent l'art de rendre les périls de la liberté moins grands.

Si l'on choisit un certain moment dans l'existence d'une nation, il est facile de prouver que les associations politiques troublent l'État et paralysent l'industrie ; mais qu'on prenne la vie toute entière d'un peuple, et il sera peut-être aisé de démontrer que la liberté d'association en matière politique est favorable au bien-être et même à la tranquillité des citoyens.

J'ai dit dans la première partie de cet ouvrage : La liberté illimitée d'association ne saurait être confondue avec la liberté d'écrire : l'une est tout à la fois moins nécessaire et plus dangereuse que l'autre. Une nation peut y mettre des bornes sans cesser d'être maîtresse d'elle-même ; elle doit quelquefois le faire pour continuer à l'être. » Et plus loin j'ajoutais : « On ne peut se dissimuler que la liberté illimitée d'association en matière politique ne soit, de toutes les libertés, la dernière qu'un peuple puisse supporter. Si elle ne le fait pas tomber dans l'anarchie, elle la lui fait pour ainsi dire toucher à chaque instant. »

Ainsi, je ne crois point qu'une nation soit toujours maîtresse de laisser aux citoyens le droit absolu de s'associer en matière politique, et je doute même que, dans aucun pays et à aucune époque, il fût sage de ne pas poser des bornes à la liberté d'association.

Tel peuple ne saurait, dit-on, maintenir la paix dans son sein, inspirer le respect des lois, ni fonder de gouvernement durable, s'il ne renferme le droit d'association dans d'étroites limites. De pareils biens sont précieux sans doute, et je conçois que, pour les acquérir ou les conserver, une nation consente à s'imposer momentanément de grandes gênes; mais encore est-il bon qu'elle sache précisément ce que ces biens lui coûtent.

Que, pour sauver la vie d'un homme, on lui coupe un bras, *je le comprends; mais je ne veux point qu'on m'assure qu'il va se montrer aussi adroit que s'il n'était pas manchot.*

CHAPITRE VIII

Lorsque le monde était conduit par un petit nombre d'individus puissants et riches, ceux-ci aimaient à se former une idée sublime des devoirs de l'homme ; ils se plaisaient à professer qu'il est glorieux de s'oublier soi-même et qu'il convient de faire le bien sans intérêt, comme Dieu même. C'était la doctrine officielle de ce temps en matière de morale.

Je doute que les hommes fussent plus vertueux dans les siècles aristocratiques que dans les autres, mais il est certain qu'on y parlait sans cesse des beautés de la vertu ; ils n'étudiaient qu'en secret par quel côté elle est utile. Mais, à mesure que l'imagination prend un vol moins haut, et que chacun se concentre en soi-même, les moralistes s'effraient à cette idée de sacrifice, et ils n'osent plus l'offrir à l'esprit humain ; ils se réduisent donc à rechercher si l'avantage individuel des citoyens ne serait pas de travailler au bonheur de tous, et, lors-

qu'ils ont découvert un de ces points où l'intérêt particulier vient à se rencontrer avec l'intérêt général, et à
s'y confondre, ils se hâtent de le mettre en lumière.
Peu à peu les observations semblables se multiplient. Ce
qui n'était qu'une remarque isolée devient une doctrine
générale, et l'on croit enfin apercevoir que l'homme en
servant ses semblables se sert lui-même, et que son intérêt particulier est de bien faire.

J'ai déjà montré, dans plusieurs endroits de cet ouvrage, comment les habitants des États-Unis savaient
presque toujours combiner leur propre bien-être avec
celui de leurs concitoyens. Ce que je veux remarquer
ici, c'est la théorie générale à l'aide de laquelle ils y parviennent.

Aux États-Unis, on ne dit presque point que la vertu
est belle. On soutient qu'elle est utile, et on le prouve
tous les jours. Les moralistes américains ne prétendent
pas qu'il faille se sacrifier à ses semblables, parce qu'il
est grand de le faire; mais ils disent hardiment que de
pareils sacrifices sont aussi nécessaires à celui qui se les
impose qu'à celui qui en profite.

Ils ont aperçu que, dans leur pays et de leur temps,
l'homme était ramené vers lui-même par une force irrésistible et, perdant l'espoir de l'arrêter, ils n'ont plus
songé qu'à le conduire.

Ils ne nient donc point que chaque homme ne puisse
suivre son intérêt, mais ils s'évertuent à prouver que
l'intérêt de chacun est d'être honnête.

Je ne veux point entrer ici dans le détail de leurs raisons, ce qui m'écarterait de mon sujet ; qu'il me suffise de dire qu'elles ont convaincu leurs concitoyens.

Il y a longtemps que Montaigne a dit : « Quand, pour sa droicture, je ne suyvray pas le droict chemin, je le suyvray pour avoir trouvé par expérience, qu'au bout du compte c'est communément le plus heureux et le plus utile. »

_ La doctrine de l'intérêt bien entendu n'est donc pas nouvelle, mais chez les Américains de nos jours elle a été universellement admise ; elle y est devenue populaire : on la retrouve au fond de toutes les actions ; elle perce à travers tous les discours. On ne la rencontre pas moins dans la bouche du pauvre que dans celle du riche.

En Europe, la doctrine de l'intérêt est beaucoup plus grossière qu'en Amérique, mais en même temps elle y est moins répandue et surtout moins montrée, et l'on feint encore tous les jours parmi nous de grands dévouements qu'on n'a plus.

Les Américains, au contraire, se plaisent à expliquer, à l'aide de l'intérêt bien entendu, presque tous les actes de leur vie ; ils montrent complaisamment comment l'amour éclairé d'eux-mêmes les porte sans cesse à s'aider entre eux, et les dispose à sacrifier volontiers au bien de l'État une partie de leur temps et de leurs richesses. Je pense qu'en ceci il leur arrive souvent de ne point se rendre justice : car, on voit parfois aux États-Unis, comme ailleurs, les citoyens s'abandonner aux élans désintéressés et irréfléchis qui sont naturels à l'homme ; mais les Américains n'avouent guère qu'ils cèdent à des mouvements de cette espèce ; ils aiment mieux faire honneur à leur philosophie qu'à eux-mêmes.

Je pourrais m'arrêter ici et ne point essayer de juger ce que je viens de décrire. L'extrême difficulté du sujet serait mon excuse. Mais je ne veux point en profiter, et je préfère que mes lecteurs, voyant clairement mon but, refusent de me suivre que de les laisser en suspens.

L'intérêt bien entendu est une doctrine peu haute, mais claire et sûre. Elle ne cherche pas à atteindre de grands objets ; mais elle atteint sans trop d'efforts, tous ceux auxquels elle vise. Comme elle est à la portée de toutes les intelligences, chacun la saisit aisément et la retient sans peine. S'accomodant merveilleusement aux faiblesses des hommes, elle obtient facilement un grand empire, et il ne lui est point difficile de le conserver, parce qu'elle retourne l'intérêt personnel contre lui-même et se sert, pour diriger les passions, de l'aiguillon qui les excite.

La doctrine de l'intérêt bien entendu ne produit pas de grands dévouements ; mais elle suggère chaque jour de petits sacrifices ; à elle seule, elle ne saurait faire un homme vertueux, mais elle forme une multitude de citoyens réglés, tempérants, modérés, prévoyants, maîtres d'eux-mêmes ; et, si elle ne conduit pas directement à la vertu par la volonté, elle en rapproche insensiblement par les habitudes.

Si la doctrine de l'intérêt bien entendu venait à dominer entièrement le monde moral, les vertus extraordinaires seraient sans doute plus rares. Mais je pense aussi qu'alors les grossières dépravations seraient moins communes. La doctrine de l'intérêt bien entendu empêche peut-être quelques hommes de monter fort au-dessus du niveau ordinaire de l'humanité ; mais un grand nombre d'autres qui tombaient au-dessous la rencontrent et s'y retiennent. Considérez quelques individus, elle les abaisse. Envisagez l'espèce, elle l'élève.

Je ne craindrai pas de dire que la doctrine de l'intérêt bien entendu me semble, de toutes les théories philosophiques, la mieux appropriée aux besoins des hommes de notre temps, et que j'y vois la plus puissante garantie qui leur reste contre eux-mêmes. C'est donc principalement vers elle que l'esprit des moralistes de nos jours doit se tourner. Alors même qu'ils la jugeraient imparfaite, il faudrait encore l'adopter comme nécessaire.

Je ne crois pas, à tout prendre, qu'il y ait plus d'égoïsme parmi nous qu'en Amérique ; la seule différence, c'est que là il est éclairé et qu'ici il ne l'est point. Chaque Américain sait sacrifier une partie de ses intérêts particuliers, pour sauver le reste. Nous voulons tout retenir, et souvent tout nous échappe.

Je ne vois autour de moi que des gens qui semblent vouloir enseigner chaque jour à leurs contemporains, par leur parole et leur exemple, que l'utile n'est jamais déshonnête. N'en découvrirai-je donc point enfin qui entreprennent de leur faire comprendre comment l'honnête peut être utile ?

Il n'y a pas de pouvoir sur la terre qui puisse empêcher que l'égalité croissante des conditions ne porte l'esprit humain vers la recherche de l'utile, et ne dispose chaque citoyen à se resserrer en lui-même.

Il faut donc s'attendre que l'intérêt individuel deviendra plus que jamais le principal, sinon l'unique mobile des actions des hommes ; mais il reste à savoir comment chaque homme entendra son intérêt individuel.

Si les citoyens, en devenant égaux, restaient ignorants et grossiers, il est difficile de prévoir jusqu'à quel stupide excès pourrait se porter leur égoïsme, et l'on ne saurait dire à l'avance dans quelles honteuses misères ils se plongeraient eux-mêmes, de peur de sacrifier quelque chose de leur bien-être à la prospérité de leurs semblables.

Je ne crois point que la doctrine de l'intérêt, telle qu'on la prêche en Amérique, soit évidente dans toutes ses parties ; mais elle renferme un grand nombre de vérités si évidentes, qu'il suffit d'éclairer les hommes pour qu'ils les voient. Éclairez-les donc à tout prix ; car le siècle des dévouements aveugles et des vertus instinctives fuit déjà loin de nous, et je vois s'approcher le temps où la liberté, la paix publique et l'ordre social lui-même ne pourront se passer des lumières.

CHAPITRE IX

COMMENT LES AMÉRICAINS APPLIQUENT LA DOCTRINE DE L'INTÉRÊT BIEN
ENTENDU EN MATIÈRE DE RELIGION.

Si la doctrine de l'intérêt bien entendu n'avait en vue
que ce monde, elle serait loin de suffire; car il y a un
grand nombre de sacrifices qui ne peuvent trouver leur
récompense que dans l'autre; et, quelque effort d'esprit
que l'on fasse pour prouver l'utilité de la vertu, il sera
toujours malaisé de faire bien vivre un homme qui ne
veut pas mourir.

Il est donc nécessaire de savoir si la doctrine de l'intérêt bien entendu peut se concilier aisément avec les
croyances religieuses.

Les philosophes qui enseignent cette doctrine disent
aux hommes que, pour être heureux dans la vie, on
doit veiller sur ses passions et en réprimer avec soin
l'excès; qu'on ne saurait acquérir un bonheur durable
qu'en se refusant mille jouissances passagères, et qu'il
faut enfin triompher sans cesse de soi-même pour se
mieux servir.

Les fondateurs de presque toutes les religions ont

tenu à peu près le même langage. Sans indiquer aux hommes une autre route, ils n'ont fait que reculer le but; au lieu de placer en ce monde le prix des sacrifices qu'ils imposent, ils l'ont mis dans l'autre.

Toutefois, je me refuse à croire que tous ceux qui pratiquent la vertu par esprit de religion n'agissent que dans la vue d'une récompense.

J'ai rencontré des chrétiens zélés qui s'oubliaient sans cesse afin de travailler avec plus d'ardeur au bonheur de tous, et je les ai entendus prétendre qu'ils n'agissaient ainsi que pour mériter les biens de l'autre monde; mais je ne puis m'empêcher de penser qu'ils s'abusent eux-mêmes. Je les respecte trop pour les croire.

Le christianisme nous dit, il est vrai, qu'il faut préférer les autres à soi, pour gagner le ciel; mais le christianisme nous dit aussi qu'on doit faire le bien de ses semblables par amour de Dieu. C'est là une expression magnifique; l'homme pénètre par son intelligence dans la pensée divine; il voit que le but de Dieu est l'ordre; il s'associe librement à ce grand dessein; et, tout en sacrifiant ses intérêts particuliers à cet ordre admirable de toutes choses, il n'attend d'autres récompenses que le plaisir de le contempler.

Je ne crois donc pas que le seul mobile des hommes religieux soit l'intérêt; mais je pense que l'intérêt est le principal moyen dont les religions elles-mêmes se servent pour conduire les hommes, et je ne doute pas que ce ne soit par ce côté qu'elles saisissent la foule et deviennent populaires.

Je ne vois donc pas clairement pourquoi la doctrine de l'intérêt bien entendu écarterait les hommes des croyances religieuses, et il me semble, au contraire, que je démêle comment elle les en rapproche.

Je suppose que, pour atteindre le bonheur de ce monde, un homme résiste en toutes rencontres à l'instinct, et raisonne froidement tous les actes de sa vie; qu'au lieu de céder aveuglément à la fougue de ses premiers désirs, il ait appris l'art de les combattre, et qu'il se soit habitué à sacrifier sans efforts le plaisir du moment à l'intérêt permanent de toute sa vie.

Si un pareil homme a foi dans la religion qu'il professe, il ne lui en coûtera guère de se soumettre aux gênes qu'elle impose. La raison même lui conseille de le faire, et la coutume l'a préparé d'avance à le souffrir.

Que s'il a conçu des doutes sur l'objet de ses espérances, il ne s'y laissera point aisément arrêter, et il jugera qu'il est sage de hasarder quelques-uns des biens de ce monde pour conserver ses droits à l'immense héritage qu'on lui promet dans l'autre.

« De se tromper en croyant la religion chrétienne vraie, a dit Pascal, il n'y a pas grand chose à perdre; mais quel malheur de se tromper en la croyant fausse! »

Les Américains n'affectent point une indifférence grossière pour l'autre vie; ils ne mettent pas un puéril orgueil à mépriser des périls auxquels ils espèrent se soustraire.

Ils pratiquent donc leur religion sans honte et sans faiblesse; mais on voit d'ordinaire, jusqu'au milieu de

leur zèle, je ne sais quoi de si tranquille, de si méthodique et de si calculé, qu'il semble que ce soit la raison
bien plus que le cœur qui les conduit au pied des autels.

Non-seulement les Américains suivent leur religion
par intérêt, ils placent souvent dans ce monde l'intérêt
qu'on peut avoir à la suivre. Au moyen âge, les prêtres
ne parlaient que de l'autre vie ; ils ne s'inquiétaient
guère de prouver qu'un chrétien sincère peut être un
homme heureux ici-bas.

Mais les prédicateurs américains reviennent sans cesse
à la terre, et ils ne peuvent qu'à grande peine en détacher leurs regards. Pour mieux toucher leurs auditeurs,
ils leur font voir chaque jour comment les croyances
religieuses favorisent la liberté et l'ordre public, et il est
souvent difficile de savoir, en les écoutant, si l'objet
principal de la religion est de procurer l'éternelle félicité
dans l'autre monde ou le bien-être en celui-ci.

CHAPITRE X

En Amérique, la passion du bien-être matériel n'est pas toujours exclusive, mais elle est générale; si tous ne l'éprouvent point de la même manière, tous la ressentent. Le soin de satisfaire les moindres besoins du corps et de pourvoir aux petites commodités de la vie y préoccupe universellement les esprits.

Quelque chose de semblable se fait voir de plus en plus en Europe.

Parmi les causes qui produisent ces effets pareils dans les deux mondes, il en est plusieurs qui se rapprochent de mon sujet, et que je dois indiquer.

Quand les richesses sont fixées héréditairement dans les mêmes familles, on voit un grand nombre d'hommes qui jouissent du bien être matériel, sans ressentir le goût exclusif du bien-être.

Ce qui attache le plus vivement le cœur humain, ce n'est point la possession paisible d'un objet précieux, mais le désir imparfaitement satisfait de le posséder et la crainte incessante de le perdre.

Dans les sociétés aristocratiques, les riches, n'ayant jamais connu un état différent du leur, ne redoutent point d'en changer; à peine s'ils en imaginent un autre. Le bien-être matériel n'est donc point pour eux le but de la vie; c'est une manière de vivre. Ils le considèrent, en quelque sorte, comme l'existence, et en jouissent sans y songer.

Le goût naturel et instinctif que tous les hommes ressentent pour le bien-être, étant ainsi satisfait sans peine et sans crainte, leur âme se porte ailleurs et s'attache à quelque entreprise plus difficile et plus grande, qui l'anime et l'entraîne.

C'est ainsi qu'au sein même des jouissances matérielles les membres d'une aristocratie font souvent voir un mépris orgueilleux pour ces mêmes jouissances, et trouvent des forces singulières quand il faut enfin s'en priver. Toutes les révolutions, qui ont troublé ou détruit les aristocraties, ont montré avec quelle facilité des gens accoutumés au superflu pouvaient se passer du nécessaire, tandis que des hommes qui sont arrivés laborieusement jusqu'à l'aisance, peuvent à peine vivre après l'avoir perdue.

Si, des rangs supérieurs, je passe aux basses classes, je verrai des effets analogues produits par des causes différentes.

Chez les nations où l'aristocratie domine la société, et la tient immobile, le peuple finit par s'habituer à la pauvreté comme les riches à leur opulence. Les uns ne se préoccupent point du bien-être matériel parce qu'ils le possèdent sans peine ; l'autre n'y pense point parce qu'il désespère de l'acquérir et qu'il ne le connaît pas assez pour le désirer.

Dans ces sortes de sociétés l'imagination du pauvre est rejetée vers l'autre monde ; les misères de la vie réelle la resserrent ; mais elle leur échappe et va chercher ses jouissances au dehors.

Lorsque, au contraire, les rangs sont confondus et les priviléges détruits, quand les patrimoines se divisent et que la lumière et la liberté se répandent, l'envie d'acquérir le bien-être se présente à l'imagination du pauvre, et la crainte de le perdre à l'esprit du riche. Il s'établit une multitude de fortunes médiocres. Ceux qui les possèdent ont assez de jouissances matérielles pour concevoir le goût de ces jouissances, et pas assez pour s'en contenter. Ils ne se les procurent jamais qu'avec effort et ne s'y livrent qu'en tremblant.

Ils s'attachent donc sans cesse à poursuivre ou à retenir ces jouissances si précieuses, si incomplètes et si fugitives.

Je cherche une passion qui soit naturelle à des hommes que l'obscurité de leur origine ou la médiocrité de leur fortune excitent et limitent, et je n'en trouve point de mieux appropriée que le goût du bien-être. La passion du bien-être matériel est essentiellement une passion de classe moyenne ; elle grandit et s'étend avec cette classe ; elle devient prépondérante avec elle. C'est de là qu'elle gagne les rangs supérieurs de la société et descend jusqu'au sein du peuple.

Je n'ai pas rencontré, en Amérique, de si pauvre citoyen qui ne jetât un regard d'espérance et d'envie sur les jouissances des riches, et dont l'imagination ne se saisît à l'avance des biens que le sort s'obstinait à lui refuser.

D'un autre côté, je n'ai jamais aperçu chez les riches des États-Unis ce superbe dédain pour le bien-être matériel qui se montre quelquefois jusque dans le sein des aristocraties les plus opulentes et les plus dissolues.

La plupart de ces riches ont été pauvres; ils ont senti l'aiguillon du besoin; ils ont longtemps combattu une fortune ennemie, et, maintenant que la victoire est remportée, les passions qui ont accompagné la lutte lui survivent; ils restent comme enivrés au milieu de ces petites jouissances qu'ils ont poursuivies quarante ans.

Ce n'est pas qu'aux États-Unis, comme ailleurs, il ne se rencontre un assez grand nombre de riches qui, tenant leurs biens par héritage, possèdent sans efforts une opulence qu'ils n'ont point acquise. Mais ceux-ci même ne se montrent pas moins attachés aux jouissances de la vie matérielle. L'amour du bien-être est devenu le goût national et dominant; le grand courant des passions humaines porte de ce côté, il entraîne tout dans son cours.

CHAPITRE XI

On pourrait croire, d'après ce qui précède, que l'amour des jouissances matérielles doit entraîner sans cesse les Américains vers le désordre des mœurs, troubler les familles et compromettre enfin le sort de la société même.

Mais il n'en est point ainsi : la passion des jouissances matérielles produit dans le sein des démocraties d'autres effets que chez les peuples aristocratiques.

Il arrive quelquefois que la lassitude des affaires, l'excès des richesses, la ruine des croyances, la décadence de l'État, détournent peu à peu vers les seules jouissances matérielles le cœur d'une aristocratie. D'autres fois, la puissance du prince ou la faiblesse du peuple, sans ravir aux nobles leur fortune, les force à s'écarter du pouvoir, et, leur fermant la voie aux grandes entreprises, les abandonnent à l'inquiétude de leurs desirs; ils retombent alors pesamment sur eux-mêmes, et ils cherchent dans les jouissances du corps l'oubli de leur grandeur passée.

Lorsque les membres d'un corps aristocratique se tournent ainsi exclusivement vers l'amour des jouissances matérielles, ils rassemblent d'ordinaire de ce seul côté toute l'énergie que leur a donnée la longue habitude du pouvoir.

A de tels hommes la recherche du bien-être ne suffit pas ; il leur faut une dépravation somptueuse et une corruption éclatante. Ils rendent un culte magnifique à la matière, et ils semblent à l'envi vouloir exceller dans l'art de s'abrutir.

Plus une aristocratie aura été forte, glorieuse et libre, plus alors elle se montrera dépravée, et quelle qu'ait été la splendeur de ses vertus, j'ose prédire qu'elle sera toujours surpassée par l'éclat de ses vices.

Le goût des jouissances matérielles ne porte point les peuples démocratiques à de pareils excès. L'amour du bien-être s'y montre une passion tenace, exclusive, universelle, mais contenue. Il n'est pas question d'y bâtir de vastes palais, d'y vaincre ou d'y tromper la nature, d'épuiser l'univers pour mieux assouvir les passions d'un homme ; il s'agit d'ajouter quelques toises à ses champs, de planter un verger, d'agrandir une demeure, de rendre à chaque instant la vie plus aisée et plus commode, de prévenir la gêne, et de satisfaire les moindres besoins sans efforts et presque sans frais. Ces objets sont petits, mais l'âme s'y attache : elle les considère tous les jours et de fort près ; ils finissent par lui cacher le

reste du monde, et ils viennent quelquefois se placer
entre elle et Dieu.

Ceci, dira-t-on, ne saurait s'appliquer qu'à ceux d'entre
les citoyens dont la fortune est médiocre; les riches montreront des goûts analogues à ceux qu'ils faisaient voir
dans les siècles d'aristocratie. Je le conteste.

En fait de jouissances matérielles, les plus opulents
citoyens d'une démocratie ne montreront pas des goûts
fort différents de ceux du peuple, soit que, étant sortis
du sein du peuple, ils les partagent réellement, soit
qu'ils croient devoir s'y soumettre. Dans les sociétés démocratiques, la sensualité du public a pris une certaine
allure modérée et tranquille, à laquelle toutes les âmes
sont tenues de se conformer. Il y est aussi difficile d'é-
chapper à la règle commune par ses vices que par ses
vertus.

Les riches qui vivent au milieu des nations démocratiques visent donc à la satisfaction de leurs moindres
besoins plutôt qu'à des jouissances extraordinaires; ils
contentent une multitude de petits désirs, et ne se livrent à aucune grande passion désordonnée. Ils tombent ainsi dans la mollesse plutôt que dans la dé-
bauche.

Ce goût particulier que les hommes des siècles démocratiques conçoivent pour les jouissances matérielles
n'est point naturellement opposé à l'ordre; au contraire,
il a souvent besoin de l'ordre pour se satisfaire. Il n'est
pas non plus ennemi de la régularité des mœurs; car
les bonnes mœurs sont utiles à la tranquillité publique

et favorient l'industrie. Souvent même il vient à se combiner avec une sorte de moralité religieuse; on veut être le mieux possible en ce monde, sans renoncer aux chances de l'autre.

Parmi les biens matériels, il en est dont la possession est criminelle; on a soin de s'en abstenir. Il y en a d'autres dont la religion et la morale permettent l'usage; à ceux-là on livre sans réserve son cœur, son imagination, sa vie, et l'on perd de vue, en s'efforçant de les saisir, ces biens plus précieux qui font la gloire et la grandeur de l'espèce humaine.

Ce que je reproche à l'égalité, ce n'est pas d'entraîner les hommes à la poursuite des jouissances défendues; c'est de les absorber entièrement dans la recherche des jouissances permises.

Ainsi, il pourrait bien s'établir dans le monde une sorte de matérialisme honnête qui ne corromprait pas les âmes, mais qui les amollirait et finirait par détendre sans bruit tous leurs ressorts.

CHAPITRE XII

Quoique le désir d'acquérir les biens de ce monde soit la passion dominante des Américains, il y a des moments de relâche où leur âme semble briser tout à coup les liens matériels qui la retiennent, et s'échapper impétueusement vers le ciel.

On rencontre quelquefois dans tous les États de l'Union, mais principalement dans les contrées à moitié peuplées de l'Ouest, des prédicateurs ambulants qui colportent de place en place la parole divine.

Des familles entières, vieillards, femmes et enfants, traversent des lieux difficiles et percent des bois déserts, pour venir de très-loin les entendre; et, quand elles les ont rencontrés, elles oublient plusieurs jours et plusieurs nuits, en les écoutant, le soin des affaires et jusqu'aux plus pressants besoins du corps.

On trouve çà et là, au sein de la société américaine, des âmes toutes remplies d'un spiritualisme exalté et presque farouche, qu'on ne rencontre guère en Europe.

Il s'y élève de temps à autres des sectes bizarres qui s'efforcent de s'ouvrir des chemins extraordinaires vers le bonheur éternel. Les folies religieuses y sont fort communes.

Il ne faut pas que ceci nous surprenne.

Ce n'est pas l'homme qui s'est donné à lui-même le goût de l'infini et l'amour de ce qui est immortel. Ces instincts sublimes ne naissent point d'un caprice de sa volonté : ils ont leur fondement immobile dans sa nature; ils existent en dépit de ses efforts. Il peut les gêner et les déformer, mais non les détruire.

L'âme a des besoins qu'il faut satisfaire; et, quelque soin que l'on prenne de la distraire d'elle-même, elle s'ennuie bientôt, s'inquiète et s'agite au milieu des jouissances des sens.

Si l'esprit de la grande majorté du genre humain se concentrait jamais dans la seule recherche des biens matériels, on peut s'attendre qu'il se ferait une réaction prodigieuse dans l'âme de quelques hommes. Ceux-là se jetteraient éperdument dans le monde des esprits, de peur de rester embarrassés dans les entraves trop étroites que veut leur imposer le corps.

Il ne faudrait donc pas s'étonner si, au sein d'une société qui ne songerait qu'à la terre, on rencontrait un petit nombre d'individus qui voulussent ne regarder que le ciel. Je serais surpris si, chez un peuple uniquement préoccupé de son bien-être, le mysticisme ne faisait pas bientôt des progès.

On dit que ce sont les persécutions des empereurs

et les supplices du cirque qui ont peuplé les déserts de la Thébaïde; et moi je pense que ce sont bien plutôt les délices de Rome et la philosophie épicurienne de la Grèce.

Si l'état social, les circonstances et les lois ne retenaient pas si étroitement l'esprit américain dans la recherche du bien-être, il est à croire que, lorsqu'il viendrait à s'occuper des choses immatérielles, il montrerait plus de réserve et plus d'expérience, et qu'il se modérerait sans peine. Mais il se sent emprisonné dans des limites dont on semble ne pas vouloir le laisser sortir. Dès qu'il dépasse ces limites il ne sait où se fixer lui-même, et il court souvent, sans s'arrêter, par delà les bornes du sens commun.

CHAPITRE XIII

On rencontre encore quelquefois dans certains cantons retirés de l'ancien monde, de petites populations qui ont été comme oubliées au milieu du tumulte universel et qui sont restées immobiles quand tout remuait autour d'elles. La plupart de ces peuples sont fort ignorants et fort misérables; ils ne se mêlent point aux affaires du gouvernement, et souvent les gouvernements les oppriment. Cependant, ils montrent d'ordinaire un visage serein, et ils font souvent paraître une humeur enjouée.

J'ai vu en Amérique les hommes les plus libres et les plus éclairés, placés dans la condition la plus heureuse qui soit au monde; il m'a semblé qu'une sorte de nuage couvrait habituellement leurs traits; ils m'ont paru graves et presque tristes jusque dans leurs plaisirs.

La principale raison de ceci est que les premiers ne pensent point aux maux qu'ils endurent, tandis que les autres songent sans cesse aux biens qu'ils n'ont pas.

C'est une chose étrange de voir avec quelle sorte d'ardeur fébrile les Américains poursuivent le bien-être, et comme ils se montrent tourmentés sans cesse par une crainte vague de n'avoir pas choisi la route la plus courte qui peut y conduire.

L'habitant des États-Unis s'attache aux biens de ce monde, comme s'il était assuré de ne point mourir, et il met tant de précipitation à saisir ceux qui passent à sa portée, qu'on dirait qu'il craint à chaque instant de cesser de vivre avant d'en avoir joui. Il les saisit tous, mais sans les étreindre, et il les laisse bientôt échapper de ses mains pour courir après des jouissances nouvelles.

Un homme, aux États-Unis, bâtit avec soin une demeure pour y passer ses vieux jours, et il la vend pendant qu'on en pose le faîte; il plante un jardin, et il le loue comme il allait en goûter les fruits; il défriche un champ, et il laisse à d'autres le soin d'en récolter les moissons. Il embrasse une profession, et la quitte. Il se fixe dans un lieu dont il part peu après pour aller porter ailleurs ses changeants désirs. Ses affaires privées lui donnent-elles quelque relâche, il se plonge aussitôt dans le tourbillon de la politique. Et quand, vers le terme d'une année remplie de travaux, il lui reste encore quelques loisirs, il promène çà et là dans les vastes limites des États-Unis sa curiosité inquiète. Il fera ainsi cinq cents lieues en quelques jours, pour se mieux distraire de son bonheur.

La mort survient enfin et elle l'arrête avant qu'il se soit lassé de cette poursuite inutile d'une félicité complète qui fuit toujours.

On s'étonne d'abord en contemplant cette agitation singulière que font paraître tant d'hommes heureux, au sein même de leur abondance. Ce spectacle est pourtant aussi vieux que le monde; ce qui est nouveau, c'est de voir tout un peuple qui le donne.

Le goût des jouissances matérielles doit être considéré comme la source première de cette inquiétude secrète qui se révèle dans les actions des Américains, et de cette inconstance dont ils donnent journellement l'exemple.

Celui qui a renfermé son cœur dans la seule recherche des biens de ce monde est toujours pressé, car il n'a qu'un temps limité pour les trouver, s'en emparer et en jouir. Le souvenir de la brièveté de la vie l'aiguillonne sans cesse. Indépendamment des biens qu'il possède, il en imagine à chaque instant mille autres que la mort l'empêchera de goûter, s'il ne se hâte. Cette pensée le remplit de troubles, de craintes et de regrets, et maintient son âme dans une sorte de trépidation incessante qui le porte à changer à tout moment de desseins et de lieu.

Si au goût du bien-être matériel vient se joindre un état social dans lequel la loi ni la coutume ne retiennent plus personne à sa place, ceci est une grande excitation de plus pour cette inquiétude d'esprit : on verra alors les hommes changer continuellement de route, de

peur de manquer le plus court chemin, qui doit les conduire au bonheur.

Il est d'ailleurs facile de concevoir, que si les hommes
qui recherchent avec passion les jouissances matérielles
désirent vivement, ils doivent se rebuter aisément; l'objet final étant de jouir, il faut que le moyen d'y arriver
soit prompt et facile, sans quoi la peine d'acquérir la
jouissance surpasserait la jouissance. La plupart des
âmes y sont donc à la fois ardentes et molles, violentes
et énervées. Souvent, 'la mort y est moins redoutée que
la continuité des efforts vers le même but.

L'égalité conduit par un chemin plus direct encore à
plusieurs des effets que je viens de décrire.

Quand toutes les prérogatives de naissance et de fortune sont détruites, que toutes les professions sont ouvertes à tous, et qu'on peut parvenir de soi-même au
sommet de chacune d'elles, une carrière immense et
aisée semble s'ouvrir devant l'ambition des hommes,
et ils se figurent volontiers qu'ils sont appelés à de
grandes destinées. Mais c'est là une vue erronée que
l'expérience corrige tous les jours. Cette même égalité
qui permet à chaque citoyen de concevoir de vastes espérances, rend tous les citoyens individuellement faibles.
Elle limite de tous côtés leurs forces, en même temps
qu'elle permet à leurs désirs de s'étendre.

Non-seulement ils sont impuissants par eux-mêmes,
mais ils trouvent à chaque pas d'immenses obstacles
qu'ils n'avaient point aperçus d'abord.

Ils ont détruit les priviléges gênants de quelques-uns

de leurs semblables; ils rencontrent la concurrence de
tous. La borne a changé de forme plutôt que de place.
Lorsque les hommes sont à peu près semblables et suivent une même route, il est bien difficile qu'aucun
d'entre eux marche vite et perce à travers la foule uniforme qui l'environne et le presse.

Cette opposition constante qui règne entre les instincts que fait naître l'égalité, et les moyens qu'elle
fournit pour les satisfaire, tourmente et fatigue les
âmes.

On peut concevoir des hommes arrivés à un certain
degré de liberté qui les satisfasse entièrement. Ils jouissent alors de leur indépendance sans inquiétude et sans
ardeur. Mais les hommes ne fonderont jamais une égalité qui leur suffise.

Un peuple a beau faire des efforts, il ne parviendra
pas à rendre les conditions parfaitement égales dans son
sein; et s'il avait le malheur d'arriver à ce nivellement
absolu et complet, il resterait encore l'inégalité des intelligences, qui, venant directement de Dieu, échappera
toujours aux lois.

Quelque démocratique que soit l'état social et la constitution politique d'un peuple, on peut donc compter
que chacun de ses citoyens apercevra toujours près de
soi plusieurs points qui le dominent, et l'on peut prévoir qu'il tournera obstinément ses regards de ce seul
côté. Quand l'inégalité est la loi commune d'une société, les plus fortes inégalités ne frappent point l'œil;
quand tout est à peu près de niveau, les moindres le bles-

sent. C'est pour cela que le désir de l'égalité devient toujours plus insatiable à mesure que l'égalité est plus grande.

Chez les peuples démocratiques les hommes obtiennent aisément une certaine égalité; ils ne sauraient atteindre celle qu'ils désirent. Celle-ci recule chaque jour devant eux, mais sans jamais se dérober à leurs regards, et, en se retirant, elle les attire à sa poursuite. Sans cesse ils croyent qu'ils vont la saisir, et elle échappe sans cesse à leurs étreintes. Ils la voient d'assez près pour connaître ses charmes, ils ne l'approchent pas assez pour en jouir, et ils meurent avant d'avoir savouré pleinement ses douceurs.

C'est à ces causes qu'il faut attribuer la mélancolie singulière que les habitants des contrées démocratiques font souvent voir au sein de leur abondance, et ces dégoûts de la vie qui viennent quelquefois les saisir au milieu d'une existence aisée et tranquille.

On se plaint en France que le nombre des suicides s'accroît; en Amérique le suicide est rare, mais on assure que la démence est plus commune que partout ailleurs.

Ce sont là des symptômes différents du même mal.

Les Américains ne se tuent point, quelque agités qu'ils soient, parce que la religion leur défend de le faire, et que chez eux le matérialisme n'existe pour ainsi dire pas, quoique la passion du bien-être matériel soit générale.

Leur volonté résiste, mais souvent leur raison fléchit.

Dans les temps démocratiques les jouissances sont plus vives que dans les siècles d'aristocratie, et surtout le nombre de ceux qui les goûtent est infiniment plus grand; mais, d'une autre part, il faut reconnaître que les espérances et les désirs y sont plus souvent déçus, les âmes plus émues et plus inquiètes, et les soucis plus cuisants.

CHAPITRE XIV

Lorsqu'un état démocratique tourne à la monarchie absolue, l'activité qui se portait précédemment sur les affaires publiques et sur les affaires privées venant, tout à coup à se concentrer sur ces dernières, il en résulte, pendant quelque temps, une grande prospérité matérielle; mais bientôt le mouvement se ralentit et le développement de la production s'arrête.

Je ne sais si l'on peut citer un seul peuple manufacturier et commerçant, depuis les Tyriens jusqu'aux Florentins et aux Anglais, qui n'ait été un peuple libre. Il y a donc un lien étroit et un rapport nécessaire entre ces deux choses : liberté et industrie.

Cela est généralement vrai de toutes les nations, mais spécialement des nations démocratiques.

J'ai fait voir plus haut comment les hommes qui vivent dans les siècles d'égalité avaient un continuel besoin de l'association pour se procurer presque tous les biens qu'ils convoitent, et, d'une autre part, j'ai montré comment la grande liberté politique perfectionnait et vulgarisait dans leur sein l'art de s'associer. La liberté, dans ces siècles, est donc particulièrement utile à la production des richesses. On peut voir, au contraire, que le despotisme lui est particulièrement ennemi.

Le naturel du pouvoir absolu, dans les siècles démocratiques, n'est ni cruel ni sauvage, mais il est minutieux et tracassier. Un despotisme de cette espèce, bien qu'il ne foule point aux pieds l'humanité, est directement opposé au génie du commerce et aux instincts de l'industrie.

Ainsi, les hommes des temps démocratiques ont besoin d'être libres, afin de se procurer plus aisément les jouissances matérielles après lesquelles ils soupirent sans cesse.

Il arrive cependant, quelquefois, que le goût excessif qu'ils conçoivent pour ces mêmes jouissances les livre au premier maître qui se présente. La passion du bien-être se retourne alors contre elle-même, et éloigne sans l'apercevoir l'objet de ses convoitises.

Il y a, en effet, un passage très-périlleux dans la vie des peuples démocratiques.

Lorsque le goût des jouissances matérielles se développe chez un de ces peuples plus rapidement que les lumières et que les habitudes de la liberté, il vient un moment où les hommes sont emportés, et comme hors d'eux-mêmes, à la vue de ces biens nouveaux qu'ils

sont prêts à saisir. Préoccupés du seul soin de faire
fortune, ils n'aperçoivent plus le lien étroit qui unit la
fortune particulière de chacun d'eux à la prospérité de
tous. Il n'est pas besoin d'arracher à de tels citoyens
les droits qu'ils possèdent ; ils les laissent volontiers
échapper eux-mêmes. L'exercice de leurs devoirs politiques leur paraît un contre-temps fâcheux qui les distrait de leur industrie. S'agit-il de choisir leurs représentants, de prêter main forte à l'autorité, de traiter en
commun la chose commune, le temps leur manque ; ils
ne sauraient dissiper ce temps si précieux en travaux
inutiles. Ce sont là jeux d'oisifs qui ne conviennent point
à des hommes graves et occupés des intérêts sérieux de
la vie. Ces gens-là croient suivre la doctrine de l'intérêt,
mais ils ne s'en font qu'une idée grossière, et, pour
mieux veiller à ce qu'ils nomment leurs affaires, ils
négligent la principale, qui est de rester maîtres d'eux-
mêmes.

Les citoyens qui travaillent ne voulant pas songer à
la chose publique, et la classe qui pourrait se charger
de ce soin pour remplir ses loisirs n'existant plus, la
place du gouvernement est comme vide.

Si, à ce moment critique, un ambitieux habile vient
à s'emparer du pouvoir, il trouve que la voie à toutes les
usurpations est ouverte.

Qu'il veille quelque temps à ce que tous les intérêts
matériels prospèrent ; on le tiendra aisément quitte du
reste. Qu'il garantisse surtout le bon ordre. Les hommes qui ont la passion des jouissances matérielles dé-

couvrent d'ordinaire comment les agitations de la liberté troublent le bien-être, avant que d'apercevoir comment la liberté sert à se le procurer; et, au moindre bruit des passions publiques qui pénètrent au milieu des petites jouissances de leur vie privée, ils s'éveillent et s'inquiètent; pendant longtemps la peur de l'anarchie les tient sans cesse en suspens et toujours prêts à se jeter hors de la liberté au premier désordre.

Je conviendrai sans peine que la paix publique est un grand bien; mais je ne veux pas oublier cependant que c'est à travers le bon ordre que tous les peuples sont arrivés à la tyrannie. Il ne s'ensuit pas assurément que les peuples doivent mépriser la paix publique; mais il ne faut pas qu'elle leur suffise. Une nation qui ne demande à son gouvervenement que le maintien de l'ordre est déjà esclave au fond du cœur; elle est esclave de son bien-être, et l'homme qui doit l'enchaîner peut paraître.

Le despotisme des factions n'y est pas moins à redouter que celui d'un homme.

Lorsque la masse des citoyens ne veut s'occuper que d'affaires privées, les plus petits partis ne doivent pas désespérer de devenir maîtres des affaires publiques.

Il n'est pas rare de voir alors sur la vaste scène du monde, ainsi que sur nos théâtres, une multitude représentée par quelques hommes. Ceux-ci parlent seuls au nom d'une foule absente ou inattentive; seuls ils agissent au milieu de l'immobilité universelle; ils disposent, suivant leur caprice, de toutes choses, ils changent les lois, et tyrannisent à leur gré les mœurs; et l'on s'étonne en voyant le petit nombre de faibles et d'indignes mains dans lesquelles peut tomber un grand peuple.

Jusqu'à présent, les Américains ont évité avec bonheur tous les écueils que je viens d'indiquer; et en cela ils méritent véritablement qu'on les admire.

Il n'y a peut-être pas de pays sur la terre où l'on rencontre moins d'oisifs qu'en Amérique, et où tous ceux qui travaillent soient plus enflammés à la recherche du bien-être. Mais si la passion des Américains pour les jouissances matérielles est violente, du moins elle n'est point aveugle, et la raison, impuissante à la modé, er, la dirige.

Un Américain s'occupe de ses intérêts privés comme s'il était seul dans le monde, et, le moment d'après, il se livre à la chose publique comme s'il les avait oubliés. Il paraît tantôt animé de la cupidité la plus égoïste, et tantôt du patriotisme le plus vif. Le cœur humain ne saurait se diviser de cette manière. Les habitants des États-Unis témoignent alternativement une passion si forte et si semblable pour leur bien-être et leur liberté, qu'il est à croire que ces passions s'unissent et se confondent dans quelque endroit de leur âme. Les Américains voient, en effet, dans leur liberté le meilleur instrument et la plus grande garantie de leur bien-être. Ils aiment ces deux choses l'une par l'autre. Ils ne pensent donc point que se mêler du public ne soit pas leur affaire; ils croient, au contraire, que leur principale affaire est de s'assurer par eux-mêmes un gouvernement qui leur permette d'acquérir les biens qu'ils désirent, et qui ne leur défende pas de goûter en paix ceux qu'ils ont acquis.

CHAPITRE XV

Aux États-Unis, quand arrive le septième jour de chaque semaine, la vie commerciale et industrielle de la nation semble suspendue ; tous les bruits cessent. Un profond repos, ou plutôt une sorte de recueillement solennel lui succède, l'âme rentre enfin en possession d'elle-même, et se contemple.

Durant ce jour, les lieux consacrés au commerce sont déserts ; chaque citoyen, entouré de ses enfants, se rend dans un temple ; là, on lui tient d'étranges discours qui semblent peu faits pour son oreille. On l'entretient des maux innombrables causés par l'orgueil et la convoitise. On lui parle de la nécessité de régler ses désirs, des jouissances délicates attachées à la seule vertu, et du vrai bonheur qui l'accompagne.

Rentré dans sa demeure, on ne le voit point courir aux registres de son négoce. Il ouvre le livre des saintes Écritures ; il y trouve des peintures sublimes ou touchantes de la grandeur et de la bonté du Créateur, de la magnificence infinie des œuvres de Dieu, de la haute destinée réservée aux hommes, de leurs devoirs et de leurs droits à l'immortalité.

C'est ainsi que, de temps en temps, l'Américain se dérobe en quelque sorte à lui-même, et que, s'arrachant pour un moment aux petites passions qui agitent sa vie et aux intérêts passagers qui la remplissent, il pénètre tout à coup dans un monde idéal où tout est grand, pur, éternel.

J'ai recherché dans un autre endroit de cet ouvrage les causes auxquelles il fallait attribuer le maintien des institutions politiques des Américains, et la religion m'a paru l'une des principales. Aujourd'hui que je m'occupe des individus, je la retrouve et j'aperçois qu'elle n'est pas moins utile à chaque citoyen qu'à tout l'État.

Les Américains montrent, par leur pratique, qu'ils sentent toute la nécessité de moraliser la démocratie par la religion. Ce qu'ils pensent à cet égard sur eux-mêmes est une vérité dont toute nation démocratique doit être pénétrée.

Je ne doute point que la constitution sociale et politique d'un peuple ne le dispose à certaines croyances, et à certains goûts dans lesquels il abonde ensuite sans peine ; tandis que ces mêmes causes l'écartent de certaines opinions et de certains penchants, sans qu'il y travaille de lui-même, et pour ainsi dire sans qu'il s'en doute.

Tout l'art du législateur consiste à bien discerner

d'avance ces pentes naturelles des sociétés humaines, afin de savoir où il faut aider l'effort des citoyens, et où il serait plutôt nécessaire de le ralentir. Car ses obligations diffèrent suivant les temps. Il n'y a d'immobile que le but vers lequel doit toujours tendre le genre humain; les moyens de l'y faire arriver varient sans cesse.

Si j'étais né dans un siècle aristocratique, au milieu d'une nation où la richesse héréditaire des uns et la pauvreté irrémédiable des autres détournassent également les hommes de l'idée du mieux, et tinssent les âmes comme engourdies dans la contemplation d'un autre monde; je voudrais qu'il me fût possible de stimuler chez pareil peuple le sentiment des besoins, je songerais découvrir les moyens plus rapides et plus aisés de satisfaire les nouveaux désirs que j'aurais fait naître, et, détournant vers les études physiques les plus grands efforts de l'esprit humain, je tâcherais de l'exciter à la recherche du bien-être.

S'il arrivait que quelques hommes s'enflammassent inconsidérément à la poursuite de la richesse et fissent voir un amour excessif pour les jouissances matérielles, je ne m'en alarmerais point; ces traits particuliers disparaîtraient bientôt dans la physionomie commune.

Les législateurs des démocraties ont d'autres soins.

Donnez aux peuples démocratiques des lumières et de la liberté, et laissez-les faire. Ils arriveront sans peine à retirer de ce monde tous les biens qu'il peut offrir; ils perfectionneront chacun des arts utiles, et rendront tous les jours la vie plus commode, plus aisée, plus douce; leur état social les pousse naturellement de ce côté. Je ne redoute pas qu'ils s'arrêtent.

Mais tandis que l'homme se complaît dans cette recherche honnête et légitime du bien-être, il est à craindre qu'il ne perde enfin l'usage de ses plus sublimes facultés, et, qu'en voulant tout améliorer autour de lui, il ne se dégrade enfin lui-même. C'est là qu'est le péril et non point ailleurs.

Il faut donc que les législateurs des démocraties et tous les hommes honnêtes et éclairés qui y vivent, s'appliquent sans relâche à y soulever les âmes et à les tenir dressées vers le ciel. Il est nécessaire que tous ceux qui s'intéressent à l'avenir des sociétés démocratiques s'unissent, et que tous, de concert, fassent de continuels efforts pour répandre dans le sein de ces sociétés le goût de l'infini, le sentiment du grand et l'amour des plaisirs immatériels.

Que, s'il se rencontre parmi les opinions d'un peuple démocratique, quelques-unes de ces théories malfaisantes qui tendent à faire croire que tout périt avec le corps; considérez les hommes qui les professent comme les ennemis naturels de ce peuple.

Il y a bien des choses qui me blessent dans les matérialistes. Leurs doctrines me paraissent pernicieuses, et leur orgueil me révolte. Si leur système pouvait être de quelque utilité à l'homme, il semble que ce serait en lui donnant une modeste idée de lui-même. Mais ils ne font point voir qu'il en soit ainsi; et, quand ils croient avoir suffisamment établi qu'ils ne sont que des brutes, ils se montrent aussi fiers que s'ils avaient démontré qu'ils étaient des dieux.

Le matérialisme est chez toutes les nations une maladie dangereuse de l'esprit humain; mais il faut particulièrement le redouter chez un peuple démocratique, parce qu'il se combine merveilleusement avec le vice de cœur le plus familier à ces peuples.

La démocratie favorise le goût des jouissances matérielles. Ce goût, s'il devient excessif, dispose bientôt les hommes à croire que tout n'est que matière; et le matérialisme, à son tour, achève de les entraîner avec une ardeur insensée vers ces mêmes jouissances. Tel est le cercle fatal dans lequel les nations démocratiques sont poussées. Il est bon qu'elles voient le péril, et se retiennent.

La plupart des religions ne sont que des moyens généraux, simples et pratiques, d'enseigner aux hommes l'immortalité de l'âme. C'est là le plus grand avantage qu'un peuple démocratique retire des croyances, et ce qui les rend plus nécessaires à un tel peuple qu'à tous les autres.

Lors donc qu'une religion quelconque a jeté de profondes racines au sein d'une démocratie, gardez-vous de l'ébranler; mais conservez-la plutôt avec soin comme le plus précieux héritage des siècles aristocratiques; ne cherchez pas à arracher aux hommes leurs anciennes opinions religieuses, pour en substituer de nouvelles, de peur que, dans le passage d'une foi à une autre, l'âme se trouvant un moment vide de croyances, l'amour des jouissances matérielles ne vienne à s'y étendre, et à la remplir tout entière.

Assurément, la métempsycose n'est pas plus raisonnable que le matérialisme; cependant, s'il fallait absolument qu'une démocratie fît un choix entre les deux, je n'hésiterais pas, et je jugerais que ses citoyens risquent moins de s'abrutir en pensant que leur âme va passer dans le corps d'un porc, qu'en croyant qu'elle n'est rien.

La croyance à un principe immatériel et immortel, uni pour un temps à la matière, est si nécessaire à la grandeur de l'homme, qu'elle produit encore de beaux effets lorsqu'on n'y joint pas l'opinion des récompenses et des peines, et que l'on se borne à croire qu'après la mort le principe divin renfermé dans l'homme s'absorbe en Dieu ou va animer une autre créature.

Ceux-là même considèrent le corps comme la portion secondaire et inférieure de notre nature; et ils le méprisent alors même qu'ils subissent son influence; tandis qu'ils ont une estime naturelle et une admiration secrète pour la partie immatérielle de l'homme, encore qu'ils refusent quelquefois de se soumettre à son empire. C'en est assez pour donner un certain tour élevé à leurs idées et à leurs goûts, et pour les faire tendre sans intérêt, et comme d'eux-mêmes, vers les sentiments purs et les grandes pensées.

Il n'est pas certain que Socrate et son école eussent des opinions bien arrêtées sur ce qui devait arriver à l'homme dans l'autre vie; mais la seule croyance sur laquelle ils étaient fixés, que l'âme n'a rien de commun avec le corps et qu'elle lui survit, a suffi pour donner à la philosophie platonicienne cette sorte d'élan sublime qui la distingue.

Quand on lit Platon, on aperçoit que dans les temps antérieurs à lui, et de son temps, il existait beaucoup d'écrivains qui préconisaient le matérialisme. Ces écrivains ne sont pas parvenus jusqu'à nous, ou n'y sont parvenus que fort incomplétement. Il en a été ainsi dans presque tous les siècles : la plupart des grandes réputations littéraires se sont jointes au spiritualisme. L'instinct et le goût du genre humain soutiennent cette doctrine; ils la sauvent souvent en dépit des hommes eux-mêmes, et font surnager les noms de ceux qui s'y attachent. Il ne faut donc pas croire que dans aucun temps, et quel que soit l'état politique, la passion des jouissances matérielles et les opinions qui s'y rattachent pourront suffire à tout un peuple. Le cœur de l'homme est plus vaste qu'on ne le suppose; il peut renfermer à la fois le goût des biens de la terre et l'amour de ceux du ciel; quelquefois il semble se livrer éperdument à l'un des deux; mais il n'est jamais longtemps sans songer à l'autre.

S'il est facile de voir que c'est particulièrement dans les temps de démocratie qu'il importe de faire régner les opinions spiritualistes, il n'est pas aisé de dire comment ceux qui gouvernent les peuples démocratiques doivent faire pour qu'elles y règnent.

Je ne crois pas à la prospérité non plus qu'à la durée des philosophies officielles, et, quant aux religions d'État, j'ai toujours pensé que si parfois elles pouvaient servir momentanément les intérêts du pouvoir politique, elles devenaient toujours tôt ou tard fatales à l'Église.

Je ne suis pas non plus du nombre de ceux qui jugent que pour relever la religion aux yeux des peuples, et mettre en honneur le spiritualisme qu'elle professe, il est bon d'accorder indirectement à ses ministres une influence politique que leur refuse la loi.

Je me sens si pénétré des dangers presque inévitables que courent les croyances quand leurs interprètes se mêlent des affaires publiques, et je suis si convaincu qu'il faut à tout prix maintenir le christianisme dans le sein des démocraties nouvelles, que j'aimerais mieux enchaîner les prêtres dans le sanctuaire que de les en laisser sortir.

Quels moyens reste-t-il donc à l'autorité pour ramener les hommes vers les opinions spiritualistes ou pour les retenir dans la religion qui les suggère?

Ce que je vais dire va bien me nuire aux yeux des politiques. Je crois que le seul moyen efficace dont les gouvernements puissent se servir pour mettre en honneur le dogme de l'immortalité de l'âme, c'est d'agir chaque jour comme s'ils y croyaient eux-mêmes; et je pense que ce n'est qu'en se conformant scrupuleusement à la morale religieuse dans les grandes affaires, qu'ils peuvent se flatter d'apprendre aux citoyens à la connaître, à l'aimer et à la respecter dans les petites.

CHAPITRE XVI

Il y a plus de liaison qu'on ne pense entre le perfectionnement de l'âme et l'amélioration des biens du corps ; l'homme peut laisser ces deux choses distinctes, et envisager alternativement chacune d'elles ; mais il ne saurait les séparer entièrement sans les perdre enfin de vue l'une et l'autre.

Les bêtes ont les mêmes sens que nous et à peu près les mêmes convoitises : il n'y a pas de passions matérielles qui ne nous soient communes avec elles, et dont le germe ne se trouve dans un chien aussi bien qu'en nous-mêmes.

D'où vient donc que les animaux ne savent pourvoir qu'à leurs premiers et à leurs plus grossiers besoins, tandis que nous varions à l'infini nos jouissances et les accroissons sans cesse ?

Ce qui nous rend supérieurs en ceci aux bêtes, c'est que nous employons notre âme à trouver les biens matériels vers lesquels l'instinct seul les conduit. Chez

l'homme, l'ange enseigne à la brute l'art de satisfaire.
C'est parce que l'homme est capable de s'élever au-
dessus des biens du corps, et de mépriser jusqu'à la
vie, ce dont les bêtes n'ont pas même l'idée, qu'il sait
multiplier ces mêmes biens à un degré qu'elles ne sauraient non plus concevoir.

Tout ce qui élève, grandit, étend l'âme, la rend plus
capable de réussir à celle même de ses entreprises où il
ne s'agit point d'elle.

Tout ce qui l'énerve, au contraire, ou l'abaisse, l'affaiblit pour toutes choses, les principales comme les
moindres, et menace de la rendre presque aussi impuissante pour les unes que pour les autres. Ainsi, il faut
que l'âme reste grande et forte, ne fût-ce que pour pouvoir, de temps à autre, mettre sa force et sa grandeur
au service du corps.

Si les hommes parvenaient jamais à se contenter des
biens matériels, il est à croire qu'ils perdraient peu à
peu l'art de les produire, et qu'ils finiraient par en
jouir sans discernement et sans progrès, comme les
brutes.

CHAPITRE XVII

COMMENT, DANS LES TEMPS D'ÉGALITÉ ET DE DOUTE, IL IMPORTE DE RECULER
L'OBJET DES ACTIONS HUMAINES.

Dans les siècles de foi, on place le but final de la vie
après la vie.

Les hommes de ces temps-là s'accoutument donc naturellement, et, pour ainsi dire, sans le vouloir, à considérer pendant une longue suite d'années un objet
immobile vers lequel ils marchent sans cesse, et ils apprennent, par des progrès insensibles, à réprimer mille
petits désirs passagers, pour mieux arriver à satisfaire
ce grand et permanent désir qui les tourmente. Lorsque
les mêmes hommes veulent s'occuper des choses de la
terre, ces habitudes se retrouvent. Ils fixent volontiers
à leurs actions d'ici-bas un but général et certain, vers
lequel tous leurs efforts se dirigent. On ne les voit point
se livrer chaque jour à des tentatives nouvelles ; mais
ils ont des desseins arrêtés qu'ils ne se lassent point de
poursuivre.

Ceci explique pourquoi les peuples religieux ont souvent accompli des choses si durables. Il se trouvait qu'en s'occupant de l'autre monde, ils avaient rencontré le grand secret de réussir dans celui-ci.

Les religions donnent l'habitude générale de se comporter en vue de l'avenir. En ceci elles ne sont pas moins utiles au bonheur de cette vie qu'à la félicité de l'autre, C'est un de leurs plus grands côtés politiques.

Mais, à mesure que les lumières de la foi s'obscurcissent, la vue des hommes se resserre, et l'on dirait que chaque jour l'objet des actions humaines leur paraît plus proche.

Quand ils se sont une fois accoutumés à ne plus s'occuper de ce qui doit arriver après leur vie, on les voit retomber aisément dans cette indifférence complète et brutale de l'avenir qui n'est que trop conforme à certains instincts de l'espèce humaine. Aussitôt qu'ils ont perdu l'usage de placer leurs principales espérances à long terme, ils sont naturellement portés à vouloir réaliser sans retard leurs moindres désirs, et il semble que du moment où ils désespèrent de vivre une éternité, ils sont disposés à agir comme s'ils ne devaient exister qu'un seul jour.

Dans les siècles d'incrédulité il est donc toujours à craindre que les hommes ne se livrent sans cesse au hasard journalier de leurs désirs, et que, renonçant entièrement à obtenir ce qui ne peut s'acquérir sans de longs efforts, ils ne fondent rien de grand, de paisible et de durable.

S'il arrive que, chez un peuple ainsi disposé, l'état

social devienne démocratique, le danger que je signale
s'en augmente.

Quand chacun cherche sans cesse à changer de place,
qu'une immense concurrence est ouverte à tous, que les
richesses s'accumulent et se dissipent en peu d'instants
au milieu du tumulte de la démocratie, l'idée d'une fortune subite et facile, de grands biens aisément acquis
et perdus, l'image du hasard, sous toutes ses formes, se
présente à l'esprit humain. L'instabilité de l'état social
vient favoriser l'instabilité naturelle des désirs. Au milieu de ces fluctuations perpétuelles du sort, le présent
grandit ; il cache l'avenir qui s'efface, et les hommes ne
veulent songer qu'au lendemain.

Dans ces pays où, par un concours malheureux, l'irréligion et la démocratie se rencontrent, les philosophes
et les gouvernants doivent s'attacher sans cesse à reculer aux yeux des hommes l'objet des actions humaines;
c'est leur grande affaire.

Il faut que, se renfermant dans l'esprit de son siècle
et de son pays, le moraliste apprenne à s'y défendre.
Que chaque jour il s'efforce de montrer à ses contemporains, comment au milieu même du mouvement perpétuel qui les environne, il est plus facile qu'ils ne le supposent de concevoir et d'exécuter de longues entreprises.
Qu'il leur fasse voir que, bien que l'humanité ait changé
de face, les méthodes à l'aide desquelles les hommes
peuvent se procurer la prospérité de ce monde sont
restées les mêmes, et que, chez les peuples démocratiques, comme ailleurs, ce n'est qu'en résistant à mille

petites passions particulières de tous les jours, qu'on peut arriver à satisfaire la passion générale du bonheur, qui tourmente.

La tâche des gouvernants n'est pas moins tracée.

Dans tous les temps il importe que ceux qui dirigent les nations se conduisent en vue de l'avenir. Mais cela est plus nécessaire encore dans les siècles démocratiques et incrédules que dans tous les autres. En agissant ainsi, les chefs des démocraties font non-seulement prospérer les affaires publiques, mais ils apprennent encore, par leur exemple, aux particuliers l'art de conduire les affaires privées.

Il faut surtout qu'ils s'efforcent de bannir, autant que possible, le hasard du monde politique.

L'élévation subite et imméritée d'un courtisan ne produit qu'une impression passagère dans un pays aristocratique, parce que l'ensemble des institutions et des croyances force habituellement les hommes à marcher lentement dans des voies dont ils ne peuvent sortir.

Mais il n'y a rien de plus pernicieux que de pareils exemples offerts aux regards d'un peuple démocratique. Ils achèvent de précipiter son cœur sur une pente où tout l'entraîne. C'est donc principalement dans les temps de scepticisme et d'égalité qu'on doit éviter avec soin que la faveur du peuple, ou celle du prince, dont le hasard vous favorise ou vous prive, ne tienne lieu de la science et des services. Il est à souhaiter que chaque progrès y paraisse le fruit d'un effort, de telle sorte qu'il n'y ait pas de grandeurs trop faciles, et que l'ambition soit forcée de fixer longtemps ses regards sur le but avant de l'atteindre.

Il faut que les gouvernements s'appliquent à redonner aux hommes ce goût de l'avenir, qui n'est plus inspiré par la religion et l'état social, et que, sans le dire, ils enseignent chaque jour pratiquement aux citoyens que la richesse, la renommée, le pouvoir, sont les prix du travail ; que les grands succès se trouvent placés au bout des longs désirs, et qu'on n'obtient rien de durable que ce qui s'acquiert avec peine.

Quand les hommes se sont accoutumés à prévoir de très-loin ce qui doit leur arriver ici-bas, et à s'y nourrir d'espérances, il leur devient malaisé d'arrêter toujours leur esprit aux bornes précises de la vie, et ils sont bien prêts d'en franchir les limites, pour jeter leurs regards au delà.

Je ne doute donc point qu'en habituant les citoyens à songer à l'avenir dans ce monde, on les rapprochât peu à peu, et sans qu'ils le sussent eux-mêmes, des croyances religieuses.

Ainsi le moyen qui permet aux hommes de se passer, jusqu'à un certain point, de religion, est peut-être, après tout, le seul qui nous reste pour ramener par un long détour le genre humain vers la foi.

CHAPITRE XVIII

Chez les peuples démocratiques, où n'y a point de richesses héréditaires, chacun travaille pour vivre, ou a travaillé, ou est né de gens qui ont travaillé. L'idée du travail, comme condition nécessaire, naturelle et honnête de l'humanité, s'offre donc de tout côté à l'esprit humain.

Non-seulement le travail n'est point en déshonneur chez ces peuples, mais il est en honneur, le préjugé n'est pas contre lui, il est pour lui. Aux États-Unis, un homme riche croit devoir à l'opinion publique de consacrer ses loisirs à quelque opération d'industrie, de commerce, ou à quelques devoirs publics. Il s'estimerait mal famé s'il n'employait sa vie qu'à vivre. C'est pour se soustraire à cette obligation du travail que tant de riches Américains viennent en Europe : là ils trouvent des débris de sociétés aristocratiques parmi lesquelles l'oisiveté est encore honorée.

L'égalité ne réhabilite pas seulement l'idée du travail, elle relève l'idée du travail procurant un lucre.

Dans les aristocraties, ce n'est pas précisément le travail qu'on méprise, c'est le travail en vue d'un profit. Le travail est glorieux quant c'est l'ambition ou la seule vertu qui le fait entreprendre. Sous l'aristocratie, cependant, il arrive sans cesse que celui qui travaille pour l'honneur n'est pas insensible à l'appât du gain. Mais ces deux désirs ne se rencontrent qu'au plus profond de son âme. Il a bien soin de dérober à tous les regards la place où ils s'unissent. Il se la cache volontiers à lui-même. Dans les pays aristocratiques, il n'y a guère de fonctionnaires publics qui ne prétendent servir sans intérêt l'État. Leur salaire est un détail auquel quelquefois ils pensent peu, et auquel ils affectent toujours de ne point penser.

Ainsi, l'idée du gain reste distincte de celle du travail. Elles ont beau être jointes au fait, la pensée les sépare.

Dans les sociétés démocratiques, ces deux idées sont au contraire toujours visiblement unies. Comme le désir du bien-être est universel, que les fortunes sont médiocres et passagères, que chacun a besoin d'accroître ses ressources ou d'en préparer de nouvelles à ses enfants, tous voient bien clairement que c'est le gain qui est sinon en tout, du moins en partie ce qui les porte au travail. Ceux mêmes qui agissent principalement en vue de la gloire s'apprivoisent forcément avec cette pensée qu'ils n'agissent pas uniquement par cette vue, et ils découvrent, quoi qu'ils en aient, que le désir de vivre se mêle chez eux au désir d'illustrer leur vie.

Du moment où, d'une part, le travail semble à tous les citoyens une nécessité honorable de la condition humaine, et où, de l'autre, le travail est toujours visiblement fait, en tout ou en partie, par la considération du salaire, l'immense espace qui séparait les différentes professions dans les sociétés aristocratiques disparaît. Si elles ne sont pas toutes pareilles, elles ont du moins un trait semblable.

Il n'y a pas de profession où l'on ne travaille pas pour de l'argent. Le salaire, qui est commun à toutes, donne à toutes un air de famille.

Ceci sert à expliquer les opinions que les Américains entretiennent relativement aux diverses professions.

Les serviteurs américains ne se croient pas dégradés parce qu'ils travaillent; car autour d'eux tout le monde travaille. Ils ne se sentent pas abaissés par l'idée qu'ils reçoivent un salaire; car le président des États-Unis travaille aussi pour un salaire. On le paye pour commander, aussi bien qu'eux pour servir.

Aux États-Unis, les professions sont plus ou moins pénibles, plus ou moins lucratives, mais elles ne sont jamais ni hautes ni basses. Toute profession honnête est honorable.

CHAPITRE XIX

Je ne sais si de tous les arts utiles l'agriculture n'est pas celui qui se perfectionne le moins vite chez les nations démocratiques. Souvent même on dirait qu'il est stationnaire, parce que plusieurs autres semblent courir.

Au contraire, presque tous les goûts et les habitudes qui naissent de l'égalité conduisent naturellement les hommes vers le commerce et l'industrie.

Je me figure un homme actif, éclairé, libre, aisé, plein de désirs. Il est trop pauvre pour pouvoir vivre dans l'oisiveté; il est assez riche pour se sentir au-dessus de la crainte immédiate du besoin, et il songe à améliorer son sort. Cet homme a conçu le goût des jouissances matérielles; mille autres s'abandonnent à ce goût sous ses yeux; lui-même a commencé à s'y livrer, et il brûle d'accroître les moyens de le satisfaire davantage. Cependant la vie s'écoule, le temps presse. Que va-t-il faire?

La culture de la terre promet à ses efforts des résul-

tats presque certains, mais lents. On ne s'y enrichit que
peu à peu et avec peine. L'agriculture ne convient qu'à
des riches qui ont déjà un grand superflu, ou à des
pauvres qui ne demandent qu'à vivre. Son choix est fait :
il vend son champ, quitte sa demeure, et va se livrer à
quelque profession hasardeuse, mais lucrative.

Or, les sociétés démocratiques abondent en gens de
cette espèce; et, à mesure que l'égalité des conditions
devient plus grande, leur foule augmente.

La démocratie ne multiplie donc pas seulement le nombre des travailleurs; elle porte les hommes à un travail
plutôt qu'à un autre; et, tandis qu'elle les dégoûte de
l'agriculture, elle les dirige vers le commerce et l'industrie[1].

Cet esprit se fait voir chez les plus riches citoyens
eux-mêmes.

Dans les pays démocratiques, un homme, quelque

[1] On a remarqué plusieurs fois que les industriels et les commerçants
étaient possédés du goût immodéré des jouissances matérielles, et on a ac-
cusé de cela le commerce et l'industrie; je crois qu'ici on a pris l'effet pour
la cause.

Ce n'est pas le commerce et l'industrie qui suggèrent le goût des jouissances matérielles aux hommes, mais plutôt ce goût qui porte les hommes
vers les carrières industrielles et commerçantes, où ils espèrent se satisfaire plus complétement et plus vite.

Si le commerce et l'industrie font augmenter le désir du bien-être, cela
vient de ce que toute passion se fortifie à mesure qu'on s'en occupe davantage, et s'accroît par tous les efforts qu'on tente pour l'assouvir.

Toutes les causes qui font prédominer dans le cœur humain l'amour des
biens de ce monde développent le commerce et l'industrie. L'égalité est
une de ces causes. Elle favorise le commerce, non point directement en
donnant aux hommes le goût du négoce, mais indirectement en fortifiant
et généralisant dans leurs âmes l'amour du bien-être

opulent qu'on le suppose, est presque toujours mécontent
de sa fortune parce qu'il se trouve moins riche que son
père, et qu'il craint que ses fils le soient moins que lui.
La plupart des riches des démocraties rêvent donc sans
cesse aux moyens d'acquérir des richesses, et ils tournent naturellement leurs yeux vers le commerce et l'industrie, qui leur paraissent les moyens les plus prompts
et les plus puissants de se les procurer. Ils partagent sur
ce point les instincts du pauvre sans avoir ses besoins,
ou plutôt ils sont poussés par le plus impérieux de tous
les besoins : celui de ne pas déchoir.

Dans les aristocraties, les riches sont en même temps
les gouvernants. L'attention qu'ils donnent sans cesse à
de grandes affaires publiques les détourne des petits
soins que demandent le commerce et l'industrie. Si la
volonté de quelqu'un d'entre eux se dirige néanmoins
par hasard vers le négoce, la volonté du corps vient aussitôt lui barrer la route; car on a beau se soulever contre
l'empire du nombre, on n'échappe jamais complétement
à son joug, et, au sein même des corps aristocratiques
qui refusent le plus opiniâtrément de reconnaître les
droits de la majorité nationale, il se forme une majorité
particulière qui gouverne[1].

Dans les pays démocratiques, où l'argent ne conduit
pas au pouvoir celui qui le possède, mais souvent l'en
écarte, les riches ne savent que faire de leurs loisirs. L'inquiétude et la grandeur de leurs désirs, l'étendue de

[1] Voir la note à la fin du volume.

leurs ressources, le goût de l'extraordinaire, que ressentent presque toujours ceux qui s'élèvent, de quelque
manière que ce soit, au-dessus de la foule, les pressent
d'agir. La seule route du commerce leur est ouverte.
Dans les démocraties, il n'y a rien de plus grand ni de
plus brillant que le commerce; c'est lui qui attire les
regards du public et remplit l'imagination de la foule;
vers lui toutes les passions énergiques se dirigent. Rien
ne saurait empêcher les riches de s'y livrer, ni leurs
propres préjugés, ni ceux d'aucun autre. Les riches des
démocraties ne forment jamais un corps qui ait ses
mœurs et sa police; les idées particulières de leur classe
ne les arrètent pas, et les idées générales de leur pays
les poussent. Les grandes fortunes qu'on voit au sein
d'un peuple démocratique ayant, d'ailleurs, presque
toujours une origine commerciale, il faut que plusieurs
générations se succèdent avant que leurs possesseurs
aient entièrement perdu les habitudes du négoce.

Resserrés dans l'étroit espace que la politique leur
laisse, les riches des démocraties se jettent donc de toutes
parts dans le commerce; là ils peuvent s'étendre et user
de leurs avantages naturels; et c'est, en quelque sorte,
à l'audace même et à la grandeur de leurs entreprises
industrielles qu'on doit juger le peu de cas qu'ils auraient fait de l'industrie, s'ils étaient nés au sein d'une
aristocratie.

Une même remarque est de plus applicable à tous les
hommes des démocraties, qu'ils soient pauvres ou riches.

Ceux qui vivent au milieu de l'instabilité démocratique ont sans cesse sous les yeux l'image du hasard, et
ils finissent par aimer toutes les entreprises où le hasard
joue un rôle.

Ils sont donc tous portés vers le commerce, non-seulement à cause du gain qu'il leur promet, mais par
l'amour des émotions qu'il leur donne.

Les États-Unis d'Amérique ne sont sortis que depuis
un demi-siècle de la dépendance coloniale dans laquelle
les tenait l'Angleterre ; le nombre des grandes fortunes
y est fort petit, et les capitaux encore rares. Il n'est pas
cependant de peuple sur la terre qui ait fait des progrès
aussi rapides que les Américains dans le commerce et
l'industrie. Ils forment aujourd'hui la seconde nation
maritime du monde ; et bien que leurs manufactures
aient à lutter contre des obstacles naturels presque insurmontables, elles ne laissent pas de prendre chaque
jour de nouveaux développements.

Aux États-Unis, les plus grandes entreprises industrielles s'exécutent sans peine, parce que la population
tout entière se mêle d'industrie, et que le plus pauvre
aussi bien que le plus opulent citoyen unissent volontiers en ceci leurs efforts. On est donc étonné chaque
jour de voir les travaux immenses qu'exécute sans peine
une nation qui ne renferme pour ainsi dire point de riches. Les Américains ne sont arrivés que d'hier sur le
sol qu'ils habitent, et ils y ont déjà bouleversé tout l'ordre de la nature à leur profit. Ils ont uni l'Hudson au
Mississipi, et fait communiquer l'océan Atlantique avec

le golfe du Mexique, à travers plus de cinq cents lieues de continent qui séparent ces deux mers. Les plus longs chemins de fer qui aient été faits jusqu'à nos jours sont en Amérique.

Mais ce qui me frappe le plus aux États-Unis, ce n'est pas la grandeur extraordinaire de quelques entreprises industrielles; c'est la multitude innombrable des petites entreprises.

Presque tous les agriculteurs des États-Unis ont joint quelque commerce à l'agriculture; la plupart ont fait de l'agriculture un commerce.

Il est rare qu'un cultivateur américain se fixe pour toujours sur le sol qu'il occupe. Dans les nouvelles provinces de l'Ouest principalement, on défriche un champ pour le revendre, et non pour le récolter; on bâtit une ferme dans la prévision que, l'état du pays venant bientôt à changer par suite de l'accroissement de ses habitants, on pourra en obtenir un bon prix.

Tous les ans un essaim d'habitants du Nord descend vers le Midi, et vient s'établir dans les contrées où croissent le coton et la canne à sucre. Ces hommes cultivent la terre dans le but de lui faire produire en peu d'années de quoi les enrichir, et ils entrevoient déjà le moment où ils pourront retourner dans leur patrie jouir de l'aisance ainsi acquise. Les Américains transportent donc dans l'agriculture l'esprit du négoce, et leurs passions industrielles se montrent là comme ailleurs.

Les Américains font d'immenses progrès en industrie, parce qu'ils s'occupent tous à la fois d'industrie; et pour cette même cause ils sont sujets à des crises industrielles très-inattendues et très-formidables.

Comme ils font tous du commerce, le commerce est soumis chez eux à des influences tellement nombreuses et si compliquées, qu'il est impossible de prévoir à l'avance les embarras qui peuvent naître. Comme chacun d'eux se mêle plus ou moins d'industrie, au moindre choc que les affaires y éprouvent, toutes les fortunes particulières trébuchent en même temps, et l'État chancelle.

Je crois que le retour des crises industrielles est une maladie endémique chez les nations démocratiques de nos jours. On peut la rendre moins dangereuse, mais non la guérir, parce qu'elle ne tient pas à un accident, mais au tempérament même de ces peuples.

CHAPITRE XX

J'ai montré comment la démocratie favorisait les développements de l'industrie, et multipliait sans mesure le nombre des industriels ; nous allons voir par quel chemin détourné l'industrie pourrait bien à son tour ramener les hommes vers l'aristocratie.

On a reconnu que quand un ouvrier ne s'occupait tous les jours que du même détail, on parvenait plus aisément, plus rapidement et avec plus d'économie à la production générale de l'œuvre.

On a également reconnu que plus une industrie était entreprise en grand, avec de grands capitaux, un grand crédit, plus ses produits étaient à bon marché.

Ces vérités étaient entrevues depuis longtemps, mais on les a démontrées de nos jours. Déjà on les applique à plusieurs industries très-importantes, et successivement les moindres s'en emparent.

Je ne vois rien dans le monde politique qui doive préoccuper davantage le législateur que ces deux nouveaux axiomes de la science industrielle.

Quand un artisan se livre sans cesse et uniquement à la fabrication d'un seul objet, il finit par s'acquitter de ce travail avec une dextérité singulière. Mais il perd, en même temps, la faculté générale d'appliquer son esprit à la direction du travail. Il devient chaque jour plus habile et moins industrieux, et l'on peut dire qu'en lui l'homme se dégrade à mesure que l'ouvrier se perfectionne.

Que doit-on attendre d'un homme qui a employé vingt ans de sa vie à faire des têtes d'épingles? et à quoi peut désormais s'appliquer chez lui cette puissante intelligence humaine, qui a souvent remué le monde, sinon à rechercher le meilleur moyen de faire des têtes d'épingles!

Lorsqu'un ouvrier a consumé de cette manière une portion considérable de son existence, sa pensée s'est arrêtée pour jamais près de l'objet journalier de ses labeurs; son corps a contracté certaines habitudes fixes dont il ne lui est plus permis de se départir. En un mot, il n'appartient plus à lui-même, mais à la profession qu'il a choisie. C'est en vain que les lois et les mœurs ont pris soin de briser autour de cet homme toutes les barrières, et de lui ouvrir de tous côtés mille chemins différents vers la fortune; une théorie industrielle plus puissante que les mœurs et les lois, l'a attaché à un métier, et souvent à un lieu qu'il ne peut quitter. Elle lui a assigné dans la société une certaine place dont il ne peut sortir. Au milieu du mouvement universel, elle l'a rendu immobile.

A mesure que le principe de la division du travail reçoit une application plus complète, l'ouvrier devient plus faible, plus borné et plus dépendant. L'art fait des progrès, l'artisan rétrograde. D'un autre côté, à mesure qu'il se découvre plus manifestement que les produits d'une industrie sont d'autant plus parfaits et d'autant moins chers que la manufacture est plus vaste et le capital plus grand, des hommes très-riches et très-éclairés se présentent pour exploiter des industries qui, jusque-là, avaient été livrées à des artisans ignorants ou malaisés. La grandeur des efforts nécessaires et l'immensité des résultats à obtenir les attire.

Ainsi donc, dans le même temps que la science industrielle abaisse sans cesse la classe des ouvriers, elle élève celle des maîtres.

Tandis que l'ouvrier ramène de plus en plus son intelligence à l'étude d'un seul détail, le maître promène chaque jour ses regards sur un plus vaste ensemble, et son esprit s'étend en proportion que celui de l'autre se resserre. Bientôt il ne faudra plus au second que la force physique sans l'intelligence ; le premier a besoin de la science, et presque du génie pour réussir. L'un ressemble de plus en plus à l'administrateur d'un vaste empire, et l'autre à une brute.

Le maître et l'ouvrier n'ont donc ici rien de semblable, et ils diffèrent chaque jour davantage. Ils ne se tiennent que comme les deux anneaux extrêmes d'une longue chaîne. Chacun occupe une place qui est faite pour lui, et dont il ne sort point. L'un est dans une dépendance continuelle, étroite et nécessaire de l'autre, et semble né pour obéir comme celui-ci pour commander.

Qu'est-ce ceci sinon de l'aristocratie?

Les conditions venant à s'égaliser de plus en plus dans le corps de la nation, le besoin des objets manufacturés s'y généralise et s'y accroît, et le bon marché qui met ces objets à la portée des fortunes médiocres, devient un plus grand élément de succès.

Il se trouve donc chaque jour que des hommes plus opulents et plus éclairés, consacrent à l'industrie leurs richesses et leurs sciences, et cherchent en ouvrant de grands ateliers, et en divisant strictement le travail, à satisfaire les nouveaux désirs qui se manifestent de toutes parts.

Ainsi, à mesure que la masse de la nation tourne à la démocratie, la classe particulière qui s'occupe d'industrie devient plus aristocratique. Les hommes se montrent de plus en plus semblables dans l'une, et de plus en plus différents dans l'autre, et l'inégalité augmente dans la petite société en proportion qu'elle décroît dans la grande.

C'est ainsi que, lorsqu'on remonte à la source, il semble qu'on voie l'aristocratie sortir par un effort naturel du sein même de la démocratie.

Mais cette aristocratie-là ne ressemble point à celles qui l'ont précédée.

On remarquera d'abord, que ne s'appliquant qu'à l'industrie et à quelques-unes des professions industrielles seulement, elle est une exception, un monstre dans l'ensemble de l'état social.

Les petites sociétés aristocratiques que forment certaines industries au milieu de l'immense démocratie de nos jours, renferment, comme les grandes sociétés aristocratiques des anciens temps, quelques hommes très-opulents et une multitude très-misérable. Ces pauvres ont peu de moyens de sortir de leur condition et de devenir riches, mais les riches deviennent sans cesse des pauvres, ou quittent le négoce après avoir réalisé leurs profits. Ainsi, les éléments qui forment la classe des pauvres sont à peu près fixes; mais les éléments qui composent la classe des riches ne le sont pas. A vrai dire, quoiqu'il y ait des riches, la classe des riches n'existe point; car ces riches n'ont pas d'esprit ni d'objets communs, de traditions ni d'espérances communes. Il y a donc des membres, mais point de corps.

Non-seulement les riches ne sont pas unis solidement entre eux, mais on peut dire qu'il n'y a pas de lien véritable entre le pauvre et le riche.

Ils ne sont pas fixés à perpétuité l'un près de l'autre; à chaque instant l'intérêt les rapproche et les sépare. L'ouvrier dépend en général des maîtres, mais non de tel maître. Ces deux hommes se voient à la fabrique et ne se connaissent pas ailleurs, et tandis qu'ils se touchent par un point, ils restent fort éloignés par tous les autres. Le manufacturier ne demande à l'ouvrier que son travail, et l'ouvrier n'attend de lui que le salaire. L'un ne s'engage point à protéger, ni l'autre à défendre, et ils ne sont liés d'une manière permanente, ni par l'habitude, ni par le devoir. L'aristocratie que fonde le

négoce ne se fixe presque jamais au milieu de la population industrielle qu'elle dirige; son but n'est point de
gouverner celle-ci, mais de s'en servir.

Une aristocratie ainsi constituée ne saurait avoir une
grande prise sur ceux qu'elle emploie; et parvînt-elle à
les saisir un moment, bientôt ils lui échappent. Elle ne
sait pas vouloir et ne peut agir.

L'aristocratie territoriale des siècles passés était obligée par la loi, ou se croyait obligée par les mœurs, de
venir au secours de ses serviteurs et de soulager leurs
misères. Mais l'aristocratie manufacturière de nos jours,
après avoir appauvri et abruti les hommes dont elle se
sert, les livre en temps de crise à la charité publique
pour les nourrir. Ceci résulte naturellement de ce qui
précède. Entre l'ouvrier et le maître, les rapports sont
fréquents, mais il n'y a pas d'association véritable.

Je pense, qu'à tout prendre, l'aristocratie manufacturière que nous voyons s'élever sous nos yeux est une des
plus dures qui aient paru sur la terre; mais elle est en
même temps une des plus restreintes et des moins dangereuses.

Toutefois, c'est de ce côté que les amis de la démocratie doivent sans cesse tourner avec inquiétude leurs
regards; car, si jamais l'inégalité permanente des conditions et l'aristocratie pénètrent de nouveau dans le
monde, on peut prédire qu'elles y entreront par cette
porte.

TROISIÈME PARTIE

INFLUENCE DE LA DÉMOCRATIE SUR LES MŒURS PROPREMENT DITES

———

CHAPITRE PREMIER

COMMENT LES MŒURS S'ADOUCISSENT A MESURE QUE LES CONDITIONS S'ÉGALISENT.

Nous apercevons, depuis plusieurs siècles, que les conditions s'égalisent, et nous découvrons en même temps que les mœurs s'adoucissent. Ces deux choses sont-elles seulement contemporaines, ou existe-t-il entre elles quelque lien secret, de telle sorte que l'une ne puisse avancer sans faire marcher l'autre?

Il y a plusieurs causes qui peuvent concourir à rendre les mœurs d'un peuple moins rudes; mais, parmi toutes ces causes, la plus puissante me paraît être l'égalité des conditions. L'égalité des conditions et l'adoucissement des mœurs ne sont donc pas seulement à mes yeux des événements contemporains, ce sont encore des faits corrélatifs.

Lorsque les fabulistes veulent nous intéresser aux actions des animaux, ils donnent à ceux-ci des idées et des passions humaines. Ainsi font les poëtes quand ils parlent des génies et des anges. Il n'y a point de si profondes misères, ni de félicités si pures qui puissent arrêter notre esprit et saisir notre cœur, si on ne nous représente à nous-mêmes sous d'autres traits.

Ceci s'applique fort bien au sujet qui nous occupe présentement.

Lorsque tous les hommes sont rangés d'une manière irrévocable, suivant leur profession, leurs biens et leur naissance, au sein d'une société aristocratique, les membres de chaque classe se considérant tous comme enfants de la même famille, éprouvent les uns pour les autres une sympathie continuelle et active qui ne peut jamais se rencontrer au même degré parmi les citoyens d'une démocratie.

Mais il n'en est pas de même des différentes classes vis-à-vis les unes des autres.

Chez un peuple aristocratique chaque caste a ses opinions, ses sentiments, ses droits, ses mœurs, son existence à part. Ainsi les hommes qui la composent ne ressemblent point à tous les autres; ils n'ont point la même manière de penser ni de sentir, et c'est à peine s'ils croient faire partie de la même humanité.

Ils ne sauraient donc bien comprendre ce que les autres éprouvent, ni juger ceux-ci par eux-mêmes.

On les voit quelquefois pourtant se prêter avec ardeur un mutuel secours; mais cela n'est pas contraire à ce qui précède.

Ces mêmes institutions aristocratiques, qui avaient rendu si différents les êtres d'une même espèce, les avaient cependant unis les uns aux autres par un lien politique fort étroit.

Quoique le serf ne s'intéressât pas naturellement au sort des nobles, il ne s'en croyait pas moins obligé de se dévouer pour celui d'entre eux qui était son chef; et, bien que le noble se crût d'une autre nature que les serfs, il jugeait néanmoins que son devoir et son honneur le contraignaient à défendre, au péril de sa propre vie, ceux qui vivaient sur ses domaines.

Il est évident que ces obligations mutuelles ne naissaient pas du droit naturel, mais du droit politique, et que la société obtenait plus que l'humanité seule n'eût pu faire. Ce n'était point à l'homme qu'on se croyait tenu de prêter appui; c'était au vassal ou au seigneur. Les institutions féodales rendaient très-sensible aux maux de certains hommes, non point aux misères de l'espèce humaine. Elles donnaient de la générosité aux mœurs plutôt que de la douceur, et, bien qu'elles suggérassent de grands dévouments, elles ne faisaient pas naître de véritables sympathies; car il n'y a de sympathies réelles qu'entre gens semblables; et, dans les siècles aristocratiques, on ne voit ses semblables que dans les membres de sa caste.

Lorsque les chroniqueurs du moyen âge, qui tous, par leur naissance ou leurs habitudes, appartenaient à l'aristocratie, rapportent la fin tragique d'un noble, ce sont des douleurs infinies; tandis qu'ils racontent tout

d'une haleine et sans sourciller le massacre et les tor-
tures des gens du peuple.

Ce n'est point que ces écrivains éprouvassent une haine
habituelle ou un mépris systématique pour le peuple.
La guerre entre les diverses classes de l'État n'était point
encore déclarée. Ils obéissaient à un instinct plutôt qu'à
une passion ; comme ils ne se formaient pas une idée
nette des souffrances du pauvre, ils s'intéressaient faiblement à son sort.

Il en était ainsi des hommes du peuple, dès que le
lien féodal venait à se briser. Ces mêmes siècles qui
ont vu tant de dévouements héroïques de la part des vassaux pour leurs seigneurs, ont été témoins de cruautés
inouïes, exercées de temps en temps par les basses classes sur les hautes.

Il ne faut pas croire que cette insensibilité mutuelle
tînt seulement au défaut d'ordre et de lumière ; car on
en retrouve la trace dans les siècles suivants, qui, tout
en devenant réglés et éclairés, sont encore restés aristocratiques.

En l'année 1675, les basses classes de la Bretagne
s'émurent à propos d'une nouvelle taxe. Ces mouvements
tumultueux furent réprimés avec une atrocité sans exemple. Voici comment madame de Sévigné, témoin de ces
horreurs, en rend compte à sa fille :

Aux Rochers, 3 octobre 1675.

« Mon Dieu, ma fille, que votre lettre d'Aix est plaisante. Au moins relisez vos lettres avant que de les en-

voyer. Laissez-vous surprendre à leur agrément et con-
solez-vous par ce plaisir, de la peine que vous avez d'en
tant écrire. Vous avez donc baisé toute la Provence? il
n'y aurait pas satisfaction à baiser toute la Bretagne, à
moins qu'on n'aimât à sentir le vin. Voulez-vous savoir
des nouvelles de Rennes? On a fait une taxe de cent mille
écus, et si on ne trouve point cette somme dans vingt-
quatre heures elle sera doublée et exigible par les soldats. On a chassé et banni toute une grande rue, et
défendu de recueillir les habitants sous peine de la vie;
de sorte qu'on voyait tous ces misérables, femmes ac-
couchées, vieillards, enfants, errer en pleurs au sortir
de cette ville sans savoir où aller, sans avoir de nourri-
ture, ni de quoi se coucher. Avant-hier on roua le vio-
lon qui avait commencé la danse et la pillerie du papier
timbré; il a été écartelé, et ses quatre quartiers exposés
aux quatre coins de la ville. On a pris soixante bourgeois,
et on commence demain à pendre. Cette province est un
bel exemple pour les autres, et surtout de respecter les
gouverneurs et les gouvernantes, et de ne point jeter de
pierres dans leur jardin[1].

« Madame de Tarente était hier dans ces bois par un
temps enchanté. Il n'est question ni de chambre ni de
collation. Elle entre par la barrière et s'en retourne de
même... »

Dans une autre lettre elle ajoute :

« Vous me parlez bien plaisamment de nos misères;

[1] Pour sentir l'à-propos de cette dernière plaisanterie, il faut se rappeler que madame de Grignan était gouvernante de provence.

nous ne sommes plus si roués; un en huit jours, pour entretenir la justice. Il est vrai que la penderie me paraît maintenant un rafraîchissement. J'ai une toute autre idée de la justice, depuis que je suis dans ce pays. Vos galériens me paraissent une société d'honnêtes gens qui se sont retirés du monde pour mener une vie douce. »

On aurait tort de croire que madame de Sévigné, qui traçait ces lignes, fût une créature égoïste et barbare : elle aimait avec passion ses enfants, et se montrait fort sensible aux chagrins de ses amis; et l'on aperçoit même, en la lisant, qu'elle traitait avec bonté et indulgence ses vassaux et ses serviteurs. Mais madame de Sévigné ne concevait pas clairement ce que c'était que de souffrir quand on n'était pas gentilhomme.

De nos jours, l'homme le plus dur, écrivant à la personne la plus insensible, n'oserait se livrer de sang-froid au badinage cruel que je viens de reproduire, et, lors même que ses mœurs particulières lui permettraient de le faire, les mœurs générales de la nation le lui défendraient.

D'où vient cela? Avons-nous plus de sensibilité que nos pères? Je ne sais; mais, à coup sûr, notre sensibilité se porte sur plus d'objets.

Quand les rangs sont presque égaux chez un peuple, tous les hommes ayant à peu près la même manière de penser et de sentir, chacun d'eux peut juger en un moment des sensations de tous les autres : il jette un coup d'œil rapide sur lui-même; cela lui suffit. Il n'y a donc pas de misères qu'il ne conçoive sans peine, et dont un

instinct secret ne lui découvre l'étendue. En vain s'agira-
t-il d'étrangers ou d'ennemis : l'imagination le met
aussitôt à leur place. Elle mêle quelque chose de personnel à sa pitié, et le fait souffrir lui-même tandis qu'on
déchire le corps de son semblable.

Dans les siècles démocratiques, les hommes se dé-
vouent rarement les uns pour les autres; mais ils montrent une compassion générale pour tous les membres
de l'espèce humaine. On ne les voit point infliger de
maux inutiles, et quand, sans se nuire beaucoup à eux-
mêmes, ils peuvent soulager les douleurs d'autrui, ils
prennent plaisir à le faire; ils ne sont pas désintéressés,
mais ils sont doux.

Quoique les Américains aient pour ainsi dire réduit
l'égoïsme en théorie sociale et philosophique, ils ne s'en
montrent pas moins fort accessibles à la pitié.

Il n'y a point de pays où la justice criminelle soit ad-
ministrée avec plus de bénignité qu'aux États-Unis. Tandis que les Anglais semblent vouloir conserver précieuse-
ment dans leur législation pénale les traces sanglantes
du moyen âge, les Américains ont presque fait disparaître la peine de mort de leurs codes.

L'Amérique du Nord est, je pense, la seule contrée
sur la terre où, depuis cinquante ans, on n'ait point
arraché la vie à un seul citoyen pour délits politiques.

Ce qui achève de prouver que cette singulière douceur
des Américains vient principalement de leur état social,
c'est la manière dont ils traitent leurs esclaves.

Peut-être n'existe-t-il pas, à tout prendre, de colonie

européenne dans le nouveau monde où la condition physique des noirs soit moins dure qu'aux États-Unis.
Cependant les esclaves y éprouvent encore d'affreuses
misères, et sont sans cesse exposés à des punitions très-
cruelles.

Il est facile de découvrir que le sort de ces infortunés
inspire peu de pitié à leurs maîtres, et qu'ils voient dans
l'esclavage non-seulement un fait dont ils profitent, mais
encore un mal qui ne les touche guère. Ainsi, le même
homme qui est plein d'humanité pour ses semblables
quand ceux-ci sont en même temps ses égaux, devient
insensible à leurs douleurs dès que l'égalité cesse. C'est
donc à cette égalité qu'il faut attribuer sa douceur, plus
encore qu'à la civilisation et aux lumières.

Ce que je viens de dire des individus s'applique jusqu'à un certain point aux peuples.

Lorsque chaque nation a ses opinions, ses croyances,
ses lois, ses usages à part, elle se considère comme formant à elle seule l'humanité tout entière, et ne se sent
touchée que de ses propres douleurs. Si la guerre vient
à s'allumer entre deux peuples disposés de cette manière,
elle ne saurait manquer de se faire avec barbarie.

Au temps de leurs plus grandes lumières, les Romains
égorgeaient les généraux ennemis, après les avoir traî-
nés en triomphe derrière un char, et livraient les prison-
niers aux bêtes pour l'amusement du peuple. Cicéron,
qui pousse de si grands gémissements à l'idée d'un citoyen mis en croix, ne trouve rien à redire à ces atroces
abus de la victoire. Il est évident qu'à ses yeux un étran-

ger n'est point de la même espèce humaine qu'un Romain.

A mesure, au contraire, que les peuples deviennent
plus semblables les uns aux autres, ils se montrent réciproquement plus compatissants pour leurs misères, et
le droit des gens s'adoucit.

CHAPITRE II

La démocratie n'attache point fortement les hommes les uns aux autres; mais elle rend leurs rapports habituels plus aisés.

Deux Anglais se rencontrent par hasard aux antipodes; ils sont entourés d'étrangers dont ils connaissent à peine la langue et les mœurs.

Ces deux hommes se considèrent d'abord fort curieusement et avec une sorte d'inquiétude secrète; puis ils se détournent, ou, s'ils s'abordent, ils ont soin de ne se parler que d'un air contraint et distrait, et de dire des choses peu importantes.

Cependant il n'existe entre eux aucune inimitié; ils ne se sont jamais vus, et se tiennent réciproquement pour fort honnêtes. Pourquoi mettent-ils donc tant de soin à s'éviter?

Il faut retourner en Angleterre pour le comprendre.

Lorsque c'est la naissance seule, indépendamment de

la richesse, qui classe les hommes, chacun sait précisément le point qu'il occupe dans l'échelle sociale; il ne
cherche pas à monter, et ne craint pas de descendre
Dans une société ainsi organisée, les hommes des différentes castes communiquent peu les uns avec les autres;
mais, lorsque le hasard les met en contact, ils s'abordent volontiers, sans espérer ni redouter de se confondre. Leurs rapports ne sont pas basés sur l'égalité; mais
ils ne sont pas contraints.

Quand à l'aristocratie de naissance succède l'aristocratie d'argent, il n'en est plus de même.

Les priviléges de quelques-uns sont encore très-grands,
mais la possibilité de les acquérir est ouverte à tous;
d'où il suit que ceux qui les possèdent sont préoccupés
sans cesse par la crainte de les perdre ou de les voir
partager : et ceux qui ne les ont pas encore veulent à
tout prix les posséder, ou, s'ils ne peuvent y réussir, le
paraître; ce qui n'est point impossible. Comme la valeur sociale des hommes n'est plus fixée d'une manière
ostensible et permanente par le sang, et qu'elle varie à
l'infini suivant la richesse, les rangs existent toujours,
mais on ne voit plus clairement et du premier coup d'œil
ceux qui les occupent.

Il s'établit aussitôt une guerre sourde entre tous les
citoyens; les uns s'efforcent, par mille artifices, de pénétrer en réalité ou en apparence parmi ceux qui sont
au-dessus d'eux; les autres combattent sans cesse pour
repousser ces usurpateurs de leurs droits, ou plutôt le
même homme fait les deux choses, et tandis qu'il cher-

che à s'introduire dans la sphère supérieure, il lutte sans relache contre l'effort qui vient d'en bas.

Tel est de nos jours l'état de l'Angleterre, et je pense que c'est à cet état qu'il faut principalement rapporter ce qui précède.

L'orgueil aristocratique étant encore très-grand chez les Anglais, et les limites de l'aristocratie étant devenues douteuses, chacun craint à chaque instant que sa familiarité ne soit surprise. Ne pouvant juger du premier coup d'œil quelle est la situation sociale de ceux qu'on rencontre, l'on évite prudemment d'entrer en contact avec eux. On redoute, en rendant de légers services, de former malgré soi une amitié mal assortie; on craint les bons offices, et l'on se soustrait à la reconnaissance indiscrète d'un inconnu aussi soigneusement qu'à sa haine.

Il y a beaucoup de gens qui expliquent, par des causes purement physiques, cette insociabilité singulière et cette humeur réservée et taciturne des Anglais. Je veux bien que le sang y soit en effet pour quelque chose; mais je crois que l'état social y est pour beaucoup plus. L'exemple des Américains vient le prouver.

En Amérique, où les priviléges de naissance n'ont jamais existé, et où la richesse ne donne aucun droit particulier à celui qui la possède, des inconnus se réunissent volontiers dans les mêmes lieux, et ne trouvent ni avantage ni péril à se communiquer librement leurs pensées. Se rencontrent-ils par hasard, ils ne se cherchent ni ne s'évitent; leur abord est donc naturel, franc et ouvert;

on voit qu'ils n'espèrent et ne redoutent presque rien les uns des autres, et qu'ils ne s'efforcent pas plus de montrer que de cacher la place qu'ils occupent. Si leur contenance est souvent froide et sérieuse, elle n'est jamais hautaine ni contrainte; et quand ils ne s'adressent point la parole, c'est qu'ils ne sont pas en humeur de parler, et non qu'ils croient avoir intérêt à se taire.

En pays étranger, deux Américains sont sur-le-champ amis, par cela même qu'ils sont Américains. Il n'y a point de préjugé qui les repousse, et la communauté de patrie les attire. A deux Anglais le même sang ne suffit point : il faut que le même rang les rapproche.

Les Américains remarquent aussi bien que nous cette humeur insociable des Anglais entre eux, et ils ne s'en étonnent pas moins que nous ne le faisons nous-mêmes. Cependant les Américains tiennent à l'Angleterre par l'origine, la religion, la langue et en partie les mœurs; ils n'en diffèrent que par l'état social. Il est donc permis de dire que la réserve des Anglais découle de la constitution du pays bien plus que de celle des citoyens.

CHAPITRE III

Les Américains ont un tempérament vindicatif comme
tous les peuples sérieux et réfléchis. Ils n'oublient presque jamais une offense ; mais il n'est point facile de les
offenser, et leur ressentiment est aussi lent à s'allumer
qu'à s'éteindre.

Dans les sociétés aristocratiques, où un petit nombre
d'individus dirigent toutes choses, les rapports extérieurs des hommes, entre eux, sont soumis à des conventions à peu près fixes. Chacun croit alors savoir d'une
manière précise, par quel signe il convient de témoigner
son respect, ou de marquer sa bienveillance, et l'étiquette
est une science dont on ne suppose pas l'ignorance.

Ces usages de la première classe servent ensuite de
modèle à toutes les autres, et de plus, chacune de celles-
ci se fait un code à part, auquel tous ses membres sont
tenus de se conformer.

Les règles de la politesse forment ainsi une législation

compliquée, qu'il est difficile de posséder complétement, et dont pourtant il n'est pas permis de s'écarter sans péril; de telle sorte, que chaque jour les hommes sont sans cesse exposés à faire ou à recevoir involontairement de cruelles blessures.

Mais à mesure que les rangs s'effacent, que des hommes divers par leur éducation et leur naissance se mêlent et se confondent dans les mêmes lieux, il est presque impossible de s'entendre sur les règles du savoir-vivre. La loi étant incertaine, y désobéir n'est point un crime aux yeux mêmes de ceux qui la connaissent; on s'attache donc au fond des actions plutôt qu'à la forme, et l'on est tout à la fois moins civil et moins querelleur.

Il y a une foule de petits égards auxquels un Américain ne tient point; il juge qu'on ne les lui doit pas, ou il suppose qu'on *ignore* les lui devoir. Il ne s'aperçoit donc pas qu'on lui manque, ou bien il le pardonne; ses manières en deviennent moins courtoises, et ses mœurs plus simples et plus mâles.

Cette indulgence réciproque que font voir les Américains, et cette virile confiance qu'ils se témoignent, résulte encore d'une cause plus générale et plus profonde. Je l'ai déjà indiquée dans le chapitre précédent.

Aux États-Unis, les rangs ne diffèrent que fort peu dans la société civile, et ne diffèrent point du tout dans le monde politique; un Américain ne se croit donc pas tenu à rendre des soins particuliers à aucun de ses semblables, et il ne songe pas non plus à en exiger pour lui-même. Comme il ne voit point que son intérêt soit de rechercher avec ardeur la compagnie de quelques-uns de ses concitoyens, il se figure difficilement qu'on repousse la sienne; ne méprisant personne à raison de la condition, il n'imagine point que personne le méprise pour la même cause, et jusqu'à ce qu'il ait aperçu clairement l'injure, il ne croit pas qu'on veuille l'outrager.

L'état social dispose naturellement les Américains à ne point s'offenser aisément dans les petites choses. Et d'une autre part, la liberté démocratique dont ils jouissent, achève de faire passer cette mansuétude dans les mœurs nationales.

Les institutions politiques des États-Unis mettent sans cesse en contact les citoyens de toutes les classes, et les forcent de suivre en commun de grandes entreprises. Des gens ainsi occupés n'ont guère le temps de songer aux détails de l'étiquette, et ils ont d'ailleurs trop d'intérêt à vivre d'accord, pour s'y arrêter. Ils s'accoutument donc aisément à considérer dans ceux avec lesquels ils se rencontrent les sentiments et les idées, plutôt que les manières, et ils ne se laissent point émouvoir pour des bagatelles.

J'ai remarqué bien des fois qu'aux États-Unis, ce n'est point une chose aisée que de faire entendre à un homme que sa présence importune. Pour en arriver là, les voies détournées ne suffisent point toujours.

Je contredis un Américain à tout propos, afin de lui faire sentir que ses discours me fatiguent; et à chaque instant je lui vois faire de nouveaux efforts pour me convaincre; je garde un silence obstiné, et il s'imagine que je réfléchis profondément aux vérités qu'il me présente; et quand je me dérobe enfin tout à coup à sa poursuite, il suppose qu'une affaire pressante m'appelle ailleurs. Cet homme ne comprendra pas qu'il m'excède, sans que je le lui dise, et je ne pourrai me sauver de lui qu'en devenant son ennemi mortel.

Ce qui surprend au premier abord, c'est que ce même homme transporté en Europe y devient tout à coup d'un commerce méticuleux et difficile, à ce point que souvent je rencontre autant de difficulté à ne point l'offenser que j'en trouvais à lui déplaire. Ces deux effets si différents sont produits par la même cause.

Les institutions démocratiques donnent en général aux hommes une vaste idée de leur patrie et d'eux-mêmes. L'Américain sort de son pays le cœur gonflé d'orgueil. Il arrive en Europe, et s'aperçoit d'abord qu'on ne s'y préoccupe point autant qu'il se l'imaginait des États-Unis et du grand peuple qui les habite. Ceci commence à l'émouvoir.

Il a entendu dire que les conditions ne sont point égales dans notre hémisphère. Il s'aperçoit, en effet, que parmi les nations de l'Europe la trace des rangs n'est pas entièrement effacée; que la richesse et la naissance y conservent des priviléges incertains qu'il lui est aussi difficile de méconnaître que de définir. Ce spectacle le surprend et l'inquiète, parce qu'il est entièrement nouveau pour lui; rien de ce qu'il a vu dans son pays ne l'aide à le comprendre. Il ignore donc profondément quelle place il convient d'occuper dans cette hiérarchie à moitié détruite, parmi ces classes qui sont assez distinctes pour se haïr et se mépriser, et assez rapprochées pour qu'il soit toujours prêt à les confondre. Il craint de se poser trop haut, et surtout d'être rangé trop bas : ce double péril tient constamment son esprit à la gêne, et embarrasse sans cesse ses actions comme ses discours.

La tradition lui a appris qu'en Europe le cérémonial variait à l'infini suivant les conditions ; ce souvenir d'un autre temps achève de le troubler, et il redoute d'autant plus de ne pas obtenir les égards qui lui sont dus, qu'il ne sait pas précisément en quoi ils consistent. Il marche donc toujours ainsi qu'un homme environné d'embûches ; la société n'est pas pour lui un délassement, mais un sérieux travail. Il pèse vos moindres démarches, interroge vos regards, et analyse avec soin tous vos discours, de peur qu'ils ne renferment quelques allusions cachées qui le blessent. Je ne sais s'il s'est jamais rencontré de gentilhomme campagnard plus pointilleux que lui sur l'article du savoir-vivre ; il s'efforce d'obéir lui-même aux moindres lois de l'étiquette, et il ne souffre pas qu'on en néglige aucune envers lui ; il est tout à la fois plein de scrupule et d'exigence ; il désirerait faire assez, mais il craint de faire trop, et, comme il ne connaît pas bien les limites de l'un et de l'autre, il se tient dans une réserve embarrassée et hautaine.

Ce n'est pas tout encore, et voici bien un autre détour du cœur humain.

Un Américain parle tous les jours de l'admirable égalité qui règne aux États-Unis ; il s'en enorgueillit tout haut pour son pays; mais il s'en afflige secrètement pour lui-même, et il aspire à montrer que, quant à lui, il fait exception à l'ordre général qu'il préconise.

On ne rencontre guère d'Américain qui ne veuille tenir quelque peu par sa naissance aux premiers fondateurs des colonies, et quant aux rejetons de grandes familles d'Angleterre, l'Amérique m'en a semblé toute couverte.

Lorsqu'un Américain opulent aborde en Europe, son premier soin est de s'entourer de toutes les richesses du luxe; et il a si grand'peur qu'on ne le prenne pour le simple citoyen d'une démocratie, qu'il se replie de cent façons afin de présenter chaque jour devant vous une nouvelle image de sa richesse. Il se loge d'ordinaire dans le quartier le plus apparent de la ville; il a de nombreux serviteurs qui l'entourent sans cesse.

J'ai entendu un Américain se plaindre que, dans les principaux salons de Paris, on ne rencontrât qu'une société mêlée. Le goût qui y règne ne lui paraissait pas assez pur, et il laissait entendre adroitement, qu'à son avis, on y manquait de distinction dans les manières. Il ne s'habituait pas à voir l'esprit se cacher ainsi sous des formes vulgaires.

De pareils contrastes ne doivent pas surprendre.

Si la trace des anciennes distinctions aristocratiques n'était pas si complétement effacée aux États-Unis, les Américains se montreraient moins simples et moins tolérants dans leur pays, moins exigeants et moins empruntés dans le nôtre.

CHAPITRE IV

Lorsque les hommes ressentent une pitié naturelle pour les maux les uns les autres, que des rapports aisés et fréquents les rapprochent chaque jour sans qu'aucune susceptibilité les divise, il est facile de comprendre qu'au besoin ils se prêteront mutuellement leur aide. Lorsqu'un Américain réclame le concours de ses semblables, il est fort rare que ceux-ci le lui refusent, et j'ai observé souvent qu'ils le lui accordaient spontanément avec un grand zèle.

Survient-il quelque accident imprévu sur la voie publique, on accourt de toutes parts autour de celui qui en est victime; quelque grand malheur inopiné frappe-t-il une famille, les bourses de mille inconnus s'ouvrent sans peine; des dons modiques, mais fort nombreux, viennent au secours de sa misère.

Il arrive fréquemment, chez les nations les plus civilisées du globe, qu'un malheureux se trouve aussi isolé au milieu de la foule que le sauvage dans ses bois; cela ne se voit presque point aux États-Unis. Les Américains, qui sont toujours froids dans leurs manières, et souvent grossiers, ne se montrent presque jamais insensibles, et, s'ils ne se hâtent pas d'offrir des services, ils ne refusent point d'en rendre.

Tout ceci n'est point contraire à ce que j'ai dit ci-devant à propos de l'individualisme. Je vois même que ces choses s'accordent, loin de se combattre.

L'égalité des conditions, en même temps qu'elle fait sentir aux hommes leur indépendance, leur montre leur faiblesse ; ils sont libres, mais exposés à mille accidents, et l'expérience ne tarde pas à leur apprendre que, bien qu'ils n'aient pas un habituel besoin du secours d'autrui, il arrive presque toujours quelque moment où ils ne sauraient s'en passer.

Nous voyons tous les jours en Europe que les hommes d'une même profession s'entr'aident volontiers ; ils sont tous exposés aux mêmes maux ; cela suffit pour qu'ils cherchent mutuellement à s'en garantir, quelque durs ou égoïstes qu'ils soient d'ailleurs. Lors donc que l'un d'eux est en péril, et que, par un petit sacrifice passager ou un élan soudain, les autres peuvent l'y soustraire, ils ne manquent pas de le tenter. Ce n'est point qu'ils s'intéressent profondément à son sort ; car, si, par hasard, les efforts qu'ils font pour le secourir sont inutiles, ils l'oublient aussitôt, et retournent à eux-mêmes ; mais il s'est fait entre eux une sorte d'accord tacite et presque involontaire, d'après lequel chacun doit aux autres un appui momentané qu'à son tour il pourra réclamer lui-même.

Étendez à un peuple ce que je dis d'une classe seulement, et vous comprendrez ma pensée.

Il existe en effet, parmi tous les citoyens d'une démocratie, une convention analogue à celle dont je parle; tous se sentent sujets à la même faiblesse et aux mêmes dangers, et leur intérêt, aussi bien que leur sympathie, leur fait une loi de se prêter au besoin une mutuelle assistance.

Plus les conditions deviennent semblables et plus les hommes laissent voir cette disposition réciproque à s'obliger.

Dans les démocraties où l'on n'accorde guère de grands bienfaits on rend sans cesse de bons offices. Il est rare qu'un homme s'y montre dévoué, mais tous sont serviables.

CHAPITRE V

Un Américain qui avait longtemps voyagé en Europe, me disait un jour :

« Les Anglais traitent leurs serviteurs avec une hauteur et des manières absolues qui nous surprennent; mais, d'une autre part, les Français usent quelquefois avec les leurs d'une familiarité, ou se montrent à leur égard d'une politesse que nous ne saurions concevoir. On dirait qu'ils craignent de commander. L'attitude du supérieur et de l'inférieur est mal gardée. »

Cette remarque est juste, et je l'ai faite moi-même bien des fois.

J'ai toujours considéré l'Angleterre comme le pays du monde où, de notre temps, le lien de la domesticité est le plus serré, et la France la contrée de la terre où il est le plus lâche. Nulle part le maître ne m'a paru plus haut ni plus bas que dans ces deux pays.

C'est entre ces extrémités que les Américains se placent.

Voilà le fait superficiel et apparent. Il faut remonter fort avant pour en découvrir les causes.

On n'a point encore vu de sociétés où les conditions fussent si égales, qu'il ne s'y rencontrât point de riches ni de pauvres; et par conséquent de maîtres et de serviteurs.

La démocratie n'empêche point que ces deux classes d'hommes n'existent; mais elle change leur esprit et modifie leurs rapports.

Chez les peuples aristocratiques, les serviteurs forment une classe particulière qui ne varie pas plus que celle des maîtres. Un ordre fixe ne tarde pas à y naître; dans la première comme dans la seconde, on voit bientôt paraître une hiérarchie, des classifications nombreuses, des rangs marqués, et les générations s'y succèdent sans que les positions changent. Ce sont deux sociétés superposées l'une à l'autre, toujours distinctes, mais ré· gies par des principes analogues.

Cette constitution aristocratique n'influe guère moins sur les idées et les mœurs des serviteurs que sur celles des maîtres, et, bien que les effets soient différents, il est facile de reconnaître la même cause.

Les uns et les autres forment de petites nations au milieu de la grande; et il finit par naître, au milieu d'eux, de certaines notions permanentes en matière de juste et d'injuste. On y envisage les différents actes de la vie humaine sous un jour particulier qui ne change pas. Dans la société des serviteurs comme dans celle des maîtres, les hommes exercent une grande influence les uns sur

les autres. Ils reconnaissent des règles fixes, et à défaut
de loi ils rencontrent une opinion publique qui les dirige; il y règne des habitudes réglées, une police.

Ces hommes dont la destinée est d'obéir, n'entendent
point sans doute la gloire, la vertu, l'honnêteté, l'honneur, de la même manière que les maîtres. Mais ils se
sont fait une gloire, des vertus et une honnêteté de serviteurs, et ils conçoivent, si je puis m'exprimer ainsi,
une sorte d'honneur servile[1].

Parce qu'une classe est basse, il ne faut pas croire que
tous ceux qui en font partie aient le cœur bas. Ce serait
une grande erreur. Quelque inférieure qu'elle soit, celui qui y est le premier, et qui n'a point l'idée d'en sortir, se trouve dans une position aristocratique qui lui
suggère des sentiments élevés, un fier orgueil et un respect pour lui-même, qui le rendent propre aux grandes
vertus et aux actions peu communes.

Chez les peuples aristocratiques, il n'était point rare de
trouver dans le service des grands des âmes nobles et
vigoureuses qui portaient la servitude sans la sentir, et
qui se soumettaient aux volontés de leur maître sans
avoir peur de sa colère.

Mais il n'en était presque jamais ainsi dans les rangs
inférieurs de la classe domestique. On conçoit que celui

[1] Si l'on vient à examiner de près et dans le détail les opinions principales qui dirigent ces hommes, l'analogie paraît plus frappante encore,
et l'on s'étonne de retrouver parmi eux, aussi bien que parmi les membres
les plus altiers d'une hiérarchie féodale, l'orgueil de la naissance, le respect pour les aïeux et les descendants, le mépris de l'inférieur, la crainte
du contact, le goût de l'étiquette, des traditions et de l'antiquité.

qui occupe le dernier bout d'une hiérarchie de valets est bien bas.

Les Français avaient créé un mot tout exprès pour ce dernier des serviteurs de l'aristocratie. Ils l'appelaient le laquais.

Le mot de laquais servait de terme extrême, quand tous les autres manquaient, pour représenter la bassesse humaine; sous l'ancienne monarchie, lorsqu'on voulait peindre en un moment un être vil et dégradé, on disait de lui qu'il avait l'*âme d'un laquais*. Cela seul suffisait. Le sens était complet et compris.

L'inégalité permanente des conditions ne donne pas seulement aux serviteurs de certaines vertus et de certains vices particuliers; elle les place vis-à-vis des maîtres dans une position particulière.

Chez les peuples aristocratiques, le pauvre est apprivoisé, dès l'enfance, avec l'idée d'être commandé. De quelque côté qu'il tourne ses regards, il voit aussitôt l'image de la hiérarchie et l'aspect de l'obéissance.

Dans les pays où règne l'inégalité permanente des conditions, le maître obtient donc aisément de ses serviteurs une obéissance prompte, complète, respectueuse et facile, parce que ceux-ci révèrent en lui, non-seulement le maître, mais la classe des maîtres. Il pèse sur leur volonté, avec tout le poids de l'aristocratie.

Il commande leurs actes; il dirige encore jusqu'à un certain point leurs pensées. Le maître, dans les aristocraties, exerce souvent, à son insu même, un prodigieux empire sur les opinions, les habitudes, les mœurs de ceux qui lui obéissent, et son influence s'étend beaucoup plus loin encore que son autorité.

Dans les sociétés aristocratiques, non-seulement il y a des familles héréditaires de valets, aussi bien que des familles héréditaires de maîtres ; mais les mêmes familles de valets se fixent, pendant plusieurs générations, à côté des mêmes familles de maîtres (ce sont comme des lignes parallèles qui ne se confondent point ni ne se séparent) ; ce qui modifie prodigieusement les rapports mutuels de ces deux ordres de personnes.

Ainsi, bien que, sous l'aristocratie, le maître et le serviteur n'aient entre eux aucune ressemblance naturelle ; que la fortune, l'éducation, les opinions, les droits les placent, au contraire, à une immense distance sur l'échelle des êtres, le temps finit cependant par les lier ensemble. Une longue communauté de souvenirs les attache, et, quelque différents qu'ils soient, ils s'assimilent ; tandis que, dans les démocraties, où naturellement ils sont presque semblables, ils restent toujours étrangers l'un à l'autre.

Chez les peuples aristocratiques, le maître en vient donc à envisager ses serviteurs comme une partie inférieure et secondaire de lui-même, et il s'intéresse souvent à leur sort, par un dernier effort de l'égoïsme.

De leur côté, les serviteurs ne sont pas éloignés de se considérer sous le même point de vue, et ils s'identifient quelquefois à la personne du maître, de telle sorte qu'ils en deviennent enfin l'accessoire, à leurs propres yeux comme aux siens.

Dans les aristocraties, le serviteur occupe une position subordonnée, dont il ne peut sortir; près de lui se trouve un autre homme, qui tient un rang supérieur qu'il ne peut perdre. D'un côté, l'obscurité, la pauvreté, l'obéissance à perpétuité; de l'autre, la gloire, la richesse, le commandement à perpétuité. Ces conditions sont toujours diverses et toujours proches, et le lien qui les unit est aussi durable qu'elles-mêmes.

Dans cette extrémité, le serviteur finit par se désintéresser de lui-même; il s'en détache; il se déserte en quelque sorte, ou plutôt il se transporte tout entier dans son maître; c'est là qu'il se crée une personnalité imaginaire. Il se pare avec complaisance des richesses de ceux qui lui commandent; il se glorifie de leur gloire, se rehausse de leur noblesse, et se repaît sans cesse d'une grandeur empruntée, à laquelle il met souvent plus de prix que ceux qui en ont la possession pleine et véritable.

Il y a quelque chose de touchant et de ridicule à la fois dans une si étrange confusion de deux existences.

Ces passions de maîtres transportées dans des âmes de valets, y prennent les dimensions naturelles du lieu qu'elles occupent; elles se rétrécissent et s'abaissent. Ce qui était orgueil chez le premier devient vanité puérile et prétention misérable chez les autres. Les serviteurs d'un grand se montrent d'ordinaire fort pointilleux sur les égards qu'on lui doit, et ils tiennent plus à ses moindres priviléges que lui-même.

On rencontre encore quelquefois parmi nous un de

ces vieux serviteurs de l'aristocratie; il survit à sa race et disparaîtra bientôt avec elle.

Aux États-Unis je n'ai vu personne qui lui ressemblât. Non-seulement les Américains ne connaissent point l'homme dont il s'agit, mais on a grand'peine à leur en faire comprendre l'existence. Ils ne trouvent guère moins de difficulté à le concevoir que nous n'en avons nous-mêmes à imaginer ce qu'était un esclave chez les Romains, ou un serf au moyen âge. Tous ces hommes sont en effet, quoique à des degrés différents, les produits d'une même cause. Ils reculent ensemble loin de nos regards et fuient chaque jour dans l'obscurité du passé avec l'état social qui les a fait naître.

L'égalité des conditions fait, du serviteur et du maître, des êtres nouveaux, et établit entre eux de nouveaux rapports.

Lorsque les conditions sont presque égales, les hommes changent sans cesse de place; il y a encore une classe de valets et une classe de maîtres; mais ce ne sont pas toujours les mêmes individus, ni surtout les mêmes familles qui les composent; et il n'y a pas plus de perpétuité dans le commandement que dans l'obéissance.

Les serviteurs ne formant point un peuple à part, ils n'ont point d'usages, de préjugés ni de mœurs qui leur soient propres; on ne remarque pas parmi eux un certain tour d'esprit, ni une façon particulière de sentir. Ils ne connaissent ni vices ni vertus d'état, mais ils partagent les lumières, les idées, les sentiments, les ver-

tus et les vices de leurs contemporains ; et ils sont
honnêtes ou fripons de la même manière que les
maîtres.

Les conditions ne sont pas moins égales parmi les
serviteurs que parmi les maîtres.

Comme on ne trouve point, dans la classe des serviteurs, de rangs marqués ni de hiérarchie permanente,
il ne faut pas s'attendre à y rencontrer la bassesse et la
grandeur qui se font voir dans les aristocraties de valets
aussi bien que dans toutes les autres.

Je n'ai jamais vu aux États-Unis rien qui pût me
rappeler l'idée du serviteur d'élite, dont en Europe nous
avons conservé le souvenir ; mais je n'y ai point trouvé
non plus l'idée du laquais. La trace de l'un comme de
l'autre y est perdue.

Dans les démocraties les serviteurs ne sont pas seulement égaux entre eux, on peut dire qu'ils sont, en
quelque sorte, les égaux de leurs maîtres.

Ceci a besoin d'être expliqué pour le bien comprendre.

A chaque instant le serviteur peut devenir maître, et
aspire à le devenir ; le serviteur n'est donc pas un autre
homme que le maître.

Pourquoi donc le premier a-t-il le droit de commander, et qu'est-ce qui force le second à obéir? l'accord
momentané et libre de leurs deux volontés. Naturellement ils ne sont point inférieurs l'un à l'autre, ils ne le
deviennent momentanément que par l'effet du contrat.
Dans les limites de ce contrat, l'un est le serviteur et

l'autre le maître; en dehors ce sont deux citoyens, deux hommes.

Ce que je prie le lecteur de bien considérer, c'est que ceci n'est point seulement la notion que les serviteurs se forment à eux-mêmes de leur état. Les maîtres considèrent la domesticité sous le même jour, et les bornes précises du commandement et de l'obéissance sont aussi bien fixées dans l'esprit de l'un que dans celui de l'autre.

Lorsque la plupart des citoyens ont depuis longtemps atteint une condition à peu près semblable, et que l'égalité est un fait ancien et admis, le sens public, que les exceptions n'influencent jamais, assigne, d'une manière générale, à la valeur de l'homme de certaines limites au-dessus ou au-dessous desquelles il est difficile qu'aucun homme reste longtemps placé.

En vain la richesse et la pauvreté, le commandement et l'obéissance mettent accidentellement de grandes distances entre deux hommes, l'opinion publique, qui se fonde sur l'ordre ordinaire des choses, les rapproche du commun niveau, et crée entre eux une sorte d'égalité imaginaire, en dépit de l'inégalité réelle de leurs conditions.

Cette opinion toute puissante finit par pénétrer dans l'âme même de ceux que leur intérêt pourrait armer contre elle; elle modifie leur jugement en même temps qu'elle subjugue leur volonté.

Au fond de leur âme le maître et le serviteur n'aperçoivent plus entre eux de dissemblance profonde, et ils n'espèrent ni ne redoutent d'en rencontrer jamais. Ils sont donc sans mépris et sans colère, et ils ne se trouvent ni humbles ni fiers en se regardant.

Le maître juge que dans le contrat est la seule origine de son pouvoir, et le serviteur y découvre la seule cause de son obéissance. Ils ne se disputent point entre eux sur la position réciproque qu'ils occupent; mais chacun voit aisément la sienne et s'y tient.

Dans nos armées le soldat est pris à peu près dans les mêmes classes que les officiers et peut parvenir aux mêmes emplois; hors des rangs il se considère comme parfaitement égal à ses chefs, et il l'est en effet; mais sous le drapeau il ne fait nulle difficulté d'obéir, et son obéissance, pour être volontaire et définie, n'est pas moins prompte, nette et facile.

Ceci donne une idée de ce qui se passe dans les sociétés démocratiques entre le serviteur et le maître.

Il serait insensé de croire qu'il pût jamais naître entre ces deux hommes aucune de ces affections ardentes et profondes qui s'allument quelquefois au sein de la domesticité aristocratique, ni qu'on dût y voir apparaître des exemples éclatants de dévouement.

Dans les aristocraties, le serviteur et le maître ne s'aperçoivent que de loin en loin, et souvent ils ne se parlent que par intermédiaire. Cependant ils tiennent d'ordinaire fermement l'un à l'autre.

Chez les peuples démocratiques, le serviteur et le maître sont fort proches; leurs corps se touchent sans cesse, leurs âmes ne se mêlent point; ils ont des occupations communes, ils n'ont presque jamais d'intérêts communs.

Chez ces peuples, le serviteur se considère toujours comme un passant dans la demeure de ses maîtres. Il n'a pas connu leurs aïeux, il ne verra pas leurs descendants; il n'a rien à en attendre de durable. Pourquoi confondrait-il son existence avec la leur, et d'où lui viendrait ce singulier abandon de lui-même? La position réciproque est changée : les rapports doivent l'être.

Je voudrais pouvoir m'appuyer dans tout ce qui précède de l'exemple des Américains; mais je ne saurais le faire sans distinguer avec soin les personnes et les lieux.

Au sud de l'Union l'esclavage existe. Tout ce que je viens de dire ne peut donc s'y appliquer.

Au nord la plupart des serviteurs sont des affranchis ou des fils d'affranchis. Ces hommes occupent dans l'estime publique une position contestée : la loi les rapproche du niveau de leur maître; les mœurs les en repoussent obstinément. Eux-mêmes ne discernent pas clairement leur place, et ils se montrent presque toujours insolents ou rampants.

Mais, dans ces mêmes provinces du nord, particulièrement dans la Nouvelle-Angleterre, on rencontre un assez grand nombre de blancs qui consentent, moyennant salaire, à se soumettre passagèrement aux volontés de leurs semblables. J'ai entendu dire que ces serviteurs remplissent d'ordinaire les devoirs de leur état avec exactitude et intelligence, et que, sans se croire naturellement inférieurs à celui qui les commande, ils se soumettent sans peine à lui obéir.

Il m'a semblé voir que ceux-là transportaient dans la servitude quelques-unes des habitudes viriles que l'indépendance et l'égalité font naître. Ayant une fois choisi une condition dure, ils ne cherchent pas indirectement à s'y soustraire, et ils se respectent assez eux-mêmes pour ne pas refuser à leurs maîtres une obéissance qu'ils ont librement promise.

De leur côté, les maîtres n'exigent de leurs serviteurs que la fidèle et rigoureuse exécution du contrat; ils ne leur demandent pas des respects; ils ne réclament pas leur amour ni leur dévouement; il leur suffit de les trouver ponctuels et honnêtes.

Il ne serait donc pas vrai de dire que, sous la démocratie, les rapports du serviteur et du maître sont désordonnés; ils sont ordonnés d'une autre manière; la règle est différente, mais il y a une règle.

Je n'ai point ici à rechercher si cet état nouveau que je viens de décrire est inférieur à celui qui l'a précédé, ou si seulement il est autre. Il me suffit qu'il soit réglé et fixe; car ce qu'il importe le plus de rencontrer parmi les hommes, ce n'est pas un certain ordre, c'est l'ordre.

Mais que dirai-je de ces tristes et turbulentes époques durant lesquelles l'égalité se fonde au milieu du tumulte d'une révolution, alors que la démocratie, après s'être établie dans l'état social, lutte encore avec peine contre les préjugés et les mœurs?

Déjà la loi et en partie l'opinion proclament qu'il

n'existe pas d'infériorité naturelle et permanente entre le serviteur et le maître. Mais cette foi nouvelle n'a pas encore pénétré jusqu'au fond de l'esprit de celui-ci, ou plutôt son cœur la repousse. Dans le secret de son âme, le maître estime encore qu'il est d'une espèce particulière et supérieure; mais il n'ose le dire, et il se laisse attirer en frémissant vers le niveau. Son commandement en devient tout à la fois timide et dur; déjà il n'éprouve plus pour ses serviteurs les sentiments protecteurs et bienveillants qu'un long pouvoir incontesté fait toujours naître, et il s'étonne qu'étant lui-même changé, son serviteur change; il veut que ne faisant pour ainsi dire que passer à travers la domesticité, celui-ci y contracte des habitudes régulières et permanentes; qu'il se montre satisfait et fier d'une position servile, dont tôt ou tard il doit sortir; qu'il se dévoue pour un homme qui ne peut ni le protéger ni le perdre, et qu'il s'attache enfin, par un lien éternel, à des êtres qui lui ressemblent et qui ne durent pas plus que lui.

Chez les peuples aristocratiques, il arrive souvent que l'état de domesticité n'abaisse point l'âme de ceux qui s'y soumettent, parce qu'ils n'en connaissent et qu'ils n'en imaginent pas d'autres, et que la prodigieuse inégalité qui se fait voir entre eux et le maître leur semble l'effet nécessaire et inévitable de quelque loi cachée de la Providence.

Sous la démocratie, l'état de domesticité n'a rien qui dégrade, parce qu'il est librement choisi, passagèrement adopté, que l'opinion publique ne le flétrit point, et qu'il ne crée aucune inégalité permanente entre le serviteur et le maître.

Mais, durant le passage d'une condition sociale à l'autre, il survient presque toujours un moment où l'esprit des hommes vacille entre la notion aristocratique de la sujétion et la notion démocratique de l'obéissance.

L'obéissance perd alors sa moralité aux yeux de celui qui obéit; il ne la considère plus comme une obligation en quelque sorte divine, et il ne la voit point encore sous son aspect purement humain; elle n'est à ses yeux ni sainte ni juste, et il s'y soumet comme à un fait dégradant et utile.

Dans ce moment l'image confuse et incomplète de l'égalité se présente à l'esprit des serviteurs; ils ne discernent point d'abord si c'est dans l'état même de domesticité ou en dehors que cette égalité à laquelle ils ont droit se retrouve, et ils se révoltent au fond de leur cœur contre une infériorité à laquelle ils se sont soumis eux-mêmes et dont ils profitent. Ils consentent à servir, et ils ont honte d'obéir; ils aiment les avantages de la servitude, mais point le maître, ou, pour mieux dire, ils ne sont pas sûrs que ce ne soit pas à eux à être les maîtres, et ils sont disposés à considérer celui qui les commande comme l'injuste usurpateur de leur droit.

C'est alors qu'on voit dans la demeure de chaque citoyen quelque chose d'analogue au triste spectacle que la société politique présente. Là se poursuit sans cesse une guerre sourde et intestine entre des pouvoirs toujours soupçonneux et rivaux : le maître se montre malveillant et doux, le serviteur malveillant et indocile ; l'un veut se dérober sans cesse, par des restrictions déshonnêtes, à l'obligation de protéger et de rétribuer, l'autre à celle d'obéir. Entre eux flottent les rênes de l'administration domestique, que chacun s'efforce de saisir. Les lignes qui divisent l'autorité de la tyrannie, la liberté de la licence, le droit du fait, paraissent à leurs yeux enchevêtrées et confondues, et nul ne sait précisément ce qu'il est, ni ce qu'il peut, ni ce qu'il doit.

Un pareil état n'est pas démocratique, mais révolutionnaire.

CHAPITRE VI

Ce que j'ai dit des serviteurs et des maîtres s'applique, jusqu'à un certain point, aux propriétaires et aux fermiers. Le sujet mérite cependant d'être considéré à part.

En Amérique, il n'y a pour ainsi dire pas de fermiers; tout homme est possesseur du champ qu'il cultive.

Il faut reconnaître que les lois démocratiques tendent puissamment à accroître le nombre des propriétaires, et à diminuer celui des fermiers. Toutefois, ce qui se passe aux États-Unis doit être attribué, bien moins aux institutions du pays, qu'au pays lui-même. En Amérique, la terre coûte peu, et chacun devient aisément propriétaire. Elle donne peu, et ses produits ne sauraient qu'avec peine se diviser entre un propriétaire et un fermier.

L'Amérique est donc unique en ceci comme en beaucoup d'autres choses; et ce serait errer que de la prendre pour exemple.

Je pense que dans les pays démocratiques aussi bien que dans les aristocraties, il se rencontrera des propriétaires et des fermiers ; mais les propriétaires et les fermiers n'y seront pas liés de la même manière.

Dans les aristocraties, les fermages ne s'acquittent pas seulement en argent, mais en respect, en affection et en services. Dans les pays démocratiques, ils ne se paient qu'en argent. Quand les patrimoines se divisent et changent de mains, et que la relation permanente qui existait entre les familles et la terre disparaît, ce n'est plus qu'un hasard qui met en contact le propriétaire et le fermier. Ils se joignent un moment pour débattre les conditions du contrat, et se perdent ensuite de vue. Ce sont deux étrangers que l'intérêt rapproche et qui discutent rigoureusement entre eux une affaire, dont le seul sujet est l'argent.

A mesure que les biens se partagent, et que la richesse se disperse çà et là sur toute la surface du pays, l'État se remplit de gens dont l'opulence ancienne est en déclin, et de nouveaux enrichis dont les besoins s'accroissent plus vite que les ressources. Pour tous ceux-là, le moindre profit est de conséquence, et nul d'entre eux ne se sent disposé à laisser échapper aucun de ses avantages, ni à perdre une portion quelconque de son revenu.

Les rangs se confondant, et les très-grandes ainsi que les très-petites fortunes devenant plus rares, il se trouve chaque jour moins de distance entre la condition sociale du propriétaire et celle du fermier ; l'un n'a point naturellement de supériorité incontestée sur l'autre. Or, entre deux hommes égaux et malaisés, quelle peut être la matière du contrat de louage? sinon de l'argent!

Un homme qui a pour propriété tout un canton et possède cent métairies, comprend qu'il s'agit de gagner à la fois le cœur de plusieurs milliers d'hommes; ceci lui paraît mériter qu'on s'y applique. Pour atteindre un si grand objet, il fait aisément des sacrifices.

Celui qui possède cent arpents ne s'embarrasse point de pareils soins; et il ne lui importe guère de capter la bienveillance particulière de son fermier.

Une aristocratie ne meurt point comme un homme en un jour. Son principe se détruit lentement au fond des âmes, avant d'être attaqué dans les lois. Longtemps donc avant que la guerre n'éclate contre elle, on voit se desserrer peu à peu le lien qui jusqu'alors avait uni les hautes classes aux basses. L'indifférence et le mépris se trahissent d'un côté; de l'autre la jalousie et la haine : les rapports entre le pauvre et le riche deviennent plus rares et moins doux; le prix des baux s'élève. Ce n'est point encore le résultat de la révolution démocratique, mais c'en est la certaine annonce. Car une aristocratie qui a laissé échapper définitivement de ses mains le cœur du peuple, est comme un arbre mort dans ses racines, et que les vents renversent d'autant plus aisément qu'il est plus haut.

Depuis cinquante ans le prix des fermages s'est prodigieusement accru, non-seulement en France, mais dans la plus grande partie de l'Europe. Les progrès singuliers qu'ont faits l'agriculture et l'industrie, durant la même période, ne suffisent point, à mon sens, pour expliquer ce phénomène. Il faut recourir à quelque autre cause plus puissante et plus cachée. Je pense que cette cause doit être cherchée dans les institutions démocratiques que plusieurs peuples européens ont adoptées, et dans les passions démocratiques qui agitent plus ou moins tous les autres.

J'ai souvent entendu de grands propriétaires anglais se féliciter de ce que, de nos jours, ils tirent beaucoup plus d'argent de leurs domaines, que ne le faisaient leurs pères.

Ils ont peut-être raison de se réjouir; mais, à coup sûr, ils ne savent point de quoi ils se réjouissent. Ils croient faire un profit net, et ils ne font qu'un échange. C'est leur influence qu'ils cèdent à deniers comptants; et ce qu'ils gagnent en argent, ils vont bientôt le perdre en pouvoir.

Il y a encore un autre signe auquel on peut aisément reconnaître qu'une grande révolution démocratique s'accomplit ou se prépare.

Au moyen âge, presque toutes les terres étaient louées à perpétuité, ou du moins à très-longs termes. Quand on étudie l'économie domestique de ce temps, on voit que les baux de quatre-vingt-dix-neuf ans y étaient plus fréquents que ceux de douze ne le sont de nos jours.

On croyait alors à l'immortalité des familles; les

conditions semblaient fixées à toujours, et la société
entière paraissait si immobile, qu'on n'imaginait point
que rien dût jamais remuer dans son sein.

Dans les siècles d'égalité, l'esprit humain prend un
autre tour. Il se figure aisément que rien ne demeure.
L'idée de l'instabilité le possède.

En cette disposition, le propriétaire et le fermier lui-
même, ressentent une sorte d'horreur instinctive pour
les obligations à long terme; ils ont peur de se trouver
bornés un jour par la convention dont aujourd'hui ils
profitent. Ils s'attendent vaguement à quelque changement soudain et imprévu dans leur condition. Ils se
redoutent eux-mêmes; ils craignent que leur goût venant à changer, ils ne s'affligent de ne pouvoir quitter
ce qui faisait l'objet de leurs convoitises, et ils ont raison
de le craindre; car, dans les siècles démocratiques, ce
qu'il y a de plus mouvant, au milieu du mouvement de
toutes choses, c'est le cœur de l'homme.

CHAPITRE VII

La plupart des remarques que j'ai faites ci-devant, en parlant des serviteurs et des maîtres, peuvent s'appliquer aux maîtres et aux ouvriers.

A mesure que les règles de la hiérarchie sociale sont moins observées, tandis que les grands s'abaissent, que les petits s'élèvent et que la pauvreté aussi bien que la richesse cesse d'être héréditaire, on voit décroître chaque jour la distance de fait et d'opinion qui séparait l'ouvrier du maître.

L'ouvrier conçoit une idée plus élevée de ses droits, de son avenir, de lui-même; une nouvelle ambition, de nouveaux désirs le remplissent, de nouveaux besoins l'assiégent. A tout moment il jette des regards pleins de convoitise sur les profits de celui qui l'emploie; afin d'arriver à les partager, il s'efforce de mettre son travail à plus haut prix, et il finit d'ordinaire par y réussir.

Dans les pays démocratiques, comme ailleurs, la plupart des industries sont conduites à peu de frais par des hommes que la richesse et les lumières ne placent point au-dessus du commun niveau de ceux qu'ils emploient. Ces entrepreneurs d'industrie sont très-nombreux; leurs intérêts diffèrent; ils ne sauraient donc aisément s'entendre entre eux et combiner leurs efforts.

D'un autre côté les ouvriers ont presque tous quelques ressources assurées qui leur permettent de refuser leurs services lorsqu'on ne veut point leur accorder ce qu'ils considèrent comme la juste rétribution du travail.

Dans la lutte continuelle que ces deux classes se livrent pour les salaires les forces sont donc partagées, les succès alternatifs.

Il est même à croire qu'à la longue l'intérêt des ouvriers doit prévaloir; car les salaires élevés qu'ils ont déjà obtenus les rendent chaque jour moins dépendants de leurs maîtres, et, à mesure qu'ils sont plus indépendants, ils peuvent plus aisément obtenir l'élévation des salaires.

Je prendrai pour exemple l'industrie qui de notre temps est encore la plus suivie parmi nous, ainsi que chez presque toutes les nations du monde : la culture des terres.

En France, la plupart de ceux qui louent leurs services pour cultiver le sol en possèdent eux-mêmes quelques parcelles qui, à la rigueur, leur permettent de subsister sans travailler pour autrui. Lorsque ceux-là viennent offrir leurs bras au grand propriétaire ou au fermier voisin, et qu'on refuse de leur accorder un certain salaire, ils se retirent sur leur petit domaine, et attendent qu'une autre occasion se présente.

Je pense qu'en prenant les choses dans leur ensemble, on peut dire que l'élévation lente et progressive des salaires est une des lois générales qui régissent les sociétés démocratiques. A mesure que les conditions deviennent plus égales, les salaires s'élèvent, et à mesure que les salaires sont plus haut, les conditions deviennent plus égales.

Mais, de nos jours, une grande et malheureuse exception se rencontre.

J'ai montré, dans un chapitre précédent, comment l'aristocratie, chassée de la société politique, s'était retirée dans certaines parties du monde industriel, et y avait établi sous une autre forme son empire.

Ceci influe puissamment sur le taux des salaires.

Comme il faut être déjà très-riche pour entreprendre les grandes industries dont je parle, le nombre de ceux qui les entreprennent est fort petit. Étant peu nombreux, ils peuvent aisément se liguer entre eux, et fixer au travail le prix qu'il leur plaît.

Leurs ouvriers sont, au contraire, en très-grand nombre, et la quantité s'en accroît sans cesse; car il arrive de temps à autre des prospérités extraordinaires durant lesquelles les salaires s'élèvent outre mesure et attirent dans les manufactures les populations environnantes. Or, une fois que les hommes sont entrés dans cette carrière, nous avons vu qu'ils n'en sauraient sortir, parce qu'ils ne tardent pas à y contracter des habitudes de corps et d'esprit qui les rendent impropres à tout autre labeur. Ces hommes ont en général peu de lumière, d'industrie et de ressources ; ils sont donc presque à la merci de leur maître. Lorsqu'une concurrence, ou d'autres circonstances fortuites, fait décroître les gains de celui-ci, il peut restreindre leurs salaires presque à son gré, et reprendre aisément sur eux ce que la fortune lui enlève.

Refusent-ils le travail d'un commun accord : le maître, qui est un homme riche, peut attendre aisément, sans se ruiner, que la nécessité les lui ramène ; mais eux, il leur faut travailler tous les jours pour ne pas mourir ; car ils n'ont guère d'autre propriété que leurs bras. L'oppression les a dès longtemps appauvris, et ils sont plus faciles à opprimer à mesure qu'ils deviennent plus pauvres. C'est un cercle vicieux dont ils ne sauraient aucunement sortir.

On ne doit donc point s'étonner si les salaires, après s'être élevés quelquefois tout à coup, baissent ici d'une manière permanente, tandis que dans les autres professions le prix du travail, qui ne croît en général que peu à peu, s'augmente sans cesse.

Cet état de dépendance et de misère dans lequel se trouve de notre temps une partie de la population industrielle, est un fait exceptionnel et contraire à tout ce qui l'environne ; mais, pour cette raison même, il n'en est pas de plus grave, ni qui mérite mieux d'attirer l'attention particulière du législateur ; car il est difficile, lorsque la société entière se remue, de tenir une classe immobile, et, quand le plus grand nombre s'ouvre sans cesse de nouveaux chemins vers la fortune, de faire que quelques-uns supportent en paix leurs besoins et leurs désirs.

CHAPITRE VIII

INFLUENCE DE LA DÉMOCRATIE SUR LA FAMILLE.

Je viens d'examiner comment, chez les peuples démocratiques, et en particulier chez les Américains, l'égalité des conditions modifie les rapports des citoyens entre eux.

Je veux pénétrer plus avant, et entrer dans le sein de
la famille. Mon but n'est point ici de chercher des vérités nouvelles, mais de montrer comment des faits
déjà connus se rattachent à mon sujet.

Tout le monde a remarqué que, de nos jours, il s'é-
tait établi de nouveaux rapports entre les différents
membres de la famille, que la distance qui séparait jadis le père de ses fils était diminuée, et que l'autorité
paternelle était sinon détruite, au moins altérée.

Quelque chose d'analogue, mais de plus frappant encore, se fait voir aux États-Unis.

En Amérique, la famille, en prenant ce mot dans son
sens romain et aristocratrique, n'existe point. On n'en
retrouve quelque vestige que durant les premières an-

nées qui suivent la naissance des enfants. Le père exerce alors, sans opposition, la dictature domestique, que la faiblesse de ses fils rend nécessaire, et que leur intérêt, ainsi que sa supériorité incontestable, justifie.

Mais, du moment où le jeune Américain s'approche de la virilité, les liens de l'obéissance filiale se détendent de jour en jour. Maître de ses pensées, il l'est bientôt après de sa conduite. En Amérique, il n'y a pas, à vrai dire, d'adolescence. Au sortir du premier âge, l'homme se montre et commence à tracer lui-même son chemin.

On aurait tort de croire que ceci arrive à la suite d'une lutte intestine, dans laquelle le fils aurait obtenu par une sorte de violence morale, la liberté que son père lui refusait. Les mêmes habitudes, les mêmes principes qui poussent l'un, à se saisir de l'indépendance, disposent l'autre à en considérer l'usage comme un droit incontestable.

On ne remarque donc dans le premier aucune de ces passions haineuses et désordonnées qui agitent les hommes longtemps encore après qu'ils se sont soustraits à un pouvoir établi. Le second n'éprouve point ces regrets pleins d'amertume et de colère, qui survivent d'ordinaire à la puissance déchue : le père a aperçu de loin les bornes où devait venir expirer son autorité; et, quand le temps l'a approché de ces limites, il abdique sans peine. Le fils a prévu d'avance l'époque précise où sa propre volonté deviendrait sa règle; et il s'empare de la liberté sans précipitation et sans efforts, comme d'un

bien qui lui est dû, et qu'on ne cherche point à lui
ravir[1].

Il n'est peut-être pas inutile de faire voir comment ces
changements qui ont lieu dans la famille, sont étroitement liés à la révolution sociale et politique qui achève
de s'accomplir sous nos yeux.

Il y a certains grands principes sociaux qu'un peuple fait pénétrer partout, ou ne laisse subsister nulle
part.

Dans les pays aristocratiquement et hiérarchiquement
organisés, le pouvoir ne s'adresse jamais directement à
l'ensemble des gouvernés. Les hommes tenant les uns
aux autres, on se borne à conduire les premiers. Le
reste suit. Ceci s'applique à la famille, comme à toutes

[1] Les Américains n'ont point encore imaginé cependant, comme nous
l'avons fait en France, d'enlever aux pères l'un des principaux éléments de
la puissance, en leur ôtant la liberté de disposer après la mort de leurs
biens. Aux États-Unis, la faculté de tester est illimitée.

En cela, comme dans presque tout le reste, il est facile de remarquer
que, si la législation politique des Américains est beaucoup plus démocratique que la nôtre, notre législation civile est infiniment plus démocratique que la leur. Cela se conçoit sans peine.

Notre législation civile a eu pour auteur un homme qui voyait son intérêt à satisfaire les passions démocratiques de ses contemporains dans tout
ce qui n'était pas directement et immédiatement hostile à son pouvoir. Il
permettait volontiers que quelques principes populaires régissent les
biens, et gouvernassent les familles, pourvu qu'on ne prétendît pas les
introduire dans la direction de l'État. Tandis que le torrent démocratique
déborderait sur les lois civiles, il espérait se tenir aisément à l'abri derrière les lois politiques. Cette vue était à la fois pleine d'habileté et d'é-
goïsme; mais un pareil compromis ne pouvait être durable. Car, à la
longue, la société politique ne saurait manquer de devenir l'expression et
l'image de la société civile; et c'est dans ce sens qu'on peut dire qu'il n'y
a rien de plus politique chez un peuple que la législation civile.

les associations qui ont un chef. Chez les peuples aristocratiques, la société ne connaît, à vrai dire, que le père.
Elle ne tient les fils que par les mains du père; elle le
gouverne et il les gouverne. Le père n'y a donc pas seulement un droit naturel. On lui donne un droit politique
à commander. Il est l'auteur et le soutien de la famille;
il en est aussi le magistrat.

Dans les démocraties, où le bras du gouvernement va
chercher chaque homme en particulier au milieu de la
foule pour le plier isolément aux lois communes, il n'est
pas besoin de semblable intermédiaire; le père n'est
aux yeux de la loi qu'un citoyen, plus âgé et plus riche
que ses fils.

Lorsque la plupart des conditions sont très-inégales,
et que l'inégalité des conditions est permanente, l'idée
du supérieur grandit dans l'imagination des hommes; la
loi ne lui accordât-elle pas de prérogatives, la coutume
et l'opinion lui en concèdent. Lorsqu'au contraire, les
hommes diffèrent peu les uns des autres, et ne restent
pas toujours dissemblables, la notion générale du supérieur devient plus faible et moins claire; en vain, la volonté du législateur s'efforce-t-elle de placer celui qui
obéit fort au-dessous de celui qui commande, les mœurs
rapprochent ces deux hommes l'un de l'autre, et les
attirent chaque jour vers le même niveau.

Si donc je ne vois point dans la législation d'un peuple
aristocratique, de priviléges particuliers accordés au chef
de la famille, je ne laisserai pas d'être assuré que son
pouvoir y est fort respecté et plus étendu que dans le

sein d'une démocratie, car je sais que, quelles que soient les lois, le supérieur paraîtra toujours plus haut et l'inférieur plus bas dans les aristocraties que chez les peuples démocratiques.

Quand les hommes vivent dans le souvenir de ce qui a été, plutôt que dans la préoccupation de ce qui est, et qu'ils s'inquiètent bien plus de ce que leurs ancêtres ont pensé, qu'ils ne cherchent à penser eux-mêmes, le père est le lien naturel et nécessaire entre le passé et le présent, l'anneau où ces deux chaînes aboutissent et se rejoignent. Dans les aristocraties, le père n'est donc pas seulement le chef politique de la famille; il y est l'organe de la tradition, l'interprète de la coutume, l'arbitre des mœurs. On l'écoute avec déférence; on ne l'aborde qu'avec respect, et l'amour qu'on lui porte est toujours tempéré par la crainte.

L'état social devenant démocratique, et les hommes adoptant pour principe général qu'il est bon et légitime de juger toutes choses par soi-même en prenant les anciennes croyances comme renseignement et non comme règle, la puissance d'opinion exercée par le père sur les fils devient moins grande, aussi bien que son pouvoir légal.

La division des patrimoines qu'amène la démocratie, contribue peut-être plus que tout le reste à changer les rapports du père et des enfants.

Quand le père de famille a peu de bien, son fils et lui vivent sans cesse dans le même lieu, et s'occupent en commun des mêmes travaux. L'habitude et le besoin les

rapprochent et les forcent à communiquer à chaque instant l'un avec l'autre; il ne peut donc manquer de s'établir entre eux une sorte d'intimité familière qui rend
l'autorité moins absolue, et qui s'accommode mal avec
les formes extérieures du respect.

Or, chez les peuples démocratiques, la classe qui possède ces petites fortunes est précisément celle qui donne
la puissance aux idées et le tour aux mœurs. Elle fait
prédominer partout ses opinions en même temps que
ses volontés, et ceux mêmes qui sont le plus enclins à
résister à ses commandements, finissent par se laisser
entraîner par ses exemples. J'ai vu de fougueux ennemis
de la démocratie qui se faisaient tutoyer par leurs enfants.

Ainsi, dans le même temps que le pouvoir échappe à
l'aristocratie, on voit disparaître ce qu'il y avait d'austère, de conventionnel et de légal dans la puissance paternelle, et une sorte d'égalité s'établit autour du foyer
domestique.

Je ne sais si, à tout prendre, la société perd à ce
changement; mais je suis porté à croire que l'individu
y gagne. Je pense qu'à mesure que les mœurs et les lois
sont plus démocratiques, les rapports du père et du fils
deviennent plus intimes et plus doux; la règle et l'autorité s'y rencontrent moins; la confiance et l'affection y
sont souvent plus grandes, et il semble que le lien naturel se resserre, tandis que le lien social se détend.

Dans la famille démocratique, le père n'exerce guère
d'autre pouvoir que celui qu'on se plaît à accorder à la

tendresse et à l'expérience d'un vieillard. Ses ordres seraient peut-être méconnus ; mais ses conseils sont d'ordinaire pleins de puissance. S'il n'est point entouré de
respects officiels, ses fils du moins l'abordent avec confiance. Il n'y a point de formule reconnue pour lui adresser la parole ; mais on lui parle sans cesse, et on le con-
sulte volontiers chaque jour. Le maître et le magistrat
ont disparu ; le père reste.

Il suffit, pour juger de la différence des deux états
sociaux sur ce point, de parcourir les correspondances
domestiques que les aristocraties nous ont laissées. Le
style en est toujours correct, cérémonieux, rigide, et si
froid, que la chaleur naturelle du cœur peut à peine s'y
sentir à travers les mots.

Il règne, au contraire, dans toutes les paroles qu'un
fils adresse à son père, chez les peuples démocratiques,
quelque chose de libre, de familier et de tendre à la fois,
qui fait découvrir au premier abord que des rapports
nouveaux se sont établis au sein de la famille.

Une révolution analogue modifie les rapports mutuels
des enfants.

Dans la famille aristocratique, aussi bien que dans la
société aristocratique, toutes les places sont marquées.
Non-seulement le père y occupe un rang à part et y jouit
d'immenses priviléges : les enfants eux-mêmes ne sont
point égaux entre eux ; l'âge et le sexe fixent irrévocablement à chacun son rang et lui assurent certaines prérogatives. La démocratie renverse ou abaisse la plupart
de ces barrières.

Dans la famille aristocratique, l'aîné des fils, héritant de la plus grande partie des biens et de presque tous les droits, devient le chef et jusqu'à un certain point le maître de ses frères. A lui la grandeur et le pouvoir ; à eux la médiocrité et la dépendance. Toutefois, on aurait tort de croire que, chez les peuples aristocratiques, les priviléges de l'aîné ne fussent avantageux qu'à lui seul, et qu'ils n'excitassent autour de lui que l'envie et la haine.

L'aîné s'efforce d'ordinaire de procurer la richesse et le pouvoir à ses frères, parce que l'éclat général de la maison rejaillit sur celui qui la représente ; et les cadets cherchent à faciliter à l'aîné toutes ses entreprises, parce que la grandeur et la force du chef de la famille le met de plus en plus en état d'en élever tous les rejetons.

Les divers membres de la famille aristocratique sont donc fort étroitement liés les uns aux autres ; leurs intérêts se tiennent, leurs esprits sont d'accord ; mais il est rare que leurs cœurs s'entendent.

La démocratie attache aussi les frères les uns aux autres ; mais elle s'y prend d'une autre manière.

Sous les lois démocratiques, les enfants sont parfaitement égaux, par conséquent indépendants ; rien ne les rapproche forcément, mais aussi rien ne les écarte ; et comme ils ont une origine commune, qu'ils s'élèvent sous le même toit, qu'ils sont l'objet des mêmes soins, et qu'aucune prérogative particulière ne les distingue ni ne les sépare, on voit aisément naître parmi eux la douce et juvénile intimité du premier âge. Le lien ainsi formé

au commencement de la vie, il ne se présente guère
d'occasions de le rompre; car la fraternité les rapproche
chaque jour sans les gêner.

Ce n'est donc point par les intérêts, c'est par la communauté des souvenirs et la libre sympathie des opinions et des goûts, que la démocratie attache les frères
les uns aux autres. Elle divise leur héritage, mais elle
permet que leurs âmes se confondent.

La douceur de ces mœurs démocratiques est si
grande, que les partisans de l'aristocratie eux-mêmes
s'y laissent prendre, et que, après l'avoir goûtée quelque
temps, ils ne sont point tentés de retourner aux formes
respectueuses et froides de la famille aristocratique. Ils
conserveraient volontiers les habitudes domestiques de
la démocratie, pourvu qu'ils pussent rejeter son état social et ses lois. Mais ces choses se tiennent, et l'on ne
saurait jouir des unes, sans souffrir les autres.

Ce que je viens de dire de l'amour filial et de la tendresse fraternelle, doit s'entendre de toutes les passions
qui prennent spontanément leur source dans la nature
elle-même.

Lorsqu'une certaine manière de penser ou de sentir
est le produit d'un état particulier de l'humanité; cet
état venant à changer, il ne reste rien. C'est ainsi que
la loi peut attacher très-étroitement deux citoyens l'un à
l'autre; la loi abolie, ils se séparent. Il n'y avait rien de
plus serré que le nœud qui unissait le vassal au seigneur,
dans le monde féodal. Maintenant, ces deux hommes ne
se connaissent plus. La crainte, la reconnaissance et

l'amour qui les liaient jadis ont disparu. On n'en trouve point la trace.

Mais il n'en est pas ainsi des sentiments naturels à l'espèce humaine. Il est rare que la loi, en s'efforçant de plier ceux-ci d'une certaine manière, ne les énerve; qu'en voulant y ajouter elle ne leur ôte point quelque chose, et qu'ils ne soient pas toujours plus forts, livrés à eux-mêmes.

La démocratie qui détruit ou obscurcit presque toutes les anciennes conventions sociales, et qui empêche que les hommes ne s'arrêtent aisément à de nouvelles, fait disparaître entièrement la plupart des sentiments qui naissent de ces conventions. Mais elle ne fait que modifier les autres, et souvent elle leur donne une énergie et une douceur qu'ils n'avaient pas.

Je pense qu'il n'est pas impossible de renfermer dans une seule phrase tout le sens de ce chapitre et de plusieurs autres qui le précèdent. La démocratie détend les liens sociaux, mais elle resserre les liens naturels. Elle rapproche les parents dans le même temps qu'elle sépare les citoyens.

CHAPITRE IX

Il n'y a jamais eu de sociétés libres sans mœurs, et, ainsi que je l'ai dit dans la première partie de cet ouvrage, c'est la femme qui fait les mœurs. Tout ce qui influe sur la condition des femmes, sur leurs habitudes et leurs opinions, a donc un grand intérêt politique à mes yeux.

Chez presque toutes les nations protestantes, les jeunes filles sont infiniment plus maîtresses de leurs actions que chez les peuples catholiques.

Cette indépendance est encore plus grande dans les pays protestants qui, ainsi que l'Angleterre, ont conservé ou acquis le droit de se gouverner eux-mêmes. La liberté pénètre alors dans la famille par les habitudes politiques et par les croyances religieuses.

Aux États-Unis, les doctrines du protestantisme viennent se combiner avec une constitution très-libre et un état social très-démocratique; et nulle part la jeune fille n'est plus promptement ni plus complétement livrée à elle-même.

Longtemps avant que la jeune Américaine ait atteint
l'âge nubile, on commence à l'affranchir peu à peu de
la tutelle maternelle; elle n'est point encore entièrement
sortie de l'enfance que déjà elle pense par elle-même,
parle librement, et agit seule; devant elle est exposé
sans cesse le grand tableau du monde; loin de chercher
à lui en dérober la vue, on le découvre chaque jour de
plus en plus à ses regards, et on lui apprend à le considérer d'un œil ferme et tranquille. Ainsi, les vices et
les périls que la société présente ne tardent pas à lui
être révélés; elle les voit clairement, les juge sans
illusion et les affronte sans crainte; car elle est pleine
de confiance dans ses forces, et sa confiance semble
partagée par tous ceux qui l'environnent.

Il ne faut donc presque jamais s'attendre à rencontrer
chez la jeune fille d'Amérique cette candeur virginale
au milieu des naissants désirs, non plus que ces grâces
naïves et ingénues qui accompagnent d'ordinaire chez
l'Européenne le passage de l'enfance à la jeunesse. Il
est rare que l'Américaine, quel que soit son âge, montre
une timidité et une ignorance puériles. Comme la jeune
fille d'Europe, elle veut plaire; mais elle sait précisément à quel prix. Si elle ne se livre pas au mal, du
moins elle le connaît; elle a des mœurs pures plutôt
qu'un esprit chaste.

J'ai souvent été surpris et presque effrayé en voyant
la dextérité singulière et l'heureuse audace avec lesquelles ces jeunes filles d'Amérique savaient conduire
leurs pensées et leurs paroles au milieu des écueils

d'une conversation enjouée; un philosophe aurait bron-
ché cent fois sur l'étroit chemin qu'elles parcouraient
sans accidents et sans peine.

Il est facile, en effet, de reconnaître que, au milieu
même de l'indépendance de sa première jeunesse, l'Américaine ne cesse jamais entièrement d'être maîtresse
d'elle-même; elle jouit de tous les plaisirs permis sans
s'abandonner à aucun d'eux, et sa raison ne lâche
point les rênes, quoiqu'elle semble souvent les laisser
flotter.

En France, où nous mêlons encore d'une si étrange
manière, dans nos opinions et dans nos goûts, des débris
de tous les âges, il nous arrive souvent de donner aux
femmes une éducation timide, retirée et presque claus-
trale, comme au temps de l'aristocratie, et nous les
abandonnons ensuite tout à coup, sans guide et sans
secours, au milieu des désordres inséparables d'une société démocratique.

Les Américains sont mieux d'accord avec eux-mêmes.

Ils ont vu que, au sein d'une démocratie, l'indépendance individuelle ne pouvait manquer d'être très-
grande, la jeunesse hâtive, les goûts mal contenus, la
coutume changeante, l'opinion publique souvent incertaine ou impuissante, l'autorité paternelle faible et le
pouvoir marital contesté.

Dans cet état de choses, ils ont jugé qu'il y avait
peu de chances de pouvoir comprimer chez la femme
les passions les plus tyranniques du cœur humain, et
qu'il était plus sûr de lui enseigner l'art de les com-

battre elle-même. Comme ils ne pouvaient empêcher que sa vertu ne fût souvent en péril, ils ont voulu qu'elle sût la défendre, et ils ont plus compté sur le libre effort de sa volonté que sur des barrières ébranlées ou détruites. Au lieu de la tenir dans la défiance d'elle-même, ils cherchent donc sans cesse à accroître sa confiance en ses propres forces. N'ayant ni la possibilité ni le désir de maintenir la jeune fille dans une perpétuelle et complète ignorance, ils se sont hâtés de lui donner une connaissance précoce de toutes choses. Loin de lui cacher les corruptions du monde, ils ont voulu qu'elle les vît d'abord et qu'elle s'exerçât d'elle-même à les fuir, et ils ont mieux aimé garantir son honnêteté que de trop respecter son innocence.

Quoique les Américains soient un peuple fort religieux, ils ne s'en sont pas rapportés à la religion seule pour défendre la vertu de la femme ; ils ont cherché à armer sa raison. En ceci, comme en beaucoup d'autres circonstances, ils ont suivi la même méthode. Ils ont d'abord fait d'incroyables efforts pour obtenir que l'indépendance individuelle se réglât d'elle-même, et ce n'est qu'arrivés aux dernières limites de la force humaine qu'ils ont enfin appelé la religion à leur secours.

Je sais qu'une pareille éducation n'est pas sans danger ; je n'ignore pas non plus qu'elle tend à développer le jugement aux dépens de l'imagination, et à faire des femmes honnêtes et froides plutôt que des épouses tendres et d'aimables compagnes de l'homme. Si la société en est plus tranquille et mieux réglée, la vie privée en a souvent moins de charmes. Mais ce sont là des maux secondaires, qu'un intérêt plus grand doit faire braver. Parvenus au point où nous sommes, il ne nous est plus permis de faire un choix, il faut une éducation démocratique pour garantir la femme des périls dont les institutions et les mœurs de la démocratie l'environnent.

CHAPITRE X

En Amérique, l'indépendance de la femme vient se perdre sans retour au milieu des liens du mariage. Si la jeune fille y est moins contrainte que partout ailleurs, l'épouse s'y soumet à des obligations plus étroites. L'une fait de la maison paternelle un lieu de liberté et de plaisir, l'autre vit dans la demeure de son mari comme dans un cloître.

Ces deux états si différents ne sont peut-être pas si contraires qu'on le suppose, et il est naturel que les Américains passent par l'un pour arriver à l'autre.

Les peuples religieux et les nations industrielles se font une idée particulièrement grave du mariage. Les uns considèrent la régularité de la vie d'une femme, comme la meilleure garantie et le signe le plus certain de la pureté de ses mœurs. Les autres y voient le gage assuré de l'ordre et de la prospérité de la maison.

Les Américains forment tout à la fois une nation puritaine, et un peuple commerçant ; leurs croyances religieuses aussi bien que leurs habitudes industrielles les portent donc à exiger de la femme une abnégation d'elle-même, et un sacrifice continuel de ses plaisirs à ses affaires, qu'il est rare de lui demander en Europe. Ainsi, il règne aux États-Unis une opinion publique inexorable, qui renferme avec soin la femme dans le petit cercle des intérêts et des devoirs domestiques, et qui lui défend d'en sortir.

À son entrée dans le monde, la jeune Américaine trouve ces notions fermement établies; elle voit les règles qui en découlent; elle ne tarde pas à se convaincre qu'elle ne saurait se soustraire un moment aux usages de ses contemporains, sans mettre aussitôt en péril sa tranquillité, son honneur, et jusqu'à son existence sociale, et elle trouve dans la fermeté de sa raison et dans les habitudes viriles que son éducation lui a données, l'énergie de s'y soumettre.

On peut dire que c'est dans l'usage de l'indépendance qu'elle a puisé le courage d'en subir sans lutte et sans murmure le sacrifice, quand le moment est venu de se l'imposer.

L'Américaine d'ailleurs ne tombe jamais dans les liens du mariage comme dans un piége tendu à sa simplicité et à son ignorance. On lui a appris d'avance ce qu'on attendait d'elle, et c'est d'elle-même et librement qu'elle se place sous le joug. Elle supporte courageusement sa condition nouvelle, parce qu'elle l'a choisie.

Comme en Amérique la discipline paternelle est fort lâche, et que le lien conjugal est fort étroit, ce n'est qu'avec circonspection et avec crainte qu'une jeune fille le contracte. On n'y voit guère d'unions précoces. Les Américaines ne se marient donc que quand leur raison est exercée et mûrie ; tandis qu'ailleurs la plupart des femmes ne commencent d'ordinaire à exercer et mûrir leur raison, que dans le mariage.

Je suis, du reste, très-loin de croire que ce grand changement qui s'opère dans toutes les habitudes des femmes aux États-Unis, aussitôt qu'elles sont mariées, ne doive être attribué qu'à la contrainte de l'opinion publique. Souvent elles se l'imposent elles-mêmes par le seul effort de leur volonté.

Lorsque le temps est arrivé de choisir un époux, cette froide et austère raison que la libre vue du monde a éclairée et affermie, indique à l'Américaine qu'un esprit léger et indépendant dans les liens du mariage, est un sujet de trouble éternel, non de plaisir ; que les amusements de la jeune fille ne sauraient devenir les délassements de l'épouse, et que pour la femme les sources du bonheur sont dans la demeure conjugale. Voyant d'avance et avec clarté le seul chemin qui peut conduire à la félicité domestique, elle y entre dès ses premiers pas, et le suit jusqu'au bout sans chercher à retourner en arrière.

Cette même vigueur de volonté que font voir les jeunes épouses d'Amérique, en se pliant tout à coup et sans se plaindre aux austères devoirs de leur nouvel état, se retrouve du reste dans toutes les grandes épreuves de leur vie.

Il n'y a pas de pays au monde où les fortunes particulières soient plus instables qu'aux États-Unis. Il n'est
pas rare que dans le cours de son existence, le même
homme monte et redescende tous les degrés qui conduisent de l'opulence à la pauvreté.

Les femmes d'Amérique supportent ces révolutions
avec une tranquille et indomptable énergie. On dirait
que leurs désirs se resserrent avec leur fortune, aussi aisément qu'ils s'étendent.

La plupart des aventuriers qui vont peupler chaque
année les solitudes de l'ouest, appartiennent, ainsi que
je l'ai dit dans mon premier ouvrage, à l'ancienne race
anglo-américaine du Nord. Plusieurs de ces hommes qui
courent avec tant d'audace vers la richesse jouissaient
déjà de l'aisance dans leur pays. Ils mènent avec eux
leurs compagnes, et font partager à celles-ci les périls et
les misères sans nombre, qui signalent toujours le commencement de pareilles entreprises. J'ai souvent rencontré jusque sur les limites du désert de jeunes femmes
qui, après avoir été élevées au milieu de toutes les délicatesses des grandes villes de la Nouvelle-Angleterre,
étaient passées presque sans transition de la riche demeure de leurs parents dans une hutte mal fermée au
sein d'un bois. La fièvre, la solitude, l'ennui, n'avaient
point brisé les ressorts de leur courage. Leurs traits
semblaient altérés et flétris, mais leurs regards étaient
fermes. Elles paraissaient tout à la fois tristes et ré-
solues.

Je ne doute point que ces jeunes Américaines n'eussent amassé, dans leur éducation première, cette force intérieure dont elles faisaient alors usage.

C'est donc encore la jeune fille qui, aux États-Unis, se retrouve sous les traits de l'épouse ; le rôle a changé, les habitudes diffèrent, l'esprit est le même.

CHAPITRE XI

Il y a des philosophes et des historiens qui ont dit, ou ont laissé entendre, que les femmes étaient plus ou moins sévères dans leurs mœurs suivant qu'elles habitaient plus ou moins loin de l'équateur. C'est se tirer d'affaire à bon marché, et, à ce compte, il suffirait d'une sphère et d'un compas pour résoudre en un instant l'un des plus difficiles problèmes que l'humanité présente.

Je ne vois point que cette doctrine matérialiste soit établie par les faits.

Les mêmes nations se sont montrées, à différentes époques de leur histoire, chastes ou dissolues. La régularité ou le désordre de leurs mœurs tenait donc à quelques causes changeantes, et non pas seulement à la nature du pays qui ne changeait point.

Je ne nierai pas que, dans certains climats, les passions qui naissent de l'attrait réciproque des sexes ne soient particulièrement ardentes ; mais je pense que cette ardeur naturelle peut toujours être excitée ou contenue par l'état social et les institutions politiques.

Quoique les voyageurs qui ont visité l'Amérique du Nord diffèrent entre eux sur plusieurs points, ils s'accordent tous à remarquer que les mœurs y sont infiniment plus sévères que partout ailleurs.

Il est évident que, sur ce point, les Américains sont très-supérieurs à leurs pères les Anglais. Une vue superficielle des deux nations suffit pour le montrer.

En Angleterre, comme dans toutes les autres contrées de l'Europe, la malignité publique s'exerce sans cesse sur les faiblesses des femmes. On entend souvent les philosophes et les hommes d'État s'y plaindre de ce que les mœurs ne sont pas assez régulières, et la littérature le fait supposer tous les jours.

En Amérique tous les livres, sans en excepter les romans, supposent les femmes chastes, et personne n'y raconte d'aventures galantes.

Cette grande régularité des mœurs américaines tient sans doute en partie au pays, à la race, à la religion. Mais toutes ces causes, qui se rencontrent ailleurs, ne suffisent pas encore pour l'expliquer. Il faut pour cela recourir à quelque raison particulière.

Cette raison me paraît être l'égalité et les institutions qui en découlent.

L'égalité des conditions ne produit pas à elle seule la régularité des mœurs; mais on ne saurait douter qu'elle ne la facilite et ne l'augmente.

Chez les peuples aristocratiques la naissance et la

fortune font souvent de l'homme et de la femme des
êtres si différents qu'ils ne sauraient jamais parvenir
à s'unir l'un à l'autre. Les passions les rapprochent,
mais l'état social et les idées qu'il suggère les empêchent de se lier d'une manière permanente et ostensible. De là naissent nécessairement un grand nombre
d'unions passagères et clandestines. La nature s'y dé-
dommage en secret de la contrainte que les lois lui imposent.

Ceci ne se voit pas de même quand l'égalité des conditions a fait tomber toutes les barrières imaginaires,
ou réelles, qui séparaient l'homme de la femme. Il n'y
a point alors de jeune fille qui ne croie pouvoir devenir
l'épouse de l'homme qui la préfère ; ce qui rend le désordre des mœurs avant le mariage fort difficile. Car,
quelle que soit la crédulité des passions, il n'y a guère
moyen qu'une femme se persuade qu'on l'aime lorsqu'on est parfaitement libre de l'épouser, et qu'on ne le
fait point.

La même cause agit, quoique d'une manière plus in-
directe, dans le mariage.

Rien ne sert mieux à légitimer l'amour illégitime
aux yeux de ceux qui l'éprouvent, ou de la foule qui
le contemple, que des unions forcées ou faites au hasard [1].

[1] Il est aisé de se convaincre de cette vérité en étudiant les différentes
littératures de l'Europe.

Lorsqu'un Européen veut retracer dans ses fictions quelques-unes des
grandes catastrophes qui se font voir si souvent parmi nous, au sein du
mariage, il a soin d'exciter d'avance la pitié du lecteur en lui montrant

Dans un pays où la femme exerce toujours librement son choix, et où l'éducation l'a mise en état de bien choisir, l'opinion publique est inexorable pour ses fautes.

Le rigorisme des Américains naît, en partie, de là. Ils considèrent le mariage comme un contrat souvent onéreux, mais dont cependant on est tenu à la rigueur d'exécuter toutes les clauses, parce qu'on a pu les connaître toutes à l'avance, et qu'on a joui de la liberté entière de ne s'obliger à rien.

Ce qui rend la fidélité plus obligatoire la rend plus facile.

Dans les pays aristocratiques le mariage a plutôt pour but d'unir des biens que des personnes ; aussi arrive-t-il quelquefois que le mari y est pris à l'école et la femme en nourrice. Il n'est pas étonnant que le lien conjugal qui retient unies les fortunes de ces deux époux laisse leurs cœurs errer à l'aventure. Cela découle naturellement de l'esprit du contrat.

Quand, au contraire, chacun choisit toujours lui-

des êtres mals assortis ou contraints. Quoique une longue tolérance ait depuis longtemps relâché nos mœurs, il parviendrait difficilement à nous intéresser aux malheurs de ces personnages s'il ne commençait par faire excuser leur faute. Cet artifice ne manque guère de réussir. Le spectacle journalier dont nous sommes témoins nous prépare de loin à l'indulgence.

Les écrivains américains ne sauraient rendre aux yeux de leurs lecteurs de pareilles excuses vraisemblables ; leurs usages, leurs lois, s'y refusent et, désespérant de rendre le désordre aimable, ils ne le peignent point. C'est, en partie, à cette cause qu'il faut attribuer le petit nombre de romans qui se publient aux États-Unis.

même sa compagne, sans que rien d'extérieur ne le gêne, ni même ne le dirige, ce n'est d'ordinaire que la similitude des goûts et des idées qui rapproche l'homme et la femme ; et cette même similitude les retient et les fixe l'un à côté de l'autre.

Nos pères avaient conçu une opinion singulière en fait de mariage.

Comme ils s'étaient aperçu que le petit nombre de mariages d'inclination, qui se faisaient de leur temps, avaient presque toujours eu une issue funeste, ils en avaient conclu résolûment qu'en pareille matière il était très-dangereux de consulter son propre cœur. Le hasard leur paraissait plus clairvoyant que le choix.

Il n'était pas bien difficile de voir cependant que les exemples qu'ils avaient sous les yeux ne prouvaient rien.

Je remarquerai d'abord que si les peuples démocratiques accordent aux femmes le droit de choisir librement leur mari, ils ont soin de fournir d'avance à leur esprit les lumières, et à leur volonté la force qui peuvent être nécessaires pour un pareil choix ; tandis que les jeunes filles qui, chez les peuples aristocratiques, échappent furtivement à l'autorité paternelle pour se jeter d'elles-mêmes dans les bras d'un homme qu'on ne leur a donné ni le temps de connaître, ni la capacité de juger, manquent de toutes ces garanties. On ne saurait être surpris qu'elles fassent un mauvais usage de leur libre arbitre, la première fois qu'elles en usent ; ni qu'elles tombent dans de si cruelles erreurs, lorsque sans avoir reçu l'éducation démocratique, elles veulent suivre, en se mariant, les coutumes de la démocratie.

Mais il y a plus.

Lorsqu'un homme et une femme veulent se rapprocher à travers les inégalités de l'état social aristocratique, ils ont d'immenses obstacles à vaincre. Après avoir rompu ou desserré les liens de l'obéissance filiale, il leur faut échapper, par un dernier effort, à l'empire de la coutume et à la tyrannie de l'opinion; et lorsque enfin ils sont arrivés au bout de cette rude entreprise, ils se trouvent comme des étrangers au milieu de leurs amis naturels et de leurs proches : le préjugé qu'ils ont franchi les en sépare. Cette situation ne tarde pas à abattre leur courage et à aigrir leurs cœurs.

Si donc il arrive que des époux unis de cette manière sont d'abord malheureux, et puis coupables, il ne faut pas l'attribuer à ce qu'ils se sont librement choisis, mais plutôt à ce qu'ils vivent dans une société qui n'admet point de pareils choix.

On ne doit pas oublier, d'ailleurs, que le même effort qui fait sortir violemment un homme d'une erreur commune l'entraîne presque toujours hors de la raison; que, pour oser déclarer une guerre, même légitime, aux idées de son siècle et de son pays, il faut avoir dans l'esprit une certaine disposition violente et aventureuse, et que des gens de ce caractère, quelque direction qu'ils prennent, parviennent rarement au bonheur et à la vertu. Et c'est, pour le dire en passant, ce qui explique pourquoi, dans les révolutions les plus nécessaires

et les plus saintes, il se rencontre si peu de révolutionnaires modérés et honnêtes.

Que, dans un siècle d'aristocratie, un homme s'avise
par hasard de ne consulter dans l'union conjugale d'autres convenances que son opinion particulière et son
goût, et que le désordre des mœurs et la misère ne tardent pas ensuite à s'introduire dans son ménage, il ne
faut donc pas s'en étonner. Mais lorsque cette même
manière d'agir est dans l'ordre naturel et ordinaire des
choses; que l'état social la facilite; que la puissance paternelle s'y prête, et que l'opinion publique la préconise, on ne doit pas douter que la paix intérieure des
familles n'en devienne plus grande, et que la foi conjugale n'en soit mieux gardée.

Presque tous les hommes des démocraties parcourent
une carrière politique ou exercent une profession, et,
d'une autre part, la médiocrité des fortunes y oblige la
femme à se renfermer chaque jour dans l'intérieur de
sa demeure, afin de présider elle-même, et de très-près,
aux détails de l'administration domestique.

Tous ces travaux distincts et forcés sont comme autant de barrières naturelles qui, séparant les sexes, rendent les sollicitations de l'un plus rares et moins vives,
et la résistance de l'autre plus aisée.

Ce n'est pas que l'égalité des conditions puisse jamais
parvenir à rendre l'homme chaste; mais elle donne au
désordre de ses mœurs un caractère moins dangereux.
Comme personne n'a plus alors le loisir ni l'occasion
d'attaquer les vertus qui veulent se défendre, on voit

tout à la fois un grand nombre de courtisanes et une multitude de femmes honnêtes.

Un pareil état de choses produit de déplorables misères individuelles, mais il n'empêche point que le corps social ne soit dispos et fort; il ne détruit pas les liens de famille et n'énerve pas les mœurs nationales. Ce qui met en danger la société, ce n'est pas la grande corruption chez quelques-uns; c'est le relâchement de tous. Aux yeux du législateur la prostitution est bien moins à redouter que la galanterie.

Cette vie tumultueuse et sans cesse tracassée, que l'égalité donne aux hommes, ne les détourne pas seulement de l'amour en leur ôtant le loisir de s'y livrer; elle les en écarte encore par un chemin plus secret, mais plus sûr.

Tous les hommes qui vivent dans les temps démocratiques contractent plus ou moins les habitudes intellectuelles des classes industrielles et commerçantes; leur esprit prend un tour sérieux, calculateur et positif; il se détourne volontiers de l'idéal pour se diriger vers quelque but visible et prochain qui se présente comme le naturel et nécessaire objet des désirs. L'égalité ne détruit pas ainsi l'imagination; mais elle la limite et ne lui permet de voler qu'en rasant la terre.

Il n'y a rien de moins rêveur que les citoyens d'une démocratie, et l'on n'en voit guère qui veulent s'abandonner à ces contemplations oisives et solitaires qui précèdent d'ordinaire et qui produisent les grandes agitations du cœur.

Ils mettent, il est vrai, beaucoup de prix à se procurer cette sorte d'affection profonde, régulière et paisible, qui fait le charme et la sécurité de la vie ; mais ils ne courent pas volontiers après des émotions violentes et capricieuses qui la troublent et l'abrégent.

Je sais que tout ce qui précède n'est complétement applicable qu'à l'Amérique, et ne peut, quant à présent, s'étendre d'une manière générale à l'Europe.

Depuis un demi-siècle que les lois et les habitudes poussent avec une énergie sans pareille plusieurs peuples européens vers la démocratie, on ne voit point que chez ces nations les rapports de l'homme et de la femme soient devenus plus réguliers et plus chastes. Le contraire se laisse même apercevoir en quelques endroits. Certaines classes sont mieux réglées ; la moralité générale paraît plus lâche. Je ne craindrai pas de le remarquer, car je ne me sens pas mieux disposé à flatter mes contemporains qu'à en médire.

Ce spectacle doit affliger, mais non surprendre. L'heureuse influence qu'un état social démocratique peut exercer sur la régularité des habitudes est un de ces faits qui ne sauraient se découvrir qu'à la longue. Si l'égalité des conditions est favorable aux bonnes mœurs, le travail social, qui rend les conditions égales, leur est très-funeste.

Depuis cinquante ans, que la France se transforme, nous avons eu rarement de la liberté, mais toujours du désordre. Au milieu de cette confusion universelle des idées et de cet ébranlement général des opinions, parmi

ce mélange incohérent du juste et de l'injuste, du vrai
et du faux, du droit et du fait, la vertu publique
est devenue incertaine, et la moralité privée chancelante.

Mais toutes les révolutions, quels que fussent leur objet et leurs agents, ont d'abord produit des effets semblables. Celles même qui ont fini par resserrer le lien
des mœurs ont commencé par le détendre.

Les désordres dont nous sommes souvent témoins ne
me semblent donc pas un fait durable. Déjà de curieux
indices l'annoncent.

Il n'y a rien de plus misérablement corrompu qu'une
aristocratie qui conserve ses richesses en perdant son
pouvoir, et qui, réduite à des jouissances vulgaires,
possède encore d'immenses loisirs. Les passions énergiques et les grandes pensées qui l'avaient animée jadis,
en disparaissent alors, et l'on n'y rencontre plus guère
qu'une multitude de petits vices rongeurs, qui s'attachent à elle, comme des vers à un cadavre.

Personne ne conteste que l'aristocratie française du
dernier siècle ne fût très-dissolue; tandis que d'anciennes habitudes et de vieilles croyances maintenaient
encore le respect des mœurs dans les autres classes.

On n'aura pas de peine non plus à tomber d'accord
que, de notre temps, une certaine sévérité de principes
ne se fasse voir parmi les débris de cette même aristocratie, au lieu que le désordre des mœurs a paru s'é-
tendre dans les rangs moyens et inférieurs de la société. De telle sorte que les mêmes familles qui se

montraient, il y a cinquante ans, les plus relâchées se montrent aujourd'hui les plus exemplaires, et que la démocratie semble n'avoir moralisé que les classes aristocratiques.

La Révolution, en divisant la fortune des nobles, en les forçant de s'occuper assidûment de leurs affaires et de leurs familles, en les renfermant avec leurs enfants sous le même toit, en donnant enfin un tour plus raisonnable et plus grave à leurs pensées, leur a suggéré, sans qu'ils s'en aperçoivent eux-mêmes, le respect des croyances religieuses, l'amour de l'ordre, des plaisirs paisibles, des joies domestiques et du bien-être ; tandis que le reste de la nation, qui avait naturellement ces mêmes goûts, était entraîné vers le désordre par l'effort même qu'il fallait faire pour renverser les lois et les coutumes politiques.

L'ancienne aristocratie française a subi les conséquences de la révolution, et elle n'a point ressenti les passions révolutionnaires, ni partagé l'entraînement souvent anarchique qui l'a produite ; il est facile de concevoir qu'elle éprouve dans ses mœurs l'influence salutaire de cette révolution avant ceux mêmes qui l'ont faite.

Il est donc permis de dire, quoique la chose au premier abord paraisse surprenante, que, de nos jours, ce sont les classes les plus antidémocratiques de la nation qui font le mieux voir l'espèce de moralité qu'il est raisonnable d'attendre de la démocratie.

Je ne puis m'empêcher de croire, que quand nous au-

rons obtenu tous les effets de la révolution démocratique,
après être sortis du tumulte qu'elle a fait naître, ce qui
n'est vrai aujourd'hui que de quelques-uns, le deviendra peu à peu de tous.

CHAPITRE XII

J'ai fait voir comment la démocratie détruisait ou modifiait les diverses inégalités que la société fait naître; mais est-ce là tout, et ne parvient-elle pas enfin à agir sur cette grande inégalité de l'homme et de la femme, qui a semblé, jusqu'à nos jours, avoir ses fondements éternels dans la nature?

Je pense que le mouvement social qui rapproche du même niveau le fils et le père, le serviteur et le maître, et, en général, l'inférieur et le supérieur, élève la femme, et doit de plus en plus en faire l'égale de l'homme.

Mais c'est ici, plus que jamais, que je sens le besoin d'être bien compris; car, il n'y a pas de sujet sur lequel l'imagination grossière et désordonnée de notre siècle se soit donné une plus libre carrière.

Il y a des gens en Europe qui, confondant les attributs divers des sexes, prétendent faire de l'homme et de la femme des êtres, non-seulement égaux, mais sem-

blables. Ils donnent à l'un comme à l'autre les mêmes
fonctions, leur imposent les mêmes devoirs et leur accordent les mêmes droits ; ils les mêlent en toutes choses,
travaux, plaisirs, affaires. On peut aisément concevoir
qu'en s'efforçant d'égaler ainsi un sexe à l'autre, on les
dégrade tous les deux ; et que de ce mélange grossier
des œuvres de la nature il ne saurait jamais sortir que
des hommes faibles et des femmes déshonnètes.

Ce n'est point ainsi que les Américains ont compris
l'espèce d'égalité démocratique qui peut s'établir entre
la femme et l'homme. Ils ont pensé que, puisque la nature avait établi une si grande variété entre la constitution physique et morale de l'homme et celle de la
femme, son but clairement indiqué était de donner à
leurs différentes facultés un emploi divers ; et ils ont jugé
que le progrès ne consistait point à faire faire à peu
près les mêmes choses à des êtres dissemblables, mais
à obtenir que chacun d'eux s'acquittât le mieux possible
de sa tâche. Les Américains ont appliqué aux deux sexes
le grand principe d'économie politique qui domine de
nos jours l'industrie. Ils ont soigneusement divisé les
fonctions de l'homme et de la femme, afin que le grand
travail social fût mieux fait.

L'Amérique est le pays du monde où l'on a pris le
soin le plus continuel de tracer aux deux sexes des lignes
d'action nettement séparées, et où l'on a voulu que tous
deux marchassent d'un pas égal, mais dans des chemins
toujours différents. Vous ne voyez point d'Américaines
diriger les affaires extérieures de la famille, conduire un

négoce, ni pénétrer enfin dans la sphère politique; mais on n'en rencontre point non plus qui soient obligées de se livrer aux rudes travaux du labourage, ni à aucun des exercices pénibles qui exigent le développement de la force physique. Il n'y a pas de familles si pauvres qui fassent exception à cette règle. Si l'Américaine ne peut point s'échapper du cercle paisible des occupations domestiques, elle n'est, d'autre part, jamais contrainte d'en sortir.

De là vient que les Américaines, qui font souvent voir une mâle raison et une énergie toute virile, conservent en général une apparence très-délicate, et restent toujours femmes par les manières, bien qu'elles se montrent hommes quelquefois par l'esprit et le cœur.

Jamais non plus les Américains n'ont imaginé que la conséquence des principes démocratiques fût de renverser la puissance maritale et d'introduire la confusion des autorités dans la famille. Ils ont pensé que toute association, pour être efficace, devait avoir un chef, et que le chef naturel de l'association conjugale était l'homme. Ils ne refusent donc point à celui-ci le droit de diriger sa compagne; et ils croient que, dans la petite société du mari et de la femme, ainsi que dans la grande société politique, l'objet de la démocratie est de régler et de légitimer les pouvoirs nécessaires, et non de détruire tout pouvoir.

Cette opinion n'est point particulière à un sexe, et combattue par l'autre.

Je n'ai pas remarqué que les Américaines considéras-

sent l'autorité conjugale comme une usurpation heureuse de leurs droits, ni qu'elles crussent que ce fût
s'abaisser de s'y soumettre. Il m'a semblé voir, au contraire, qu'elles se faisaient une sorte de gloire du volontaire abandon de leur volonté, et qu'elles mettaient leur
grandeur à se plier d'elles-mêmes au joug, et non à s'y
soustraire. C'est là, du moins, le sentiment qu'expriment les plus vertueuses : les autres se taisent, et l'on
n'entend point aux États-Unis d'épouse adultère réclamer bruyamment les droits de la femme, en foulant aux
pieds ses plus saints devoirs.

On a remarqué souvent qu'en Europe un certain mépris se découvre au milieu même des flatteries que les
hommes prodiguent aux femmes : bien que l'Européen
se fasse souvent l'esclave de la femme, on voit qu'il ne
la croit jamais sincèrement son égale.

Aux États-Unis, on ne loue guère les femmes; mais
on montre chaque jour qu'on les estime.

Les Américains font voir sans cesse une pleine confiance dans la raison de leur compagne, et un respect
profond pour sa liberté. Ils jugent que son esprit est
aussi capable que celui de l'homme de découvrir la vérité toute nue, et son cœur assez ferme pour la suivre;
et ils n'ont jamais cherché à mettre la vertu de l'un plus
que celle de l'autre à l'abri des préjugés, de l'ignorance
ou de la peur.

Il semble qu'en Europe, où l'on se soumet si aisément à l'empire despotique des femmes, on leur refuse
cependant quelques-uns des plus grands attributs de

l'espèce humaine, et qu'on les considère comme des êtres séduisants et incomplets; et, ce dont on ne saurait trop s'étonner, c'est que les femmes elles-mêmes finissent par se voir sous le même jour, et qu'elles ne sont pas éloignées de considérer comme un privilége la faculté qu'on leur laisse de se montrer futiles, faibles et craintives. Les Américaines ne réclament point de semblables droits.

On dirait, d'une autre part, qu'en fait de mœurs, nous ayons accordé à l'homme une sorte d'immunité singulière; de telle sorte qu'il y ait comme une vertu à son usage, et une autre à celui de sa compagne; et que, suivant l'opinion publique, le même acte puisse être alternativement un crime ou seulement une faute.

Les Américains ne connaissent point cet inique partage des devoirs et des droits. Chez eux, le séducteur y est aussi déshonoré que sa victime.

Il est vrai que les Américains témoignent rarement aux femmes ces égards empressés dont on se plaît à les environner en Europe; mais ils montrent toujours, par leur conduite, qu'ils les supposent vertueuses et délicates; et ils ont un si grand respect pour leur liberté morale, qu'en leur présence chacun veille avec soin sur ses discours, de peur qu'elles ne soient forcées d'entendre un langage qui les blesse. En Amérique, une jeune fille entreprend, seule et sans crainte, un long voyage.

Les législateurs des États-Unis, qui ont adouci presque toutes les dispositions du code pénal, punissent de mort le viol; et il n'est point de crimes que l'opinion publique poursuive avec une ardeur plus inexorable. Cela s'explique : comme les Américains ne conçoivent rien de plus précieux que l'honneur de la femme, et rien de si respectable que son indépendance, ils estiment qu'il n'y a pas de châtiment trop sévère pour ceux qui les lui enlèvent malgré elle.

En France, où le même crime est frappé de peines beaucoup plus douces, il est souvent difficile de trouver un jury qui condamne. Serait-ce mépris de la pudeur, ou mépris de la femme? Je ne puis m'empêcher de croire que c'est l'un et l'autre.

Ainsi, les Américains ne croient pas que l'homme et la femme aient le devoir ni le droit de faire les mêmes choses; mais ils montrent une même estime pour le rôle de chacun d'eux, et ils les considèrent comme des êtres dont la valeur est égale, quoique la destinée diffère. Ils ne donnent point au courage de la femme la même forme ni le même emploi qu'à celui de l'homme; mais ils ne doutent jamais de son courage; et s'ils estiment que l'homme et sa compagne ne doivent pas toujours employer leur intelligence et leur raison de la même manière, ils jugent, du moins, que la raison de l'une est aussi assurée que celle de l'autre, et son intelligence aussi claire.

Les Américains, qui ont laissé subsister dans la société l'infériorité de la femme, l'ont donc élevée de tout leur pouvoir, dans le monde intellectuel et moral, au niveau de l'homme; et, en ceci, ils me paraissent avoir admirablement compris la véritable notion du progrès démocratique.

Pour moi, je n'hésiterai pas à le dire : quoique aux États-Unis la femme ne sorte guère du cercle domestique, et qu'elle y soit, à certains égards, fort dépendante, nulle part sa position ne m'a semblé plus haute ; et si, maintenant que j'approche de la fin de ce livre, où j'ai montré tant de choses considérables faites par les Américains, on me demandait à quoi je pense qu'il faille principalement attribuer la prospérité singulière et la force croissante de ce peuple, je répondrais que c'est à la supériorité de ses femmes.

CHAPITRE XIII

On serait porté à croire que la conséquence dernière
et l'effet nécessaire des institutions démocratiques est de
confondre les citoyens dans la vie privée aussi bien que
dans la vie publique, et de les forcer tous à mener une
existence commune.

C'est comprendre, sous une forme bien grossière et
bien tyrannique, l'égalité que la démocratie fait naître.

Il n'y a point d'état social ni de lois qui puissent rendre
les hommes tellement semblables, que l'éducation, la
fortune et les goûts ne mettent entre eux quelque différence, et, si des hommes différents peuvent trouver
quelquefois leur intérêt à faire, en commun, les mêmes
choses, on doit croire qu'ils n'y trouveront jamais leur
plaisir. Ils échapperont donc toujours, quoi qu'on fasse,
à la main du législateur; et, se dérobant par quelque
endroit du cercle où l'on cherche à les renfermer, ils
établiront, à côté de la grande société politique, de pe-

tites sociétés privées, dont la similitude des conditions, des habitudes et des mœurs sera le lien.

Aux États-Unis, les citoyens n'ont aucune prééminence les uns sur les autres; ils ne se doivent réciproquement ni obéissance ni respect; ils administrent ensemble la justice, et gouvernent l'État, et en général ils se réunissent tous pour traiter les affaires qui influent sur la destinée commune; mais je n'ai jamais ouï-dire qu'on prétendît les amener à se divertir tous de la même manière, ni se réjouir confusément dans les mêmes lieux.

Les Américains, qui se mêlent si aisément dans l'enceinte des assemblées politiques et des tribunaux, se divisent, au contraire, avec grand soin en petites associations fort distinctes, pour goûter à part les jouissances de la vie privée. Chacun d'eux reconnaît volontiers tous ses concitoyens pour ses égaux, mais il n'en reçoit jamais qu'un très-petit nombre parmi ses amis ou ses hôtes.

Cela me semble très-naturel. A mesure que le cercle de la société publique s'agrandit, il faut s'attendre à ce que la sphère des relations privées se resserre : au lieu d'imaginer que les citoyens des sociétés nouvelles vont finir par vivre en commun, je crains bien qu'ils n'arrivent enfin à ne plus former que de très-petites coteries.

Chez les peuples aristocratiques, les différentes classes sont comme de vastes enceintes, d'où l'on ne peut sortir, et où l'on ne saurait entrer. Les classes ne se communiquent point entre elles; mais, dans l'intérieur de chacunes d'elles, les hommes se pratiquent forcément tous les jours. Lors même que naturellement ils ne se conviendraient point, la convenance générale d'une même condition les rapproche.

Mais lorsque ni la loi ni la coutume ne se chargent d'établir des relations fréquentes et habituelles entre certains hommes, la ressemblance accidentelle des opinions et des penchants en décide. Ce qui varie les sociétés particulières à l'infini.

Dans les démocraties, où les citoyens ne diffèrent jamais beaucoup les uns des autres, et se trouvent naturellement si proches qu'à chaque instant il peut leur arriver de se confondre tous dans une masse commune, il se crée une multitude de classifications artificielles et arbitraires à l'aide desquelles chacun cherche à se mettre à l'écart, de peur d'être entraîné malgré soi dans la foule.

Il ne saurait jamais manquer d'en être ainsi; car on peut changer les institutions humaines, mais non l'homme : quel que soit l'effort général d'une société pour rendre les citoyens égaux et semblables, l'orgueil particulier des individus cherchera toujours à échapper au niveau, et voudra former quelque part une inégalité dont il profite.

Dans les aristocraties, les hommes sont séparés les uns des autres par de hautes barrières immobiles; dans les démocraties, ils sont divisés par une multitude de petits fils presque invisibles, qu'on brise à tous moments et qu'on change sans cesse de place.

Ainsi, quels que soient les progrès de l'égalité, il se

formera toujours chez les peuples démocratiques un
grand nombre de petites associations privées au milieu
de la grande société politique. Mais aucune d'elles ne
ressemblera, par les manières, à la classe supérieure
qui dirige les aristocraties.

CHAPITRE XIV

Il n'y a rien, au premier abord, qui semble moins important que la forme extérieure des actions humaines, et il n'y a rien à quoi les hommes attachent plus de prix; ils s'accoutument à tout, excepté à vivre dans une société qui n'a pas leurs manières. L'influence qu'exerce l'état social et politique sur les manières vaut donc la peine d'être sérieusement examinée.

Les manières sortent, en général, du fond même des mœurs; et, de plus, elles résultent quelquefois d'une convention arbitraire entre certains hommes. Elles sont, en même temps, naturelles et acquises.

Quand des hommes s'aperçoivent qu'ils sont les premiers sans contestation et sans peine; qu'ils ont chaque jour sous les yeux de grands objets dont ils s'occupent, laissant à d'autres les détails; et qu'ils vivent au sein d'une richesse qu'ils n'ont pas acquise et qu'ils ne craignent pas de perdre, on conçoit qu'ils éprouvent une sorte de dédain superbe pour les petits intérêts et les

23

soins matériels de la vie, et qu'ils aient dans la pensée une grandeur naturelle que les paroles et les manières révèlent.

Dans les pays démocratiques, les manières ont d'ordinaire peu de grandeur, parce que la vie privée y est fort petite. Elles sont souvent vulgaires, parce que la pensée n'y a que peu d'occasions de s'y élever au delà de la préoccupation des intérêts domestiques.

La véritable dignité des manières consiste à se montrer toujours à sa place, ni plus haut, ni plus bas; cela est à la portée du paysan comme du prince. Dans les démocraties, toutes les places paraissent douteuses; d'où il arrive que les manières, qui y sont souvent orgueilleuses, y sont rarement dignes. De plus, elles ne sont jamais ni bien réglées ni bien savantes.

Les hommes qui vivent dans les démocraties sont trop mobiles pour qu'un certain nombre d'entre eux parvienne à établir un code de savoir-vivre et puisse tenir la main à ce qu'on le suive. Chacun y agit donc à peu près à sa guise, et il y règne toujours une certaine incohérence dans les manières, parce qu'elles se conforment aux sentiments et aux idées individuelles de chacun, plutôt qu'à un modèle idéal donné d'avance à l'imitation de tous.

Toutefois, ceci est bien plus sensible au moment où l'aristocratie vient de tomber que lorsqu'elle est depuis longtemps détruite.

Les institutions politiques nouvelles et les nouvelles mœurs réunissent alors dans les mêmes lieux et forcent

souvent de vivre en commun des hommes que l'éducation et les habitudes rendent enco ¬ e prodigieusemen
dissemblables ; ce qui fait ressortir à tout moment det
grandes bigarrures. On se souvient encore qu'il a existé
un code précis de la politesse ; mais on ne sait déjà plus
ni ce qu'il contient ni où il se trouve. Les hommes ont
perdu la loi commune des manières, et ils n'ont pas encore pris le parti de s'en passer ; mais chacun s'efforce
de former, avec les débris des anciens usages, une certaine règle arbitraire et changeante ; de telle sorte que
les manières n'ont ni la régularité ni la grandeur qu'elles
font souvent voir chez les peuples aristocratiques, ni le
tour simple et libre qu'on leur remarque quelquefois
dans la démocratie ; elles sont tout à la fois gênées et sans
gêne.

Ce n'est pas là l'état normal.

Quand l'égalité est complète et ancienne, tous les
hommes ayant à peu près les mêmes idées et faisant à
peu près les mêmes choses, n'ont pas besoin de s'entendre ni de se copier pour agir et parler de la même sorte ;
on voit sans cesse une multititude de petites dissemblances dans leurs manières ; on n'y aperçoit pas de
grandes différences. Ils ne se ressemblent jamais parfaitement, parce qu'ils n'ont pas le même modèle ; ils
ne sont jamais fort dissemblables, parce qu'ils ont la
même condition. Au premier abord, on dirait que les
manières de tous les Américains sont exactement pareilles. Ce n'est qu'en les considérant de fort près, qu'on
aperçoit les particularités par où tous diffèrent.

Les Anglais se sont fort égayés aux dépens des manières américaines; et, ce qu'il y a de particulier, c'est que la plupart de ceux qui nous en ont fait un si plaisant tableau appartenaient aux classes moyennes d'Angleterre, auxquelles ce même tableau est fort applicable. De telle sorte, que ces impitoyables détracteurs présentent d'ordinaire l'exemple de ce qu'ils blâment aux États-Unis; ils ne s'aperçoivent pas qu'ils se raillent eux-mêmes, pour la plus grande joie de l'aristocratie de leur pays.

Rien ne fait plus de tort à la démocratie, que la forme extérieure de ses mœurs. Bien des gens s'accommoderaient volontiers de ses vices, qui ne peuvent supporter ses manières.

Je ne saurais admettre cependant qu'il n'y ait rien à louer dans les manières des peuples démocratiques.

Chez les nations aristocratiques, tous ceux qui avoisinent la première classe s'efforcent d'ordinaire de lui ressembler, ce qui produit des imitations très-ridicules et fort plates. Si les peuples démocratiques ne possèdent point chez eux le modèle des grandes manières, ils échappent du moins à l'obligation d'en voir tous les jours de méchantes copies.

Dans les démocraties, les manières ne sont jamais si raffinées que chez les peuples aristocratiques; mais jamais non plus elles ne se montrent si grossières. On n'y entend ni les gros mots de la populace, ni les expressions nobles et choisies des grands seigneurs. Il y a sou-

vent de la trivialité dans les mœurs, mais point de brutalité ni de bassesse.

J'ai dit que dans les démocraties, il ne saurait se
former un code précis, en fait de savoir-vivre. Ceci a
son inconvénient et ses avantages. Dans les aristocraties, les règles de la bienséance imposent à chacun la
même apparence ; elles rendent tous les membres de la
même classe semblables, en dépit de leurs penchants
particuliers ; elles parent le naturel et le cachent. Chez
les peuples démocratiques, les manières ne sont ni aussi
savantes ni aussi régulières ; mais elles sont souvent plus
sincères. Elles forment, comme un voile léger et mal
tissé, à travers lequel les sentiments véritables et les
idées individuelles de chaque homme se laissent aisément voir. La forme et le fond des actions humaines s'y
rencontrent donc souvent dans un rapport intime, et, si
le grand tableau de l'humanité est moins orné, il est
plus vrai. Et c'est ainsi, que dans un sens, on peut dire
que l'effet de la démocratie n'est point précisément de
donner aux hommes certaines manières, mais d'empêcher qu'ils n'aient des manières.

On peut quelquefois retrouver dans une démocratie,
des sentiments, des passions, des vertus et des vices de
l'aristocratie ; mais non ses manières. Celles-ci se perdent et disparaissent sans retour, quand la révolution
démocratique est complète.

Il semble qu'il n'y a rien de plus durable que les manières d'une classe aristocratique ; car elle les conserve
encore quelque temps après avoir perdu ses biens et son

pouvoir ; ni de si fragile, car à peine ont-elles disparu, qu'on n'en retrouve plus la trace, et qu'il est difficile de dire ce qu'elles étaient du moment qu'elles ne sont plus. Un changement dans l'état social opère ce pro- dige ; quelques générations y suffisent.

Les traits principaux de l'aristocratie restent gravés dans l'histoire, lorsque l'aristocratie est détruite, mais les formes délicates et légères de ses mœurs disparaissent de la mémoire des hommes, presque aussitôt après sa chute. Ils ne sauraient les concevoir dès qu'ils ne les ont plus sous les yeux. Elles leur échappent sans qu'ils le voient ni qu'ils le sentent. Car, pour éprouver cette espèce de plaisir raffiné que procurent la distinction et le choix des manières, il faut que l'habitude et l'édu- cation y aient préparé le cœur, et l'on en perd aisément le goût avec l'usage.

Ainsi, non-seulement les peuples démocratiques ne sauraient avoir les manières de l'aristocratie ; mais ils ne les conçoivent ni ne les désirent ; ils ne les imagi- nent point, elles sont, pour eux, comme si elles n'avaient jamais été.

Il ne faut pas attacher trop d'importance à cette perte ; mais il est permis de la regretter.

Je sais qu'il est arrivé plus d'une fois que les mêmes hommes ont eu des mœurs très-distinguées et des senti- ments très-vulgaires ; l'intérieur des cours a fait assez voir que de grands dehors pouvaient souvent cacher des cœurs fort bas. Mais, si les manières de l'aristocratie ne faisaient point la vertu, elles ornaient quelquefois la vertu même. Ce n'était point un spectacle ordinaire que celui d'une classe nombreuse et puissante, où tous les actes extérieurs de la vie semblaient révéler à chaque instant la hauteur naturelle des sentiments et des pensées, la délicatesse et la régularité des goûts, l'urbanité des mœurs.

Les manières de l'aristocratie donnaient de belles illusions sur la nature humaine; et quoique le tableau fût souvent menteur, on éprouvait un noble plaisir à le regarder.

CHAPITRE XV

DE LA GRAVITÉ DES AMÉRICAINS, ET POURQUOI ELLE NE LES EMPÊCHE PAS
DE FAIRE SOUVENT DES CHOSES INCONSIDÉRÉES.

Les hommes qui vivent dans les pays démocratiques ne prisent point ces sortes de divertissements naïfs, turbulents et grossiers auxquels le peuple se livre dans les aristocraties ; ils les trouvent puérils ou insipides. Ils ne montrent guère plus de goût pour les amusements intellectuels et raffinés des classes aristocratiques ; il leur faut quelque chose de productif et de substantiel dans leurs plaisirs ; et ils veulent mêler des jouissances à leur joie.

Dans les sociétés aristocratiques, le peuple s'abandonne volontiers aux élans d'une gaieté tumultueuse et bruyante qui l'arrache tout à coup à la contemplation de ses misères ; les habitants des démocraties n'aiment point à se sentir ainsi tirés violemment hors d'eux-mêmes, et c'est toujours à regret qu'ils se perdent de vue. A ces transports frivoles ils préfèrent des délassements graves et silencieux qui ressemblent à des affaires et ne les fassent point entièrement oublier.

Il y a tel Américain qui, au lieu d'aller dans ses moments de loisir danser joyeusement sur la place publique, ainsi que les gens de sa profession continuent à le faire dans une grande partie de l'Europe, se retire seul au fond de sa demeure, pour y boire. Cet homme jouit à la fois de deux plaisirs : il songe à son négoce, et il s'enivre décemment en famille.

Je croyais que les Anglais formaient la nation la plus sérieuse qui fût sur la terre, mais j'ai vu les Américains et j'ai changé d'opinion.

Je ne veux pas dire que le tempérament ne soit pas pour-beaucoup dans le caractère des habitants des États-Unis. Je pense, toutefois, que les institutions politiques y contribuent plus encore.

Je crois que la gravité des Américains naît en partie de leur orgueil. Dans les pays démocratiques, le pauvre lui-même a une haute idée de sa valeur personnelle. Il se contemple avec complaisance et croit volontiers que les autres le regardent. Dans cette disposition, il veille avec soin sur ses paroles et sur ses actes, et ne se livre point, de peur de découvrir ce qui lui manque. Il se figure que pour paraître digne il lui faut rester grave.

Mais j'aperçois une autre cause plus intime et plus puissante qui produit instinctivement chez les Américains cette gravité qui m'étonne.

Sous le despotisme les peuples se livrent de temps en temps aux éclats d'une folle joie; mais, en général, ils sont mornes et concentrés, parce qu'ils ont peur.

Dans les monarchies absolues, que tempèrent la coutume et les mœurs, ils font souvent voir une humeur égale et enjouée, parce qu'ayant quelque liberté et une assez grande sécurité, ils sont écartés des soins les plus importants de la vie; mais tous les peuples libres sont graves, parce que leur esprit est habituellement absorbé dans la vue de quelque projet dangereux ou difficile.

Il en est surtout ainsi chez les peuples libres qui sont constitués en démocraties. Il se rencontre alors dans toutes les classes un nombre infini de gens qui se préoccupent sans cesse des affaires sérieuses du gouvernement; et ceux qui ne songent point à diriger la fortune publique, sont livrés tout entiers aux soins d'accroître leur fortune privée. Chez un pareil peuple la gravité n'est plus particulière à certains hommes, elle devient une habitude nationale.

On parle des petites démocraties de l'antiquité dont les citoyens se rendaient sur la place publique avec des couronnes de roses, et qui passaient presque tout leur temps en danses et en spectacles. Je ne crois pas plus à de semblables républiques qu'à celle de Platon; ou, si les choses s'y passaient ainsi qu'on nous le raconte, je ne crains pas d'affirmer que ces prétendues démocraties étaient formées d'éléments bien différents des nôtres, et qu'elles n'avaient avec celles-ci rien de commun que le nom.

Il ne faut pas croire, du reste, qu'au milieu de tous leurs labeurs, les gens qui vivent dans les démocraties se jugent à plaindre : le contraire se remarque. Il n'y a point d'hommes qui tiennent autant à leur condition que ceux-là. Ils trouveraient la vie sans saveur, si on les délivrait des soins qui les tourmentent, et ils se montrent plus attachés à leurs soucis que les peuples aristocratiques à leurs plaisirs.

Je me demande pourquoi les mêmes peuples démocratiques, qui sont si graves, se conduisent quelquefois d'une manière si inconsidérée.

Les Américains, qui gardent presque toujours un maintien posé et un air froid, se laissent néanmoins emporter souvent bien loin des limites de la raison par une passion soudaine ou une opinion irréfléchie, et il leur arrive de faire sérieusement des étourderies singulières.

Ce contraste ne doit pas surprendre.

Il y a une sorte d'ignorance qui naît de l'extrême publicité. Dans les États despotisques, les hommes ne savent comment agir, parce qu'on ne leur dit rien ; chez les nations démocratiques, ils agissent souvent au hasard, parce qu'on a voulu leur tout dire. Les premiers ne savent pas, et les autres oublient. Les traits principaux de chaque tableau disparaissent pour eux parmi la multitude des détails.

On s'étonne de tous les propos imprudents que se permet quelquefois un homme public dans les États libres et surtout dans les États démocratiques, sans en être compromis ; tandis que, dans les monarchies absolues, quelques mots qui échappent par hasard suffisent pour le dévoiler à jamais et le perdre sans ressource.

Cela s'explique par ce qui précède. Lorsqu'on parle au milieu d'une grande foule, beaucoup de paroles ne sont point entendues, ou sont aussitôt effacées du souvenir de ceux qui les entendent; mais, dans le silence d'une multitude muette et immobile, les moindres chuchotements frappent l'oreille.

Dans les démocraties, les hommes ne sont jamais fixes; mille hasards les font sans cesse changer de place, et il règne presque toujours je ne sais quoi d'imprévu et, pour ainsi dire, d'improvisé dans leur vie. Aussi sont-ils souvent forcés de faire ce qu'ils ont mal appris, de parler de ce qu'ils ne comprennent guère, et de se livrer à des travaux auxquels un long apprentissage ne les a pas préparés.

Dans les aristocraties, chacun n'a qu'un seul but qu'il poursuit sans cesse; mais, chez les peuples démocratiques, l'existence de l'homme est plus compliquée; il est rare que le même esprit n'y embrasse point plusieurs objets à la fois, et souvent des objets fort étrangers les uns aux autres. Comme il ne peut les bien connaître tous, il se satisfait aisément de notions imparfaites.

Quant l'habitant des démocraties n'est pas pressé par ses besoins, il l'est du moins par ses désirs; car, parmi tous les biens qui l'environnent, il n'en voit aucun qui soit entièrement hors de sa portée. Il fait donc toutes choses à la hâte; se contente sans cesse d'à peu près, et ne s'arrête jamais qu'un moment pour considérer chacun de ses actes.

Sa curiosité est tout à la fois insatiable et satisfaite à peu de frais; car il tient à savoir vite beaucoup, plutôt qu'à bien savoir.

Il n'a guère le temps, et il perd bientôt le goût d'approfondir.

Ainsi donc, les peuples démocratiques sont graves, parce que leur état social et politique les porte sans cesse à s'occuper de choses sérieuses; et ils agissent inconsidérément, parce qu'ils ne donnent que peu de temps et d'attention à chacune de ces choses.

L'habitude de l'inattention doit être considérée comme le plus grand vice de l'esprit démocratique.

CHAPITRE XVI

Tous les peuples libres se montrent glorieux d'eux-mêmes ; mais l'orgueil national ne se manifeste pas chez tous de la même manière.

Les Américains, dans leurs rapports avec les étrangers, paraissent impatients de la moindre censure et insatiables de louanges. Le plus mince éloge leur agrée, et le plus grand suffit rarement à les satisfaire ; ils vous harcèlent à tous moments pour obtenir de vous d'être loués ; et, si vous résistez à leurs instances, ils se louent eux-mêmes. On dirait que, doutant de leur propre mérite, ils veulent à chaque instant en avoir le tableau sous leurs yeux. Leur vanité n'est pas seulement avide, elle est inquiète et envieuse. Elle n'accorde rien en demandant sans cesse. Elle est quêteuse et querelleuse à la fois.

Je dis à un Américain que le pays qu'il habite est beau ; il réplique : « Il est vrai, il n'y en a pas de pareil au monde ! » J'admire la liberté dont jouissent ses habitants, et il me répond : « C'est un don précieux que la liberté ! mais il y a bien peu de peuples qui soient dignes d'en jouir. » Je remarque la pureté de mœurs qui règne aux États-Unis : « Je conçois, dit-il, qu'un étranger, qui a été frappé de la corruption qui se fait voir chez toutes les autres nations, soit étonné à ce spectacle. » Je l'abandonne enfin à la contemplation de lui-même ; mais il revient à moi et ne me quitte point qu'il ne soit parvenu à me faire répéter ce que viens de lui dire. On ne saurait imaginer de patriotisme plus incommode et plus bavard. Il fatigue ceux même qui l'honorent.

Il n'en est point ainsi des Anglais. L'Anglais jouit tranquillement des avantages réels ou imaginaires qu'à ses yeux son pays possède. S'il n'accorde rien aux autres nations, il ne demande rien non plus pour la sienne. Le blâme des étrangers ne l'émeut point et leur louange ne le flatte guère. Il se tient vis-à-vis du monde entier dans une réserve pleine de dédain et d'ignorance. Son orgueil n'a pas besoin d'aliment ; il vit sur lui-même.

Que deux peuples sortis depuis peu d'une même souche se montrent si opposés l'un à l'autre, dans la manière de sentir et de parler, cela est remarquable.

Dans les pays aristocratiques, les grands possèdent d'immenses priviléges, sur lesquels leur orgueil se repose, sans chercher à se nourrir des menus avantages qui s'y rapportent. Ces priviléges leur étant arrivés par héritage, ils les considèrent, en quelque sorte, comme une partie d'eux-mêmes, ou du moins comme un droit naturel et inhérent à leur personne. Ils ont donc un sentiment paisible de leur supériorité; ils ne songent point à vanter des prérogatives que chacun aperçoit et que personne ne leur dénie. Ils ne s'en étonnent point assez pour en parler. Ils restent immobiles au milieu de leur grandeur solitaire, sûrs que tout le monde les y voit, sans qu'ils cherchent à s'y montrer, et que nul n'entreprendra de les en faire sortir.

Quand une aristocratie conduit les affaires publiques, son orgueil national prend naturellement cette forme réservée, insouciante et hautaine, et toutes les autres classes de la nation l'imitent.

Lorsqu'au contraire, les conditions diffèrent peu, les moindres avantages ont de l'importance. Comme chacun voit autour de soi un million de gens qui en possèdent de tout semblables ou d'analogues, l'orgueil devient exigeant et jaloux; il s'attache à des misères et les défend opiniâtrément.

Dans les démocraties, les conditions étant fort mobiles, les hommes ont presque toujours récemment acquis les avantages qu'ils possèdent; ce qui fait qu'ils sentent un plaisir infini à les exposer aux regards, pour montrer aux autres et se témoigner à eux-mêmes qu'ils en jouissent; et comme, à chaque instant, il peut arriver que ces avantages leur échappent, ils sont sans cesse en alarmes, et s'efforcent de faire voir qu'ils les tiennent encore. Les hommes qui vivent dans les démocraties, aiment leur pays de la même manière qu'ils s'aiment

eux-mêmes, et ils transportent les habitudes de leur vanité privée dans leur vanité nationale.

La vanité inquiète et insatiable des peuples démocratiques tient tellement à l'égalité et à la fragilité des
conditions, que les membres de la plus fière noblesse
montrent absolument la même passion dans les petites
portions de leur existence, où il y a quelque chose d'in-
stable et de contesté.

Une classe aristocratique diffère toujours profondément des autres classes de la nation par l'étendue et la
perpétuité des prérogatives; mais il arrive quelquefois
que plusieurs de ses membres ne diffèrent entre eux que
par de petits avantages fugitifs qu'ils peuvent perdre et
acquérir tous les jours.

On a vu les membres d'une puissante aristocratie,
réunis dans une capitale ou dans une cour, s'y disputer
avec acharnement les priviléges frivoles qui dépendent
du caprice de la mode ou de la volonté du maître. Ils
montraient alors précisément les uns envers les autres
les mêmes jalousies puériles qui animent les hommes
des démocraties, la même ardeur pour s'emparer des
moindres avantages que leurs égaux leur contestaient, et
le même besoin d'exposer à tous les regards ceux dont ils
avaient la jouissance.

Si les courtisans s'avisaient jamais d'avoir de l'orgueil
national, je ne doute pas qu'il n'en fissent voir un tout
pareil à celui des peuples démocratiques.

CHAPITRE XVII

Il semble que rien ne soit plus propre à exciter et à
nourrir la curiosité que l'aspect des États-Unis. Les fortunes, les idées, les lois y varient sans cesse. On dirait
que l'immobile nature elle-même est mobile, tant elle
se transforme chaque jour sous la main de l'homme.

A la longue cependant la vue de cette société si agitée
paraît monotone, et, après avoir contemplé quelque
temps ce tableau si mouvant, le spectateur s'ennuie.

Chez les peuples aristocratiques, chaque homme est à
peu près fixe dans sa sphère; mais les hommes sont
prodigieusement dissemblables; ils ont des passions, des
idées, des habitudes et des goûts essentiellement divers.
Rien n'y remue, tout y diffère.

Dans les démocraties, au contraire, tous les hommes
sont semblables et font des choses à peu près semblables.
Ils sont sujets, il est vrai, à de grandes et continuelles
vicissitudes; mais, comme les mêmes succès et les mêmes

revers reviennent continuellement, le nom des acteurs seul est différent, la pièce est la même. L'aspect de la société américaine est agité, parce que les hommes et les choses changent constamment; et il est monotone, parce que tous les changements sont pareils.

Les hommes qui vivent dans les temps démocratiques ont beaucoup de passions; mais la plupart de leurs passions aboutissent à l'amour des richesses ou en sortent. Cela ne vient pas de ce que leurs âmes sont plus petites, mais de ce que l'importance de l'argent est alors réellement plus grande.

Quand les citoyens sont tous indépendants et indifférents, ce n'est qu'en payant qu'on peut obtenir le concours de chacun d'eux; ce qui multiplie à l'infini l'usage de la richesse, et en accroît le prix.

Le prestige qui s'attachait aux choses anciennes ayant disparu, la naissance, l'état, la profession ne distinguent plus les hommes, ou les distinguent à peine; il ne reste plus guère que l'argent qui crée des différences très-visibles entre eux, et qui puisse en mettre quelques-uns hors de pair. La distinction qui naît de la richesse s'augmente de la disparition et de la diminution de toutes les autres.

Chez les peuples aristocratiques, l'argent ne mène qu'à quelques points seulement de la vaste circonférence des désirs; dans les démocraties, il semble qu'il conduise à tous.

On retrouve donc d'ordinaire l'amour des richesses, comme principal ou accessoire, au fond des actions des

Américains; ce qui donne à toutes leurs passions un air de famille, et ne tarde point à en rendre fatigant le tableau.

Ce retour perpétuel de la même passion est monotone; les procédés particuliers que cette passion emploie pour se satisfaire le sont également.

Dans une démocratie constituée et paisible, comme celle des États-Unis, où l'on ne peut s'enrichir ni par la guerre, ni par les emplois publics, ni par les confiscations politiques, l'amour des richesses dirige principalement les hommes vers l'industrie. Or, l'industrie, qui amène souvent de si grands désordres et de si grands désastres, ne saurait cependant prospérer qu'à l'aide d'habitudes très-régulières et par une longue succession de petits actes très-uniformes. Les habitudes sont d'autant plus régulières et les actes plus uniformes que la passion est plus vive. On peut dire que c'est la violence même de leurs désirs qui rend les Américains si méthodiques. Elle trouble leur âme, mais elle range leur vie.

Ce que je dis de l'Amérique s'applique du reste à presque tous les hommes de nos jours. La variété disparaît du sein de l'espèce humaine; les mêmes manières d'agir, de penser et de sentir se retrouvent dans tous les coins du monde. Cela ne vient pas seulement de ce que tous les peuples se pratiquent davantage et se copient plus fidèlement, mais de ce qu'en chaque pays les hommes s'écartant de plus en plus des idées et des sentiments particuliers à une caste, à une profession, à une famille, arrivent simultanément à ce qui tient de plus près à la constitution de l'homme, qui est partout la même. Ils deviennent ainsi semblables, quoiqu'ils ne se soient pas imités. Ils sont comme des voyageurs répandus dans une grande forêt dont tous les chemins aboutissent à un même point. Si tous aperçoivent à la fois le point central et dirigent de ce côté leurs pas, ils se rapprochent insensiblement les uns des autres, sans se chercher, sans s'apercevoir et sans se connaître, et ils seront enfin surpris en se voyant réunis dans le même lieu. Tous les peuples qui prennent pour objet de leurs études et de leur imitation, non tel homme, mais l'homme lui-même, finiront par se rencontrer dans les mêmes mœurs, comme ces voyageurs au rond-point.

CHAPITRE XVIII

Il semble que les hommes se servent de deux méthodes fort distinctes dans le jugement public qu'ils portent des actions de leurs semblables : tantôt ils les jugent suivant les simples notions du juste et de l'injuste, qui sont répandues sur toute la terre; tantôt ils les apprécient à l'aide de notions très-particulières qui n'appartiennent qu'à un pays et à une époque. Souvent il arrive que ces deux règles diffèrent; quelquefois elles se combattent, mais jamais elles ne se confondent entièrement, ni ne se détruisent.

[1] Le mot *honneur* n'est pas toujours pris dans le même sens en français.

1° Il signifie d'abord l'estime, la gloire, la considération qu'on obtient de ses semblables : c'est dans ce sens qu'on dit *conquérir de l'honneur*;

2° Honneur signifie encore l'ensemble des règles, à l'aide desquelles on obtient cette gloire, cette estime et cette considération. C'est ainsi qu'on dit *qu'un homme s'est toujours conformé strictement aux lois de l'honneur; qu'il a forfait à l'honneur*. En écrivant le présent chapitre, j'ai toujours pris le mot *honneur* dans ce dernier sens.

L'honneur, dans le temps de son plus grand pouvoir, régit la volonté plus que la croyance, et les hommes, alors même qu'ils se soumettent sans hésitation et sans murmure à ses commandements, sentent encore, par une sorte d'instinct obscur, mais puissant, qu'il existe une loi plus générale, plus ancienne et plus sainte, à laquelle ils désobéissent quelquefois sans cesser de la connaître. Il y a des actions qui ont été jugées à la fois honnêtes et déshonorantes. Le refus d'un duel a souvent été dans ce cas.

Je crois qu'on peut expliquer ces phénomènes autrement que par le caprice de certains individus et de certains peuples, ainsi qu'on l'a fait jusqu'ici.

Le genre humain éprouve des besoins permanents et généraux, qui ont fait naître des lois morales à l'inobservation desquelles tous les hommes ont naturellement attaché, en tous lieux et en tous temps, l'idée du blâme et de la honte. Ils ont appelé *faire mal* s'y soustraire, *faire bien* s'y soumettre.

Il s'établit de plus, dans le sein de la vaste association humaine, des associations plus restreintes, qu'on nomme des peuples, et, au milieu de ces derniers, d'autres plus petites encore, qu'on appelle des classes ou des castes.

Chacune de ces associations forme comme une espèce particulière dans le genre humain ; et, bien qu'elle ne diffère point essentiellement de la masse des hommes, elle s'en tient quelque peu à part, et éprouve des besoins qui lui sont propres. Ce sont ces besoins spéciaux qui modifient en quelque façon et dans certains pays la manière d'envisager les actions humaines, et l'estime qu'il convient d'en faire.

L'intérêt général et permanent du genre humain est que les hommes ne se tuent point les uns les autres ; mais il peut se faire que l'intérêt particulier et momentané d'un peuple ou d'une classe soit, dans certains cas, d'excuser et même d'honorer l'homicide.

L'honneur n'est autre chose que cette règle particulière fondée sur un état particulier, à l'aide de laquelle un peuple ou une classe distribue le blâme ou la louange.

Il n'y a rien de plus improductif pour l'esprit humain qu'une idée abstraite. Je me hâte donc de courir vers les faits. Un exemple va mettre en lumière ma pensée.

Je choisirai l'espèce d'honneur le plus extraordinaire qui ait jamais paru dans le monde, et celui que nous connaissons le mieux : l'honneur aristocratique né au sein de la société féodale. Je l'expliquerai à l'aide de ce qui précède, et j'expliquerai ce qui précède par lui.

Je n'ai point à rechercher ici quand et comment l'aristocratie du moyen âge était née, pourquoi elle s'était si profondément séparée du reste de la nation, ce qui avait fondé et affermi son pouvoir. Je la trouve debout, et je cherche à comprendre pourquoi elle considérait la plupart des actions humaines sous un jour si particulier.

Ce qui me frappe d'abord, c'est que, dans le monde féodal, les actions n'étaient point toujours louées ni blâmées en raison de leur valeur intrinsèque ; mais qu'il arrivait quelquefois de les priser uniquement par rapport à celui qui en était l'auteur ou l'objet ; ce qui répugne à la conscience générale du genre humain. Certains actes étaient donc indifférents de la part d'un roturier, qui déshonoraient un noble ; d'autres changeaient de caractère suivant que la personne qui en souffrait appartenait à l'aristocratie ou vivait hors d'elle.

Quand ces différentes opinions ont pris naissance, la noblesse formait un corps à part, au milieu du peuple qu'elle dominait des hauteurs inaccessibles où elle s'était retirée. Pour maintenir cette position particulière qui faisait sa force, elle n'avait pas seulement besoin de priviléges politiques : il lui fallait des vertus et des vices à son usage.

Que telle vertu ou telle vice appartînt à la noblesse plutôt qu'à la roture ; que telle action fût indifférente quand elle avait un vilain pour objet, ou condamnable quand il s'agissait d'un noble, voilà ce qui était souvent arbitraire ; mais qu'on attachât de l'honneur ou de la honte aux actions d'un homme suivant sa condition, c'est ce qui résultait de la constitution même d'une société aristocratique. Cela s'est vu, en effet, dans tous les pays qui ont eu une aristocratie. Tant qu'il en reste un seul vestige, ces singularités se retrouvent : débaucher une fille de couleur nuit à peine à la réputation d'un Américain ; l'épouser le déshonore.

Dans certains cas, l'honneur féodal prescrivait la vengeance et flétrissait le pardon des injures ; dans d'autres, il commandait impérieusement aux hommes de se vaincre, il ordonnait l'oubli de soi-même. Il ne faisait point une loi de l'humanité, ni de la douceur ; mais il vantait la générosité ; il prisait la libéralité plus que la bienfaisance, il permettait qu'on s'enrichît par le jeu, par la guerre, mais non par le travail ; il préférait de grands crimes à de petits gains. La cupidité le révoltait moins que l'avarice, la violence lui agréait souvent tandis que l'astuce et la trahison lui paraissaient toujours méprisables.

Ces notions bizarres n'étaient pas nées du caprice seul de ceux qui les avaient conçues.

Une classe qui est parvenue à se mettre à la tête et au-dessus de toutes les autres, et qui fait de constants efforts pour se maintenir à ce rang suprême, doit particulièrement honorer les vertus qui ont de la grandeur et de l'éclat, et qui peuvent se combiner aisément avec l'orgueil et l'amour du pouvoir. Elle ne craint pas de déranger l'ordre naturel de la conscience, pour placer ces vertus-là avant toutes les autres. On conçoit même qu'elle élève volontiers certains vices audacieux et brillants, au-dessus des vertus paisibles et modestes. Elle y est en quelque sorte contrainte par sa condition.

En avant de toutes les vertus, et à la place d'un grand nombre d'entre elles, les nobles du moyen âge mettaient le courage militaire.

C'était encore là une opinion singulière qui naissait forcément de la singularité de l'état social.

L'aristocratie féodale était née par la guerre et pour la guerre ; elle avait trouvé dans les armes son pouvoir et elle le maintenait par les armes ; rien ne lui était donc

plus nécessaire que le courage militaire ; et il était naturel qu'elle le glorifiât par-dessus tout le reste. Tout
ce qui le manifestait au dehors, fût-ce même aux dépens
de la raison et de l'humanité, était donc approuvé et souvent commandé par elle. La fantaisie des hommes ne se
retrouvait que dans le détail.

Qu'un homme regardât comme une injure énorme de
recevoir un coup sur la joue et fût obligé de tuer dans
un combat singulier celui qui l'avait ainsi légèrement
frappé, voilà l'arbitraire ; mais qu'un noble ne pût recevoir paisiblement une injure, et fût déshonoré s'il se
laissait frapper sans combattre, ceci ressortait des principes même et des besoins d'une aristocratie militaire.

Il était donc vrai, jusqu'à un certain point, de dire
que l'honneur avait des allures capricieuses ; mais les
caprices de l'honneur étaient toujours renfermés dans
de certaines limites nécessaires. Cette règle particulière,
appelée par nos pères l'honneur, est si loin de me paraître
une loi arbitraire, que je m'engagerais sans peine à
rattacher à un petit nombre de besoins fixes et inva-
riables des sociétés féodales ses prescriptions les plus incohérentes et les plus bizarres.

Si je suivais l'honneur féodal dans le champ de la politique, je n'aurais pas plus de peine à y expliquer ses
démarches.

L'état social et les institutions politiques du moyen
âge étaient tels que le pouvoir national n'y gouvernait
jamais directement les citoyens. Celui-ci n'existait pour
ainsi dire pas à leurs yeux ; chacun ne connaissait qu'un

certain homme auquel il était obligé d'obéir. C'est par
celui-là que, sans le savoir, on tenait à tous les autres.
Dans les sociétés féodales, tout l'ordre public roulait
donc sur le sentiment de fidélité à la personne même du
seigneur. Cela détruit, on tombait aussitôt dans l'anarchie.

La fidélité au chef politique était d'ailleurs un sentiment dont tous les membres de l'aristocratie apercevaient chaque jour le prix, car chacun d'eux était à la
fois seigneur et vassal, et avait à commander aussi bien
qu'à obéir.

Rester fidèle à son seigneur, se sacrifier pour lui
au besoin, partager sa fortune bonne ou mauvaise, l'aider
dans ses entreprises quelles qu'elles fussent, telles furent
les premières prescriptions de l'honneur féodal en matière politique. La trahison du vassal fut condamnée par
l'opinion, avec une rigueur extraordinaire. On créa un
nom particulièrement infamant pour elle, on l'appela
félonie.

On ne trouve au contraire, dans le moyen âge, que
peu de traces d'une passion qui a fait la vie des sociétés
antiques. Je veux parler du patriotisme. Le nom même
du patriotisme n'est point ancien dans notre idiome[1].

Les institutions féodales dérobaient la patrie aux
regards; elles en rendaient l'amour moins nécessaire.
Elles faisaient oublier la nation en passionnant pour un

---

[1] Le mot *patrie* lui-même ne se rencontre dans les auteurs français
qu'à partir du seizième siècle.

homme. Aussi, ne voit-on pas que l'honneur féodal ait jamais fait une loi étroite de rester fidèle à son pays.

Ce n'est pas que l'amour de la patrie n'existât point dans le cœur de nos pères; mais il n'y formait qu'une sorte d'instinct faible et obscur, qui est devenu plus clair et plus fort, à mesure qu'on a détruit les classes et centralisé le pouvoir.

Ceci se voit bien par les jugements contraires que portent les peuples d'Europe sur les différents faits de leur histoire, suivant la génération qui les juge. Ce qui déshonorait principalement le connétable de Bourbon aux yeux de ses contemporains, c'est qu'il portait les armes contre son roi; ce qui le déshonore le plus à nos yeux, c'est qu'il faisait la guerre à son pays. Nous le flétrissons autant que nos aïeux, mais par d'autres raisons.

J'ai choisi pour éclaircir ma pensée, l'honneur féodal, parce que l'honneur féodal a des traits plus marqués et mieux qu'aucun autre; j'aurais pu prendre mon exemple ailleurs, je serais arrivé au même but par un autre chemin.

Quoique nous connaissions moins bien les Romains que nos ancêtres, nous savons cependant qu'il existait chez eux, en fait de gloire et de déshonneur, des opinions particulières qui ne découlaient pas seulement des notions générales du bien et du mal. Beaucoup d'actions humaines y étaient considérées sous un jour différent, suivant qu'il s'agissait d'un citoyen ou d'un étranger, d'un homme libre ou d'un esclave; on y glorifiait certains vices, on y avait élevé certaines vertus par delà toutes les autres.

« Or, était en ce temps-là, dit Plutarque dans la vie de Coriolan, la prouesse honorée et prisée à Rome, pardessus toutes les autres vertus. De quoi fait foi de ce que l'on la nommait *virtus;* du nom même de la vertu, en attribuant le nom du commun genre à une espèce particulière. Tellement que vertu en latin était autant à dire comme vaillance. » Qui ne reconnaît là le besoin particulier de cette association singulière qui s'était formée pour la conquête du monde?

Chaque nation prêtera à des observations analogues; car, ainsi que je l'ai dit plus haut, toutes les fois que les hommes se rassemblent en société particulière, il s'établit aussitôt parmi eux un honneur, c'est-à-dire un ensemble d'opinions qui leur est propre sur ce qu'on doit louer ou blâmer; et ces règles particulières ont toujours leur source dans les habitudes spéciales et les intérêts spéciaux de l'association.

Cela s'applique dans une certaine mesure, aux sociétés démocratiques comme aux autres. Nous allons en retrouver la preuve chez les Américains[1].

On rencontre encore éparses parmi les opinions des Américains, quelques notions détachées de l'ancien honneur aristocratique de l'Europe. Ces opinions tradi-

[1] Je parle ici des Américains qui habitent les pays où l'esclavage n'existe pas. Ce sont les seuls qui puissent présenter l'image complète d'une société démocratique.

tionnelles sont en très-petit nombre; elles ont peu de racine et peu de pouvoir. C'est une religion dont on laisse subsister quelques-uns des temples, mais à laquelle on ne croit plus.

Au milieu de ces notions à demi effacées d'un honneur exotique, apparaissent quelques opinions nouvelles qui constituent ce qu'on pourrait appeler de nos jours l'honneur américain.

J'ai montré comment les Américains étaient poussés incessamment vers le commerce et l'industrie. Leur origine, leur état social, les institutions politiques, le lieu même qu'ils habitent les entraîne irrésistiblement vers ce côté. Ils forment donc, quant à présent, une association presque exclusivement industrielle et commerçante, placée au sein d'un pays nouveau et immense qu'elle a pour principal objet d'exploiter. Tel est le trait caractéristique qui, de nos jours, distingue le plus particulièrement le peuple américain de tous les autres.

Toutes les vertus paisibles qui tendent à donner une allure régulière au corps social et à favoriser le négoce, doivent donc être spécialement honorées chez ce peuple; et l'on ne saurait les négliger sans tomber dans le mépris public.

Toutes les vertus turbulentes qui jettent souvent de l'éclat, mais plus souvent encore du trouble dans la société, occupent au contraire dans l'opinion de ce même peuple un rang subalterne. On peut les négliger sans perdre l'estime de ses concitoyens, et on s'exposerait peut-être à la perdre en les acquérant.

Les Américains ne font pas un classement moins arbitraire parmi les vices.

Il y a certains penchants condamnables aux yeux de la raison générale, et de la conscience universelle du genre humain, qui se trouvent être d'accord avec les besoins particuliers et momentanés de l'association américaine; et elle ne les réprouve que faiblement, quelquefois elle les loue; je citerai particulièrement l'amour des richesses et les penchants secondaires qui s'y rattachent. Pour défricher, féconder, transformer ce vaste continent inhabité, qui est son domaine, il faut à l'Américain l'appui journalier d'une passion énergique; cette passion ne saurait être que l'amour des richesses; la passion des richesses n'est donc point flétrie en Amérique, et pourvu qu'elle ne dépasse pas les limites que l'ordre public lui assigne, on l'honore. L'Américain appelle noble et estimable ambition, ce que nos pères du moyen âge nommaient cupidité servile; de même qu'il donne le nom de fureur aveugle et barbare à l'ardeur conquérante et à l'humeur guerrière qui les jetaient chaque jour dans de nouveaux combats.

Aux États-Unis, les fortunes se détruisent et se relèvent sans peine. Le pays est sans bornes et plein de ressources inépuisables. Le peuple a tous les besoins et tous les appétits d'un être qui croît, et quelques efforts qu'il fasse, il est toujours environné de plus de biens qu'il n'en peut saisir. Ce qui est à craindre chez un pareil peuple, ce n'est pas la ruine de quelques individus, bientôt réparée, c'est l'inactivité et la mollesse de tous. L'audace dans les entreprises industrielles, est la première cause de ses progrès rapides, de sa force, de sa grandeur. L'industrie est pour lui comme une vaste loterie où un petit nombre d'hommes perdent, chaque jour, mais où l'État gagne sans cesse ; un semblable peuple doit donc voir avec faveur et honorer l'audace en matière d'industrie. Or, toute entreprise audacieuse compromet la fortune de celui qui s'y livre et la fortune de tous ceux qui se fient à lui. Les Américains, qui font de la témérité commerciale une sorte de vertu, ne sauraient, en aucun cas, flétrir les téméraires.

De là vient qu'on montre, aux États-Unis, une indulgence si singulière pour le commerçant qui fait faillite : l'honneur de celui-ci ne souffre point d'un pareil accident. En cela, les Américains diffèrent, non-seulement des peuples européens, mais de toutes les nations commerçantes de nos jours ; aussi ne ressemblent-ils, par leur position et leurs besoins, à aucune d'elles.

En Amérique, on traite avec une sévérité inconnue dans le reste du monde tous les vices qui sont de nature à altérer la pureté des mœurs et à détruire l'union conjugale. Cela contraste étrangement, au premier abord, avec la tolérance qu'on y montre sur d'autres points. On est surpris de rencontrer chez le même peuple une morale si relâchée et si austère.

Ces choses ne sont pas aussi incohérentes qu'on le suppose. L'opinion publique, aux États-Unis, ne réprime que mollement l'amour des richesses, qui sert à la grandeur industrielle et à la prospérité de la nation ;

et elle condamne particulièrement les mauvaises mœurs, qui distraient l'esprit humain de la recherche du bien-être, et troublent l'ordre intérieur de la famille, si nécessaire au succès des affaires. Pour être estimés de leurs semblables, les Américains sont donc contraints de se plier à des habitudes régulières. C'est en ce sens qu'on peut dire qu'ils mettent leur honneur à être chastes.

L'honneur américain s'accorde avec l'ancien honneur de l'Europe sur un point. Il met le courage à la tête des vertus, et en fait pour l'homme la plus grande des nécessités morales; mais il n'envisage pas le courage sous le même aspect.

Aux États-Unis, la valeur guerrière est peu prisée, le courage qu'on connaît le mieux et qu'on estime le plus, est celui qui fait braver les fureurs de l'Océan pour arriver plus tôt au port, supporter sans se plaindre les misères du désert, et la solitude, plus cruelle que toutes les misères; le courage qui rend presque insensible au renversement subit d'une fortune péniblement acquise, et suggère aussitôt de nouveaux efforts pour en construire une nouvelle. Le courage de cette espèce est principalement nécessaire au maintien et à la prospérité de l'association américaine, et il est particulièrement honoré et glorifié par elle. On ne saurait s'en montrer privé, sans déshonneur.

Je trouve un dernier trait : il achèvera de mettre en relief l'idée de ce chapitre.

Dans une société démocratique, comme celle des États-Unis, où les fortunes sont petites et mal assurées, tout le monde travaille et le travail mène à tout. Cela a retourné le point d'honneur et l'a dirigé contre l'oisiveté.

J'ai rencontré quelquefois en Amérique des gens riches, jeunes, ennemis par tempérament de tout effort pénible, et qui étaient forcés de prendre une profession. Leur nature et leur fortune leur permettaient de rester oisifs; l'opinion publique le leur défendait impérieusement, et il lui fallait obéir. J'ai souvent vu, au contraire, chez les nations européennes où l'aristocratie lutte encore contre le torrent qui l'entraîne, j'ai vu, dis-je, des hommes que leurs besoins et leurs désirs aiguillonnaient sans cesse, demeurer dans l'oisiveté pour ne point perdre l'estime de leurs égaux, et se soumettre plus aisément à l'ennui et à la gêne qu'au travail.

Qui n'aperçoit dans ces deux obligations si contraires, deux règles différentes, qui pourtant l'une et l'autre émanent de l'honneur?

Ce que nos pères ont appelé par excellence l'honneur, n'était, à vrai dire, qu'une de ses formes. Ils ont donné un nom générique à ce qui n'était qu'une espèce. L'honneur se retrouve donc dans les siècles démocratiques comme dans les temps d'aristocratie. Mais il ne sera pas difficile de montrer que dans ceux-là il présente une autre physionomie.

Non-seulement ses prescriptions sont différentes, nous allons voir qu'elles sont moins nombreuses et moins claires et qu'on suit plus mollement ses lois.

Une caste est toujours dans une situation bien plus

particulière qu'un peuple. Il n'y a rien de plus exceptionnel dans le monde qu'une petite société toujours
composée des mêmes familles, comme l'aristocratie du
moyen âge par exemple, et dont l'objet est de concentrer et de retenir exclusivement et héréditairement
dans son sein, la lumière, la richesse et le pouvoir.

Or, plus la position d'une société est exceptionnnelle,
plus ses besoins spéciaux sont en grand nombre, et
plus les notions de son honneur, qui correspondent à ses
besoins, s'accroissent.

Les prescriptions de l'honneur seront donc toujours
moins nombreuses chez un peuple qui n'est point partagé en castes, que chez un autre. S'il vient à s'établir
des nations où il soit même difficile de retrouver des
classes, l'honneur s'y bornera à un petit nombre de
préceptes, et ces préceptes s'éloigneront de moins en
moins des lois morales adoptées par le commun de
l'humanité.

Ainsi, les prescriptions de l'honneur seront moins bizarres et moins nombreuses, chez une nation démocratique que dans une aristocratie.

Elles seront aussi plus obscures ; cela résulte nécessairement de ce qui précède.

Les traits caractéristiques de l'honneur étant en plus
petit nombre, et moins singuliers, il doit souvent être
difficile de les discerner.

Il y a d'autres raisons encore.

Chez les nations aristocratiques du moyen âge, les
générations se succédaient en vain les unes aux autres ;

chaque famille y était comme un homme immortel, et perpétuellement immobile; les idées n'y variaient guère plus que les conditions.

Chaque homme y avait donc toujours devant les yeux les mêmes objets, qu'il envisageait du même point de vue; son œil pénétrait peu à peu dans les moindres détails, et sa perception ne pouvait manquer, à la longue, de devenir claire et distincte. Ainsi non-seulement les hommes des temps féodaux avaient des opinions fort extraordinaires qui constituaient leur honneur; mais chacune de ces opinions se peignait dans leur esprit sous une forme nette et précise.

Il ne saurait jamais en être de même dans un pays comme l'Amérique, où tous les citoyens remuent; où la société, se modifiant elle-même tous les jours, change ses opinions avec ses besoins. Dans un pareil pays, on entrevoit la règle de l'honneur; on a rarement le loisir de la considérer fixement.

La société fût-elle immobile, il serait encore difficile d'y arrêter le sens qu'on doit donner au mot honneur.

Au moyen âge, chaque classe ayant son honneur, la même opinion n'était jamais admise à la fois par un très-grand nombre d'hommes; ce qui permettait de lui donner une forme arrêtée et précise; d'autant plus que tous ceux qui l'admettaient, ayant tous une position parfaitement identique et fort exceptionnelle, trouvaient une disposition naturelle à s'entendre sur les prescriptions d'une loi qui n'était faite que pour eux seuls.

L'honneur devenait ainsi un code complet et détaillé,

où tout était prévu et ordonné à l'avance, et qui présentait une règle fixe et toujours visible aux actions humaines. Chez une nation démocratique comme le peuple américain, où les rangs sont confondus, et où la société entière ne forme qu'une masse unique, dont tous les éléments sont analogues, sans être entièrement semblables, on ne saurait jamais s'entendre à l'avance exactement sur ce qui est permis et défendu par l'honneur.

Il existe bien, au sein de ce peuple, de certains besoins nationaux qui font naître des opinions communes, en matière d'honneur ; mais de semblables opinions ne se présentent jamais en même temps, de la même manière, et avec une égale force à l'esprit de tous les citoyens ; la loi de l'honneur existe, mais elle manque souvent d'interprètes.

La confusion est bien plus grande encore dans un pays démocratique comme le nôtre, où les différentes classes qui composaient l'ancienne société, venant à se mêler sans avoir pu encore se confondre, importent, chaque jour, dans le sein les unes des autres, les notions diverses et souvent contraires de leur honneur ; où chaque homme, suivant ses caprices, abandonne une partie des opinions de ses pères et retient l'autre ; de telle sorte, qu'au milieu de tant de mesures arbitraires, il ne saurait jamais s'établir une commune règle. Il est presque impossible alors de dire à l'avance quelles actions seront honorées, ou flétries. Ce sont des temps misérables ; mais ils ne durent point.

Chez les nations démocratiques, l'honneur étant mal défini, est nécessairement moins puissant; car il est difficile d'appliquer avec certitude et fermeté une loi qui est imparfaitement connue. L'opinion publique, qui est l'interprète naturel et souverain de la loi de l'honneur, ne voyant pas distinctement de quel côté il convient de faire pencher le blâme ou la louange, ne prononce qu'en hésitant son arrêt. Quelquefois il lui arrive de se contredire; souvent elle se tient immobile, et laisse faire.

La faiblesse relative de l'honneur dans les démocraties tient encore à plusieurs autres causes.

Dans les pays aristocratiques, le même honneur n'est jamais admis que par un certain nombre d'hommes, souvent restreint et toujours séparé du reste de leurs semblables. L'honneur se mêle donc aisément et se confond, dans l'esprit de ceux-là, avec l'idée de tout ce qui les distingue. Il leur apparaît comme le trait distinctif de leur physionomie; ils en appliquent les différentes règles avec toute l'ardeur de l'intérêt personnel, et ils mettent, si je puis m'exprimer ainsi, de la passion à lui obéir.

Cette vérité se manifeste bien clairement quand on lit les coutumiers du moyen âge, à l'article des duels judiciaires. On y voit que les nobles étaient tenus, dans leurs querelles, de se servir de la lance et de l'épée, tandis que les vilains usaient entre eux du bâton, « attendu, ajoutent les coutumes, *que les vilains n'ont pas d'honneur.* » Cela ne voulait pas dire, ainsi qu'on se l'imagine de nos jours, que ces hommes fussent méprisables; cela signifiait seulement que leurs actions n'étaient pas jugées d'après les mêmes règles que celles de l'aristocratie.

Ce qui étonne, au premier abord, c'est que quand l'honneur règne avec cette pleine puissance, ses prescriptions sont en général fort étranges; de telle sorte qu'on semble lui mieux obéir à mesure qu'il paraît s'écarter davantage de la raison; d'où il est quelquefois arrivé de conclure que l'honneur était fort, à cause même de son extravagance.

Ces deux choses ont, en effet, la même origine; mais elles ne découlent pas l'une de l'autre.

L'honneur est bizarre en proportion de ce qu'il représente des besoins plus particuliers et ressentis par un plus petit nombre d'hommes; et c'est parce qu'il représente des besoins de cette espèce qu'il est puissant. L'honneur n'est donc pas puissant parce qu'il est bizarre; mais il est bizarre et puissant par la même cause.

Je ferai une autre remarque.

Chez les peuples aristocratiques, tous les rangs diffèrent, mais tous les rangs sont fixes; chacun occupe dans sa sphère un lieu dont il ne peut sortir, et où il vit au milieu d'autres hommes attachés autour de lui de la même manière. Chez ces nations, nul ne peut donc espérer ou craindre de n'être pas vu; il ne se rencontre pas d'homme si bas placé qui n'ait son théâtre, et qui doive échapper, par son obscurité, au blâme ou à la louange.

Dans les États démocratiques, au contraire, où tous
les citoyens sont confondus dans la même foule et s'y
agitent sans cesse, l'opinion publique n'a point de prise;
son objet disparaît à chaque instant, et lui échappe.
L'honneur y sera donc toujours moins impérieux et
moins pressant ; car l'honneur n'agit qu'en vue du public, différent en cela de la simple vertu, qui vit sur
elle-même et se satisfait de son témoignage.

Si le lecteur a bien saisi tout ce qui précède, il a dû
comprendre qu'il existe, entre l'inégalité des conditions
et ce que nous avons appelé l'honneur, un rapport étroit
et nécessaire qui, si je ne me trompe, n'avait point été
encore clairement indiqué. Je dois donc faire un dernier
effort pour le bien mettre en lumière.

Une nation se place à part dans le genre humain.
Indépendamment de certains besoins généraux inhérents
à l'espèce humaine, elle a ses intérêts et ses besoins particuliers. Il s'établit aussitôt dans son sein, en matière
de blâme et de louange, de certaines opinions qui lui
sont propres et que ses citoyens appellent l'honneur.

Dans le sein de cette même nation, il vient à s'établir
une caste qui, se séparant à son tour de toutes les autres
classes, contracte des besoins particuliers, et ceux-ci, à
leur tour, font naître des opinions spéciales. L'honneur
de cette caste, composé bizarre des notions particulières
de la nation, et des notions plus particulières encore de la
caste s'éloignera, autant qu'on puisse l'imaginer, des
simples et générales opinions des hommes. Nous avons
atteint le point extrême, redescendons.

Les rangs se mêlent, les priviléges sont abolis. Les hommes qui composent la nation étant redevenus semblables et égaux, leurs intérêts et leurs besoins se confondent, et l'on voit s'évanouir successivement toutes les notions singulières que chaque caste appelait l'honneur; l'honneur ne découle plus que des besoins particuliers de la nation elle-même; il représente son individualité parmi les peuples.

S'il était permis enfin de supposer que toutes les races se confondissent, et que tous les peuples du monde en vinssent à ce point d'avoir les mêmes intérêts, les mêmes besoins, et de ne plus se distinguer des uns des autres par aucun trait caractéristique, on cesserait entièrement d'attribuer une valeur conventionnelle aux actions humaines; tous les envisageraient sous le même jour; les besoins généraux de l'humanité, que la conscience révèle à chaque homme, seraient la commune mesure. Alors, on ne rencontrerait plus dans ce monde que les simples et générales notions du bien et du mal, auxquelles s'attacheraient, par un lien naturel et nécessaire, les idées de louange ou de blâme.

Ainsi, pour renfermer enfin dans une seule formule toute ma pensée, ce sont les dissemblances et les inégalités des hommes qui ont créé l'honneur; il s'affaiblit à mesure que ces différences s'effacent, et il disparaîtrait avec elles.

CHAPITRE XIX

La première chose qui frappe aux États-Unis, c'est la multitude innombrable de ceux qui cherchent à sortir de leur condition originaire ; et la seconde, c'est le petit nombre de grandes ambitions qui se font remarquer au milieu de ce mouvement universel de l'ambition. Il n'y a pas d'Américains qui ne se montrent dévorés du désir de s'élever ; mais on n'en voit presque point qui paraissent nourrir de très-vastes espérances, ni tendre fort haut. Tous veulent acquérir sans cesse des biens, de la réputation, du pouvoir ; peu envisagent en grand toutes ces choses. Et cela surprend au premier abord ; puisqu'on n'aperçoit rien, ni dans les mœurs, ni dans les lois de l'Amérique, qui doive y borner les désirs, et les empêcher de prendre de tous côtés leur essor.

Il semble difficile d'attribuer à l'égalité des conditions ce singulier état de choses ; car au moment où cette même égalité s'est établie parmi nous, elle y a fait éclore aussitôt des ambitions presque sans limites. Je crois cependant que c'est principalement dans l'état social et les mœurs démocratiques des Américains qu'on doit chercher la cause de ce qui précède.

Toute révolution grandit l'ambition des hommes. Cela est surtout vrai de la révolution qui renverse une aristocratie.

Les anciennes barrières qui séparaient la foule de la renommée et du pouvoir, venant à s'abaisser tout à coup, il se fait un mouvement d'ascension impétueux et universel vers ces grandeurs longtemps enviées, et dont la jouissance est enfin permise. Dans cette première exaltation du triomphe, rien ne semble impossible à personne. Non-seulement les désirs n'ont pas de bornes, mais le pouvoir de les satisfaire n'en a presque point. Au milieu de ce renouvellement général et soudain des coutumes et des lois, dans cette vaste confusion de tous les hommes et de toutes les règles, les citoyens s'élèvent et tombent avec une rapidité inouïe, et la puissance passe si vite de mains en mains, que nul ne doit désespérer de la saisir à son tour.

Il faut bien se souvenir d'ailleurs que les gens qui détruisent une aristocratie ont vécu sous ses lois ; ils ont vu ses splendeurs, et ils se sont laissé pénétrer, sans le savoir, par les sentiments et les idées qu'elle avait conçus. Au moment donc où une aristocratie se dissout, son esprit flotte encore sur la masse, et l'on conserve ses instincts, longtemps après qu'on l'a vaincue.

Les ambitions se montrent donc toujours fort grandes,

tant que dure la révolution démocratique ; il en sera de même quelque temps encore après qu'elle est finie.

Le souvenir des événements extraordinaires dont ils ont été témoins ne s'efface point en un jour de la mémoire des hommes. Les passions que la révolution avait suggérées ne disparaissent point avec elle. Le sentiment de l'instabilité se perpétue au milieu de l'ordre. L'idée de la facilité du succès survit aux étranges vicissitudes qui l'avaient fait naître. Les désirs demeurent très-vastes alors que les moyens de les satisfaire diminuent chaque jour. Le goût des grandes fortunes subsiste, bien que les grandes fortunes deviennent rares, et l'on voit s'allumer de toutes parts des ambitions disproportionnées et malheureuses, qui brûlent en secret et sans fruit le cœur qui les contient.

Peu à peu cependant les dernières traces de la lutte s'effacent ; les restes de l'aristocratie achèvent de disparaître. On oublie les grands événements qui ont accompagné sa chute ; le repos succède à la guerre, l'empire de la règle renaît au sein du monde nouveau ; les désirs s'y proportionnent aux moyens ; les besoins, les idées et les sentiments s'enchaînent ; les hommes achèvent de se niveler ; la société démocratique est enfin assise.

Si nous considérons un peuple démocratique parvenu à cet état permanent et normal, il nous présentera un spectacle tout différent de celui que nous venons de contempler, et nous pourrons juger sans peine que, si l'ambition devient grande tandis que les conditions s'égalisent, elle perd ce caractère quand elles sont égales.

Comme les grandes fortunes sont partagées, et que la science s'est répandue, nul n'est absolument privé de lumières ni de biens ; les priviléges et les incapacités de classes étant abolies, et les hommes ayant brisé pour jamais les liens qui les tenaient immobiles, l'idée du progrès s'offre à l'esprit de chacun d'eux ; l'envie de s'élever naît à la fois dans tous les cœurs ; chaque homme veut sortir de sa place. L'ambition est le sentiment universel.

Mais si l'égalité des conditions donne à tous les citoyens quelques ressources, elle empêche qu'aucun d'entre eux n'ait des ressources très-étendues ; ce qui renferme nécessairement les désirs dans des limites assez étroites. Chez les peuples démocratiques, l'ambition est donc ardente et continue, mais elle ne saurait viser habituellemeut très-haut ; et la vie s'y passe d'ordinaire à convoiter avec ardeur de petils objets qu'on voit à sa portée.

Ce qui détourne surtout les hommes des démocraties de la grande ambition, ce n'est pas la petitesse de leur fortune, mais le violent effort qu'ils font tous les jours pour l'améliorer. Ils contraignent leur âme à employer toutes ses forces pour faire des choses médiocres : ce qui ne peut manquer de borner bientôt sa vue, et de circonscrire son pouvoir. Ils pourraient être beaucoup plus pauvres et rester plus grands.

Le petit nombre d'opulents citoyens qui se trouvent au sein d'une démocratie ne fait point exception à cette règle. Un homme qui s'élève par degrés vers la richesse et le pouvoir, contracte, dans ce long travail, des habitudes de prudence et de retenue dont il ne peut ensuite se départir. On n'élargit pas graduellement son âme comme sa maison.

Une remarque analogue est applicable aux fils de ce même homme. Ceux-ci sont nés, il est vrai, dans une position élevée; mais leurs parents ont été humbles; ils ont grandi au milieu de sentiments et d'idées auxquels, plus tard, il leur est difficile de se soustraire; et il est à croire qu'ils hériteront en même temps des instincts de leur père et de ses biens.

Il peut arriver, au contraire, que le plus pauvre rejeton d'une aristocratie puissante fasse voir une ambition vaste, parce que les opinions traditionnelles de sa race et l'esprit général de sa caste le soutiennent encore quelque temps au-dessus de sa fortune.

Ce qui empêche aussi que les hommes des temps démocratiques ne se livrent aisément à l'ambition des grandes choses, c'est le temps qu'ils prévoient devoir s'écouler avant qu'ils ne soient en état de les entreprendre. « C'est un grand avantage que la qualité, a dit Pascal, qui, dès dix-huit ou vingt ans, met un homme en passe, comme un autre pourrait l'être à cinquante; ce sont trente ans de gagnés sans peine. » Ces trente ans-là manquent d'ordinaire aux ambitieux des démocraties. L'égalité, qui laisse à chacun la faculté d'arriver à tout, empêche qu'on ne grandisse vite.

Dans une société démocratique, comme ailleurs, il n'y a qu'un certain nombre de grandes fortunes à faire; et

les carrières qui y mènent étant ouvertes indistinctement à chaque citoyen, il faut bien que les progrès de
tous se ralentissent. Comme les candidats paraissent à
peu près pareils, et qu'il est difficile de faire entre eux
un choix sans violer le principe de l'égalité, qui est la
loi suprême des sociétés démocratiques, la première
idée qui se présente est de les faire tous marcher du
même pas, et de les soumettre tous aux mêmes épreuves.

A mesure donc que les hommes deviennent plus semblables, et que le principe de l'égalité pénètre plus paisiblement et plus profondément dans les institutions et
dans les mœurs, les règles de l'avancement deviennent
plus inflexibles; l'avancement, plus lent; la difficulté
de parvenir vite à un certain degré de grandeur s'accroît.

Par haine du privilége et par embarras du choix, on
en vient à contraindre tous les hommes, quelle que soit
leur taille, à passer au travers d'une même filière; et on
les soumet tous indistinctement à une multitude de petits exercices préliminaires, au milieu desquels leur jeunesse se perd, et leur imagination s'éteint; de telle
sorte qu'ils désespèrent de pouvoir jamais jouir pleinement des biens qu'on leur offre; et quand ils arrivent
enfin à pouvoir faire des choses extraordinaires, ils en
ont perdu le goût.

En Chine, où l'égalité des conditions est très-grande
et très-ancienne, un homme ne passe d'une fonction publique à une autre, qu'après s'être soumis à un concours. Cette épreuve se rencontre à chaque pas de sa
carrière, et l'idée en est si bien entrée dans les mœurs,

que je me souviens d'avoir lu un roman chinois où le héros, après beaucoup de vicissitudes, touche enfin le cœur de sa maîtresse en passant un bon examen. De grandes ambitions respirent mal à l'aise dans une semblable atmosphère.

Ce que je dis de la politique s'étend à toutes choses ; l'égalité produit partout les mêmes effets ; là où la loi ne se charge pas de régler et de retarder le mouvement des hommes, la concurrence y suffit.

Dans une société démocratique bien assise, les grandes et rapides élévations sont donc rares ; elles forment des exceptions à la commune règle. C'est leur singularité qui fait oublier leur petit nombre.

Les hommes des démocraties finissent par entrevoir toutes ces choses ; ils s'aperçoivent à la longue que le législateur ouvre devant eux un champ sans limites, dans lequel tous peuvent aisément faire quelques pas, mais que nul ne peut se flatter de parcourir vite. Entre eux et le vaste et final objet de leurs désirs, ils voient une multitude de petites barrières intermédiaires, qu'il leur faut franchir avec lenteur ; cette vue fatigue d'avance leur ambition et la rebute. Ils renoncent donc à ces lointaines et douteuses espérances, pour chercher près d'eux des jouissances moins hautes et plus faciles. La loi ne borne pas leur horizon, mais ils le resserrent eux-mêmes.

J'ai dit que les grandes ambitions étaient plus rares dans les siècles démocratiques que dans les temps d'aristocratie ; j'ajoute que, quand, malgré ces obstacles naturels, elles viennent à naître, elles ont une autre physionomie.

Dans les aristocraties, la carrière de l'ambition est souvent étendue; mais ses bornes sont fixes. Dans les pays démocratiques, elle s'agite d'ordinaire dans un champ étroit; mais vient-elle à en sortir, on dirait qu'il n'y a plus rien qui la limite. Comme les hommes y sont faibles, isolés et mouvants; que les précédents y ont peu d'empire, et les lois peu de durée, la résistance aux nouveautés y est molle, et le corps social n'y paraît jamais fort droit, ni bien ferme dans son assiette. De sorte que, quand les ambitieux ont une fois la puissance en main, ils croient pouvoir tout oser; et, quand elle leur échappe, ils songent aussitôt à bouleverser l'État pour la reprendre. Cela donne à la grande ambition politique un caractère violent et révolutionnaire, qu'il est rare de lui voir, au même degré, dans les sociétés aristocratiques.

Une multitude de petites ambitions fort sensées, du milieu desquelles s'élancent de loin en loin quelques grands désirs mal réglés : tel est d'ordinaire le tableau que présentent les nations démocratiques. Une ambition proportionnée, modérée et vaste, ne s'y rencontre guère.

J'ai montré ailleurs par quelle force secrète l'égalité faisait prédominer, dans le cœur humain, la passion des jouissances matérielles, et l'amour exclusif du présent; ces différents instincts se mêlent au sentiment de l'ambition, et le teignent, pour ainsi dire, de leurs couleurs.

Je pense que les ambitieux des démocraties se préoccupent moins que tous les autres des intérêts et des jugements de l'avenir : le moment actuel les occupe seul et les absorbe. Ils achèvent rapidement beaucoup d'entreprises, plutôt qu'ils n'élèvent quelques monuments très-durables; ils aiment le succès bien plus que la gloire. Ce qu'ils demandent surtout des hommes, c'est l'obéissance. Ce qu'ils veulent avant tout, c'est l'empire. Leurs mœurs sont presque toujours restées moins hautes que leur condition; ce qui fait qu'ils transportent très-souvent dans une fortune extraordinaire des goûts très-vulgaires, et qu'ils semblent ne s'être élevés au souverain pouvoir que pour se procurer plus aisément de petits et grossiers plaisirs.

Je crois que de nos jours il est nécessaire d'épurer, de régler et de proportionner le sentiment de l'ambition, mais qu'il serait très-dangereux de vouloir l'appauvrir, et le comprimer outre mesure. Il faut tâcher de lui poser d'avance des bornes extrêmes, qu'on ne lui permettra jamais de franchir; mais on doit se garder de trop gêner son essor dans l'intérieur des limites permises.

J'avoue que je redoute bien moins pour les sociétés démocratiques, l'audace que la médiocrité des désirs; ce qui me semble le plus à craindre, c'est que, au milieu des petites occupations incessantes de la vie privée, l'ambition ne perde son élan et sa grandeur; que les passions humaines ne s'y apaisent, et ne s'y abaissent en même temps; de sorte que chaque jour l'allure du corps social devienne plus tranquille et moins haute.

Je pense donc que les chefs de ces sociétés nouvelles

auraient tort de vouloir y endormir les citoyens dans un bonheur trop uni et trop paisible, et qu'il est bon qu'ils eur donnent quelquefois de difficiles et de périlleuses affaires, afin d'y élever l'ambition, et de lui ouvrir un théâtre.

Les moralistes se plaignent sans cesse que le vice favori de notre époque, est l'orgueil.

Cela est vrai dans un certain sens ; il n'y a personne, en effet, qui ne croie valoir mieux que son voisin, et qui consente à obéir à son supérieur ; mais cela est très-faux dans un autre : car ce même homme, qui ne peut supporter ni la subordination ni l'égalité, se méprise néanmoins lui-même à ce point qu'il ne se croit fait que pour goûter des plaisirs vulgaires. Il s'arrête volontiers dans de médiocres désirs, sans oser aborder les hautes entreprises : il les imagine à peine.

Loin donc de croire qu'il faille recommander à nos contemporains l'humilité, je voudrais qu'on s'efforçât de leur donner une idée plus vaste d'eux-mêmes et de leur espèce ; l'humilité ne leur est point saine ; ce qui leur manque le plus, à mon avis, c'est de l'orgueil. Je céderais volontiers plusieurs de nos petites vertus pour ce vice.

CHAPITRE XX

Aux États-Unis, dès qu'un citoyen a quelques lumières et quelques ressources, il cherche à s'enrichir dans le commerce et l'industrie, ou bien il achète un champ couvert de forêts et se fait pionnier. Tout ce qu'il demande à l'État, c'est de ne point venir le troubler dans ses labeurs et d'en assurer le fruit.

Chez la plupart des peuples européens, lorsqu'un homme commence à sentir ses forces et à étendre ses désirs, la première idée qui se présente à lui est d'obtenir un emploi public. Ces différents effets, sortis d'une même cause, méritent que nous nous arrêtions un moment ici pour les considérer.

Lorsque les fonctions publiques sont en petit nombre, mal rétribuées, instables, et que, d'autre part, les carrières industrielles sont nombreuses et productives, c'est vers l'industrie et non vers l'administration que se dirigent de toutes parts les nouveaux et impatients désirs que fait naître chaque jour l'égalité.

Mais si, dans le même temps que les rangs s'égalisent, les lumières restent incomplètes ou les esprits timides, ou que le commerce et l'industrie, gênés dans leur essor, n'offrent que des moyens difficiles et lents de faire fortune, les citoyens, désespérant d'améliorer par eux-mêmes leur sort, accourent tumultueusement vers le chef de l'État et demandent son aide. Se mettre plus à l'aise aux dépens du trésor public leur paraît être, sinon la seule voie qu'ils aient, du moins la voie la plus aisée et la mieux ouverte à tous pour sortir d'une condition qui ne leur suffit plus : la recherche des places devient la plus suivie de toutes les industries.

Il en doit être ainsi, surtout dans les grandes monarchies centralisées, où le nombre des fonctions rétribuées est immense et l'existence des fonctionnaires assez assurée; de telle sorte que personne ne désespère d'y obtenir un emploi et d'en jouir paisiblement comme d'un patrimoine.

Je ne dirai point que ce désir universel et immodéré des fonctions publiques est un grand mal social; qu'il détruit, chez chaque citoyen, l'esprit d'indépendance, et répand dans tout le corps de la nation une humeur vénale et servile; qu'il y étouffe les vertus viriles; je ne ferai point observer non plus qu'une industrie de cette espèce ne crée qu'une activité improductive et agite le pays sans le féconder : tout cela se comprend aisément.

Mais je veux remarquer que le gouvernement qui favorise une semblable tendance risque sa tranquillité et met sa vie même en grand péril.

Je sais que dans un temps comme le nôtre, où l'on voit s'éteindre graduellement l'amour et le respect qui s'attachaient jadis au pouvoir, il peut paraître nécessaire aux gouvernants d'enchaîner plus étroitement, par son intérêt, chaque homme, et qu'il leur semble commode de se servir de ses passions mêmes pour le tenir dans l'ordre et dans le silence; mais il n'en saurait être ainsi longtemps, et ce qui peut paraître durant une certaine période une cause de force, devient assurément à la longue un grand sujet de trouble et de faiblesse.

Chez les peuples démocratiques comme chez tous les autres, le nombre des emplois publics finit par avoir des bornes; mais, chez ces mêmes peuples, le nombre des ambitieux n'en a point; il s'accroît sans cesse, par un mouvement graduel et irrésistible, à mesure que les conditions s'égalisent; il ne se borne que quand les hommes manquent.

Lors donc que l'ambition n'a d'issue que vers l'administration seule, le gouvernement finit nécessairement par rencontrer une opposition permanente; car sa tâche est de satisfaire avec des moyens limités des désirs qui se multiplient sans limites. Il faut se bien convaincre que, de tous les peuples du monde, le plus difficile à contenir et à diriger, c'est un peuple de solliciteurs. Quelques efforts que fassent ses chefs, ils ne sauraient jamais le satisfaire, et l'on doit toujours appréhender qu'il ne renverse enfin la constitution du pays et ne change la face de l'État, par le seul besoin de faire vaquer des places.

Les princes de notre temps, qui s'efforcent d'attirer vers eux seuls tous les nouveaux désirs que l'égalité suscite, et de les contenter, finiront donc, si je ne me trompe, par se repentir de s'être engagés dans une semblable entreprise; ils découvriront un jour qu'ils ont hasardé leur pouvoir en le rendant si nécessaire, et qu'il eût été plus honnête et plus sûr d'enseigner à chacun de leurs sujets l'art de se suffire à lui-même.

CHAPITRE XXI

Un peuple qui a vécu pendant des siècles sous le régime des castes et des classes ne parvient à un état social démocratique qu'à travers une longue suite de transformations plus ou moins pénibles, à l'aide de violents efforts, et après de nombreuses vicissitudes, durant lesquelles les biens, les opinions et le pouvoir changent rapidement de place.

Alors même que cette grande révolution est terminée, l'on voit encore subsister pendant longtemps les habitudes révolutionnaires créées par elles, et de profondes agitations lui succèdent.

Comme tout ceci se passe au moment où les conditions s'égalisent, on en conclut qu'il existe un rapport caché et un lien secret entre l'égalité même et les révolutions, de telle sorte que l'une ne saurait exister sans que les autres ne naissent.

Sur ce point, le raisonnement semble d'accord avec l'expérience.

Chez un peuple où les rangs sont à peu près égaux, aucun lien apparent ne réunit les hommes et ne les tient fermes à leur place. Nul d'entre eux n'a le droit permanent, ni le pouvoir de commander, et nul n'a pour condition d'obéir ; mais chacun, se trouvant pourvu de quelques lumières et de quelques ressources, peut choisir sa voie, et marcher à part de tous ses semblables.

Les mêmes causes qui rendent les citoyens indépendants les uns des autres, les poussent chaque jour vers de nouveaux et inquiets désirs, et les aiguillonnent sans cesse.

Il semble donc naturel de croire que, dans une société démocratique, les idées, les choses et les hommes doivent éternellement changer de formes et de places et que les siècles démocratiques seront des temps de transformations rapides et incessantes.

Cela est-il, en effet? l'égalité des conditions porte-t-elle les hommes d'une manière habituelle et permanente vers les révolutions? contient-elle quelque principe perturbateur qui empêche la société de s'asseoir et dispose les citoyens à renouveler sans cesse leurs lois, leurs doctrines et leurs mœurs? Je ne le crois point. Le sujet est important; je prie le lecteur de me bien suivre.

Presque toutes les révolutions qui ont changé la face des peuples ont été faites pour consacrer ou pour détruire l'inégalité. Écartez les causes secondaires qui ont produit les grandes agitations des hommes, vous en arriverez presque toujours à l'inégalité. Ce sont les pauvres qui ont voulu ravir les biens des riches, ou les riches qui ont essayé d'enchaîner les pauvres. Si donc vous pouvez fonder un état de société où chacun ait quelque chose à garder, et peu à prendre, vous aurez beaucoup fait pour la paix du monde.

Je n'ignore pas que, chez un grand peuple démocratique, il se rencontre toujours des citoyens très-pauvres, et des citoyens très-riches; mais les pauvres, au lieu d'y former l'immense majorité de la nation comme cela arrive toujours dans les sociétés aristocratiques, sont en petit nombre, et la loi ne les a pas attachés les uns aux autres par les liens d'une misère irrémédiable et héréditaire.

Les riches, de leur côté, sont clairsemés et impuissants; ils n'ont point de priviléges qui attirent les regards; leur richesse même n'étant plus incorporée à la terre, et représentée par elle, est insaisissable et comme invisible. De même qu'il n'y a plus de races de pauvres, il n'y a plus de races de riches; ceux-ci sortent chaque jour du sein de la foule, et y retournent sans cesse. Ils ne forment donc point une classe à part, qu'on puisse aisément définir et dépouiller; et, tenant d'ailleurs par mille fils secrets à la masse de leurs concitoyens, le peuple ne saurait guère les frapper sans s'atteindre lui-même. Entre ces deux extrémités des sociétés démocratiques, se trouve une multitude innombrable d'hommes presque pareils, qui, sans être précisément ni riches ni pauvres, possèdent assez de biens pour

désirer l'ordre, et n'en ont pas assez pour exciter
l'envie.

Ceux-là sont naturellement ennemis des mouvements
violents; leur immobilité maintient en repos tout ce qui
se trouve au-dessus et au-dessous d'eux, et assure le
corps social dans son assiette.

Ce n'est pas que ceux-là mêmes soient satisfaits de
leur fortune présente, ni qu'ils ressentent de l'horreur
naturelle pour une révolution dont ils partageraient les
dépouilles sans en éprouver les maux; ils désirent au
contraire, avec une ardeur sans égale, de s'enrichir;
mais l'embarras est de savoir sur qui prendre. Le même
état social qui leur suggère sans cesse des désirs, renferme ces désirs dans des limites nécessaires. Il donne
aux hommes plus de liberté de changer et moins d'intérêt au changement.

Non-seulement les hommes des démocraties ne désirent pas naturellement les révolutions, mais ils les craignent.

Il n'y a pas de révolution qui ne menace plus ou moins
la propriété acquise. La plupart de ceux qui habitent
les pays démocratiques sont propriétaires; ils n'ont pas
seulement des propriétés, ils vivent dans la condition
où les hommes attachent à leur propriété le plus de prix.

Si l'on considère attentivement chacune des classes
dont la société se compose, il est facile de voir qu'il n'y
en a point chez lesquelles les passions que la propriété
fait naître soient plus âpres et plus tenaces que chez les
classes moyennes.

Souvent les pauvres ne se soucient guère de ce qu'ils possèdent, parce qu'ils souffrent beaucoup plus de ce qui leur manque qu'ils ne jouissent du peu qu'ils ont. Les riches ont beaucoup d'autres passions à satisfaire que celle des richesses, et d'ailleurs le long et pénible usage d'une grande fortune finit quelquefois par les rendre comme insensibles à ses douceurs.

Mais les hommes qui vivent dans une aisance également éloignée de l'opulence et de la misère mettent à leurs biens un prix immense. Comme ils sont encore fort voisins de la pauvreté, ils voient de près ses rigueurs, et ils les redoutent; entre elle et eux il n'y a rien qu'un petit patrimoine sur lequel ils fixent aussitôt leurs craintes et leurs espérances. A chaque instant ils s'y intéressent davantage par les soucis constants qu'il leur donne, et ils s'y attachent par les efforts journaliers qu'ils font pour l'augmenter. L'idée d'en céder la moindre partie leur est insupportable, et ils considèrent sa perte entière comme le dernier des malheurs. Or, c'est le nombre de ces petits propriétaires ardents et inquiets que l'égalité des conditions accroît sans cesse.

Ainsi, dans les sociétés démocratiques, la majorité des citoyens ne voit pas clairement ce qu'elle pourrait gagner à une révolution, et elle sent à chaque instant, et de mille manières, ce qu'elle pourrait y perdre.

J'ai dit, dans un autre endroit de cet ouvrage, comment l'égalité des conditions poussait naturellement les hommes vers les carrières industrielles et commerçantes, et comment elle accroissait et diversifiait la propriété foncière ; j'ai fait voir enfin comment elle inspirait à chaque homme un désir ardent et constant d'augmenter son bien-être. Il n'y a rien de plus contraire aux passions révolutionnaires que toutes ces choses.

Il peut se faire que par son résultat final une révolution serve l'industrie et le commerce ; mais son premier effet sera presque toujours de ruiner les industriels et les commerçants, parce qu'elle ne peut manquer de changer tout d'abord l'état général de la consommation, et de renverser momentanément la proportion qui existait entre la reproduction et les besoins.

Je ne sache rien d'ailleurs de plus opposé aux mœurs révolutionnaires que les mœurs commerciales. Le commerce est naturellement ennemi de toutes les passions violentes. Il aime les tempéraments, se plaît dans les compromis, fuit avec grand soin la colère. Il est patient, souple, insinuant, et il n'a recours aux moyens extrêmes que quand la plus absolue nécessité l'y oblige. Le commerce rend les hommes indépendants les uns des autres ; il leur donne une haute idée de leur valeur individuelle ; il les porte à vouloir faire leurs propres affaires, et leur apprend à y réussir ; il les dispose donc à la liberté, mais il les éloigne des révolutions.

Dans une révolution, les possesseurs de biens mobiliers ont plus à craindre que tous les autres ; car, d'une part, leur propriété est souvent aisée à saisir, et, de l'autre, elle peut à tout moment disparaître complètement ; ce qu'ont moins à redouter les propriétaires fonciers qui, en perdant le revenu de leurs terres, espèrent du moins garder, à travers les vicissitudes, la terre elle-même. Aussi voit-on que les uns sont bien plus effrayés que les autres à l'aspect des mouvements révolutionnaires.

Les peuples sont donc moins disposés aux révolutions à mesure que, chez eux, les biens mobiliers se multiplient et se diversifient, et que le nombre de ceux qui les possèdent, devient plus grand.

Quelle que soit d'ailleurs la profession qu'embrassent les hommes, et le genre de biens dont ils jouissent, un trait leur est commun à tous.

Nul n'est pleinement satisfait de sa fortune présente, et tous s'efforcent chaque jour, par mille moyens divers, de l'augmenter. Considérez chacun d'entre eux à une époque quelconque de sa vie, et vous le verrez préoccupé de quelques plans nouveaux dont l'objet est d'accroître son aisance ; ne lui parlez pas des intérêts et des droits du genre humain ; cette petite entreprise domestique absorbe pour le moment toutes ses pensées, et lui fait souhaiter de remettre les agitations publiques à un autre temps.

Cela ne les empêche pas seulement de faire des révolutions, mais les détourne de le vouloir. Les violentes passions politiques ont peu de prise sur des hommes qui ont ainsi attaché toute leur âme à la poursuite du bien-être. L'ardeur qu'ils mettent aux petites affaires les calme sur les grandes.

Il s'élève, il est vrai, de temps à autre, dans les sociétés démocratiques, des citoyens entreprenants et ambitieux, dont les immenses désirs ne peuvent se satisfaire en suivant la route commune. Ceux-ci aiment les révolutions et les appellent : mais ils ont grand'peine à les faire naître, si des événements extraordinaires ne viennent à leur aide.

On ne lutte point avec avantage contre l'esprit de son siècle et de son pays ; et un homme, quelque puissant qu'on le suppose, fait difficilement partager à ses contemporains des sentiments et des idées que l'ensemble de leurs désirs et de leurs sentiments repousse. Il ne faut donc pas croire que quand une fois l'égalité des conditions, devenue un fait ancien et incontesté, a imprimé aux mœurs son caractère, les hommes se laissent aisément précipiter dans les hasards à la suite d'un chef imprudent ou d'un hardi novateur.

Ce n'est pas qu'ils lui résistent d'une manière ouverte, à l'aide de combinaisons savantes, ou même par un dessein prémédité de résister. Ils ne le combattent point avec énergie, ils lui applaudissent même quelquefois, mais ils ne le suivent point. A sa fougue, ils opposent en secret leur inertie ; à ses instincts révolutionnaires, leurs intérêts conservateurs ; leurs goûts casaniers à ses passions aventureuses ; leur bon sens aux écarts de son génie ; à sa poésie, leur prose. Il les soulève un moment avec mille efforts, et bientôt ils lui échappent, et comme entraînés par leur propre poids, ils retombent. Il s'épuise à vouloir animer cette foule indifférente et distraite, et il se voit enfin réduit à l'impuissance, non qu'il soit vaincu, mais parce qu'il est seul.

Je ne prétends point que les hommes qui vivent dans les sociétés démocratiques soient naturellement immobiles ; je pense, au contraire, qu'il règne au sein d'une pareille société un mouvement éternel, et que personne n'y connaît le repos ; mais je crois que les hommes s'y agitent entre de certaines limites qu'ils ne dépassent guère. Ils varient, altèrent ou renouvellent chaque jour les choses secondaires ; ils ont grand soin de ne pas toucher aux principales. Ils aiment le changement; mais ils redoutent les révolutions.

Quoique les Américains modifient ou abrogent sans cesse quelques-unes de leurs lois, ils sont bien loin de faire voir des passions révolutionnaires. Il est facile de découvrir, à la promptitude avec laquelle ils s'arrêtent et se calment lorsque l'agitation publique commence à devenir menaçante et au moment même où les passions semblent le plus excitées, qu'ils redoutent une révolution comme le plus grand des malheurs, et que chacun d'entre eux est résolu intérieurement à faire de grands sacrifices pour l'éviter. Il n'y a pas de pays au monde où le sentiment de la propriété se montre plus actif et plus inquiet qu'aux États-Unis, et où la majorité témoigne moins de penchants pour les doctrines qui menacent d'altérer d'une manière quelconque la constitution des biens.

J'ai souvent remarqué que les théories qui sont révolutionnaires de leur nature, en ce qu'elles ne peuvent se réaliser que par un changement complet et quelquefois subit dans l'état de la propriété et des personnes,

sont infiniment moins en faveur aux États-Unis, que
dans les grandes monarchies de l'Europe. Si quelques
hommes les professent, la masse les repousse avec une
sorte d'horreur instinctive.

Je ne crains pas de dire que la plupart des maximes
qu'on a coutume d'appeler démocratiques en France
seraient proscrites par la démocratie des États-Unis.
Cela se comprend aisément. En Amérique on a des
idées et des passions démocratiques ; en Europe nous
avons encore des passions et des idées révolutionnaires.

Si l'Amérique éprouve jamais de grandes révolutions,
elles seront amenées par la présence des noirs sur le sol
des États-Unis : c'est-à-dire que ce ne sera pas l'égalité
des conditions, mais au contraire leur inégalité qui les
fera naître.

Lorsque les conditions sont égales, chacun s'isole volontiers en soi-même et oublie le public. Si les législateurs des peuples démocratiques ne cherchaient point à
corriger cette funeste tendance ou la favorisaient, dans
la pensée qu'elle détourne les citoyens des passions politiques et les écarte ainsi des révolutions, il se pourrait
qu'ils finissent eux-mêmes par produire le mal qu'ils
veulent éviter, et qu'il arrivât un moment où les passions
désordonnées de quelques hommes, s'aidant de l'égoïsme
inintelligent et de la pusillanimité du plus grand
nombre, finissent par contraindre le corps social à subir
d'étranges vicissitudes.

Dans les sociétés démocratiques, il n'y a guère que

de petites minorités qui désirent les révolutions ; mais
les minorités peuvent quelquefois les faire.

Je ne dis donc point que les nations démocratiques
soient à l'abri des révolutions, je dis seulement que
l'état social de ces nations ne les y porte pas, mais plutôt les en éloigne. Les peuples démocratiques, livrés à
eux-mêmes, ne s'engagent point aisément dans les
grandes aventures ; ils ne sont entraînés vers les révolutions qu'à leur insu ; ils les subissent quelquefois ; mais
ils ne les font pas. Et j'ajoute que, quand on leur a
permis d'acquérir des lumières et de l'expérience, ils ne
les laissent pas faire.

Je sais bien qu'en cette matière les institutions publiques elles-mêmes peuvent beaucoup ; elles favorisent
ou contraignent les instincts qui naissent de l'état social.
Je ne soutiens donc pas, je le répète, qu'un peuple soit
à l'abri des révolutions par cela seul que, dans son sein,
les conditions sont égales ; mais je crois que, quelles que
soient les institutions d'un pareil peuple, les grandes
révolutions y seront toujours infiniment moins violentes
et plus rares qu'on ne le suppose ; et j'entrevois aisément tel état politique qui, venant à se combiner avec
l'égalité, rendrait la société plus stationnaire qu'elle ne
l'a jamais été dans notre occident.

Ce que je viens de dire des faits s'applique en partie
aux idées.

Deux choses étonnent aux États-Unis ; la grande mobilité de la plupart des actions humaines, et la fixité
singulière de certains principes. Les hommes remuent

sans cesse, l'esprit humain semble presque immobile.

Lorsqu'une opinion s'est une fois étendue sur le sol américain et y a pris racine, on dirait que nul pouvoir sur la terre n'est en état de l'extirper. Aux États-Unis, les doctrines générales en matière de religion, de philosophie, de morale et même de politique, ne varient point, ou du moins elles ne se modifient qu'après un travail caché et souvent insensible ; les plus grossiers préjugés eux-mêmes ne s'effacent qu'avec une lenteur inconcevable au milieu de ces frottements mille fois répétés des choses et des hommes.

J'entends dire qu'il est dans la nature et dans les habitudes des démocraties de changer à tout moment de sentiments et de pensée. Cela peut être vrai de petites nations démocratiques, comme celles de l'antiquité qu'on réunissait tout entières sur une place publique et qu'on agitait ensuite au gré d'un orateur. Je n'ai rien vu de semblable dans le sein du grand peuple démocratique qui occupe les rivages opposés de notre Océan. Ce qui m'a frappé aux États-Unis, c'est la peine qu'on éprouve à désabuser la majorité d'une idée qu'elle a conçue et de la détacher d'un homme qu'elle adopte. Les écrits ni les discours ne sauraient guère y réussir ; l'expérience seule en vient à bout ; quelquefois encore faut-il qu'elle se répète.

Cela étonne au premier abord ; un examen plus attentif l'explique.

Je ne crois pas qu'il soit aussi facile qu'on l'imagine de déraciner les préjugés d'un peuple démocratique ; de

changer ses croyances ; de substituer de nouveaux principes religieux, philosophiques, politiques et moraux, à
ceux qui s'y sont une fois établis ; en un mot, d'y faire de
grandes et fréquentes révolutions dans les intelligences.
Ce n'est pas que l'esprit humain y soit oisif; il s'agite
sans cesse; mais il s'exerce plutôt à varier à l'infini les
conséquences des principes connus et à en découvrir de
nouvelles, qu'à chercher de nouveaux principes. Il tourne
avec agilité sur lui-même plutôt qu'il ne s'élance en
avant par un effort rapide et direct ; il étend peu à peu
sa sphère par de petits mouvements continus et pré-
cipités ; il ne la déplace point tout à coup.

Des hommes égaux en droits, en éducation, en fortune et, pour tout dire en un mot, de condition pareille,
ont nécessairement des besoins, des habitudes et des
goûts peu dissemblables. Comme ils aperçoivent les
objets sous le même aspect, leur esprit incline naturellement vers des idées analogues, et, quoique chacun
d'eux puisse s'écarter de ses contemporains et se faire
des croyances à lui, ils finissent par se retrouver tous,
sans le savoir et sans le vouloir, dans un certain nombre
d'opinions communes.

Plus je considère attentivement les effets de l'égalité
sur l'intelligence, et plus je me persuade que l'anarchie
intellectuelle dont nous sommes témoins n'est pas, ainsi
que plusieurs le supposent, l'état naturel des peuples
démocratiques. Je crois qu'il faut plutôt la considérer
comme un accident particulier à leur jeunesse, et
qu'elle ne se montre qu'à cette époque de passage où

les hommes ont déjà brisé les antiques liens qui les
attachaient les uns aux autres, et diffèrent encore prodigieusement par l'origine, l'éducation et les mœurs ;
de telle sorte que, ayant conservé des idées, des instincts
et des goûts fort divers, rien ne les empêche plus de les
produire. Les principales opinions des hommes deviennent semblables à mesure que les conditions se ressemblent. Tel me paraît être le fait général et permanent ; le reste est fortuit et passager.

Je crois qu'il arrivera rarement que, dans le sein
d'une société démocratique, un homme vienne à concevoir, d'un seul coup, un système d'idées fort éloignées
de celui qu'ont adopté ses contemporains ; et, si un
pareil novateur se présentait, j'imagine qu'il aurait
d'abord grand'peine à se faire écouter, et plus encore à
se faire croire.

Lorsque les conditions sont presque pareilles, un
homme ne se laisse pas aisément persuader par un
autre. Comme tous se voient de très-près ; qu'ils ont
appris ensemble les mêmes choses et mènent la même
vie, ils ne sont pas naturellement disposés à prendre l'un
d'entre eux pour guide, et à le suivre aveuglément :
on ne croit guère sur parole son semblable ou son égal.

Ce n'est pas seulement la confiance dans les lumières
de certains individus qui s'affaiblit chez les nations démocratiques, ainsi que je l'ai dit ailleurs, l'idée générale de la supériorité intellectuelle qu'un homme quelconque peut acquérir sur tous les autres ne tarde pas à
s'obscurcir.

A mesure que les hommes se ressemblent davantage, le dogme de l'égalité des intelligences s'insinue peu à peu dans leurs croyances, et il devient plus difficile à un novateur, quel qu'il soit, d'acquérir et d'exercer un grand pouvoir sur l'esprit d'un peuple. Dans de pareilles sociétés, les soudaines révolutions intellectuelles sont donc rares; car, si l'on jette les yeux sur l'histoire du monde, l'on voit que c'est bien moins la force d'un raisonnement que l'autorité d'un nom qui a produit les grandes et rapides mutations des opinions humaines.

Remarquez d'ailleurs que comme les hommes qui vivent dans les sociétés démocratiques ne sont attachés par aucun lien les uns aux autres, il faut convaincre chacun d'eux. Tandis que, dans les sociétés aristocratiques, c'est assez de pouvoir agir sur l'esprit de quelques-uns; tous les autres suivent. Si Luther avait vécu dans un siècle d'égalité, et qu'il n'eût point eu pour auditeurs des seigneurs et des princes, il aurait peut-être trouvé plus de difficulté à changer la face de l'Europe.

Ce n'est pas que les hommes des démocraties soient naturellement fort convaincus de la certitude de leurs opinions, et très-fermes dans leurs croyances; ils ont souvent des doutes que personne, à leurs yeux, ne peut résoudre. Il arrive quelquefois dans ce temps-là que l'esprit humain changerait volontiers de place; mais, comme rien ne le pousse puissamment ni ne le dirige, il oscille sur lui-même et ne se meut pas[1].

[1] Si je recherche quel est l'état de société le plus favorable aux grandes révolutions de l'intelligence, je trouve qu'il se rencontre quelque part

Lorsqu'on a acquis la confiance d'un peuple démocratique, c'est encore une grande affaire que d'obtenir
son attention. Il est très-difficile de se faire écouter des
hommes qui vivent dans les démocraties, lorsqu'on ne
les entretient point d'eux-mêmes. Ils n'écoutent pas les
choses qu'on leur dit, parce qu'ils sont toujours fort
préoccupés des choses qu'ils font.

Il se rencontre, en effet, peu d'oisifs chez les nations
démocratiques. La vie s'y passe au milieu du mouvement
et du bruit, et les hommes y sont si employés à agir,
qu'il leur reste peu de temps pour penser. Ce que je
veux remarquer surtout, c'est que non-seulement ils
sont occupés, mais que leurs occupations les passionnent.
Ils sont perpétuellement en action, et chacune de leurs

---

entre l'égalité complète de tous les citoyens et la séparation absolue des
classes.

Sous le régime des castes, les générations se succèdent sans que les
hommes changent de place ; les uns n'attendent rien plus, et les autres
n'espèrent rien de mieux. L'imagination s'endort au milieu de ce silence
et de cette immobilité universelle, et l'idée même du mouvement ne s'offre plus à l'esprit humain.

Quand les classes ont été abolies et que les conditions sont devenues presque égales, tous les hommes s'agitent sans cesse, mais chacun d'eux est
isolé, indépendant et faible. Ce dernier état diffère prodigieusement du
premier ; cependant il lui est analogue en un point. Les grandes révolutions de l'esprit humain y sont fort rares.

Mais entre ces deux extrémités de l'histoire des peuples, se rencontre
un âge intermédiaire, époque glorieuse et troublée, où les conditions ne
sont plus assez fixes pour que l'intelligence sommeille, et où elles sont
assez inégales pour que les hommes exercent un très-grand pouvoir sur
l'esprit les uns des autres, et que quelques uns puissent modifier les
croyances de tous. C'est alors que le puissants réformateurs s'élèvent, et
que de nouvelles idées changent tout au coup la face du monde.

actions absorbe leur âme : le feu qu'ils mettent aux affaires les empêche de s'enflammer pour les idées.

Je pense qu'il est fort malaisé d'exciter l'enthousiasme
d'un peuple démocratique pour une théorie quelconque
qui n'ait pas un rapport visible, direct et immédiat avec
la pratique journalière de sa vie. Un pareil peuple
n'abandonne donc pas aisément ses anciennes croyances.
Car c'est l'enthousiasme qui précipite l'esprit humain
hors des routes frayées, et qui fait les grandes révolutions
intellectuelles comme les grandes révolutions politiques.

Ainsi, les peuples démocratiques n'ont ni le loisir ni
le goût d'aller à la recherche d'opinions nouvelles. Lors
même qu'ils viennent à douter de celles qu'ils possèdent, ils les conservent néanmoins, parce qu'il leur faudrait trop de temps et d'examen pour en changer; ils les
gardent, non comme certaines, mais comme établies.

Il y a d'autres raisons encore et de plus puissantes
qui s'opposent à ce qu'un grand changement s'opère aisément dans les doctrines d'un peuple démocratique. Je
l'ai déjà indiqué au commencement de ce livre.

Si, dans le sein d'un peuple semblable, les influences
individuelles sont faibles et presque nulles, le pouvoir
exercé par la masse sur l'esprit de chaque individu est
très-grand. J'en ai donné ailleurs les raisons. Ce que je
veux dire en ce moment, c'est qu'on aurait tort de croire
que cela dépendît uniquement de la forme du gouvernement, et que la majorité dût y perdre son empire intellectuel avec son pouvoir politique.

Dans les aristocraties, les hommes ont souvent une

grandeur et une force qui leur sont propres. Lorsqu'ils se trouvent en contradiction avec le plus grand nombre de leurs semblables, ils se retirent en eux-mêmes, s'y soutiennent et s'y consolent. Il n'en est pas de même parmi les peuples démocratiques. Chez eux, la faveur publique semble aussi nécessaire que l'air que l'on respire, et c'est, pour ainsi dire, ne pas vivre que d'être en désaccord avec la masse. Celle-ci n'a pas besoin d'employer les lois pour plier ceux qui ne pensent pas comme elle. Il lui suffit de les désapprouver. Le sentiment de leur isolement et de leur impuissance les accable aussitôt et les désespère.

Toutes les fois que les conditions sont égales, l'opinion générale pèse d'un poids immense sur l'esprit de chaque individu ; elle l'enveloppe, le dirige et l'opprime : cela tient à la constitution même de la société bien plus qu'à ses lois politiques. A mesure que tous les hommes se ressemblent davantage, chacun se sent de plus en plus faible en face de tous. Ne découvrant rien qui l'élève fort au-dessus d'eux et qui l'en distingue, il se défie de lui-même dès qu'ils le combattent ; non-seulement il doute de ses forces, mais il en vient à douter de son droit, et il est bien près de reconnaître qu'il a tort, quand le plus grand nombre l'affirme. La majorité n'a pas besoin de le contraindre ; elle le convainc.

De quelque manière qu'on organise les pouvoirs d'une société démocratique et qu'on les pondère, il sera donc toujours très-difficile d'y croire ce que rejette la masse, et d'y professer ce qu'elle condamne.

Ceci favorise merveilleusement la stabilité des croyances.

Lorsqu'une opinion a pris pied chez un peuple démocratique et s'est établie dans l'esprit du plus grand nombre, elle subsiste ensuite d'elle-même et se perpétue sans efforts, parce que personne ne l'attaque. Ceux qui l'avaient d'abord repoussée comme fausse, finissent par la recevoir comme générale, et ceux qui continuent à la combattre au fond de leur cœur, n'en font rien voir ; ils ont bien soin de ne point s'engager dans une lutte dangereuse et inutile.

Il est vrai que quand la majorité d'un peuple démocratique change d'opinion, elle peut opérer à son gré d'étranges et subites révolutions dans le monde des intelligences ; mais il est très-difficile que son opinion change, et presque aussi difficile de constater qu'elle est changée.

Il arrive quelquefois que le temps, les événements, ou l'effort individuel et solitaire des intelligences, finissent par ébranler ou par détruire peu à peu une croyance, sans qu'il en paraisse rien au dehors. On ne la combat point ouvertement. On ne se réunit point pour lui faire la guerre. Ses sectateurs la quittent un à un et sans bruit ; mais chaque jour quelques-uns l'abandonnent, jusqu'à ce qu'enfin elle n'est plus partagée que par le petit nombre.

En cet état elle règne encore.

Comme ses ennemis continuent à se taire, ou ne se communiquent qu'à la dérobée leurs pensées, ils sont eux-mêmes longtemps sans pouvoir s'assurer qu'une grande révolution s'est accomplie, et dans le doute ils demeurent immobiles. Ils observent et se taisent. La majorité ne croit plus; mais elle a encore l'air de croire, et ce vain fantôme d'une opinion publique suffit pour glacer les novateurs, et les tenir dans le silence et le respect.

Nous vivons à une époque qui a vu les plus rapides changements s'opérer dans l'esprit des hommes. Cependant il se pourrait faire que bientôt les principales opinions humaines soient plus stables qu'elles ne l'ont été dans les siècles précédents de notre histoire; ce temps n'est pas venu, mais peut-être il approche.

A mesure que j'examine de plus près les besoins et les instincts naturels des peuples démocratiques, je me persuade que, si jamais l'égalité s'établit d'une manière générale et permanente dans le monde, les grandes révolutions intellectuelles et politiques deviendront bien difficiles et plus rares qu'on ne le suppose.

Parce que les hommes des démocraties paraissent toujours émus, incertains, haletants, prêts à changer de volonté et de place, on se figure qu'ils vont abolir tout à coup leurs lois, adopter de nouvelles croyances et prendre de nouvelles mœurs. On ne songe point que si l'égalité porte les hommes au changement, elle leur suggère des intérêts et des goûts qui ont besoin de la stabilité pour se satisfaire; elle les pousse, et, en même temps, elle les arrête, elle les aiguillonne et les attache à la terre; elle enflamme leurs désirs et limite leurs forces.

C'est ce qui ne se découvre pas d'abord : les passions qui écartent les citoyens les uns des autres dans une démocratie se manifestent d'elles-mêmes. Mais on n'aperçoit pas du premier coup d'œil la force cachée qui les retient et les rassemble.

Oserais-je le dire au milieu des ruines qui m'environnent? Ce que je redoute le plus pour les générations à venir, ce ne sont pas les révolutions.

Si les citoyens continuent à se renfermer de plus en plus étroitement dans le cercle des petits intérêts domestiques, et à s'y agiter sans repos, on peut appréhender qu'ils ne finissent par devenir comme inaccessibles à ces grandes et puissantes émotions publiques qui troublent les peuples, mais qui les développent et les renouvellent. Quand je vois la propriété devenir si mobile, et l'amour de la propriété si inquiet et si ardent, je ne puis m'empêcher de craindre que les hommes n'arrivent à ce point, de regarder toute théorie nouvelle comme un péril, toute innovation comme un trouble fâcheux; tout progrès social comme un premier pas vers une révolution, et qu'ils refusent entièrement de se mouvoir de peur qu'on les entraîne. Je tremble, je le confesse, qu'ils ne se laissent enfin si bien posséder par un lâche amour des jouissances présentes, que l'intérêt de leur propre avenir et de celui de leurs descendants disparaisse, et qu'ils aiment mieux suivre mollement le cours de leur destinée, que de faire au besoin un soudain et énergique effort pour le redresser.

On croit que les sociétés nouvelles vont chaque jour changer de face, et moi j'ai peur qu'elles ne finissent par être trop invariablement fixées dans les mêmes institutions, les mêmes préjugés, les mêmes mœurs ; de telle sorte que le genre humain s'arrête et se borne, que l'esprit se plie et se replie éternellement sur lui-même sans produire d'idées nouvelles ; que l'homme s'épuise en petits mouvements solitaires et stériles ; et que, tout en se remuant sans cesse, l'humanité n'avance plus.

CHAPITRE XXII

POURQUOI LES PEUPLES DÉMOCRATIQUES DÉSIRENT NATURELLEMENT LA PAIX,
ET LES ARMÉES DÉMOCRATIQUES NATURELLEMENT LA GUERRE.

Les mêmes intérêts, les même craintes, les mêmes passions qui écartent les peuples démocratiques des révolutions les éloignent de la guerre; l'esprit militaire et l'esprit révolutionnaire s'affaiblissent en même temps et par les mêmes causes.

Le nombre toujours croissant des propriétaires amis de la paix, le développement de la richesse mobilière que la guerre dévore si rapidement, cette mansuétude des mœurs, cette mollesse de cœur, cette disposition à la pitié que l'égalité inspire, cette froideur de raison qui rend peu sensible aux poétiques et violentes émotions qui naissent parmi les armes, toutes ces causes s'unissent pour éteindre l'esprit militaire.

Je crois qu'on peut admettre comme règle générale et constante que, chez les peuples civilisés, les passions guerrières deviendront plus rares et moins vives, à mesure que les conditions seront plus égales.

La guerre cependant est un accident auquel tous les
peuples sont sujets, les peuples démocratiques aussi
bien que les autres. Quel que soit le goût que ces nations aient pour la paix, il faut bien qu'elles se tiennent
prêtes à repousser la guerre ou, en d'autres termes,
qu'elles aient une armée.

La fortune qui a fait des choses si particulières en faveur des habitants des États-Unis, les a placés au milieu
d'un désert où ils n'ont, pour ainsi dire, pas de voisins.
Quelques milliers de soldats leur suffisent, mais ceci est
américain et point démocratique.

L'égalité des conditions, et les mœurs ainsi que les
institutions qui en dérivent, ne soustraient pas un peuple
démocratique à l'obligation d'entretenir des armées, et
ses armées exercent toujours une très-grande influence
sur son sort. Il importe donc singulièrement de rechercher quels sont les instincts naturels de ceux qui les composent.

Chez les peuples aristocratiques, chez ceux surtout
où la naissance règle seule le rang, l'inégalité se retrouve dans l'armée comme dans la nation ; l'officier
est le noble, le soldat est le serf. L'un est nécessairement
appelé à commander, l'autre à obéir. Dans les armées
aristocratiques, l'ambition du soldat a donc des bornes
très-étroites.

Celle des officiers n'est pas non plus illimitée.

Un corps aristocratique ne fait pas seulement partie
d'une hiérarchie ; il contient toujours une hiérarchie
dans son sein ; les membres qui la composent sont pla-

cés les uns au-dessous des autres, d'une certaine manière qui ne varie point. Celui-ci est appelé naturellement par la naissance à commander un régiment, et celui-là une compagnie ; arrivés à ces termes extrêmes de leurs espérances, ils s'arrêtent d'eux-mêmes et se tiennent pour satisfaits de leur sort.

Il y a d'ailleurs une grande cause qui, dans les aristocraties, attiédit le désir de l'avancement chez l'officier.

Chez les peuples aristocratiques, l'officier, indépendamment de son rang dans l'armée, occupe encore un rang élevé dans la société ; le premier n'est presque toujours à ses yeux qu'un accessoire du second ; le noble, en embrassant la carrière des armes, obéit moins encore à l'ambition qu'à une sorte de devoir que sa naissance lui impose. Il entre dans l'armée afin d'y employer honorablement les années oisives de sa jeunesse, et de pouvoir en rapporter dans ses foyers et parmi ses pareils quelques souvenirs honorables de la vie militaire ; mais son principal objet n'est point d'y acquérir des biens, de la considération et du pouvoir ; car il possède ces avantages par lui-même, et en jouit sans sortir de chez lui.

Dans les armées démocratiques, tous les soldats peuvent devenir officiers, ce qui généralise le désir de l'avancement, et étend les limites de l'ambition militaire presque à l'infini.

De son côté, l'officier ne voit rien qui l'arrête naturellement et forcément à un grade plutôt qu'à un autre, et chaque grade a un prix immense à ses yeux, parce

que son rang dans la société dépend presque toujours
de son rang dans l'armée.

Chez les peuples démocratiques, il arrive souvent que
l'officier n'a de bien que sa paye, et ne peut attendre de
considération que de ses honneurs militaires. Toutes les
fois qu'il change de fonctions, il change donc de fortune,
et il est en quelque sorte un autre homme. Ce qui était
l'accessoire de l'existence dans les armées aristocratiques, est ainsi devenu le principal, le tout, l'existence
elle-même.

Sous l'ancienne monarchie française, on ne donnait
aux officiers que leur titre de noblesse. De nos jours,
on ne leur donne que leur titre militaire. Ce petit
changement des formes du langage suffit pour indiquer
qu'une grande révolution s'est opérée dans la constitution de la société et dans celle de l'armée.

Au sein des armées démocratiques, le désir d'avancer est presque universel ; il est ardent, tenace, continuel ; il s'accroît de tous les autres désirs, et ne s'éteint
qu'avec la vie. Or il est facile de voir que de toutes les
armées du monde, celles où l'avancement doit être le
plus lent en temps de paix sont les armées démocratiques. Le nombre des grades étant naturellement limité, le nombre des concurrents presque innombrable,
et la loi inflexible de l'égalité pesant sur tous, nul ne
saurait faire de progrès rapides, et beaucoup ne peuvent
bouger de place. Ainsi le besoin d'avancer y est plus
grand, et la facilité d'avancer moindre qu'ailleurs.

Tous les ambitieux que contient une armée démocra-

tique souhaitent donc la guerre avec véhémence, parce
que la guerre vide les places et permet enfin de violer
ce droit de l'ancienneté, qui est le seul privilége naturel
à la démocratie.

Nous arrivons ainsi à cette conséquence singulière
que, de toutes les armées, celles qui désirent le plus ardemment la guerre sont les armées démocratiques, et
que, parmi les peuples, ceux qui aiment le plus la paix
sont les peuples démocratiques ; et ce qui achève de rendre la chose extraordinaire, c'est que l'égalité produit à
la fois ces effets contraires.

Les citoyens, étant égaux, conçoivent chaque jour le
désir et découvrent la possibilité de changer leur condition et d'accroître leur bien-être: cela les dispose à
aimer la paix, qui fait prospérer l'industrie et permet à
chacun de pousser tranquillement à bout ses petites entreprises ; et, d'un autre côté, cette même égalité, en
augmentant le prix des honneurs militaires aux yeux de
ceux qui suivent la carrière des armes, et en rendant les
honneurs accessibles à tous, fait rêver aux soldats les
champs de bataille. Des deux parts, l'inquiétude du
cœur est la même, le goût des jouissances est aussi insatiable, l'ambition égale; le moyen de la satisfaire est
seul différent.

Ces dispositions opposées de la nation et de l'armée
font courir aux sociétés démocratiques de grands
dangers.

Lorsque l'esprit militaire abandonne un peuple, la
carrière militaire cesse aussitôt d'être honorée, et les

hommes de guerre tombent au dernier rang des fonctionnaires publics: On les estime peu et on ne les comprend plus. Il arrive alors le contraire de ce qui se voit
dans les siècles aristocratiques. Ce ne sont plus les principaux citoyens qui entrent dans l'armée, mais les moindres. On ne se livre à l'ambition militaire que quand
nulle autre n'est permise. Ceci forme un cercle vicieux
d'où on a de la peine à sortir. L'élite de la nation évite
la carrière militaire, parce que cette carrière n'est pas
honorée; et elle n'est point honorée, parce que l'élite de
la nation n'y entre plus.

Il ne faut donc pas s'étonner si les armées démocratiques se montrent souvent inquiètes, grondantes et mal
satisfaites de leur sort, quoique la condition physique y
soit d'ordinaire beaucoup plus douce et la discipline
moins rigide que dans toutes les autres. Le soldat se
sent dans une position inférieure, et son orgueil blessé
achève de lui donner le goût de la guerre qui le rend
nécessaire, ou l'amour des révolutions durant lesquelles
il espère conquérir, les armes à la main, l'influence
politique et la considération individuelle qu'on lui conteste.

La composition des armées démocratiques rend ce
dernier péril fort à craindre.

Dans la société démocratique, presque tous les citoyens ont des propriétés à conserver ; mais les armées
démocratiques sont conduites, en général, par des pro-
létaires. La plupart d'entre eux ont peu à perdre dans
les troubles civiles. La masse de la nation y craint natu-

rellement beaucoup plus les révolutions que dans les siècles d'aristocratie ; mais les chefs de l'armée les redoutent bien moins.

De plus, comme chez les peuples démocratiques,
ainsi que je l'ai dit ci-devant, les citoyens les plus riches,
les plus instruits, les plus capables n'entrent guère dans
la carrière militaire, il arrive que l'armée, dans son ensemble, finit par faire une petite nation à part, où l'intelligence est moins étendue, et les habitudes plus grossières que dans la grande. Or, cette petite nation in-
civilisée possède les armes, et seule elle sait s'en
servir.

Ce qui accroît, en effet, le péril que l'esprit militaire
et turbulent de l'armée fait courir aux peuples démocratiques, c'est l'humeur pacifique des citoyens ; il n'y a
rien de si dangereux qu'une armée au sein d'une nation
qui n'est pas guerrière ; l'amour excessif de tous les
citoyens pour la tranquillité y met chaque jour la constitution à la merci des soldats.

On peut donc dire d'une manière générale que si les
peuples démocratiques sont naturellement portés vers la
paix par leurs intérêts et leurs instincts, ils sont sans
cesse attirés vers la guerre et les révolutions par leurs
armées.

Les révolutions militaires, qui ne sont presque jamais à craindre dans les aristocraties, sont toujours à
redouter chez les nations démocratiques. Ces périls doivent être rangés parmi les plus redoutables de tous
ceux que renferme leur avenir ; il faut que l'attention

des hommes d'État s'applique sans relâche à y trouver un remède.

Lorsqu'une nation se sent intérieurement travaillée par l'ambition inquiète de son armée, la première pensée qui se présente, c'est de donner à cette ambition incommode la guerre pour objet.

Je ne veux point médire de la guerre; la guerre agrandit presque toujours la pensée d'un peuple et lui élève le cœur. Il y a des cas où seule elle peut arrêter le développement excessif de certains penchants que fait naturellement naître l'égalité, et où il faut la considérer comme nécessaire à certaines maladies invétérées auxquelles les sociétés démocratiques sont sujettes.

La guerre a de grands avantages; mais il ne faut pas se flatter qu'elle diminue le péril qui vient d'être signalé. Elle ne fait que le suspendre, et il revient plus terrible après elle; car l'armée souffre bien plus impatiemment la paix après avoir goûté de la guerre. La guerre ne serait un remède que pour un peuple qui voudrait toujours la gloire.

Je prévois que tous les princes guerriers qui s'élèveront au sein des grandes nations démocratiques trouveront qu'il leur est plus facile de vaincre avec leur armée que de la faire vivre en paix après la victoire. Il y a deux choses qu'un peuple démocratique aura toujours beaucoup de peine à faire : commencer la guerre et la finir.

Si, d'ailleurs, la guerre a des avantages particuliers pour les peuples démocratiques, d'un autre côté elle leur fait courir de certains périls que n'ont point à redouter, au même degré, les aristocraties. Je n'en citerai que deux.

Si la guerre satisfait l'armée, elle gêne et souvent désespère cette foule innombrable de citoyens dont les petites passions ont, tous les jours, besoin de la paix pour se satisfaire. Elle risque donc de faire naître sous une autre forme le désordre qu'elle doit prévenir.

Il n'y a pas de longue guerre qui dans un pays démocratique ne mette en grand hasard la liberté. Ce n'est pas qu'il faille craindre précisément d'y voir, après chaque victoire, les généraux vainqueurs s'emparer par la force du souverain pouvoir, à la manière de Sylla et de César. Le péril est d'une autre sorte. La guerre ne livre pas toujours les peuples démocratiques au gouvernement militaire; mais elle ne peut manquer d'accroître immensément, chez ces peuples, les attributions du gouvernement civil; elle centralise presque forcément dans les mains de celui-ci la direction de tous les hommes et l'usage de toutes les choses. Si elle ne conduit pas tout à coup au despotisme par la violence, elle y amène doucement par les habitudes.

Tous ceux qui cherchent à détruire la liberté dans le sein d'une nation démocratique doivent savoir que le plus sûr et le plus court moyen d'y parvenir est la guerre. C'est là le premier axiome de la science.

Un remède semble s'offrir de lui-même, lorsque l'ambition des officiers et des soldats devient à craindre, c'est d'accroître le nombre des places à donner, en

augmentant l'armée. Ceci soulage le mal présent, mais
engage d'autant plus l'avenir.

Augmenter l'armée peut produire un effet durable
dans une société aristocratique, parce que, dans ces sociétés, l'ambition militaire est limitée à une seule espèce
d'hommes, et s'arrête, pour chaque homme, à une certaine borne; de telle sorte qu'on peut arriver à contenter à peu près tous ceux qui la ressentent.

Mais chez un peuple démocratique on ne gagne rien
à accroître l'armée, parce que le nombre des ambitieux
s'y accroît toujours exactement dans le même rapport
que l'armée elle-même. Ceux dont vous avez exaucé les
vœux en créant de nouveaux emplois sont aussitôt rem-
placés par une foule nouvelle que vous ne pouvez satisfaire, et les premiers eux-mêmes recommencent bientôt
à se plaindre; car la même agitation d'esprit qui règne
parmi les citoyens d'une démocratie se fait voir dans
l'armée; ce qu'on y veut, ce n'est pas de gagner un
certain grade, mais d'avancer toujours. Si les désirs
ne sont pas très-vastes, ils renaissent sans cesse. Un
peuple démocratique qui augmente son armée ne fait
donc qu'adoucir, pour un moment, l'ambition des
gens de guerre; mais bientôt elle devient plus redou-
table, parce que ceux qui la ressentent sont plus nombreux.

Je pense, pour ma part, qu'un esprit inquiet et turbulent est un mal inhérent à la constitution même des
armées démocratiques, et qu'on doit renoncer à le guérir. Il ne faut pas que les législateurs des démocraties

se flattent de trouver une organisation militaire qui ait par elle-même la force de calmer et de contenir les gens de guerre; ils s'épuiseraient en vains efforts avant d'y atteindre.

Ce n'est pas dans l'armée qu'on peut rencontrer le remède aux vices de l'armée, mais dans le pays.

Les peuples démocratiques craignent naturellement le trouble et le despotisme. Il s'agit seulement de faire de ces instincts des goûts réfléchis, intelligents, et stables. Lorsque les citoyens ont enfin appris à faire un paisible et utile usage de la liberté et ont senti ses bienfaits; quand ils ont contracté un amour viril de l'ordre, et se sont pliés volontairement à la règle, ces mêmes citoyens, en entrant dans la carrière des armes, y apportent, à leur insu et comme malgré eux, ces habitudes et ces mœurs. L'esprit général de la nation pénétrant dans l'esprit particulier de l'armée, tempère les opinions et les désirs que l'état militaire fait naître; ou, par la force toute puissante de l'opinion publique, il les comprime. Ayez des citoyens éclairés, réglés, fermes et libres, et vous aurez des soldats disciplinés et obéissants.

Toute loi qui, en réprimant l'esprit turbulent de l'armée, tendrait à diminuer, dans le sein de la nation, l'esprit de liberté civile et à y obscurcir l'idée du droit et des droits, irait donc contre son objet. Elle favoriserait l'établissement de la tyrannie militaire, beaucoup plus qu'elle ne lui nuirait.

Après tout, et quoi qu'on fasse, une grande armée, au sein d'un peuple démocratique, sera toujours un grand péril ; et le moyen le plus efficace de diminuer ce péril sera de réduire l'armée : mais c'est un remède dont il n'est pas donné à tous les peuples de pouvoir user.

CHAPITRE XXIII

Il est de l'essence d'une armée démocratique d'être
très-nombreuse, relativement au peuple qui la fournit ;
j'en dirai plus loin les raisons.

D'une autre part, les hommes qui vivent dans les
temps démocratiques ne choisissent guère la carrière militaire.

Les peuples démocratiques sont donc bientôt amenés
à renoncer au recrutement volontaire, pour avoir recours à l'enrôlement forcé. La nécessité de leur condition les oblige à prendre ce dernier moyen, et l'on peut
aisément prédire que tous l'adopteront.

Le service militaire étant forcé, la charge s'en partage
indistinctement et également sur tous les citoyens. Cela
ressort encore nécessairement de la condition de ces
peuples et de leurs idées. Le gouvernement y peut à peu
près ce qu'il veut, pourvu qu'il s'adresse à tout le monde
à la fois ; c'est l'inégalité du poids et non le poids qui
fait d'ordinaire qu'on lui résiste.

Or, le service militaire étant commun à tous les citoyens, il en résulte évidemment que chacun d'eux ne reste qu'un petit nombre d'années sous les drapeaux.

Ainsi, il est dans la nature des choses que le soldat ne soit qu'en passant dans l'armée, tandis que chez la plupart des nations aristocratiques l'état militaire est un métier que le soldat prend, ou qui lui est imposé pour toute la vie.

Ceci a de grandes conséquences. Parmi les soldats qui composent une armée démocratique, quelques-uns s'attachent à la vie militaire, mais le plus grand nombre amenés ainsi malgré eux sous le drapeau, et toujours prêts à retourner dans leurs foyers, ne se considèrent pas comme sérieusement engagés dans la carrière militaire, et ne songent qu'à en sortir.

Ceux-ci ne contractent pas les besoins et ne partagent jamais qu'à moitié les passions que cette carrière fait naître. Ils se plient à leurs devoirs militaires, mais leur leur âme reste attachée aux intérêts et aux désirs qui la remplissaient dans la vie civile. Ils ne prennent donc pas l'esprit de l'armée; ils apportent plutôt au sein de l'armée l'esprit de la société et l'y conservent. Chez les peuples démocratiques, ce sont les simples soldats qui restent le plus citoyens; c'est sur eux que les habitudes nationales gardent le plus de prise, et l'opinion publique le plus de pouvoir. C'est par les soldats qu'on peut surtout se flatter de faire pénétrer dans une armée démocratique l'amour de la liberté, et le respect des droits qu'on a su inspirer au peuple lui-même. Le contraire

arrive chez les nations aristocratiques où les soldats finissent par n'avoir plus rien de commun avec leurs concitoyens, et par vivre au milieu d'eux comme des étrangers, et souvent comme des ennemis.

Dans les armées aristocratiques, l'élément conservateur est l'officier, parce que l'officier seul a gardé des
liens étroits avec la société civile, et ne quitte jamais la
volonté de venir tôt ou tard y reprendre sa place; dans
les armées démocratiques, c'est le soldat, et pour des
causes toutes semblables.

Il arrive souvent, au contraire, que dans ces mêmes
armées démocratiques, l'officier contracte des goûts et
des désirs entièrement à part de ceux de la nation. Cela
se comprend.

Chez les peuples démocratiques, l'homme qui devient
officier rompt tous les liens qui l'attachaient à la vie
civile; il en sort pour toujours, et il n'a aucun intérêt à
y rentrer. Sa véritable patrie, c'est l'armée, puisqu'il
n'est rien que par le rang qu'il y occupe; il suit donc la
fortune de l'armée, grandit ou s'abaisse avec elle, et
c'est vers elle seule qu'il dirige désormais ses espérances. L'officier ayant des besoins fort distincts de ceux
du pays, il peut se faire qu'il désire ardemment la guerre,
ou travaille à une révolution dans le moment même
où la nation aspire le plus à la stabilité et à la paix.

Toutefois il y a des causes qui tempèrent en lui
l'humeur guerrière et inquiète. Si l'ambition est universelle et continue chez les peuples démocratiques,
nous avons vu qu'elle y est rarement grande. L'homme

qui, sorti des classes secondaires de la nation, est parvenu à travers les rangs inférieurs de l'armée jusqu'au
grade d'officier, a déjà fait un pas immense. Il a pris
pied dans une sphère supérieure à celle qu'il occupait
au sein de la société civile, et il y a acquis des droits
que la plupart des nations démocratiques considéreront
toujours comme inaliénables [1]. Il s'arrête volontiers
après ce grand effort, et songe à jouir de sa conquête.
La crainte de compromettre ce qu'il possède amollit
déjà dans son cœur l'envie d'acquérir ce qu'il n'a pas.
Après avoir franchi le premier et le plus grand obstacle
qui arrêtait ses progrès, il se résigne avec moins d'impatience à la lenteur de sa marche. Cet attiédissement
de l'ambition s'accroît à mesure que, s'élevant davantage
en grade, il trouve plus à perdre dans les hasards. Si je
ne me trompe, la partie la moins guerrière comme la
moins révolutionnaire d'une armée démocratique sera
toujours la tête.

Ce que je viens de dire de l'officier et du soldat n'est
point applicable à une classe nombreuse qui, dans toutes
les armées, occupe entre eux la place intermédiaire ; je
veux parler des sous-officiers.

Cette classe des sous-officiers qui, avant le siècle présent, n'avait point encore paru dans l'histoire, est appelée désormais, je pense, à y jouer un rôle.

[1] La position de l'officier est, en effet, bien plus assurée chez les peuples démocratiques que chez les autres. Moins l'officier est par lui-même,
plus le grade a comparativement de prix, et plus le législateur trouve
juste et nécessaire d'en assurer la jouissance.

De même que l'officier, le sous-officier a rompu dans sa pensée tous les liens qui l'attachaient à la société civile; de même que lui, il a fait de l'état militaire sa carrière, et, plus que lui peut-être, il a dirigé de ce seul côté tous ses désirs; mais il n'a pas encore atteint comme l'officier un point élevé et solide où il lui soit loisible de s'arrêter et de respirer à l'aise, en attendant qu'il puisse monter plus haut.

Par la nature même de ses fonctions qui ne saurait changer, le sous-officier est condamné à mener une existence obscure, étroite, malaisée et précaire. Il ne voit encore de l'état militaire que les périls. Il n'en connaît que les privations et l'obéissance, plus difficiles à supporter que les périls. Il souffre d'autant plus de ses misères présentes, qu'il sait que la constitution de la société et celle de l'armée lui permettent de s'en affranchir; d'un jour à l'autre, en effet, il peut devenir officier. Il commande alors, il a des honneurs, de l'indépendance, des droits, des jouissances; non-seulement cet objet de ses espérances lui paraît immense, mais avant que de le saisir, il n'est jamais sûr de l'atteindre. Son grade n'a rien d'irrévocable; il est livré chaque jour tout entier à l'arbitraire de ses chefs; les besoins de la discipline exigent impérieusement qu'il en soit ainsi. Une faute légère, un caprice, peuvent toujours lui faire perdre, en un moment, le fruit de plusieurs années de travaux et d'efforts. Jusqu'à ce qu'il soit arrivé au grade qu'il convoite, il n'a donc rien fait. Là seulement il semble entrer dans la carrière. Chez un homme ainsi

aiguillonné sans cesse par sa jeunesse, ses besoins, ses
passions, l'esprit de son temps, ses espérances et ses
craintes, il ne peut manquer de s'allumer une ambition
désespérée.

Le sous-officier veut donc la guerre, il la veut toujours et à tout prix, et si on lui refuse la guerre, il
désire les révolutions qui suspendent l'autorité des règles
et au milieu desquelles il espère, à la faveur de la confusion et des passions politiques, chasser son officier et
en prendre la place ; et il n'est pas impossible qu'il les
fasse naître, parce qu'il exerce une grande influence sur
les soldats par la communauté d'origine et d'habitudes,
bien qu'il en diffère beaucoup par les passions et les
désirs.

On aurait tort de croire que ces dispositions diverses
de l'officier, du sous-officier et du soldat, tinssent à un
temps ou à un pays. Elles se feront voir à toutes les
époques et chez toutes les nations démocratiques.

Dans toute armée démocratique, ce sera toujours le
sous-officier qui représentera le moins l'esprit pacifique
et régulier du pays, et le soldat qui le représentera le
mieux. Le soldat apportera dans la carrière militaire la
force ou la faiblesse des mœurs nationales ; il y fera voir
l'image fidèle de la nation. Si elle est ignorante et
faible, il se laissera entraîner au désordre par ses chefs,
à son insu ou malgré lui. Si elle est éclairée et énergique, il les retiendra lui-même dans l'ordre.

CHAPITRE XXIV

Toute armée qui entre en campagne après une longue paix, risque d'être vaincue; toute armée qui a long-temps fait la guerre, a de grandes chances de vaincre : cette vérité est particulièrement applicable aux armées démocratiques.

Dans les aristocraties, l'état militaire, étant une carrière privilégiée, est honoré même en temps de paix. Les hommes qui ont de grands talents, de grandes lumières et une grande ambition l'embrassent; l'armée est, en toutes choses, au niveau de la nation; souvent même elle le dépasse.

Nous avons vu comment, au contraire, chez les peuples démocratiques, l'élite de la nation s'écartait peu à peu de la carrière militaire pour chercher, par d'autres chemins, la considération, le pouvoir et surtout la richesse. Après une longue paix, et dans les temps démocratiques les paix sont longues, l'armée est toujours inférieure au pays lui-même. C'est en cet état que la trouve la guerre; et jusqu'à ce que la guerre l'ait changée, il y a péril pour le pays et pour l'armée.

J'ai fait voir comment, dans les armées démocratiques et en temps de paix, le droit d'ancienneté était la loi suprême et inflexible de l'avancement. Cela ne découle pas seulement, ainsi que je l'ai dit, de la constitution de ces armées, mais de la constitution même du peuple, et se retrouvera toujours.

De plus, comme chez ces peuples l'officier n'est quelque chose dans le pays que par sa position militaire, et qu'il tire de là toute sa considération et toute son aisance, il ne se retire ou n'est exclu de l'armée qu'aux limites extrêmes de la vie.

Il résulte de ces deux causes que lorsqu'après un long repos un peuple démocratique prend enfin les armes, tous les chefs de son armée se trouvent être des vieillards. Je ne parle pas seulement des généraux, mais des officiers subalternes, dont la plupart sont restés immobiles, ou n'ont pu marcher que pas à pas. Si l'on considère une armée démocratique après une longue paix, on voit avec surprise que tous les soldats sont voisins de l'enfance et tous les chefs sur le déclin; de telle sorte que les premiers manquent d'expérience et les seconds de vigueur.

Cela est une grande cause de revers; car la première condition pour bien conduire la guerre, est d'être jeune; je n'aurais pas osé le dire, si le plus grand capitaine des temps modernes ne l'avait dit.

Ces deux causes n'agissent pas de la même manière
sur les armées aristocratiques.

Comme on y avance par droit de naissance bien plus
que par droit d'ancienneté, il se rencontre toujours dans
tous les grades un certain nombre d'hommes jeunes, et
qui apportent à la guerre toute la première énergie du
corps et de l'âme.

De plus, comme les hommes qui recherchent les honneurs militaires chez un peuple aristocratique ont une
position assurée dans la société civile, ils attendent rarement que les approches de la vieillesse les surprennent
dans l'armée. Après avoir consacré à la carrière des armes les plus vigoureuses années de leur jeunesse, ils se
retirent d'eux-mêmes et vont user dans leurs foyers les
restes de leur âge mûr.

Une longue paix ne remplit pas seulement les armées
démocratiques de vieux officiers, elle donne encore à
tous les officiers des habitudes de corps et d'esprit qui
les rendent peu propres à la guerre. Celui qui a longtemps vécu au milieu de l'atmosphère paisible et tiède
des mœurs démocratiques se plie d'abord malaisément
aux rudes travaux et aux austères devoirs que la guerre
impose. S'il n'y perd pas absolument le goût des armes,
il y prend du moins des façons de vivre qui l'empêchent
de vaincre.

Chez les peuples aristocratiques, la mollesse de la vie
civile exerce moins d'influence sur les mœurs militaires,
parce que, chez ces peuples, c'est l'aristocratie qui conduit l'armée. Or, une aristocratie, quelque plongée

qu'elle soit dans les délices, a toujours plusieurs autres
passions que celles du bien-être, et elle fait volontiers le
sacrifice momentané de son bien-être, pour mieux satisfaire ces passions-là.

J'ai montré comment, dans les armées démocratiques,
en temps de paix, les lenteurs de l'avancement sont
extrêmes. Les officiers supportent d'abord cet état de
choses avec impatience; ils s'agitent, s'inquiètent et se
désespèrent; mais, à la longue, la plupart d'entre eux
se résignent. Ceux qui ont le plus d'ambition et de ressources sortent de l'armée; les autres, proportionnant
enfin leurs goûts et leurs désirs à la médiocrité de leur
sort, finissent par considérer l'état militaire sous un aspect civil. Ce qu'ils en prisent le plus, c'est l'aisance et
la stabilité qui l'accompagnent; sur l'assurance de cette
petite fortune, ils fondent toute l'image de leur avenir,
et ils ne demandent qu'à pouvoir en jouir paisiblement.

Ainsi, non-seulement une longue paix remplit de
vieux officiers les armées démocratiques, mais elle donne
souvent des instincts de vieillards à ceux même qui y
sont encore dans la vigueur de l'âge.

J'ai fait voir également comment, chez les nations démocratiques, en temps de paix, la carrière militaire
était peu honorée et mal suivie.

Cette défaveur publique est un poids très-lourd qui
pèse sur l'esprit de l'armée. Les âmes en sont comme
pliées; et, quand enfin la guerre arrive, elles ne sauraient reprendre en un moment leur élasticité et leur
vigueur.

Une semblable cause d'affaiblissement moral ne se rencontre point dans les armées aristocratiques. Les officiers ne s'y trouvent jamais abaissés à leurs propres yeux et à ceux de leurs semblables, parce que, indépendamment de leur grandeur militaire, ils sont grands par eux-mêmes.

L'influence de la paix se fît-elle sentir sur les deux armées de la même manière, les résultats seraient encore différents.

Quand les officiers d'une armée aristocratique ont perdu l'esprit guerrier et le désir de s'élever par les armes, il leur reste encore un certain respect pour l'honneur de leur ordre, et une vieille habitude d'être les premiers et de donner l'exemple. Mais lorsque les officiers d'une armée démocratique n'ont plus l'amour de la guerre et l'ambition militaire, il ne reste rien.

Je pense donc qu'un peuple démocratique qui entreprend une guerre après une longue paix, risque beaucoup plus qu'un autre d'être vaincu; mais il ne doit pas se laisser aisément abattre par les revers. Car les chances de son armée s'accroissent par la durée même de la guerre.

Lorsque la guerre, en se prolongeant, a enfin arraché tous les citoyens à leurs travaux paisibles et fait échouer leurs petites entreprises, il arrive que les mêmes passions qui leur faisaient attacher tant de prix à la paix se tournent vers les armes. La guerre, après avoir détruit toutes les industries, devient elle-même la grande et unique industrie, et c'est vers elle seule que se dirigent alors de toutes parts les ardents et ambitieux désirs que l'égalité a fait naître. C'est pourquoi ces mêmes nations démocratiques qu'on a tant de peine à entraîner sur les champs de bataille y font quelquefois des choses prodigieuses, quand on est enfin parvenu à leur mettre les armes à la main.

A mesure que la guerre attire de plus en plus vers l'armée tous les regards, qu'on lui voit créer en peu de temps de grandes réputations et de grandes fortunes, l'élite de la nation prend la carrière des armes ; tous les esprits naturellement entreprenants, fiers et guerriers, que produit non plus seulement l'aristocratie, mais le pays entier, sont entraînés de ce côté.

Le nombre des concurrents aux honneurs militaires étant immense, et la guerre poussant rudement chacun à sa place, il finit toujours par se rencontrer de grands généraux. Une longue guerre produit sur une armée démocratique ce qu'une révolution produit sur le peuple lui-même. Elle brise les règles et fait surgir tous les hommes extraordinaires. Les officiers dont l'âme et le corps ont vieilli dans la paix sont écartés, se retirent ou meurent. A leur place se presse une foule d'hommes jeunes que la guerre a déjà endurcis, et dont elle a étendu et enflammé les désirs. Ceux-ci veulent grandir à tout prix et grandir sans cesse ; après eux, en viennent d'autres qui ont mêmes passions et mêmes désirs ; et après ces autres-là, d'autres encore, sans trouver de limites que celles de l'armée. L'égalité permet à tous l'ambition, et la mort se charge de fournir

à toutes les ambitions des chances. La mort ouvre sans
cesse les rangs, vide les places, ferme la carrière et
l'ouvre.

Il y a d'ailleurs entre les mœurs militaires et les
mœurs démocratiques un rapport caché que la guerre
découvre.

Les hommes des démocraties ont naturellement le
désir passionné d'acquérir vite les biens qu'ils convoitent, et d'en jouir aisément. La plupart d'entre eux adorent le hasard, et craignent bien moins la mort que la
peine. C'est dans cet esprit qu'ils mènent le commerce et l'industrie; et ce même esprit, transporté par
eux sur les champs de bataille, les porte à exposer volontiers leur vie pour s'assurer, en un moment, les
prix de la victoire. Il n'y a pas de grandeurs qui
satisfassent plus l'imagination d'un peuple démocratique que la grandeur militaire, grandeur brillante et
soudaine qu'on obtient sans travail, en ne risquant que
sa vie.

Ainsi, tandis que l'intérêt et les goûts écartent de la
guerre les citoyens d'une démocratie, les habitudes de
leur âme les préparent à la bien faire; ils deviennent aisément de bons soldats, dès qu'on a pu les arracher à
leurs affaires et à leur bien-être.

Si la paix est particulièrement nuisible aux armées
démocratiques, la guerre leur assure donc des avantages
que les autres armées n'ont jamais; et ces avantages,
bien que peu sensibles d'abord, ne peuvent manquer, à
la longue, de leur donner la victoire.

Un peuple aristocratique qui, luttant contre une nation démocratique, ne réussit pas à la ruiner dès les premières campagnes, risque toujours beaucoup d'être vaincu par elle.

CHAPITRE XXV

C'est une opinion fort répandue, surtout parmi les peuples aristocratiques, que la grande égalité sociale qui règne au sein des démocraties y rend à la longue le soldat indépendant de l'officier, et y détruit ainsi le lien de la discipline.

C'est une erreur. Il y a en effet deux espèces de discipline qu'il ne faut pas confondre.

Quand l'officier est le noble et le soldat le serf; l'un le riche, et l'autre le pauvre; que le premier est éclairé et fort, et le second, ignorant et faible, il est facile d'établir entre ces deux hommes le lien le plus étroit d'obéissance. Le soldat est plié à la discipline militaire avant, pour ainsi dire, que d'entrer dans l'armée, ou plutôt la discipline militaire n'est qu'un perfectionnement de la servitude sociale. Dans les armées aristocratiques, le soldat arrive assez aisément à être comme insensible à toutes choses, excepté à l'ordre de ses chefs.

Il agit sans penser, triomphe sans ardeur, et meurt sans se plaindre. En cet état, ce n'est plus un homme, mais c'est encore un animal très-redoutable dressé à la guerre.

Il faut que les peuples démocratiques désespèrent d'obtenir jamais de leurs soldats cette obéissance aveugle, minutieuse, résignée et toujours égale, que les peuples aristocratiques leur imposent sans peine. L'état de la société n'y prépare point : ils risqueraient de perdre leurs avantages naturels en voulant acquérir artificiellement ceux-là. Chez les peuples démocratiques, la discipline militaire ne doit pas essayer d'anéantir le libre essor des âmes; elle ne peut aspirer qu'à le diriger; l'obéissance qu'elle crée est moins exacte, mais plus impétueuse et plus intelligente. Sa racine est dans la volonté même de celui qui obéit; elle ne s'appuie pas seulement sur son instinct, mais sur sa raison; aussi se resserre-t-elle souvent d'elle-même à proportion que le péril la rend nécessaire. La discipline d'une armée aristocratique se relâche volontiers dans la guerre, parce que cette discipline se fonde sur les habitudes, et que la guerre trouble ces habitudes. La discipline d'une armée démocratique se raffermit au contraire devant l'ennemi, parce que chaque soldat voit alors très-clairement qu'il faut se taire et obéir pour pouvoir vaincre.

Les peuples qui ont fait les choses les plus considérables par la guerre, n'ont point connu d'autre discipline que celle dont je parle. Chez les anciens, on ne recevait dans les armées que des hommes libres et des citoyens,

lesquels différaient peu les uns des autres, et étaient accoutumés à se traiter en égaux. Dans ce sens, on peut
dire que les armées de l'antiquité étaient démocratiques,
bien qu'elles sortissent du sein de l'aristocratie; aussi
régnait-il dans ces armées une sorte de confraternité familière entre l'officier et le soldat. On s'en convainc en
lisant la vie des grands capitaines de Plutarque. Les
soldats y parlent sans cesse et fort librement à leurs généraux, et ceux-ci écoutent volontiers les discours de
leurs soldats, et y répondent. C'est par des paroles et
des exemples, bien plus que par la contrainte et les châ-
timents, qu'ils les conduisent. On dirait des compagnons
autant que des chefs.

Je ne sais si les soldats grecs et romains ont jamais
perfectionné au même point que les Russes les petits
détails de la discipline militaire; mais cela n'a pas empêché Alexandre de conquérir l'Asie, et Rome le
monde.

CHAPITRE XXVI

Lorsque le principe de l'égalité ne se développe pas seulement chez une nation, mais en même temps chez plusieurs peuples voisins, ainsi que cela se voit de nos jours en Europe, les hommes qui habitent ces pays divers, malgré la disparité des langues, des usages et des lois, se ressemblent toutefois en ce point, qu'ils redoutent également la guerre, et conçoivent pour la paix un même amour[1]. En vain l'ambition ou la colère arme les princes, une sorte d'apathie et de bienveillance universelle les apaise en dépit d'eux-mêmes, et leur fait tomber l'épée des mains : les guerres deviennent plus rares.

[1] La crainte que les peuples européens montrent de la guerre ne tient pas seulement au progrès qu'a fait chez eux l'égalité; je n'ai pas besoin, je pense, de le faire remarquer au lecteur. Indépendamment de cette cause permanente, il y en a plusieurs accidentelles qui sont très-puissantes. Je citerai, avant toutes les autres, la lassitude extrême que les guerres de la Révolution et de l'Empire ont laissée.

A mesure que l'égalité, se développant à la fois dans plusieurs pays, y pousse simultanément vers l'industrie et le commerce les hommes qui les habitent, non-seulement leurs goûts se ressemblent, mais leurs intérêts se mêlent et s'enchevêtrent, de telle sorte qu'aucune nation ne peut infliger aux autres des maux qui ne retombent pas sur elle-même, et que toutes finissent par considérer la guerre comme une calamité, presque aussi grande pour le vainqueur que pour le vaincu.

Ainsi, d'un côté, il est très-difficile, dans les siècles démocratiques, d'entraîner les peuples à se combattre; mais, d'une autre part, il est presque impossible que deux d'entre eux se fassent isolément la guerre. Les intérêts de tous sont si enlacés, leurs opinions et leurs besoins si semblables qu'aucun ne saurait se tenir en repos, quand les autres s'agitent. Les guerres deviennent donc plus rares; mais, lorsqu'elles naissent, elles ont un champ plus vaste.

Des peuples démocratiques qui s'avoisinent ne deviennent pas seulement semblables sur quelques points, ainsi que je viens de le dire; ils finissent par se ressembler sur presque tous [1].

[1] Cela ne vient pas uniquement de ce que ces peuples ont le même état social, mais de ce que ce même état social est tel qu'il porte naturellement les hommes à s'imiter et à se confondre.

Lorsque les citoyens sont divisés en castes et en classes, non-seulement ils diffèrent les uns des autres, mais ils n'ont ni le goût ni le désir de se ressembler; chacun cherche, au contraire, de plus en plus, à garder intactes ses opinions et ses habitudes propres et à rester soi. L'esprit d'individualité est très-vivace.

Quand un peuple a un état social démocratique, c'est-à-dire qu'il

Or, cette similitude des peuples a, quant à la guerre, des conséquences très-importantes.

Lorsque je me demande pourquoi la confédération helvétique du quinzième siècle faisait trembler les plus grandes et les plus puissantes nations de l'Europe, tandis que, de nos jours, son pouvoir est en rapport exact avec sa population, je trouve que les Suisses sont devenus semblables à tous les hommes qui les environnent, et ceux-ci aux Suisses; de telle sorte que, le nombre seul faisant entre eux la différence, aux plus gros bataillons appartient nécessairement la victoire. L'un des résultats de la révolution démocratique qui s'opère en Europe, est donc de faire prévaloir, sur tous les champs de bataille, la force numérique, et de con-

n'existe plus dans son sein de castes ni de classes, et que tous les citoyens y sont à peu près égaux en lumières et en biens, l'esprit humain chemine en sens contraire. Les hommes se ressemblent, et de plus ils souffrent, en quelque sorte, de ne pas se ressembler. Loin de vouloir conserver ce qui peut encore singulariser chacun d'eux, ils ne demandent qu'à le perdre pour se confondre dans la masse commune, qui seule représente à leurs yeux le droit et la force. L'esprit d'individualité est presque détruit.

Dans les temps d'aristocratie, ceux même qui sont naturellement pareils aspirent à créer entre eux des différences imaginaires. Dans les temps de démocratie, ceux même qui naturellement ne se ressemblent pas ne demandent qu'à devenir semblables et se copient, tant l'esprit de chaque homme est toujours entraîné dans le mouvement général de l'humanité.

Quelque chose de semblable se fait également remarquer de peuple à peuple. Deux peuples auraient le même état social aristocratique, qu'ils pourraient rester fort distincts et très-différents, parce que l'esprit de l'aristocratie est de s'individualiser. Mais deux peuples voisins ne sauraient avoir un même état social démocratique, sans adopter aussitôt des opinions et des mœurs semblables, parce que l'esprit de démocratie fait tendre les hommes à s'assimiler.

traindre toutes les petites nations à s'incorporer aux grandes, ou du moins à entrer dans la politique de ces dernières.

La raison déterminante de la victoire étant le nombre, il en résulte que chaque peuple doit tendre de tous ses efforts à amener le plus d'hommes possible sur le champ de bataille.

Quand on pouvait enrôler sous les drapeaux une espèce de troupes supérieure à toutes les autres, comme l'infanterie suisse ou la chevalerie française du seizième siècle, on n'estimait pas avoir besoin de lever de très-grosses armées; mais il n'en est plus ainsi quand tous les soldats se valent.

La même cause qui fait naître ce nouveau besoin fournit aussi les moyens de le satisfaire. Car ainsi que je l'ai dit, quand tous les hommes sont semblables, ils sont tous faibles. Le pouvoir social est naturellement beaucoup plus fort chez les peuples démocratiques que partout ailleurs. Ces peuples, en même temps qu'ils sentent le désir d'appeler toute leur population virile sous les armes, ont donc la faculté de l'y réunir : ce qui fait que dans les siècles d'égalité les armées semblent croître à mesure que l'esprit militaire s'éteint.

Dans les mêmes siècles, la manière de faire la guerre change aussi par les mêmes causes.

Machiavel dit dans son livre du Prince « qu'il est bien plus difficile de subjuguer un peuple qui a pour chefs un prince et des barons, qu'une nation qui est conduite par un prince et des esclaves. » Mettons, pour n'offenser personne, des fonctionnaires publics au lieu d'esclaves, et nous aurons une grande vérité, fort applicable à notre sujet.

Il est très-difficile à un grand peuple aristocratique de conquérir ses voisins et d'être conquis par eux. Il ne saurait les conquérir, parce qu'il ne peut jamais réunir toutes ses forces et les tenir longtemps ensemble ; et il ne peut être conquis, parce que l'ennemi trouve partout de petits foyers de résistance qui l'arrêtent. Je comparerai la guerre dans un pays aristocratique à la guerre dans un pays de montagnes : les vaincus trouvent à chaque instant l'occasion de se rallier dans de nouvelles positions et d'y tenir ferme.

Le contraire précisément se fait voir chez les nations démocratiques.

Celles-ci amènent aisément toutes leurs forces disponibles sur le champ de bataille, et, quand la nation est riche et nombreuse, elle devient aisément conquérante ; mais une fois qu'on l'a vaincue et qu'on pénètre sur son territoire, il lui reste peu de ressources, et, si l'on vient jusqu'à s'emparer de sa capitale, la nation est perdue. Cela s'explique très-bien : chaque citoyen étant individuellement très-isolé et très-faible, nul ne peut ni se défendre soi-même, ni présenter à d'autres un point d'appui. Il n'y a de fort dans un pays démocratique que l'État ; la force militaire de l'État étant détruite par la destruction de son armée, et son pouvoir civil paralysé par la prise de sa capitale, le reste ne forme plus qu'une multitude sans règle et sans force qui ne peut lutter contre la puissance organisée qui l'attaque; je sais qu'on peut rendre le péril moindre en créant des libertés et par conséquent des existences provinciales; mais ce remède sera toujours insuffisant.

Non-seulement la population ne pourra plus alors continuer la guerre, mais il est à craindre qu'elle ne veuille pas le tenter.

D'après le droit des gens adopté par les nations civilisées, les guerres n'ont pas pour but de s'approprier les biens des particuliers, mais seulement de s'emparer du pouvoir politique. On ne détruit la propriété privée que par occasion et pour atteindre le second objet.

Lorsqu'une nation aristocratique est envahie après la défaite de son armée, les nobles, quoiqu'ils soient en même temps les riches, aiment mieux continuer individuellement à se défendre que de se soumettre; car, si le vainqueur restait maître du pays, il leur enlèverait leur pouvoir politique, auquel ils tiennent plus encore qu'à leurs biens : ils préfèrent donc les combats à la conquête, qui est pour eux le plus grand des malheurs, et ils entraînent aisément avec eux le peuple, parce que le peuple a contracté le long usage de les suivre et de leur obéir, et n'a d'ailleurs presque rien à risquer dans la guerre.

Chez une nation où règne l'égalité des conditions, chaque citoyen ne prend, au contraire, qu'une petite part au pouvoir politique, et souvent n'y prend point de part; d'un autre côté, tous sont indépendants et ont des biens à perdre; de telle sorte qu'on y craint bien moins

la conquête et bien plus la guerre que chez un peuple
aristocratique. Il sera toujours très-difficile de détermi-
ner une population démocratique à prendre les armes
quand la guerre sera portée sur son territoire. C'est
pourquoi il est si nécessaire de donner à ces peuples des
droits et un esprit politique qui suggère à chaque citoyen
quelques-uns des intérêts qui font agir les nobles dans
les aristocraties.

Il faut bien que les princes et les autres chefs des nations démocratiques se le rappellent : il n'y a que la
passion et l'habitude de la liberté qui puissent lutter avec
avantage contre l'habitude et la passion du bien-être. Je
n'imagine rien de mieux préparé, en cas de revers, pour
la conquête, qu'un peuple démocratique qui n'a pas
d'institutions libres.

On entrait jadis en campagne avec peu de soldats ; on
livrait de petits combats et l'on faisait de longs siéges.
Maintenant on livre de grandes batailles, et, dès qu'on
peut marcher librement devant soi, on court sur la capitale, afin de terminer la guerre d'un seul coup.

Napoléon a inventé, dit-on, ce nouveau système. Il ne
dépendait pas d'un homme, quel qu'il fût, d'en créer un
semblable. La manière dont Napoléon a fait la guerre
lui a été suggérée par l'état de la société de son temps,
et elle lui a réussi parce qu'elle était merveilleusement
appropriée à cet état, et qu'il la mettait pour la première fois en usage. Napoléon est le premier qui ait
parcouru à la tête d'une armée le chemin de toutes les
capitales. Mais c'est la ruine de la société féodale qui

lui avait ouvert cette route. Il est permis de croire que,
si cet homme extraordinaire fût né il y a trois cents
ans, il n'eût pas retiré les mêmes fruits de sa méthode,
ou plutôt il aurait eu une autre méthode.

Je n'ajouterai plus qu'un mot relatif aux guerres civiles, car je crains de fatiguer la patience du lecteur.

La plupart des choses que j'ai dites à propos des
guerres étrangères, s'applique à plus forte raison aux
guerres civiles. Les hommes qui vivent dans les pays démocratiques n'ont pas naturellement l'esprit militaire :
ils le prennent quelquefois lorsqu'on les a entraînés
malgré eux sur les champs de bataille; mais se lever en
masse de soi-même et s'exposer volontairement aux
misères que la guerre et surtout que la guerre civile
entraîne, c'est un parti auquel l'homme des démocraties ne se résout point. Il n'y a que les citoyens les
plus aventureux qui consentent à se jeter dans un semblable hasard ; la masse de la population demeure immobile.

Alors même qu'elle voudrait agir, elle n'y parviendrait pas aisément; car elle ne trouve pas dans son sein
d'influences anciennes et bien établies auxquelles elle
veuille se soumettre, point de chefs déjà connus pour
rassembler les mécontents, les régler et les conduire;
point de pouvoirs politiques placés au-dessous du pouvoir national, et qui viennent appuyer efficacement la
résistance qu'on lui oppose.

Dans les contrées démocratiques, la puissance morale

de la majorité est immense, et les forces matérielles dont elles disposent hors de proportion avec celles qu'il est d'abord possible de réunir contre elles. Le parti qui est assis sur le siége de la majorité, qui parle en son nom et emploie son pouvoir, triomphe donc, en un moment et sans peine, de toutes les résistances particulières. Il ne leur laisse pas même le temps de naître; il en écrase le germe.

Ceux qui, chez ces peuples, veulent faire une révolution par les armes, n'ont donc d'autres ressources que de s'emparer à l'improviste de la machine toute montée du gouvernement, ce qui peut s'exécuter par un coup de main plutôt que par une guerre; car, du moment où il y a guerre en règle, le parti qui représente l'État est presque toujours sûr de vaincre.

Le seul cas où une guerre civile pourrait naître serait celui où, l'armée se divisant, une portion lèverait l'étendard de la révolte et l'autre resterait fidèle. Une armée forme une petite société fort étroitement liée et très-vivace, qui est en état de se suffire quelque temps à elle-même. La guerre pourrait être sanglante; mais elle ne serait pas longue; car, ou l'armée révoltée attirerait à elle le gouvernement par la seule démonstration de ses forces, ou par sa première victoire, et la guerre serait finie; ou bien la lutte s'engagerait, et la portion de l'armée qui ne s'appuierait pas sur la puissance organisée de l'État, ne tarderait pas à se disperser d'elle-même ou à être détruite.

On peut donc admettre comme vérité générale que

dans les siècles d'égalité, les guerres civiles deviendront
beaucoup plus rares et plus courtes[1].

[1] Il est bien entendu que je parle ici des nations démocratiques *uni-
ques*, et non point des nations démocratiques confédérées. Dans les con-
fédérations, le pouvoir prépondérant résidant toujours, malgré les fictions.
dans les gouvernements d'État et non dans le gouvernement fédéral, les
guerres civiles ne sont que des guerres étrangères déguisées.

QUATRIÈME PARTIE

DE L'INFLUENCE QU'EXERCENT LES IDÉES ET LES SENTIMENTS DÉMOCRATIQUES SUR LA SOCIÉTÉ POLITIQUE

Je remplirais mal l'objet de ce livre si, après avoir montré les idées et les sentiments que l'égalité suggère, je ne faisais voir, en terminant, quelle est l'influence générale que ces mêmes sentiments et ces mêmes idées peuvent exercer sur le gouvernement des sociétés humaines.

Pour y réussir, je serai obligé de revenir souvent sur mes pas. Mais j'espère que le lecteur ne refusera pas de me suivre, lorsque des chemins qui lui sont connus le conduiront vers quelque vérité nouvelle.

CHAPITRE PREMIER

L'ÉGALITÉ DONNE NATURELLEMENT AUX HOMMES LE GOUT DES INSTITUTIONS LIBRES.

L'égalité qui rend les hommes indépendants les uns des autres, leur fait contracter l'habitude et le goût de ne suivre, dans leurs actions particulières, que leur volonté. Cette entière indépendance, dont ils jouissent continuellement vis-à-vis de leurs égaux et dans l'usage de la vie privée, les dispose à considérer d'un œil mécontant toute autorité, et leur suggère bientôt l'idée et l'amour de la liberté politique. Les hommes qui vivent dans ces temps marchent donc sur une pente naturelle qui les dirige vers les institutions libres. Prenez l'un d'eux au hasard; remontez, s'il se peut, à ses instincts primitifs : vous découvrirez que, parmi les différents gouvernements, celui qu'il conçoit d'abord, et qu'il prise le plus c'est le gouvernement dont il a élu le chef et dont il contrôle les actes.

De tous les effets politiques que produit l'égalité des conditions, c'est cet amour de l'indépendance qui frappe le premier les regards et dont les esprits timides s'effraient davantage, et l'on ne peut dire qu'ils aient absolument tort de le faire, car l'anarchie a des traits plus effrayants dans les pays démocratiques qu'ailleurs. Comme les citoyens n'ont aucune action les uns sur les autres, à l'instant, où le pouvoir national qui les contient tous à leur place vient à manquer, il semble que le désordre doit être aussitôt à son comble, et que, chaque citoyen s'écartant de son côté, le corps social va tout à coup se trouver réduit en poussière.

Je suis convaincu toutefois que l'anarchie n'est pas le mal principal que les siècles démocratiques doivent craindre, mais le moindre.

L'égalité produit, en effet, deux tendances : l'une mène directement les hommes à l'indépendance, et peut les pousser tout à coup jusqu'à l'anarchie ; l'autre les conduit, par un chemin plus long, plus secret, mais plus sûr, vers la servitude.

Les peuples voient aisément la première et y résistent ; ils se laissent entraîner par l'autre sans la voir ; il importe donc particulièrement de la montrer.

Pour moi, loin de reprocher à l'égalité l'indocilité qu'elle inspire c'est de cela principalement que je la loue. Je l'admire en lui voyant déposer au fond de l'esprit et du cœur de chaque homme cette notion obscure et ce penchant instinctif de l'indépendance politique, préparant ainsi le remède au mal qu'elle fait naître. C'est par ce côté que je m'attache à elle.

CHAPITRE II

L'idée de pouvoirs secondaires, placés entre le souverain et les sujets, se présentait naturellement à l'imagination des peuples aristocratiques, parce qu'ils renfermaient dans leur sein des individus ou des familles que la naissance, les lumières, les richesses, tenaient hors de pair, et semblaient destiner à commander. Cette même idée est naturellement absente de l'esprit des hommes dans les siècles d'égalité par des raisons contraires; on ne peut l'y introduire qu'artificiellement, et on ne l'y retient qu'avec peine ; tandis qu'ils conçoivent, pour ainsi dire sans y penser, l'idée d'un pouvoir unique et central qui mène tous les citoyens par lui-même.

En politique, d'ailleurs, comme en philosophie et en religion, l'intelligence des peuples démocratiques reçoit avec délices les idées simples et générales. Les systèmes compliqués la repoussent, et elle se plaît à imaginer une grande nation dont tous les citoyens ressemblent à un seul modèle et sont dirigés par un seul pouvoir.

Après l'idée d'un pouvoir unique et central, celle qui se présente le plus spontanément à l'esprit des hommes dans les siècles d'égalité est l'idée d'une législation uniforme. Comme chacun d'eux se voit peu différent de ses voisins, il comprend mal pourquoi la règle qui est applicable à un homme ne le serait pas également à tous les autres. Les moindres priviléges répugnent donc à sa raison. Les plus légères dissemblances dans les institutions politiques du même peuple le blessent, et l'uniformité législative lui paraît être la condition première d'un bon gouvernement.

Je trouve, au contraire, que cette même notion d'une règle uniforme, également imposée à tous les membres du corps social, est comme étrangère à l'esprit humain dans les siècles aristocratiques. Il ne la reçoit point ou il la rejette.

Ces penchants opposés de l'intelligence finissent, de part et d'autre, par devenir des instincts si aveugles et des habitudes si invincibles qu'ils dirigent encore les actions, en dépit des faits particuliers. Il se rencontrait quelquefois, malgré l'immense variété du moyen âge, des individus parfaitement semblables : ce qui n'empêchait pas que le législateur n'assignât à chacun d'eux des devoirs divers et des droits différents. Et, au contraire, de nos jours, des gouvernements s'épuisent, afin d'imposer les mêmes usages et les mêmes lois à des populations qui ne se ressemblent point encore.

A mesure que les conditions s'égalisent chez un peuple, les individus paraissent plus petits et la société semble plus grande, où plutôt chaque citoyen, devenu semblable à tous les autres, se perd dans la foule, et l'on n'aperçoit plus que la vaste et magnifique image du peuple lui-même.

Cela donne naturellement aux hommes des temps démocratiques une opinion très-haute des priviléges de la société, et une idée fort humble des droits de l'individu. Ils admettent aisément que l'intérêt de l'un est tout et que celui de l'autre n'est rien. Ils accordent assez volontiers que le pouvoir qui représente la société possède beaucoup plus de lumière et de sagesse qu'aucun des hommes qui le composent, et que son devoir, aussi bien que son droit, est de prendre chaque citoyen par la main et de le conduire.

Si l'on veut bien examiner de près nos contemporains, et percer jusqu'à la racine de leurs opinions politiques, on y retrouvera quelques-unes des idées que je viens de reproduire, et l'on s'étonnera peut-être de rencontrer tant d'accord parmi des gens qui se font si souvent la guerre.

Les Américains croient que, dans chaque État, le pouvoir social doit émaner directement du peuple; mais, une fois que ce pouvoir est constitué, ils ne lui imaginent, pour ainsi dire, point de limites; ils reconnaissent volontiers qu'il a le droit de tout faire.

Quant à des priviléges particuliers accordés à des villes, à des familles, ou à des individus, ils en ont perdu jusqu'à l'idée. Leur esprit n'a jamais prévu qu'on pût ne pas appliquer uniformément la même loi à toutes les parties du même État et à tous les hommes qui l'habitent.

Ces mêmes opinions se répandent de plus en plus en Europe; elles s'introduisent dans le sein même des nations qui repoussent le plus violemment le dogme de la souveraineté du peuple. Celles-ci donnent au pouvoir une autre origine que les Américains; mais elles envisagent le pouvoir sous les mêmes traits. Chez toutes, la notion de puissance intermédiaire s'obscurcit et s'efface. L'idée d'un droit inhérent à certains individus disparaît rapidement de l'esprit des hommes; l'idée du droit tout-puissant et pour ainsi dire unique de la société vient remplir sa place. Ces idées s'enracinent et croissent à mesure que les conditions deviennent plus égales et les hommes plus semblables; l'égalité les fait naître, et elles hâtent à leur tour les progrès de l'égalité.

En France, où la révolution dont je parle est plus avancée que chez aucun autre peuple de l'Europe, ces mêmes opinions se sont entièrement emparées de l'intelligence. Qu'on écoute attentivement la voix de nos différents partis, on verra qu'il n'y en a point qui ne les adopte. La plupart estiment que le gouvernement agit mal; mais tous pensent que le gouvernement doit sans cesse agir et mettre à tout la main. Ceux mêmes qui se font le plus rudement la guerre ne laissent pas de s'accorder sur ce point. L'unité, l'ubiquité, l'omnipotence du pouvoir social, l'uniformité de ses règles, forment le trait saillant qui caractérise tous les systèmes politiques enfantés de nos jours. On les retrouve au fond des plus bizarres utopies. L'esprit humain poursuit encore ces images quand il rêve.

Si de pareilles idées se présentent spontanément à l'esprit des particuliers, elles s'offrent plus volontiers encore à l'imagination des princes.

Tandis que le vieil état social de l'Europe s'altère et se dissout, les souverains se font sur leurs facultés et sur leurs devoirs des croyances nouvelles ; ils comprennent pour la première fois que la puissance centrale qu'ils représentent peut et doit administrer par elle-même, et sur un plan uniforme, toutes les affaires et tous les hommes. Cette opinion qui, j'ose le dire, n'avait jamais été conçue avant notre temps par les rois de l'Europe, pénètre au plus profond de l'intelligence de ces princes ; elle s'y tient ferme au milieu de l'agitation de toutes les autres.

Les hommes de nos jours sont donc bien moins divisés qu'on ne l'imagine ; ils se disputent sans cesse pour savoir dans quelles mains la souveraineté sera remise ; mais ils s'entendent aisément sur les devoirs et sur les droits de la souveraineté. Tous conçoivent le gouvernement sous l'image d'un pouvoir unique, simple, providentiel et créateur.

Toutes les idées secondaires, en matière politique, sont mouvantes ; celle-là reste fixe, inaltérable, pareille à elle-même. Les publicistes et les hommes d'État l'adoptent, la foule la saisit avidement ; les gouvernés et les gouvernants s'accordent à la poursuivre avec la même ardeur : elle vient la première ; elle semble innée.

Elle ne sort donc point d'un caprice de l'esprit humain, mais elle est une condition naturelle de l'état actuel des hommes.

CHAPITRE III

Si, dans les siècles d'égalité, les hommes perçoivent
aisément l'idée d'un grand pouvoir central, on ne sau-
sait douter, d'autre part, que leurs habitudes et leurs
sentiments ne les prédisposent à reconnaître un pareil
pouvoir et à lui prêter la main. La démonstration de
ceci peut être faite en peu de mots, la plupart des raisons ayant été déjà données ailleurs.

Les hommes qui habitent les pays démocratiques
n'ayant ni supérieurs, ni inférieurs, ni associés habituels et nécessaires, se replient volontiers sur eux-mêmes
et se considèrent isolément. J'ai eu occasion de le montrer fort au long quand il s'est agi de l'individualisme.

Ce n'est donc jamais qu'avec effort que ces hommes
s'arrachent à leurs affaires particulières, pour s'occuper
des affaires communes; leur pente naturelle est d'en
abandonner le soin au seul représentant visible et permanent des intérêts collectifs, qui est l'État.

Non-seulement ils n'ont pas naturellement le goût de s'occuper du public, mais souvent le temps leur manque pour le faire. La vie privée est si active dans les temps démocratiques, si agitée, si remplie de désirs, de travaux, qu'il ne reste presque plus d'énergie ni de loisir à chaque homme pour la vie politique.

Que de pareils penchants ne soient pas invincibles, ce n'est point moi qui le nierai, puisque mon but principal en écrivant ce livre a été de les combattre. Je soutiens seulement que, de nos jours, une force secrète les développe sans cesse dans le cœur humain, et qu'il suffit de ne point les arrêter pour qu'ils le remplissent.

J'ai également eu l'occasion de montrer comment l'amour croissant du bien-être et la nature mobile de la propriété faisaient redouter aux peuples démocratiques le désordre matériel. L'amour de la tranquillité publique est souvent la seule passion politique que conservent ces peuples, et elle devient chez eux plus active et plus puissante à mesure que toutes les autres s'affaissent et meurent; cela dispose naturellement les citoyens à donner sans cesse ou à laisser prendre de nouveaux droits au pouvoir central, qui seul leur semble avoir l'intérêt et le moyen de les défendre de l'anarchie en se défendant lui-même.

Comme, dans les siècles d'égalité, nul n'est obligé de prêter sa force à son semblable, et nul n'a droit d'attendre de son semblable un grand appui; chacun est tout à la fois indépendant et faible. Ces deux états, qu'il ne faut jamais envisager séparément ni confondre, donnent

au citoyen des démocraties des instincts fort contraires.
Son indépendance le remplit de confiance et d'orgueil
au sein de ses égaux, et sa débilité lui fait sentir, de
temps en temps, le besoin d'un secours étranger qu'il ne
peut attendre d'aucun d'eux, puisqu'ils sont tous impuissants et froids. Dans cette extrémité, il tourne naturellement ses regards vers cet être immense qui seul s'élève
au milieu de l'abaissement universel. C'est vers lui que
ses besoins et surtout ses désirs le ramènent sans cesse,
et c'est lui qu'il finit par envisager comme le soutien
unique et nécessaire de la faiblesse individuelle[1].

Ceci achève de faire comprendre ce qui se passe souvent chez les peuples démocratiques, où l'on voit les
hommes qui supportent si malaisément des supérieurs,
souffrir patiemment un maître, et se montrer tout à la
fois fiers et serviles.

La haine que les hommes portent au privilége s'aug-

---

[1] Dans les sociétés démocratiques, il n'y a que le pouvoir central qui ait
quelque stabilité dans son assiette et quelque permanence dans ses entreprises. Tous les citoyens remuent sans cesse et se transforment. Or, il est
dans la nature de tout gouvernement de vouloir agrandir continuellement
sa sphère. Il est donc bien difficile qu'à la longue celui-ci ne parvienne
pas à réussir, puisqu'il agit avec une pensée fixe et une volonté continue
sur des hommes dont la position, les idées et les désirs varient tous les
jours.

Souvent il arrive que les citoyens travaillent pour lui sans le vouloir.

Les siècles démocratiques sont des temps d'essais, d'innovations et d'a-
ventures. Il s'y trouve toujours une multitude d'hommes qui sont engagés dans une entreprise difficile ou nouvelle qu'ils poursuivent à part,
sans s'embarrasser de le leurs semblables. Ceux-là admettent bien, pour
principe général, que la puissance publique ne doit pas intervenir dans
les affaires privées; mais, par exception, chacun d'eux désire qu'elle
l'aide dans l'affaire spéciale qui le préoccupe et cherche à attirer l'action

mente à mesure que les priviléges deviennent plus rares et moins grands, de telle sorte qu'on dirait que les passions démocratiques s'enflamment davantage dans le temps même où elles trouvent le moins d'aliments. J'ai déjà donné la raison de ce phénomène. Il n'y a pas de si grande inégalité qui blesse les regards lorsque toutes les conditions sont inégales ; tandis que la plus petite dissemblance paraît choquante au sein de l'uniformité générale ; la vue en devient plus insupportable à mesure que l'uniformité est plus complète. Il est donc naturel que l'amour de l'égalité croisse sans cesse avec l'égalité elle-même ; en le satisfaisant on le développe.

Cette haine immortelle et de plus en plus allumée, qui anime les peuples démocratiques contre les moindres priviléges, favorise singulièrement la concentration graduelle de tous les droits politiques dans les mains du seul représentant de l'État. Le souverain, étant nécessairement et sans contestation au-dessus de tous les citoyens, n'excite l'envie d'aucun d'eux, et chacun croit enlever à ses égaux toutes les prérogatives qu'il lui concède.

du gouvernement de son côté, tout en voulant la resserrer de tous les autres. Une multitude de gens ayant à la fois sur une foule d'objets différents cette vue particulière, la sphère du pouvoir central s'étend insensiblement de toutes parts, bien que chacun d'eux souhaite de la restreindre.

Un gouvernement démocratique accroît donc ses attributions par le seul fait qu'il dure. Le temps travaille pour lui ; tous les accidents lui profitent ; les passions individuelles l'aident à leur insu même, et l'on peut dire qu'il devient d'autant plus centralisé que la société démocratique est plus vieille.

L'homme des siècles démocratiques n'obéit qu'avec
une extrême répugnance à son voisin qui est son égal;
il refuse de reconnaître à celui-ci des lumières supérieures aux siennes; il se défie de sa justice et voit avec
jalousie son pouvoir; il le craint et le méprise; il aime
à lui faire sentir à chaque instant la commune dépendance où ils sont tous les deux du même maître.

Toute puissance centrale qni suit ses instincts naturels aime l'égalité et la favorise; car l'égalité facilite singulièrement l'action d'une semblable puissance, l'étend
et l'assure.

On peut dire également que tout gouvernement central adore l'uniformité; l'uniformité lui évite l'examen
d'une infinité de détails dont il devrait s'occuper, s'il
fallait faire la règle pour les hommes, au lieu de faire
passer indistinctement tous les hommes sous la même
règle. Ainsi, le gouvernement aime ce que les citoyens
aiment, et il hait naturellement ce qu'ils haïssent. Cette
communauté de sentiments qui, chez les nations démocratiques, unit continuellement dans une même pensée
chaque individu et le souverain, établit entre eux une secrète et permanente sympathie. On pardonne au gouvernement ses fautes en faveur de ses goûts; la confiance
publique ne l'abandonne qu'avec peine au milieu de ses
excès ou de ses erreurs, et elle revient à lui dès qu'il la
rappelle. Les peuples démocratiques haïssent souvent les
dépositaires du pouvoir central; mais ils aiment toujours
ce pouvoir lui-même.

Ainsi, je suis parvenu par deux chemins divers au

même but. J'ai montré que l'égalité suggérait aux hommes la pensée d'un gouvernement unique, uniforme et fort. Je viens de faire voir qu'elle leur en donne le goût ; c'est donc vers un gouvernement de cette espèce que tendent les nations de nos jours. La pente naturelle de leur esprit et de leur cœur les y mène, et il leur suffit de ne point se retenir pour qu'elles y arrivent.

Je pense que dans les siècles démocratiques qui vont s'ouvrir, l'indépendance individuelle et les libertés locales seront toujours un produit de l'art. La centralisation sera le gouvernement naturel.

CHAPITRE IV

DE QUELQUES CAUSES PARTICULIÈRES ET ACCIDENTELLES
QUI ACHÈVENT DE PORTER UN PEUPLE DÉMOCRATIQUE A CENTRALISER
LE POUVOIR OU QUI L'EN DÉTOURNENT.

Si tous les peuples démocratiques sont entraînés instinctivement vers la centralisation des pouvoirs, ils y
tendent d'une manière inégale. Cela dépend des circonstances particulières qui peuvent développer ou restreindre les effets naturels de l'état social. Ces circonstances
sont en très-grand nombre; je ne parlerai que de quelques-unes.

Chez les hommes qui ont longtemps vécu libres avant
de devenir égaux, les instincts que la liberté avait don-
nés combattent jusqu'à un certain point les penchants
que suggère l'égalité; et, bien que parmi eux le pouvoir
central accroisse ses priviléges, les particuliers n'y perdent jamais entièrement leur indépendance.

Mais quand l'égalité vient à se développer chez un
peuple qui n'a jamais connu ou qui ne connaît plus depuis longtemps la liberté, ainsi que cela se voit sur le
continent de l'Europe, les anciennes habitudes de la na-

tion arrivant à se combiner subitement et par une sorte d'attraction naturelle avec les habitudes et les doctrines nouvelles que fait naître l'état social, tous les pouvoirs semblent accourir d'eux-mêmes vers le centre; ils s'y accumulent avec une rapidité surprenante, et l'État atteint tout d'un coup les extrêmes limites de sa force, tandis que les particuliers se laissent tomber en un moment jusqu'au dernier degré de la faiblesse.

Les Anglais qui vinrent, il y a trois siècles, fonder dans les déserts du nouveau monde une société démocratique, s'étaient tous habitués dans la mère-patrie à prendre part aux affaires publiques; ils connaissaient le jury; ils avaient la liberté de la parole et celle de la presse, la liberté individuelle, l'idée du droit et l'usage d'y recourir. Ils transportèrent en Amérique ces institutions libres et ces mœurs viriles, et elles les soutinrent contre les envahissements de l'État.

Chez les Américains, c'est donc la liberté qui est ancienne; l'égalité est comparativement nouvelle. Le contraire arrive en Europe, où l'égalité introduite par le pouvoir absolu, et sous l'œil des rois, avait déjà pénétré dans les habitudes des peuples longtemps avant que la liberté ne fût entrée dans leurs idées.

J'ai dit que chez les peuples démocratiques le gouvernement ne se présentait naturellement à l'esprit humain que sous la forme d'un pouvoir unique et central, et que la notion des pouvoirs intermédiaires ne lui était pas familière. Cela est particulièrement applicable aux nations démocratiques qui ont vu le principe de l'égalité triompher à l'aide d'une révolution violente. Les classes qui dirigeaient les affaires locales disparaissant tout à coup dans cette tempête, et la masse confuse qui reste n'ayant encore ni l'organisation ni les habitudes qui lui permettent de prendre en main l'administration de ces mêmes affaires, on n'aperçoit plus que l'État lui-même qui puisse se charger de tous les détails du gouvernement. La centralisation devient un fait en quelque sorte nécessaire.

Il ne faut ni louer ni blâmer Napoléon d'avoir concentré dans ses seules mains presque tous les pouvoirs administratifs; car, après la brusque disparition de la noblesse et de la haute bourgeoisie, ces pouvoirs lui arrivaient d'eux-mêmes; il lui eût été presque aussi difficile de les repousser que de les prendre. Une semblable nécessité ne s'est jamais fait sentir aux Américains, qui, n'ayant point eu de révolution et s'étant, dès l'origine, gouvernés eux-mêmes, n'ont jamais dû charger l'État de leur servir momentanément de tuteur.

Ainsi la centralisation ne se développe pas seulement chez un peuple démocratique suivant le progrès de l'égalité, mais encore suivant la manière dont cette égalité se fonde.

Au commencement d'une grande révolution démocratique, et quand la guerre entre les différentes classes ne fait que de naître, le peuple s'efforce de centraliser l'administration publique dans les mains du gouvernement, afin d'arracher la direction des affaires locales à l'aristocratie. Vers la fin de cette même révolution, au contraire, c'est d'ordinaire l'aristocratie vaincue qui tâche de livrer à l'État la direction de toutes les affaires, parce qu'elle redoute la menue tyrannie du peuple, devenu son égal et souvent son maître.

Ainsi ce n'est pas toujours la même classe de citoyens qui s'applique à accroître les prérogatives du pouvoir; mais, tant que dure la révolution démocratique, il se rencontre toujours dans la nation une classe puissante par le nombre ou par la richesse, que des passions spéciales et des intérêts particuliers portent à centraliser l'administration publique, indépendamment de la haine pour le gouvernement du voisin, qui est un sentiment général et permanent chez les peuples démocratiques. On peut remarquer que, de nôtre temps, ce sont les classes inférieures d'Angleterre qui travaillent de toutes leurs forces à détruire l'indépendance locale et à transporter l'administration de tous les points de la circonférence au centre, tandis que les classes supérieures s'efforcent de retenir cette même administration dans ses anciennes limites. J'ose prédire qu'un jour viendra où l'on verra un spectacle tout contraire.

Ce qui précède fait bien comprendre pourquoi le pouvoir social doit toujours être plus fort et l'individu plus faible, chez un peuple démocratique qui est arrivé à l'égalité par un long et pénible travail social, que dans une société démocratique, où, depuis l'origine, les citoyens ont toujours été égaux. C'est ce que l'exemple des Américains achève de prouver.

Les hommes qui habitent les États-Unis n'ont jamais

été séparés par aucun privilége; ils n'ont jamais connu
la relation réciproque d'inférieur et de maître, et,
comme ils ne se redoutent et ne se haïssent point les
uns les autres, ils n'ont jamais connu le besoin d'appeler le souverain à diriger le détail de leurs affaires.
La destinée des Américains est singulière : ils ont pris à
l'aristocratie d'Angleterre l'idée des droits individuels et
le goût des libertés locales; et ils ont pu conserver
l'une et l'autre, parce qu'ils n'ont pas eu à combattre
d'aristocratie.

Si, dans tous les temps, les lumières servent aux
hommes à défendre leur indépendance, cela est surtout
vrai dans les siècles démocratiques. Il est aisé, quand
tous les hommes se ressemblent, de fonder un gouvernement unique et tout-puissant; les instincts suffisent.
Mais il faut aux hommes beaucoup d'intelligence, de
science et d'art, pour organiser et maintenir, dans les
mêmes circonstances, des pouvoirs secondaires, et pour
créer, au milieu de l'indépendance et de la faiblesse individuelle des citoyens, des associations libres qui soient
en état de lutter contre la tyrannie, sans détruire l'ordre.

La concentration des pouvoirs et la servitude individuelle croîtront donc, chez les nations démocratiques,
non-seulement en proportion de l'égalité, mais en raison de l'ignorance.

Il est vrai que, dans les siècles peu éclairés, le gouvernement manque souvent de lumières pour perfectionner le despotisme, comme les citoyens pour s'y dérober.
Mais l'effet n'est point égal des deux parts.

Quelque grossier que soit un peuple démocratique, le pouvoir central qui le dirige n'est jamais complétement privé de lumières, parce qu'il attire aisément à lui le peu qui s'en rencontre, dans le pays, et que, au besoin, il va en chercher au dehors. Chez une nation qui est ignorante aussi bien que démocratique, il ne peut donc manquer de se manifester bientôt une différence prodigieuse entre la capacité intellectuelle du souverain et celle de chacun de ses sujets. Cela achève de concentrer aisément dans ses mains tous les pouvoirs. La puissance administrative de l'État s'étend sans cesse, parce qu'il n'y a que lui qui soit assez habile pour administrer.

Les nations aristocratiques, quelque peu éclairées qu'on les suppose, ne donnent jamais le même spectacle, parce que les lumières y sont assez également réparties entre le princ et les principaux citoyens.

Le pacha qui règne aujourd'hui sur l'Égypte a trouvé la population de ce pays composée d'hommes très-ignorants et très-égaux, et il s'est approprié, pour la gouverner, la science et l'intelligence de l'Europe. Les lumières particulières du souverain arrivant ainsi à se combiner avec l'ignorance et la faiblesse démocratique des sujets, le dernier terme de la centralisation a été atteint sans peine, et le prince a pu faire du pays sa manufacture, et des habitants ses ouvriers.

Je crois que la centralisation extrême du pouvoir politique finit par énerver la société, et par affaiblir ainsi à la longue le gouvernement lui-même. Mais je ne nie point qu'une force sociale centralisée ne soit en état d'exécuter aisément, dans un temps donné et sur un point déterminé, de grandes entreprises. Cela est surtout vrai dans la guerre où le succès dépend bien plus de la facilité qu'on trouve à porter rapidement toutes ses ressources sur un certain point, que de l'étendue même de ses ressources. C'est donc principalement dans la guerre que les peuples sentent le désir et souvent le besoin d'augmenter les prérogatives du pouvoir central. Tous les génies guerriers aiment la centralisation qui accroît leurs forces, et tous les génies centralisateurs aiment la guerre, qui oblige les nations à resserrer dans les mains de l'État tous les pouvoirs. Ainsi, la tendance démocratique qui porte les hommes à multiplier sans cesse les priviléges de l'État et à restreindre les droits des particuliers est bien plus rapide et plus continue chez les peuples démocratiques, sujets par leur position à de grandes et fréquentes guerres, et dont l'existence peut souvent être mise en péril, que chez tous les autres.

J'ai dit comment la crainte du désordre et l'amour du bien-être portaient insensiblement les peuples démocratiques à augmenter les attributions du gouvernement central, seul pouvoir qui leur paraisse de lui-même assez fort, assez intelligent, assez stable pour les protéger contre l'anarchie. J'ai à peine besoin d'ajouter que toutes les circonstances particulières qui tendent à rendre l'état d'une société démocratique troublé et précaire, augmente cet instinct général et porte, de plus en plus, les particuliers à sacrifier à leur tranquillité leurs droits.

Un peuple n'est donc jamais si disposé à accroître les attributions du pouvoir central qu'au sortir d'une révolution longue et sanglante qui, après avoir arraché les biens des mains de leurs anciens possesseurs, a ébranlé toutes les croyances, rempli la nation de haines furieuses, d'intérêts opposés et de factions contraires. Le goût de la tranquillité publique devient alors une passion aveugle, et les citoyens sont sujets à s'éprendre d'un amour très-désordonné pour l'ordre.

Je viens d'examiner plusieurs accidents qui tous concourent à aider la centralisation du pouvoir. Je n'ai pas encore parlé du principal.

La première des causes accidentelles qui, chez les peuples démocratiques, peuvent attirer dans les mains du souverain la direction de toutes les affaires, c'est l'origine de ce souverain lui-même et ses penchants.

Les hommes qui vivent dans les siècles d'égalité aiment naturellement le pouvoir central et étendent volontiers ses priviléges; mais s'il arrive que ce même pouvoir représente fidèlement leurs intérêts et reproduise exactement leurs instincts, la confiance qu'ils lui portent n'a presque point de bornes, et ils croient accorder à eux-mêmes tout ce qu'ils lui donnent.

L'attraction des pouvoirs administratifs vers le centre sera toujours moins aisée et moins rapide avec des rois qui tiennent encore par quelque endroit à l'ancien ordre aristocratique, qu'avec des princes nouveaux, fils de leurs œuvres, que leur naissance, leurs préjugés, leurs instincts, leurs habitudes, semblent lier indissolublement à la cause de l'égalité. Je ne veux point dire que les princes d'origine aristocratique qui vivent dans les siècles de démocratie ne cherchent point à centraliser. Je crois qu'ils s'y emploient aussi diligemment que tous les autres. Pour eux, les seuls avantages de l'égalité sont de ce côté ; mais leurs facilités sont moindres, parce que les citoyens, au lieu d'aller naturellement au-devant de leurs désirs, ne s'y prêtent souvent qu'avec peine. Dans les sociétés démocratiques, la centralisation sera toujours d'autant plus grande que le souverain sera moins aristocratique ; voilà la règle.

Quand une vieille race de rois dirige une aristocratie, les préjugés naturels du souverain se trouvant en parfait accord avec les préjugés naturels des nobles, les vices inhérents aux sociétés aristocratiques se développent librement, et ne trouvent point leur remède. Le contraire arrive quand le rejeton d'une tige féodale est placé à la tête d'un peuple démocratique. Le prince incline, chaque jour, par son éducation, ses habitudes et ses souvenirs, vers les sentiments que l'inégalité des conditions suggère ; et le peuple tend sans cesse, par son état social vers les mœurs que l'égalité fait naître. Il arrive alors souvent que les citoyens cherchent à contenir le pouvoir central, biens moins comme tyrannique que comme aristocratique ; et qu'ils maintiennent fermement leur indépendance non-seulement parce qu'ils veulent être libres, mais surtout parce qu'ils prétendent rester égaux.

Une révolution qui renverse une ancienne famille de

rois pour placer des hommes nouveaux à la tête d'un
peuple démocratique, peut affaiblir momentanément le
pouvoir central ; mais quelque anarchique qu'elle paraisse d'abord, on ne doit point hésiter à prédire que
son résultat final et nécessaire sera d'étendre, et d'assurer les prérogatives de ce même pouvoir.

La première et en quelque sorte la seule condition
nécessaire pour arriver à centraliser la puissance publique dans une société démocratique est d'aimer l'égalité
ou de le faire croire. Ainsi, la science du despotisme, si
compliquée jadis, se simplifie : elle se réduit, pour
ainsi dire, à un principe unique.

CHAPITRE V

Si l'on vient à réfléchir sur ce qui précède, on sera
surpris et effrayé de voir comment, en Europe, tout
semble concourir à accroître indéfiniment les prérogatives du pouvoir central et à rendre chaque jour l'existence individuelle plus faible, plus subordonnée et plus
précaire.

Les nations démocratiques de l'Europe ont toutes les
tendances générales et permanentes qui portent les Américains vers la centralisation des pouvoirs, et, de plus
elles sont soumises à une multitude de causes secondaires
et accidentelles que les Américains ne connaissent point.
On dirait que chaque pas qu'elles font vers l'égalité les
rapproche du despotisme.

Il suffit de jeter les yeux autour de nous et sur nous-
mêmes, pour s'en convaincre.

Durant les siècles aristocratiques qui ont précédé le
nôtre, les souverains de l'Europe avaient été privés ou

s'étaient dessaisis de plusieurs des droits inhérents à leur pouvoir. Il n'y a pas encore cent ans que, chez la plupart des nations européennes, il se rencontrait des particuliers ou des corps presque indépendants qui administraient la justice, levaient et entretenaient des soldats, percevaient des impôts, et souvent même faisaient ou expliquaient la loi. L'État a partout repris pour lui seul ces attributs naturels de la puissance souveraine ; dans tout ce qui a rapport au gouvernement, il ne souffre plus d'intermédiaire entre lui et les citoyens, et il les dirige par lui-même dans les affaires générales. Je suis bien loin de blâmer cette concentration des pouvoirs ; je me borne à la montrer.

A la même époque il existait en Europe un grand nombre de pouvoirs secondaires qui représentaient des intérêts locaux et administraient les affaires locales. La plupart de ces autorités locales ont déjà disparu ; toutes tendent rapidement à disparaître ou à tomber dans la plus complète dépendance. D'un bout de l'Europe à l'autre, les priviléges des seigneurs, les libertés des villes, les administrations provinciales, sont détruites ou vont l'être.

L'Europe a éprouvé, depuis un demi-siècle, beaucoup de révolutions et contre-révolutions qui l'ont remuée en sens contraires. Mais tous ces mouvements se ressemblent en un point : tous ont ébranlé ou détruit les pouvoirs secondaires. Des priviléges locaux, que la nation française n'avait pas abolis dans les pays conquis par elle, ont achevé de succomber sous les efforts des princes qui l'ont vaincue. Ces princes ont rejeté toutes les nouveautés que la révolution avait créées chez eux, excepté la centralisation : c'est la seule chose qu'ils aient consenti à tenir d'elle.

Ce que je veux remarquer, c'est que tous ces droits divers qui ont été arrachés successivement, de notre temps, à des classes, à des corporations, à des hommes, n'ont point servi à élever sur une base plus démocratique de nouveaux pouvoirs secondaires, mais se sont concentrés de toutes parts dans les mains du souverain. Partout l'État arrive de plus en plus à diriger par lui-même les moindres citoyens et à conduire seul chacun d'eux dans les moindres affaires (¹).

Presque tous les établissements charitables de l'ancienne Europe étaient dans les mains de particuliers ou de corporations; ils sont tous tombés plus ou moins sous la dépendance du souverain, et, dans plusieurs

¹ Cet affaiblissement graduel de l'individu, en face de la société, se manifeste de mille manières. Je citerai entre autres ce qui a rapport aux testaments.

Dans les pays aristocratiques, on professe d'ordinaire un profond respect pour la dernière volonté des hommes. Cela allait même quelquefois, chez les anciens peuples de l'Europe, jusqu'à la superstition : le pouvoir social, loin de gêner les caprices du mourant, prêtait aux moindres d'entre eux sa force; il lui assurait une puissance perpétuelle.

Quand tous les vivants sont faibles, la volonté des morts est moins respectée. On lui trace un cercle très-étroit, et si elle vient à en sortir, le souverain l'annule ou la contrôle. Au moyen âge, le pouvoir de tester n'avait, pour ainsi dire, point de bornes. Chez les Français de nos jours, on ne saurait distribuer son patrimoine entre ses enfants, sans que l'État intervienne. Après avoir régenté la vie entière, il veut encore en régler le dernier acte.

pays, ils sont régis par lui. C'est l'État qui a entrepris presque seul de donner du pain à ceux qui ont faim, des secours et un asile aux malades, du travail aux oisifs; il s'est fait le réparateur presque unique de toutes les misères.

L'éducation, aussi bien que la charité, est devenue, chez la plupart des peuples de nos jours, une affaire nationale. L'État reçoit et souvent prend l'enfant des bras de sa mère, pour le confier à ses agents; c'est lui qui se charge d'inspirer à chaque génération des sentiments, et de lui fournir des idées. L'uniformité règne dans les études comme dans tout le reste; la diversité, comme la liberté, en disparaissent chaque jour.

Je ne crains pas non plus d'avancer que chez presque toutes les nations chrétiennes de nos jours les catholiques aussi bien que les protestantes, la religion est menacée de tomber dans les mains du gouvernement. Ce n'est pas que les souverains se montrent fort jaloux de fixer eux-mêmes le dogme; mais ils s'emparent de plus en plus des volontés de celui qui l'explique; ils ôtent au clergé ses propriétés, lui assignent un salaire, détournent et utilisent à leur seul profit l'influence que le prêtre possède; ils en font un de leurs fonctionnaires et souvent un de leurs serviteurs, et ils pénètrent avec lui jusqu'au plus profond de l'âme de chaque homme [1].

Mais ce n'est encore là qu'un côté du tableau.

_____
[1] A mesure que les attributions du pouvoir central augmentent, le nombre des fonctionnaires qui le représentent s'accroît. Ils forment

Non-seulement le pouvoir du souverain s'est étendu, comme nous venons de le voir, dans la sphère entière des anciens pouvoirs; celle-ci ne suffit plus pour le contenir; il la déborde de toutes parts et va se répandre sur le domaine que s'était réservé jusqu'ici l'indépendance individuelle. Une multitude d'actions qui échappaient jadis entièrement au contrôle de la société y ont été soumises de nos jours, et leur nombre s'accroît sans cesse.

Chez les peuples aristocratiques, le pouvoir social se bornait d'ordinaire à diriger et à surveiller les citoyens dans tout ce qui avait un rapport direct et visible avec l'intérêt national; il les abandonnait volontiers à leur libre arbitre en tout le reste. Chez ces peuples le gouvernement semblait oublier souvent qu'il est un point où les fautes et les misères des individus compromettent le bien-être universel, et qu'empêcher la ruine d'un particulier doit quelquefois être une affaire publique.

Les nations démocratiques de notre temps penchent vers un excès contraire.

Il est évident que la plupart de nos princes ne veulent pas seulement diriger le peuple tout entier; on dirait qu'ils se jugent responsables des actions et de la destinée individuelle de leurs sujets, qu'ils ont entrepris

une nation dans chaque nation; et comme le gouvernement leur prête sa stabilité, ils remplacent de plus en plus chez chacune d'elles l'aristocratie.

Presque partout, en Europe, le souverain domine de deux manières : il mène une partie des citoyens par la crainte qu'ils éprouvent de ses agents, et l'autre par l'espérance qu'ils conçoivent de devenir ses agents.

de conduire et d'éclairer chacun d'eux dans les différents actes de sa vie, et, au besoin, de le rendre heureux malgré lui-même.

De leur côté les particuliers envisagent de plus en plus le pouvoir social sous le même jour; dans tous leurs besoins ils l'appellent à leur aide, et ils attachent à tous moments sur lui leurs regards comme sur un précepteur ou sur un guide.

J'affirme qu'il n'y a pas de pays en Europe où l'administration publique ne soit devenue non-seulement plus centralisée, mais plus inquisitive et plus détaillée; partout elle pénètre plus avant que jadis dans les affaires privées; elle règle à sa manière plus d'actions, et des actions plus petites, et elle s'établit davantage tous les jours à côté, autour et au-dessus de chaque individu, pour l'assister, le conseiller et le contraindre.

Jadis, le souverain vivait du revenu de ses terres ou du produit des taxes. Il n'en est plus de même aujourd'hui que ses besoins ont crû avec sa puissance. Dans les mêmes circonstances où jadis un prince établissait un nouvel impôt, on a recours aujourd'hui à un emprunt. Peu à peu l'état devient ainsi le débiteur de la plupart des riches, et il centralise dans ses mains les plus grands capitaux.

Il attire les moindres d'une autre manière.

A mesure que les hommes se mêlent et que les conditions s'égalisent, le pauvre a plus de ressources, de lumières et de désirs. Il conçoit l'idée d'améliorer son sort, et il cherche à y parvenir par l'épargne. L'épargne

fait donc naître, chaque jour, un nombre infini de petits capitaux, fruits lents et successifs du travail; ils
s'accroissent sans cesse. Mais le plus grand nombre res-
teraient improductifs, s'ils demeuraient épars. Cela a
donné naissance à une institution philanthropique qui
deviendra bientôt, si je ne me trompe, une de nos plus
grandes institutions politiques. Des hommes charitables
ont conçu la pensée de recueillir l'épargne du pauvre
et d'en utiliser le produit. Dans quelques pays, ces associations bienfaisantes sont restées entièrement distinctes
de l'État; mais, dans presque tous, elles tendent visiblement à se confondre avec lui, et il y en a même quelques-uns où le gouvernement les a remplacées, et où il
a entrepris la tâche immense de centraliser dans un
seul lieu, et de faire valoir par ses seules mains l'é-
pargne journalière de plusieurs millions de travailleurs.

Ainsi, l'État attire à lui l'argent des riches par l'emprunt, et par les caisses d'épargne il dispose à son gré
des deniers du pauvre. Près de lui et dans ses mains, les
richesses du pays accourent sans cesse; elles s'y accumulent d'autant plus que l'égalité des conditions devient plus grande; car, chez une nation démocratique,
il n'y a que l'État qui inspire de la confiance aux particuliers, parce qu'il n'y a que lui seul qui leur paraisse
avoir quelque force et quelque durée [1].

---

[1] D'une part, le goût du bien-être augumente sans cesse, et le gouvernement s'empare, de plus en plus, de toutes les sources du bien-être.

Les hommes vont donc par deux chemins divers vers la servitude. Le
goût du bien-être les détourne de se mêler du gouvernement, et l'amour

Ainsi le souverain ne se borne pas à diriger la fortune publique; il s'introduit encore dans les fortunes privées; il est le chef de chaque citoyen et souvent son maître, et, de plus, il se fait son intendant et son caissier.

Non-seulement le pouvoir central remplit seul la sphère entière des anciens pouvoirs, l'étend et la dépasse, mais il s'y meut, avec plus d'agilité, de force et d'indépendance qu'il ne faisait jadis.

Tous les gouvernements de l'Europe ont prodigieusement perfectionné, de notre temps, la science administrative; ils font plus de choses, et ils font chaque chose avec plus d'ordre, de rapidité, et moins de frais; ils semblent s'enrichir sans cesse de toutes les lumières qu'ils ont enlevées aux particuliers. Chaque jour, les princes de l'Europe tiennent leurs délégués dans une dépendance plus étroite, et ils inventent des méthodes nouvelles pour les diriger de plus près, et les surveiller avec moins de peine. Ce n'est point assez pour eux de conduire toutes les affaires par leurs agents, ils entreprennent de diriger la conduite de leurs agents dans toutes leurs affaires; de sorte que l'administration publique ne dépend pas seulement du même pouvoir; elle se resserre de plus en plus dans un même lieu, et se concentre dans moins de mains. Le gouvernement centralise son action en même temps qu'il accroît ses prérogatives : double cause de force.

du bien-être les met dans une dépendance de plus en plus étroite des gouvernants.

Quand on examine la constitution qu'avait jadis le pouvoir judiciaire, chez la plupart des nations de l'Europe, deux choses frappent : l'indépendance de ce pouvoir, et l'étendue de ses attributions.

Non-seulement les cours de justice décidaient presque toutes les querelles entre particuliers ; dans un grand nombre de cas, elles servaient d'arbitres entre chaque individu et l'État.

Je ne veux point parler ici des attributions politiques et administratives que les tribunaux avaient usurpées en quelques pays, mais des attributions judiciaires qu'ils possédaient dans tous. Chez tous les peuples d'Europe, il y avait et il y a encore beaucoup de droits individuels, se rattachant la plupart au droit général de propriété, qui étaient placés sous la sauvegarde du juge, et que l'État ne pouvait violer sans la permission de celui-ci.

C'est ce pouvoir semi-politique qui distinguait principalement les tribunaux d'Europe de tous les autres ; car tous les peuples ont eu des juges, mais tous n'ont point donné aux juges les mêmes priviléges.

Si l'on examine maintenant ce qui se passe chez les nations démocratiques de l'Europe qu'on appelle libres, aussi bien que chez les autres, on voit que, de toutes parts, à côté de ces tribunaux, il s'en crée d'autres plus dépendants dont l'objet particulier est de décider exceptionnellement les questions litigieuses qui peuvent s'élever entre l'administration publique et les citoyens. On laisse à l'ancien pouvoir judiciaire son indépendance, mais on resserre sa juridiction, et l'on tend, de plus en plus, à n'en faire qu'un arbitre entre des intérêts particuliers.

Le nombre de ces tribunaux spéciaux augmente sans cesse, et leurs attributions croissent. Le gouvernement échappe donc chaque jour davantage à l'obligation de faire sanctionner par un autre pouvoir ses volontés et ses droits. Ne pouvant se passer de juges, il veut, du moins, choisir lui-même ses juges et les tenir toujours dans sa main, c'est-à-dire que, entre lui et les particuliers, il place encore l'image de la justice, plutôt que la justice elle-même.

Ainsi, il ne suffit point à l'État d'attirer à lui toutes les affaires, il arrive encore, de plus en plus, à les décider toutes par lui-même sans contrôle et sans recours (¹).

Il y a chez les nations modernes de l'Europe une grande cause qui, indépendamment de toutes celles que je viens d'indiquer, contribue sans cesse à étendre l'action du souverain ou à augmenter ses prérogatives : on n'y a pas assez pris garde. Cette cause est le développement de l'industrie, que les progrès de l'égalité favorisent.

L'industrie agglomère d'ordinaire une multitude

---

¹ On fait à ce sujet en France un singulier sophisme. Lorsqu'il vient à naître un procès entre l'administration et un particulier, on refuse d'en soumettre l'examen au juge ordinaire, afin, dit-on, de ne point mêler le pouvoir administratif et le pouvoir judiciaire. Comme si ce n'était pas mêler ces deux pouvoirs, et les mêler de la façon la plus périlleuse et la plus tyrannique, que de revêtir le gouvernement du droit de juger et d'administrer tout à la fois.

d'hommes dans le même lieu ; elle établit entre eux des
rapports nouveaux et compliqués. Elle les expose à de
grandes et subites alternatives d'abondance et de misère, durant lesquelles la tranquillité publique est menacée. Il peut ariver enfin que ces travaux compromettent la santé et même la vie de ceux qui en profitent,
ou de ceux qui s'y livrent. Ainsi, la classe industrielle
a plus besoin d'être réglementée, surveillée et contenue
que les autres classes, et il est naturel que les attributions du gouvernement croissent avec elle.

Cette vérité est généralement applicable; mais voici
ce qui se rapporte plus particulièrement aux nations de
l'Europe.

Dans les siècles qui ont précédé ceux où nous vivons,
l'aristocratie possédait le sol, et était en état de le défendre. La propriété immobilière fut donc environnée
de garanties, et ses possesseurs jouirent d'une grande
indépendance. Cela créa des lois et des habitudes qui se
sont perpétuées, malgré la division des terres et la ruine
des nobles; et, de nos jours, les propriétaires fonciers
et les agriculteurs sont encore de tous les citoyens ceux
qui échappent le plus aisément au contrôle du pouvoir
social.

Dans ces mêmes siècles aristocratiques, où se trouvent toutes les sources de notre histoire, la propriété
mobilière avait peu d'importance, et ses possesseurs
étaient méprisés et faibles; les industriels formaient
une classe exceptionnelle au milieu du monde aristocratique. Comme ils n'avaient point de patronage assuré,

ils n'étaient point protégés, et souvent ils ne pouvaient se protéger eux-mêmes.

Il entra donc dans les habitudes de considérer la propriété industrielle comme un bien d'une nature particulière, qui ne méritait point les mêmes égards, et qui ne devait pas obtenir les mêmes garanties que la propriété en général, et les industriels comme une petite classe à part dans l'ordre social, dont l'indépendance avait peu de valeur, et qu'il convenait d'abandonner à la passion réglementaire des princes. Si l'on ouvre, en effet, les codes du moyen âge, on est étonné de voir comment, dans ces siècles d'indépendance individuelle, l'industrie était sans cesse réglementée par les rois, jusque dans ses moindres détails ; sur ce point, la centralisation est aussi active et aussi détaillée qu'elle saurait l'être.

Depuis ce temps, une grande révolution a eu lieu dans le monde ; la propriété industrielle, qui n'était qu'un germe, s'est développée, elle couvre l'Europe ; la classe industrielle s'est étendue, elle s'est enrichie des débris de toutes les autres ; elle a crû en nombre, en importance, en richesse ; elle croît sans cesse ; presque tous ceux qui n'en font pas partie s'y rattachent, du moins par quelque endroit ; après avoir été la classe exceptionnelle, elle menace de devenir la classe principale, et, pour ainsi dire, la classe unique ; cependant les idées et les habitudes politiques que jadis elle avait fait naître sont demeurées. Ces idées et ces habitudes n'ont point changé, parce qu'elles sont vieilles et ensuite

parce qu'elles se trouvent en parfaite harmonie avec
les idées nouvelles et les habitudes générales des hommes
de nos jours.

La propriété industrielle n'augmente donc point ses
droits avec son importance. La classe industrielle ne devient pas moins dépendante en devenant plus nombreuse ;
mais on dirait, au contraire, qu'elle apporte le despotisme dans son sein, et qu'il s'étend naturellement à
mesure qu'elle se développe (¹).

En proportion que la nation devient plus industrielle,
elle sent un plus grand besoin de routes, de canaux, de
ports et autres travaux d'une nature semi-publique, qui
facilitent l'acquisition des richesses, et en proportion

---

¹ Je citerai à l'appui de ceci quelques faits. C'est dans les mines que se
trouvent les sources naturelles de la richesse industrielle. A mesure que
l'industrie s'est développée en Europe, que le produit des mines est devenu un intérêt plus général et leur bonne exploitation plus difficile par la
division des biens que l'égalité amène, la plupart des souverains ont ré-
clamé le droit de posséder le fonds des mines et d'en surveiller les travaux; ce qui ne s'était point vu pour les propriétés d'une autre espèce.

Les mines, qui étaient des propriétés individuelles soumises aux mêmes
obligations et pourvues des mêmes garanties que les autres biens immo-
biliers, sont ainsi tombées dans le domaine public. C'est l'État qui les
exploite ou qui les concède ; les propriétaires sont transformés en usagers;
ils tiennent leurs droits de l'État, et, de plus, l'État revendique presque
partout le pouvoir de les diriger ; il leur trace des règles, leur impose des
méthodes, les soumet à une surveillance habituelle, et, s'ils lui résistent,
un tribunal administratif les dépossède, et l'administration publique transporte à d'autres leurs priviléges ; de sorte que le gouvernement ne possède pas seulement les mines, il tient tous les mineurs dans sa main.

Cependant, à mesure que l'industrie se développe, l'exploitation des anciennes mines augmente. On en ouvre de nouvelles. La population des
mines s'étend et grandit. Chaque jour, les souverains étendent sous nos
pieds leur domaine et le peuplent de leurs serviteurs.

qu'elle est plus démocratique, les particuliers éprouvent plus de difficulté à exécuter de pareils travaux, et l'État plus de facilité à les faire. Je ne crains pas d'affirmer què la tendance manifeste de tous les souverains de notre temps est de se charger seuls de l'exécution de pareilles entreprises; par là, ils resserrent chaque jour les populations dans une plus étroite dépendance.

D'autre part, à mesure que la puissance de l'État s'accroît, et que ses besoins augmentent, il consomme lui-même une quantité toujours plus grande de produits industriels, qu'il fabrique d'ordinaire dans ses arsenaux et ses manufactures. C'est ainsi que, dans chaque royaume, le souverain devient le plus grand des industriels; il attire et retient à son service un nombre prodigieux d'ingénieurs, d'architectes, de mécaniciens, et d'artisans.

Il n'est pas seulement le premier des industriels, il tend de plus en plus à se rendre le chef ou plutôt le maître de tous les autres.

Comme les citoyens sont devenus plus faibles en devenant plus égaux, ils ne peuvent rien faire en industrie sans s'associer; or, la puissance publique veut naturellement placer ces associations sous son contrôle.

Il faut reconnaître que ces sortes d'êtres collectifs qu'on nomme associations sont plus forts et plus redoutables qu'un simple individu ne saurait l'être, et qu'ils ont moins que ceux-ci la responsabilité de leurs propres actes, d'où il résulte qu'il semble raisonnable de laisser à chacune d'elles une indépendance moins grande de la puissance sociale qu'on ne le ferait pour un particulier.

Les souverains ont d'autant plus de pente à agir ainsi, que leurs goûts les y convient. Chez les peuples démocratiques, il n'y a que par l'association que la résistance des citoyens au pouvoir central puisse se produire ; aussi ce dernier ne voit-il jamais qu'avec défaveur les associations qui ne sont pas sous sa main ; et ce qui est fort digne de remarque, c'est que, chez ces peuples démocratiques, les citoyens envisagent souvent ces mêmes associations, dont ils ont tant besoin, avec un sentiment secret de crainte et de jalousie, qui les empêche de les défendre. La puissance et la durée de ces petites sociétés particulières, au milieu de la faiblesse et de l'instabilité générale, les étonnent et les inquiètent, et ils ne sont pas éloignés de considérer comme de dangereux priviléges le libre emploi que fait chacune d'elles de ses facultés naturelles.

Toutes ces associations qui naissent de nos jours sont d'ailleurs autant de personnes nouvelles, dont le temps n'a pas consacré les droits, et qui entrent dans le monde à une époque où l'idée des droits particuliers est faible, et où le pouvoir social est sans limites ; il n'est pas surprenant qu'elles perdent leur liberté en naissant.

Chez tous les peuples de l'Europe il y a certaines associations qui ne peuvent se former qu'après que l'État a examiné leurs statuts et autorisé leur existence. Chez plusieurs, on fait des efforts pour étendre à toutes les associations cette règle. On voit aisément où mènerait le succès d'une pareille entreprise.

Si une fois le souverain avait le droit général d'autoriser à certaines conditions les associations de toutes espèces, il ne tarderait pas à réclamer celui de les surveiller et de les diriger, afin qu'elles ne puissent pas s'écarter de la règle qu'il leur aurait imposée. De cette manière, l'État, après avoir mis dans sa dépendance tous ceux qui ont envie de s'associer, y mettrait encore tous ceux qui se sont associés, c'est-à-dire presque tous les hommes qui vivent de nos jours.

Les souverains s'approprient ainsi de plus en plus et mettent à leur usage la plus grande partie de cette force nouvelle que l'industrie crée de notre temps dans le monde. L'industrie nous mène, et ils la mènent.

J'attache tant d'importance à tout ce que je viens de dire, que je suis tourmenté de la peur d'avoir nui à ma pensée, en voulant mieux la rendre.

Si donc le lecteur trouve que les exemples cités à l'appui de mes paroles sont insuffisants ou mal choisis ; s'il pense que j'aie exagéré en quelque endroit les progrès du pouvoir social, et qu'au contraire j'aie restreint outre mesure la sphère où se meut encore l'indépendance individuelle, je le supplie d'abandonner un moment le livre, et de considérer à son tour par lui-même les objets que j'avais entrepris de lui montrer. Qu'il examine attentivement ce qui se passe chaque jour parmi nous et hors de nous ; qu'il interroge ses voisins ; qu'il se contemple enfin lui-même ; je suis bien trompé s'il

n'arrive sans guide, et par d'autres chemins, au point
où j'ai voulu le conduire.

Il s'apercevra que, pendant le demi-siècle qui vient
de s'écouler, la centralisation a crû, partout de mille façons différentes. Les guerres, les révolutions, les conquêtes ont servi à son développement; tous les hommes
ont travaillé à l'accroître. Pendant cette même période,
durant laquelle ils se sont succédé avec une rapidité prodigieuse à la tête des affaires, leurs idées, leurs intérêts,
leurs passions ont varié à l'infini; mais tous ont voulu
centraliser en quelques manières. L'instinct de la centralisation a été comme le seul point immobile, au milieu de la mobilité singulière de leur existence et de
leurs pensées.

Et lorsque le lecteur, ayant examiné ce détail des
affaires humaines, voudra en embrasser dans son ensemble le vaste tableau, il restera étonné.

D'un côté, les plus fermes dynasties sont ébranlées ou
détruites; de toutes parts les peuples échappent violemment à l'empire de leurs lois; ils détruisent ou limitent
l'autorité de leurs seigneurs ou de leurs princes; toutes
les nations qui ne sont point en révolution paraissent du
moins inquiètes et frémissantes; un même esprit de révolte les anime. Et de l'autre, dans ce même temps
d'anarchie et chez ces mêmes peuples si indociles, le
pouvoir social accroît sans cesse ses prérogatives; il devient plus centralisé, plus entreprenant, plus absolu,
plus étendu. Les citoyens tombent à chaque instant sous
le contrôle de l'administration publique; ils sont entraî-

nés insensiblement, et comme à leur insu, à lui sacrifier tous les jours quelques nouvelles parties de leur indépendance individuelle, et ces mêmes hommes qui de temps à autre renversent un trône et foulent aux pieds des rois, se plient de plus en plus, sans résistance, aux moindres volontés d'un commis.

Ainsi donc deux révolutions semblent s'opérer de nos jours, en sens contraire; l'une affaiblit continuellement le pouvoir, et l'autre le renforce sans cesse : à aucune autre époque de notre histoire il n'a paru ni si faible ni si fort.

Mais quand on vient enfin à considérer de plus près l'état du monde, on voit que ces deux révolutions sont intimement liées l'une à l'autre, qu'elles partent de la même source, et qu'après avoir eu un cours divers, elles conduisent enfin les hommes au même lieu.

Je ne craindrai pas encore de répéter une dernière fois ce que j'ai déjà dit ou indiqué dans plusieurs endroits de ce livre : il faut bien prendre garde de confondre le fait même de l'égalité avec la révolution qui achève de l'introduire dans l'état social et dans les lois; c'est là que se trouve la raison de presque tous les phénomènes qui nous étonnent.

Tous les anciens pouvoirs politiques de l'Europe, les plus grands aussi bien que les moindres, ont été fondés dans des siècles d'aristocratie, et ils représentaient ou défendaient plus ou moins le principe de l'inégalité et du privilége. Pour faire prévaloir dans le gouvernement les besoins et les intérêts nouveaux que suggérait l'égalité croissante, il a donc fallu aux hommes de nos jours renverser ou contraindre les anciens pouvoirs. Cela les a conduits à faire des révolutions, et a inspiré à un grand nombre d'entre eux ce goût sauvage du désordre et de l'indépendance que toutes les révolutions, quel que soit leur objet, font toujours naître.

Je ne crois pas qu'il y ait une seule contrée en Europe où le développement de l'égalité n'ait point été précédé ou suivi de quelques changements violents dans l'état de la propriété et des personnes, et presque tous ces changements ont été accompagnés de beaucoup d'anarchie et de licence, parce qu'ils étaient faits par la portion la moins policée de la nation, contre celle qui l'était le plus.

De là sont sorties les deux tendances contraires que j'ai précédemment montrées. Tant que la révolution démocratique était dans sa chaleur, les hommes occupés à détruire les anciens pouvoirs aristocratiques qui combattaient contre elle, se montraient animés d'un grand esprit d'indépendance, et à mesure que la victoire de l'égalité devenait plus complète, ils s'abandonnaient peu à peu aux instincts naturels que cette même égalité fait naître, et ils renforçaient et centralisaient le pouvoir social. Ils avaient voulu être libres pour pouvoir se faire égaux, et, à mesure que l'égalité s'établissait davantage à l'aide de la liberté, elle leur rendait la liberté plus difficile.

Ces deux états n'ont pas toujours été successifs. Nos pères ont fait voir comment un peuple pouvait organiser

une immense tyrannie dans son sein au moment même
où il échappait à l'autorité des nobles et bravait la puissance de tous les rois, enseignant à la fois au monde la
manière de conquérir son indépendance et de la perdre.

Les hommes de notre temps s'aperçoivent que les anciens pouvoirs s'écroulent de toutes parts; ils voient
toutes les anciennes influences qui meurent, toutes les
anciennes barrières qui tombent; cela trouble le jugement des plus habiles; ils ne font attention qu'à la prodigieuse révolution qui s'opère sous leurs yeux, et ils
croient que le genre humain va tomber pour jamais
en anarchie. S'ils songeaient aux conséquences finales
de cette révolution, ils concevraient peut-être d'autres
craintes.

Pour moi je ne me fie point, je le confesse, à l'esprit
de liberté qui semble animer mes contemporains; je
vois bien que les nations de nos jours sont turbulentes;
mais je ne découvre pas clairement qu'elles soient libé-
rales, et je redoute qu'au sortir de ces agitations qui
font vaciller les trônes, les souverains ne se trouvent
plus puissants qu'ils ne l'ont été.

CHAPITRE VI

J'avais remarqué durant mon séjour aux États-Unis qu'un état social démocratique, semblable à celui des Américains, pourrait offrir des facilités singulières à 'établissement du despotisme, et j'avais vu, à mon retour en Europe, combien la plupart de nos princes s'étaient déjà servis des idées, des sentiments et des besoins que ce même état social faisait naître pour étendre le cercle de leur pouvoir.

Cela me conduisit à croire que les nations chrétiennes finiraient peut-être par subir quelque oppression pareille à celle qui pesa jadis sur plusieurs des peuples de l'antiquité.

Un examen plus détaillé du sujet, et cinq ans de méditations nouvelles n'ont point diminué mes craintes, mais ils en ont changé l'objet.

On n'a jamais vu dans les siècles passés de souverain si absolu et si puissant qui ait entrepris d'administrer par lui-même, et sans le secours de pouvoirs secondaires, toutes les parties d'un grand empire; il n'y en a point qui ait tenté d'assujettir indistinctement tous ses sujets aux détails d'une règle uniforme, ni qui soit descendu à côté de chacun d'eux pour le régenter et le conduire. L'idée d'une pareille entreprise ne s'était jamais présentée à l'esprit humain, et, s'il était arrivé à un homme de la concevoir, l'insuffisance des lumières, l'imperfection des procédés administratifs, et surtout les obstacles naturels que suscitait l'inégalité des conditions, l'auraient bientôt arrêté dans l'exécution d'un si vaste dessein.

On voit qu'au temps de la plus grande puissance des Césars, les différents peuples qui habitaient le monde romain avaient encore conservé des coutumes et des mœurs diverses : quoique soumises au même monarque, la plupart des provinces étaient administrées à part ; elles étaient remplies de municipalités puissantes et actives, et, quoique tout le gouvernement de l'empire fût concentré dans les seules mains de l'empereur, et qu'il restât toujours, au besoin, l'arbitre de toutes choses, les détails de la vie sociale et de l'existence individuelle échappaient d'ordinaire à son contrôle.

Les empereurs possédaient, il est vrai, un pouvoir immense et sans contrepoids, qui leur permettait de se livrer librement à la bizarrerie de leurs penchants, et d'employer à les satisfaire la force entière de l'État ; il leur est arrivé souvent d'abuser de ce pouvoir pour enlever arbitrairement à un citoyen ses biens ou sa vie :

leur tyrannie pesait prodigieusement sur quelques-uns ; mais elle ne s'étendait pas sur un grand nombre ; elle s'attachait à quelques grands objets principaux, et négligeait le reste ; elle était violente et restreinte.

Il semble que si le despotisme venait à s'établir chez les nations démocratiques de nos jours, il aurait d'autres caractères : il serait plus étendu et plus doux, et il dégraderait les hommes sans les tourmenter.

Je ne doute pas que, dans des siècles de lumières et d'égalité comme les nôtres, les souverains ne parvinssent plus aisément à réunir tous les pouvoirs publics dans leurs seules mains, et à pénétrer plus habituellement et plus profondément dans le cercle des intérêts privés, que n'a jamais pu le faire aucun de ceux de l'antiquité. Mais cette même égalité qui facilite le despotisme, le tempère ; nous avons vu comment, à mesure que les hommes sont plus semblables et plus égaux, les mœurs publiques deviennent plus humaines et plus douces ; quand aucun citoyen n'a un grand pouvoir ni de grandes richesses, la tyrannie manque, en quelque sorte, d'occasion et de théâtre. Toutes les fortunes étant médiocres, les passions sont naturellement contenues, l'imagination bornée, les plaisirs simples. Cette modération universelle modère le souverain lui-même, et arrête dans de certaines limites l'élan désordonné de ses désirs.

Indépendamment de ces raisons puisées dans la nature même de l'état social, je pourrais en ajouter beaucoup d'autres que je prendrais en dehors de mon sujet ;

mais je veux me tenir dans les bornes que je me suis posées.

Les gouvernements démocratiques pourront devenir violents et même cruels dans certains moments de grande effervescence et de grands périls; mais ces crises seront rares et passagères.

Lorsque je songe aux petites passions des hommes de nos jours, à la mollesse de leurs mœurs, à l'étendue de leurs lumières, à la pureté de leur religion, à la douceur de leur morale, à leurs habitudes laborieuses et rangées, à la retenue qu'ils conservent presque tous dans le vice comme dans la vertu; je ne crains pas qu'ils rencontrent dans leurs chefs des tyrans, mais plutôt des tuteurs.

Je pense donc que l'espèce d'oppression dont les peuples démocratiques sont menacés ne ressemblera à rien de ce qui l'a précédée dans le monde; nos contemporains ne sauraient en trouver l'image dans leurs souvenirs. Je cherche en vain moi-même une expression qui réproduise exactement l'idée que je m'en forme et la renferme; les anciens mots de despotisme et de tyrannie ne conviennent point. La chose est nouvelle, il faut donc tâcher de la définir, puisque je ne peux la nommer.

Je veux imaginer sous quels traits nouveaux le despotisme pourrait se produire dans le monde: je vois une foule innombrable d'hommes semblables et égaux, qui tournent sans repos sur eux-mêmes pour se procurer de petits et vulgaires plaisirs, dont ils remplissent leur

âme. Chacun d'eux, retiré à l'écart, est comme étranger
à la destinée de tous les autres, ses enfants et ses amis
particuliers forment pour lui toute l'espèce humaine;
quant au demeurant de ses concitoyens, il est à côté
d'eux; mais il ne les voit pas; il les touche et ne les
sent point; il n'existe qu'en lui-même et pour lui seul,
et s'il lui reste encore une famille, on peut dire du moins
qu'il n'a plus de patrie.

Au-dessus de ceux-là, s'élève un pouvoir immense et
tutélaire, qui se charge seul d'assurer leurs jouissances,
et de veiller sur leur sort. Il est absolu, détaillé, régulier, prévoyant et doux. Il ressemblerait à la puissance
paternelle, si, comme elle, il avait pour objet de préparer les hommes à l'âge viril; mais il ne cherche, au
contraire, qu'à les fixer irrévocablement dans l'enfance;
il aime que les citoyens se réjouissent, pourvu qu'ils ne
songent qu'à se réjouir. Il travaille volontiers à leur
bonheur; mais il veut en être l'unique agent et le seul
arbitre; il pourvoit à leur sécurité, prévoit et assure
leurs besoins, facilite leurs plaisirs, conduit leurs principales affaires, dirige leur industrie, règle leurs successions, divise leurs héritages; que ne peut-il leur
ôter entièrement le trouble de penser et la peine de
vivre?

C'est ainsi que tous les jours il rend moins utile et
plus rare l'emploi du libre arbitre; qu'il renferme l'action de la volonté dans un plus petit espace, et dérobe
peu à peu chaque citoyen jusqu'à l'usage de lui-même.
L'égalité a préparé les hommes à toutes ces choses: elle

les a disposés à les souffrir et souvent même à les regarder comme un bienfait.

Après avoir pris ainsi tour à tour dans ses puissantes mains chaque individu, et l'avoir pétri à sa guise, le souverain étend ses bras sur la société tout entière; il en couvre la surface d'un réseau de petites règles compliquées, minutieuses et uniformes, à travers lesquelles les esprits les plus originaux et les âmes les plus vigoureuses ne sauraient se faire jour pour dépasser la foule; il ne brise pas les volontés, mais il les amollit, les plie et les dirige; il force rarement d'agir, mais il s'oppose sans cesse à ce qu'on agisse; il ne détruit point, il empêche de naître; il ne tyrannise point, il gêne, il comprime, il énerve, il éteint, il hébète, et il réduit enfin chaque nation à n'être plus qu'un troupeau d'animaux timides et industrieux, dont le gouvernement est le berger.

J'ai toujours cru que cette sorte de servitude, réglée, douce et paisible, dont je viens de faire le tableau, pourrait se combiner mieux qu'on ne l'imagine avec quelques-unes des formes extérieures de la liberté, et qu'il ne lui serait pas impossible de s'établir à l'ombre même de la souveraineté du peuple.

Nos contemporains sont incessamment travaillés par deux passions ennemies: ils sentent le besoin d'être conduits et l'envie de rester libres. Ne pouvant détruire ni l'un ni l'autre de ces instincts contraires, ils s'efforcent de les satisfaire à la fois tous les deux. Ils imaginent un pouvoir unique, tutélaire, tout puissant, mais élu par les citoyens. Ils combinent la centralisation et la souveraineté du peuple. Cela leur donne quelque relâche. Ils se consolent d'être en tutelle, en songeant qu'ils ont eux-mêmes choisi leurs tuteurs. Chaque individu souffre qu'on l'attache, parce qu'il voit que ce n'est pas un homme ni une classe, mais le peuple lui-même qui tient le bout de la chaîne.

Dans ce système, les citoyens sortent un moment de la dépendance pour indiquer leur maître, et y rentrent.

Il y a, de nos jours, beaucoup de gens qui s'accommodent très-aisément de cette espèce de compromis entre le despotisme administratif et la souveraineté du peuple, et qui pensent avoir assez garanti la liberté des individus, quand c'est au pouvoir national qu'ils la livrent. Cela ne me suffit point. La nature du maître m'importe bien moins que l'obéissance.

Je ne nierai pas cependant qu'une constitution semblable ne soit infiniment préférable à celle qui, après avoir concentré tous les pouvoirs, les déposerait dans les mains d'un homme ou d'un corps irresponsable. De toutes les différentes formes que le despotisme démocratique pourrait prendre, celle-ci serait assurément la pire.

Lorsque le souverain est électif ou surveillé de près par une législature réellement élective et indépendante, l'oppression qu'il fait subir aux individus est quelquefois plus grande; mais elle est toujours moins dégradante, parce que chaque citoyen, alors qu'on le gêne et qu'on le réduit à l'impuissance, peut encore se figurer qu'en obéissant, il ne se soumet qu'à lui-même, et que c'est à l'une de ses volontés qu'il sacrifie toutes les autres.

Je comprends également que, quand le souverain représente la nation et dépend d'elle, les forces et les droits qu'on enlève à chaque citoyen ne servent pas seulement au chef de l'État, mais profitent à l'État lui-même, et que les particuliers retirent quelque fruit du sacrifice qu'ils ont fait au public de leur indépendance.

Créer une représentation nationale dans un pays très-centralisé, c'est donc diminuer le mal que l'extrême centralisation peut produire, mais ce n'est pas le détruire.

Je vois bien que, de cette manière, on conserve l'intervention individuelle dans les plus importantes affaires; mais on ne la supprime pas moins dans les petites et les particulières. L'on oublie que c'est surtout dans le détail qu'il est dangereux d'asservir les hommes. Je serais, pour ma part, porté à croire la liberté moins nécessaire dans les grandes choses que dans les moindres, si je pensais qu'on pût jamais être assuré de l'une, sans posséder l'autre.

La sujétion dans les petites affaires se manifeste tous les jours, et se fait sentir indistinctement à tous les citoyens. Elle ne les désespère point; mais elle les contrarie sans cesse, et elle les porte à renoncer à l'usage de leur volonté. Elle éteint ainsi peu à peu leur esprit et énerve leur âme, tandis que l'obéissance, qui n'est due que dans un petit nombre de circonstances très-graves, mais très-rares, ne montre la servitude que de loin en loin, et ne la fait peser que sur certains hommes. En vain chargerez-vous ces mêmes citoyens, que vous avez rendus si dépendants du pouvoir central, de choisir de temps à autre les représentants de ce pouvoir, cet usage si important, mais si court et si rare de leur libre arbitre, n'empêchera pas qu'ils ne perdent peu à peu la faculté de penser, de sentir et d'agir par eux-mêmes, et qu'ils ne tombent ainsi graduellement au-dessous du niveau de l'humanité.

J'ajoute qu'ils deviendront bientôt incapables d'exercer le grand et unique privilége qui leur reste. Les peuples démocratiques qui ont introduit la liberté dans la sphère politique, en même temps qu'ils accroissaient le despotisme dans la sphère administrative, ont été conduits à des singularités bien étranges. Faut-il mener les petites affaires où le simple bon sens peut suffire, ils estiment que les citoyens en sont incapables; s'agit-il du gouvernement de tout l'État, ils confient à ces citoyens d'immenses prérogatives; ils en font alternativement les jouets du souverain et ses maîtres; plus que des rois et moins que des hommes. Après avoir épuisé tous les différents systèmes d'élection, sans en trouver un qui leur convienne, ils s'étonnent et cherchent encore; comme si le mal qu'ils remarquent ne tenait pas à la constitution du pays bien plus qu'à celle du corps électoral.

Il est, en effet, difficile de concevoir comment des hommes qui ont entièrement renoncé à l'habitude de se diriger eux-mêmes pourraient réussir à bien choisir ceux qui doivent les conduire ; et l'on ne fera point croire qu'un gouvernement libéral, énergique et sage, puisse jamais sortir des suffrages d'un peuple de serviteurs.

Une constitution qui serait républicaine par la tête et ultra-monarchique dans toutes les autres parties, m'a toujours semblé un monstre éphémère. Les vices des gouvernants et l'imbécillité des gouvernés ne tarderaient pas à en amener la ruine ; et le peuple, fatigué de ses représentants et de lui-même, créerait des institutions plus libres, ou retournerait bientôt s'étendre aux pieds d'un seul maître.

CHAPITRE VII

Je crois qu'il est plus facile d'établir un gouvernement absolu et despotique chez un peuple où les conditions sont égales que chez un autre, et je pense que si un
pareil gouvernement était une fois établi chez un semblable peuple, non-seulement il y opprimerait les
hommes, mais qu'à la longue il ravirait à chacun d'eux
plusieurs des principaux attributs de l'humanité.

Le despotisme me paraît donc particulièrement à redouter dans les âges démocratiques.

J'aurais, je pense, aimé la liberté dans tous les
temps ; mais je me sens enclin à l'adorer dans le temps
où nous sommes.

Je suis convaincu, d'autres parts, que tous ceux qui,
dans les siècles où nous entrons, essayeront d'appuyer
la liberté sur le privilége et l'aristocratie échoueront.
Tous ceux qui voudront attirer et retenir l'autorité dans
le sein d'une seule classe échoueront. Il n'y a pas, de

nos jours, de souverain assez habile et assez fort pour fonder le despotisme en rétablissant des distinctions permanentes entre ses sujets ; il n'y a pas non plus de législateur si sage et si puissant qui soit en état de maintenir des institutions libres, s'il ne prend l'égalité pour premier principe et pour symbole. Il faut donc que tous ceux de nos contemporains qui veulent créer ou assurer l'indépendance et la dignité de leurs semblables, se montrent amis de l'égalité ; et le seul moyen digne de se montrer tels, c'est de l'être : le succès de leur sainte entreprise en dépend.

Ainsi il ne s'agit point de reconstruire une société aristocratique, mais de faire sortir la liberté du sein de la société démocratique où Dieu nous fait vivre.

Ces deux premières vérités me semblent simples, claires et fécondes, et elles m'amènent naturellement à considérer quelle espèce de gouvernement libre peut s'établir chez un peuple où les conditions sont égales.

Il résulte de la constitution même des nations démocratiques et de leurs besoins, que chez elles le pouvoir du souverain doit être plus uniforme, plus centralisé, plus étendu, plus pénétrant, plus puissant qu'ailleurs. La société y est naturellement plus agissante et plus forte, l'individu plus subordonné et plus faible ; l'une fait plus, l'autre moins ; cela est forcé.

Il ne faut donc pas s'attendre à ce que, dans les contrées démocratiques, le cercle de l'indépendance individuelle soit jamais aussi large que dans les pays d'aristocratie. Mais cela n'est point à souhaiter ;

car, chez les nations aristocratiques, la société est souvent sacrifiée à l'individu, et la prospérité du plus grand nombre à la grandeur de quelques-uns.

Il est tout à la fois nécessaire et désirable que le pouvoir central qui dirige un peuple démocratique soit actif et puissant. Il ne s'agit point de le rendre faible ou indolent, mais seulement de l'empêcher d'abuser de son agilité et de sa force.

Ce qui contribuait le plus à assurer l'indépendance des particuliers dans les siècles aristocratiques, c'est que le souverain ne s'y chargeait pas seul de gouverner et d'administrer les citoyens; il était obligé de laisser en partie ce soin aux membres de l'aristocratie; de telle sorte que le pouvoir social, étant toujours divisé, ne pesait jamais tout entier et de la même manière sur chaque homme.

Non-seulement le souverain ne faisait pas tout par lui-même, mais la plupart des fonctionnaires qui agissaient à sa place, tirant leur pouvoir du fait de leur naissance, et non de lui, n'étaient pas sans cesse dans sa main. Il ne pouvait les créer ou les détruire à chaque instant, suivant ses caprices, et les plier tous uniformément à ses moindres volontés. Cela garantissait encore l'indépendance des particuliers.

Je comprends bien que, de nos jours, on ne saurait avoir recours au même moyen, mais je vois des procédés démocratiques qui les remplacent.

Au lieu de remettre au souverain seul tous les pouvoirs administratifs, qu'on enlève à des corporations ou

à des nobles, on peut en confier une partie à des corps
secondaires temporairement formés de simples citoyens ;
de cette manière, la liberté des particuliers sera plus
sûre, sans que leur égalité soit moindre.

Les Américains, qui ne tiennent pas autant que nous
aux mots, ont conservé le nom de comté à la plus grande
de leurs circonscriptions administratives; mais ils ont
remplacé en partie le comté par une assemblée provin-
ciale.

Je conviendrai sans peine qu'à une époque d'égalité
comme la nôtre, il serait injuste et déraisonnable d'in-
stituer des fonctionnaires héréditaires ; mais rien n'empêche de leur substituer, dans une certaine mesure,
des fonctionnaires électifs. L'élection est un expédient
démocratique qui assure l'indépendance du fonctionnaire
vis-à-vis du pouvoir central, autant et plus que ne saurait le faire l'hérédité chez les peuples aristocratiques.

Les pays aristocratiques sont remplis de particuliers
riches et influents, qui savent se suffire à eux-mêmes,
et qu'on n'opprime pas aisément ni en secret; et ceux-
là maintiennent le pouvoir dans des habitudes générales
de modération et de retenue.

Je sais bien que les contrées démocratiques ne présentent point naturellement d'individus semblables;
mais on peut y créer artificiellement quelque chose d'a-
nalogue.

Je crois fermement qu'on ne saurait fonder de nouveau, dans le monde, une aristocratie; mais je pense
que les simples citoyens, en s'associant, peuvent y con-

stituer des êtres très-opulents, très-influents, très-forts, en un mot des personnes aristocratiques.

On obtiendrait de cette manière plusieurs des plus grands avantages politiques de l'aristocratie, sans ses injustices ni ses dangers. Une association politique, industrielle, commerciale ou même scientifique et littéraire, est un citoyen éclairé et puissant qu'on ne saurait plier à volonté ni opprimer dans l'ombre, et qui, en défendant ses droits particuliers contre les exigences du pouvoir, sauve les libertés communes.

Dans les temps d'aristocratie, chaque homme est toujours lié d'une manière très-étroite à plusieurs de ses concitoyens, de telle sorte qu'on ne saurait attaquer celui-là, que les autres n'accourent à son aide. Dans les siècles d'égalité, chaque individu est naturellement isolé; il n'a point d'amis héréditaires dont il puisse exiger le concours, point de classe dont les sympathies lui soient assurées; on le met aisément à part, et on le foule impunément aux pieds. De nos jours, un citoyen qu'on opprime n'a donc qu'un moyen de se défendre; c'est de s'adresser à la nation tout entière, et, si elle lui est sourde, au genre humain; et il n'a qu'un moyen de le faire, c'est la presse. Ainsi la liberté de la presse est infiniment plus précieuse chez les nations démocratiques que chez toutes les autres; elle seule guérit la plupart des maux que l'égalité peut produire. L'égalité isole et affaiblit les hommes; mais la presse place à côté de chacun d'eux une arme très-puissante, dont le plus faible et le plus isolé peut faire usage. L'égalité ôte à chaque individu l'appui de ses proches ; mais la presse lui permet d'appeler à son aide tous ses concitoyens et tous ses semblables. L'imprimerie a hâté les progrès de l'égalité, et elle est un de ses meilleurs correctifs.

Je pense que les hommes qui vivent dans les aristocraties peuvent, à la rigueur, se passer de la liberté de la presse ; mais ceux qui habitent les contrées démocratiques ne peuvent le faire. Pour garantir l'indépendance personnelle de ceux-ci, je ne m'en fie point aux grandes assemblées politiques, aux prérogatives parlementaires, à la proclamation de la souveraineté du peuple. Toutes ces choses se concilient, jusqu'à un certain point, avec la servitude individuelle ; mais cette servitude ne saurait être complète si la presse est libre. La presse est, par excellence, l'instrument démocratique de la liberté.

Je dirai quelque chose d'analogue du pouvoir judiciaire.

Il est de l'essence du pouvoir judiciaire de s'occuper d'intérêts particuliers et d'attacher volontiers ses regards sur de petits objets qu'on expose à sa vue ; il est encore de l'essence de ce pouvoir de ne point venir de lui-même au secours de ceux qu'on opprime, mais d'être sans cesse à la disposition du plus humble d'entre eux. Celui-ci, quelque faible qu'on le suppose, peut toujours forcer le juge d'écouter sa plainte et d'y répondre : cela tient à la constitution même du pouvoir judiciaire.

Un semblable pouvoir est donc spécialement applicable aux besoins de la liberté, dans un temps où l'œil et la main du souverain s'introduisent sans cesse parmi les plus minces détails des actions humaines, et où les particuliers, trop faibles pour se protéger eux-mêmes, sont trop isolés pour pouvoir compter sur le secours de leurs pareils. La force des tribunaux a été, de tout temps, la plus grande garantie qui se puisse offrir à l'indépendance individuelle ; mais cela est surtout vrai dans les siècles démocratiques, les droits et les intérêts particuliers y sont toujours en péril, si le pouvoir judiciaire ne grandit et ne s'étend à mesure que les conditions s'égalisent,

L'égalité suggère aux hommes plusieurs penchants fort dangereux pour la liberté, et sur lesquels le législateur doit toujours avoir l'œil ouvert. Je ne rappellerai que les principaux.

Les hommes qui vivent dans les siècles démocratiques ne comprennent pas aisément l'utilité des formes ; ils ressentent un dédain instinctif pour elles. J'en ai dit ailleurs les raisons. Les formes excitent leur mépris et souvent leur haine. Comme ils n'aspirent d'ordinaire qu'à des jouissances faciles et présentes, ils s'élancent impétueusement vers l'objet de chacun de leurs désirs ; les moindres délais les désespèrent. Ce tempérament qu'ils transportent dans la vie politique les indispose contre les formes, qui les retardent ou les arrêtent chaque jour dans quelques-uns de leurs desseins.

Cet inconvénient que les hommes des démocraties trouvent aux formes est pourtant ce qui rend ces dernières si utiles à la liberté, leur principal mérite étant de servir de barrière entre le fort et le faible, le gouvernant et le gouverné, de retarder l'un et de donner à l'autre le temps de se reconnaître. Les formes sont plus nécessaires à mesure que le souverain est plus actif et plus puissant et que les particuliers deviennent plus indolents et plus débiles. Ainsi les peuples démocratiques ont naturellement plus besoin des formes que les autres peuples, et naturellement ils les respectent moins. Cela mérite une attention très-sérieuse.

Il n'y a rien de plus misérable que le dédain superbe de la plupart de nos contemporains pour les questions de formes ; car les plus petites questions de formes ont acquis de nos jours une importance qu'elles n'avaient point eue jusque-là. Plusieurs des plus grands intérêts de l'humanité s'y rattachent.

Je pense que si les hommes d'État qui vivaient dans les siècles aristocratiques pouvaient quelquefois mépriser impunément les formes et s'élever souvent au-dessus d'elles, ceux qui conduisent les peuples d'aujourd'hui doivent considérer avec respect la moindre d'entre elles et ne la négliger que quand une impérieuse nécessité y oblige. Dans les aristocraties, on avait la superstition des formes ; il faut que nous ayons un culte éclairé et réfléchi pour elles.

Un autre instinct très-naturel aux peuples démocratiques, et très-dangereux, est celui qui les porte à mépriser les droits individuels et à en tenir peu de compte.

Les hommes s'attachent en général à un droit et lui témoignent du respect en raison de son importance ou

du long usage qu'ils en ont fait. Les droits individuels
qui se rencontrent chez les peuples démocratiques sont
d'ordinaire peu importants, très-récents et fort instables; cela fait qu'on les sacrifie souvent sans peine et
qu'on les viole presque toujours sans remords.

Or il arrive que, dans ce même temps et chez ces
mêmes nations où les hommes conçoivent un mépris
naturel pour les droits des individus, les droits de
la société s'étendent naturellement et s'affermissent;
c'est-à-dire que les hommes deviennent moins attachés
aux droits particuliers, au moment où il serait le plus
nécessaire de retenir et de défendre le peu qui en
reste.

C'est donc surtout dans les temps démocratiques où
nous sommes que les vrais amis de la liberté et de la
grandeur humaine doivent sans cesse se tenir debout et
prêts à empêcher que le pouvoir social ne sacrifie légèrement les droits particuliers de quelques individus à
l'exécution générale de ses desseins. Il n'y a point dans
ces temps-là de citoyen si obscur qu'il ne soit très-dangereux de laisser opprimer, ni de droits individuels si
peu importants qu'on puisse impunément livrer à l'arbitraire. La raison en est simple : quand on viole le
droit particulier d'un individu, dans un temps ou l'esprit humain est pénétré de l'importance et de la sain-
teté des droits de cette espèce, on ne fait de mal qu'à
celui qu'on dépouille; mais violer un droit semblable,
de nos jours, c'est corrompre profondément les mœurs
nationales et mettre en péril la société tout entière;

parce que l'idée même de ces sortes de droits tend sans
cesse parmi nous à s'altérer et à se perdre.

Il y a de certaines habitudes, de certaines idées, de
certains vices qui sont propres à l'état de révolution, et
qu'une longue révolution ne peut manquer de faire naître et de généraliser, quels que soient d'ailleurs son
caractère, son objet et son théâtre.

Lorsqu'une nation quelconque a plusieurs fois, dans
un court espace de temps, changé de chefs, d'opinions
et de lois, les hommes qui la composent finissent par
contracter le goût du mouvement et par s'habituer à ce
que tous les mouvements s'opèrent rapidement à l'aide
de la force. Ils conçoivent alors naturellement du mépris
pour les formes dont ils voient chaque jour l'impuissance, et ils ne supportent qu'avec impatience l'empire
de la règle auquel on s'est soustrait tant de fois sous
leurs yeux.

Comme les notions ordinaires de l'équité et de la morale ne suffisent plus pour expliquer et justifier toutes
les nouveautés auxquelles la révolution donne chaque
jour naissance, on se rattache au principe de l'utilité
sociale, on crée le dogme de la nécessité politique, et
l'on s'accoutume volontiers à sacrifier sans scrupule les
intérêts particuliers et à fouler aux pieds les droits individuels, afin d'atteindre plus promptement le but général qu'on se propose.

Ces habitudes et ces idées que j'appellerai révolutionnaires, parce que toutes les révolutions les produisent,
se font voir dans le sein des aristocraties aussi bien que

chez les peuples démocratiques; mais chez les premières elles sont souvent moins puissantes et toujours
moins durables, parce qu'elles y rencontrent des habitudes, des idées, des défauts et des travers qui leur sont
contraires. Elles s'effacent donc d'elles-mêmes dès que
la révolution est terminée, et la nation en revient à ses
anciennes allures politiques. Il n'en est pas toujours
ainsi dans les contrées démocratiques où il est toujours
à craindre que les instincts révolutionnaires, s'adoucis-
sant et se régularisant sans s'éteindre, ne se transforment graduellement en mœurs gouvernementales et en
habitudes administratives.

Je ne sache donc pas de pays où les révolutions soient
plus dangereuses que les pays démocratiques, parce
que, indépendamment des maux accidentels et passagers
qu'elles ne sauraient jamais manquer de faire, elles
risquent toujours d'en créer de permanents et pour
ainsi d'éternels.

Je crois qu'il y a des résistances honnêtes et des ré-
bellions légitimes. Je ne dis donc point, d'une manière
absolue, que les hommes des temps démocratiques ne
doivent jamais faire de révolutions; mais je pense
qu'ils ont raison d'hésiter plus que tous les autres
avant d'en entreprendre, et qu'il leur vaut mieux souffrir beaucoup d'incommodités de l'état présent que de
recourir à un si périlleux remède.

Je terminerai par une idée générale qui renferme
dans son sein non-seulement toutes les idées particulières qui ont été exprimées dans ce présent chapitre,

mais encore la plupart de celles que ce livre a pour but d'exposer.

Dans les siècles d'aristocratie qui ont précédé le nôtre, il y avait des particuliers très-puissants et une autorité sociale fort débile. L'image même de la société était obscure, et se perdait sans cesse au milieu de tous les pouvoirs différents qui régissaient les citoyens. Le principal effort des hommes de ces temps-là dut se porter à grandir et à fortifier le pouvoir social, à accroître et à assurer ses prérogatives et, au contraire, à resserrer l'indépendance individuelle dans des bornes plus étroites, et à subordonner l'intérêt particulier à l'intérêt général.

D'autres périls et d'autres soins attendent les hommes de nos jours.

Chez la plupart des nations modernes, le souverain, quels que soient son origine, sa constitution et son nom, est devenu presque tout-puissant, et les particuliers tombent, de plus en plus, dans le dernier degré de la faiblesse et de la dépendance.

Tout était différent dans les anciennes sociétés. L'unité et l'uniformité ne s'y rencontraient nulle part. Tout menace de devenir si semblable dans les nôtres, que la figure particulière de chaque individu se perdra bientôt entièrement dans la physionomie commune. Nos pères étaient toujours prêts à abuser de cette idée, que les droits particuliers sont respectables, et nous sommes naturellement portés à exagérer cette autre, que l'intérêt d'un individu doit toujours plier devant l'intérêt de plusieurs.

Le monde politique change; il faut désormais chercher de nouveaux remèdes à des maux nouveaux.

Fixer au pouvoir social des limites étendues, mais
visibles et immobiles; donner aux particuliers de certains droits et leur garantir la jouissance incontestée de
ces droits; conserver à l'individu le peu d'indépendance, de force et d'originalité qui lui restent; le relever à côté de la société et le soutenir en face d'elle : tel
me paraît être le premier objet du législateur dans l'âge
où nous entrons.

On dirait que les souverains de notre temps ne cherchent qu'à faire avec les hommes des choses grandes. Je
voudrais qu'ils songeassent un peu plus à faire de grands
hommes; qu'ils attachassent moins de prix à l'œuvre
et plus à l'ouvrier, et qu'ils se souvinssent sans cesse
qu'une nation ne peut rester longtemps forte quand
chaque homme y est individuellement faible, et qu'on
n'a point encore trouvé de formes sociales ni de combinaisons politiques qui puissent faire un peuple énergique en le composant de citoyens pusillanimes et
mous.

Je vois chez nos contemporains deux idées contraires,
mais également funestes.

Les uns n'aperçoivent dans l'égalité que les tendances
anarchiques qu'elle fait naître. Ils redoutent leur libre
arbitre; ils ont peur d'eux-mêmes.

Les autres, en plus petit nombre, mais mieux éclairés, ont une autre vue. A côté de la route qui, partant
de l'égalité, conduit à l'anarchie, ils ont enfin découvert

le chemin qui semble mener invinciblement les hommes vers la servitude. Ils plient d'avance leur âme à cette servitude nécessaire; et, désespérant de rester libres, ils adorent déjà au fond de leur cœur le maître qui doit bientôt venir.

Les premiers abandonnent la liberté, parce qu'ils l'estiment dangereuse; les seconds parce qu'ils la jugent impossible.

Si j'avais eu cette dernière croyance, je n'aurais pas écrit l'ouvrage qu'on vient de lire; je me serais borné à gémir en secret sur la destinée de mes semblables.

J'ai voulu exposer au grand jour les périls que l'égalité fait courir à l'indépendance humaine, parce que je crois fermement que ces périls sont les plus formidables aussi bien que les moins prévus de tous ceux que renferme l'avenir. Mais je ne les crois pas insurmontables.

Les hommes qui vivent dans les siècles démocratiques où nous entrons ont naturellement le goût de l'indépendance. Naturellement ils supportent avec impatience la règle : la permanence de l'état même qu'ils préfèrent les fatigue. Ils aiment le pouvoir; mais ils sont enclins à mépriser et à haïr celui qui l'exerce, et ils échappent aisément d'entre ses mains à cause de leur petitesse et de leur mobilité même.

Ces instincts se retrouveront toujours, parce qu'ils sortent de l'état social qui ne changera pas. Pendant longtemps ils empêcheront qu'aucun despotisme ne puisse s'asseoir, et ils fourniront de nouvelles armes à chaque génération nouvelle qui voudra lutter en faveur de la liberté des hommes.

Ayons donc de l'avenir cette crainte salutaire qui fait veiller et combattre, et non cette sorte de terreur molle et oisive qui abat les cœurs et les énerve.

CHAPITRE VIII

VUE GÉNÉRALE DU SUJET

Je voudrais, avant de quitter pour jamais la carrière que je viens de parcourir, pouvoir embrasser d'un dernier regard tous les traits divers qui marquent la face du monde nouveau, et juger enfin de l'influence générale que doit exercer l'égalité sur le sort des hommes; mais la difficulté d'une pareille entreprise m'arrête; en présence d'un si grand objet je sens ma vue qui se trouble et ma raison qui chancelle.

Cette société nouvelle que j'ai cherché à peindre et que je veux juger ne fait que de naître. Le temps n'en a point encore arrêté la forme; la grande révolution qui l'a créée dure encore, et, dans ce qui arrive de nos jours, il est presque impossible de discerner ce qui doit passer avec la révolution elle-même, et ce qui doit rester après elle.

Le monde qui s'élève est encore à moitié engagé sous les débris du monde qui tombe, et, au milieu de l'immense confusion que présentent les affaires humaines, nul ne saurait dire ce qui restera debout des vieilles institutions et des anciennes mœurs, et ce qui achèvera d'en disparaître.

Quoique la révolution qui s'opère dans l'état social, les lois, les idées, les sentiments des hommes, soit encore bien loin d'être terminée, déjà on ne saurait comparer ses œuvres avec rien de ce qui s'est vu précédemment dans le monde. Je remonte de siècle en siècle jusqu'à l'antiquité la plus reculée; je n'aperçois rien qui ressemble à ce qui est sous mes yeux. Le passé n'éclairant plus l'avenir, l'esprit marche dans les ténèbres.

Cependant au milieu de ce tableau si vaste, si nouveau, si confus, j'entrevois déjà quelques traits principaux qui se dessinent, et je les indique :

Je vois que les biens et les maux se répartissent assez également dans le monde. Les grandes richesses disparaissent; le nombre des petites fortunes s'accroît; les désirs et les jouissances se multiplient; il n'y a plus de prospérités extraordinaires ni de misères irrémédiables. L'ambition est un sentiment universel, il y a peu d'ambitions vastes. Chaque individu est isolé et faible; la société est agile, prévoyante et forte; les particuliers font de petites choses, et l'État d'immenses.

Les âmes ne sont pas énergiques; mais les mœurs sont douces et les législations humaines. S'il se rencontre peu de grands dévouements, de vertus très-hautes, très-brillantes et très-pures, les habitudes sont rangées, la violence rare, la cruauté presque inconnue. L'existence des hommes devient plus longue et leur propriété plus sûre. La vie n'est pas très-ornée, mais très-aisée et très-paisible. Il y a peu de plaisirs très-délicats et très-grossiers, peu de politesse dans les manières et peu de brutalité dans les goûts. On ne rencontre guère d'hommes très-savants ni de populations très-ignorantes. Le génie devient plus rare et les lumières plus communes. L'esprit humain se développe par les petits efforts combinés de tous les hommes, et non par l'impulsion puissante de quelques-uns d'entre eux. Il y a moins de perfection, mais plus de fécondité dans les œuvres. Tous les liens de race, de classe, de patrie, se détendent; le grand lien de l'humanité se resserre.

Si, parmi tous ces traits divers je cherche celui qui me paraît le plus général et le plus frappant, j'arrive à voir que ce qui se remarque dans les fortunes se représente sous mille autres formes. Presque tous les extrêmes s'adoucissent et s'émoussent; presque tous les points saillants s'effacent pour faire place à quelque chose de moyen, qui est tout à la fois moins haut et moins bas, moins brillant et moins obscur que ce qui se voyait dans le monde.

Lorsque le monde était rempli d'hommes très-grands et très-petits, très-riches et très-pauvres, très-savants et très-ignorants, je détournais mes regards des seconds pour ne les attacher que sur les premiers, et ceux-ci réjouissaient ma vue; mais je comprends que ce plaisir

naissait de ma faiblesse : c'est parce que je ne puis voir
en même temps tout ce qui m'environne qu'il m'est
permis de choisir ainsi et de mettre à part, parmi tant
d'objets, ceux qu'il me plaît de contempler. Il n'en est
pas de même de l'être tout-puissant et éternel dont l'œil
enveloppe nécessairement l'ensemble des choses, et qui
voit distinctement, bien qu'à la fois, tout le genre humain et chaque homme.

Il est naturel de croire que ce qui satisfait le plus les
regards de ce créateur et de ce conservateur des hommes, ce n'est point la prospérité singulière de quelques-
uns, mais le plus grand bien-être de tous; ce qui me
semble une décadence est donc à ses yeux un progrès;
ce qui me blesse lui agrée. L'égalité est moins élevée
peut-être; mais elle est plus juste, et sa justice fait sa
grandeur et sa beauté.

Je m'efforce de pénétrer dans ce point de vue de
Dieu; et c'est de là que je cherche à considérer et à
juger les choses humaines.

Personne, sur la terre, ne peut encore affirmer d'une
manière absolue et générale que l'état nouveau des sociétés soit supérieur à l'état ancien; mais il est déjà
aisé de voir qu'il est autre.

Il y a de certains vices et de certaines vertus qui
étaient attachés à la constitution des nations aristocratiques, et qui sont tellement contraires au génie
des peuples nouveaux qu'on ne saurait les introduire
dans leur sein. Il y a de bons penchants et de mauvais instincts qui étaient étrangers aux premiers et qui

sont naturels aux seconds; des idées qui se présentent d'elles-mêmes à l'imagination des uns, et que l'esprit des autres rejette. Ce sont comme deux humanités distinctes, dont chacune a ses avantages et ses inconvénients particuliers, ses biens et ses maux qui lui sont propres.

Il faut donc bien prendre garde de juger les sociétés qui naissent, avec les idées qu'on a puisées dans celles qui ne sont plus. Cela serait injuste, car ces sociétés différant prodigieusement entre elles, sont incomparables.

Il ne serait guère plus raisonnable de demander aux hommes de notre temps les vertus particulières qui découlaient de l'état social de leurs ancêtres, puisque cet état social lui-même est tombé, et qu'il a entraîné confusément dans sa chute tous les biens et tous les maux qu'il portait avec lui.

Mais ces choses sont encore mal comprises de nos jours.

J'aperçois un grand nombre de mes contemporains qui entreprennent de faire un choix entre les institutions, les opinions, les idées qui naissaient de la constitution aristocratique de l'ancienne société; ils abandonneraient volontiers les unes, mais ils voudraient retenir les autres et les transporter avec eux dans le monde nouveau.

Je pense que ceux-là consument leur temps et leurs forces dans un travail honnête et stérile.

Il ne s'agit plus de retenir les avantages particuliers

que l'inégalité des conditions procure aux hommes, mais de s'assurer les biens nouveaux que l'égalité peut leur offrir. Nous ne devons pas tendre à nous rendre semblables à nos pères, mais nous efforcer d'atteindre l'espèce de grandeur et de bonheur qui nous est propre.

Pour moi qui, parvenu à ce dernier terme de ma course, découvre de loin, mais à la fois, tous les objets divers que j'avais contemplés à part en marchant, je me sens plein de craintes et plein d'espérances. Je vois de grands périls qu'il est possible de conjurer; de grands maux qu'on peut éviter ou restreindre, et je m'affermis de plus en plus dans cette croyance que, pour être honnêtes et prospères, il suffit encore aux nations démocratiques de le vouloir.

Je n'ignore pas que plusieurs de mes contemporains ont pensé que les peuples ne sont jamais ici-bas maîtres d'eux-mêmes, et qu'ils obéissent nécessairement à je ne sais quelle force insurmontable et inintelligente qui naît des événements antérieurs, de la race, du sol ou du climat.

Ce sont là de fausses et lâches doctrines, qui ne sauraient jamais produire que des hommes faibles et des nations pusillanimes : la Providence n'a créé le genre humain ni entièrement indépendant, ni tout à fait esclave. Elle trace, il est vrai, autour de chaque homme un cercle fatal, dont il ne peut sortir; mais dans ses vastes limites, l'homme est puissant et libre; ainsi des peuples.

Les nations de nos jours ne sauraient faire que dans leur sein les conditions ne soient pas égales ; mais il dépend d'elles que l'égalité les conduise à la servitude ou à la liberté, aux lumières ou à la barbarie, à la prospérité ou aux misères.

NOTES

PAGE 252.

Il y a cependant des aristocraties qui ont fait avec ardeur le commerce, et cultivé avec succès l'industrie. L'histoire du monde en offre plusieurs éclatants exemples. Mais, en général, on doit dire que l'aristocratie n'est point favorable au développement de l'industrie et du commerce. Il n'y a que les aristocraties d'argent qui fassent exception à cette règle.

Chez celles-là, il n'y a guère de désir qui n'ait besoin des richesses pour se satisfaire. L'amour des richesses devient, pour ainsi dire, le grand chemin des passions humaines. Tous les autres y aboutissent ou le traversent.

Le goût de l'argent et la soif de la considération et du pouvoir se confondent alors si bien, dans les mêmes âmes, qu'il devient difficile de discerner si c'est par ambition que les hommes sont cupides, ou si c'est par cupidité qu'ils sont ambitieux. C'est ce qui arrive en Angleterre où l'on veut être riche pour parvenir aux honneurs, et où l'on désire les honneurs comme manifestation de la richesse. L'esprit humain est alors saisi par tous les bouts et entraîné vers le commerce et l'industrie qui sont les routes les plus courtes qui mènent à l'opulence.

Ceci, du reste, me semble un fait exceptionnel et transitoire. Quand la richesse est devenue le seul signe de l'aristocratie, il est bien difficile que les riches se maintiennent seuls au pouvoir et en excluent tous les autres.

L'aristocratie de naissance et la pure démocratie sont aux deux extrémités de l'état social et politique des nations ; au milieu se trouve l'aristocratie d'argent ; celle-ci se rapproche de l'aristocratie de naissance en ce qu'elle confère à un petit nombre de citoyens de grands priviléges ; elle tient à la démocratie en ce que les priviléges peuvent être successivement acquis par tous ; elle forme souvent comme une transition naturelle entre ces deux choses, et l'on ne saurait dire si elle termine le règne des institutions aristocratiques, ou si déjà elle ouvre la nouvelle ère de la démocratie.

PAGE 329.

Je trouve, dans le journal de mon voyage, le morceau suivant qui achèvera de faire connaître à quelles épreuves sont souvent soumises les femmes d'Amérique qui consentent à accompagner leur mari au désert. Il n'y a rien qui recommande cette peinture au lecteur que sa grande vérité.

..... Nous rencontrons de temps à autre de nouveaux défrichements. Tous ces établissements se ressemblent. Je vais décrire celui où nous nous sommes arrêtés ce soir, il me laissera une image de tous les autres.

La clochette que les pionniers ont soin de suspendre au cou des bestiaux pour les retrouver dans les bois, nous a annoncé de très-loin l'approche du défrichement ; bientôt nous avons entendu le bruit de la hache qui abat les arbres de la forêt. A mesure que nous approchons, des traces de destruction nous annoncent la présence de l'homme civilisé. Des branches coupées couvrent le chemin ; des troncs à moitié calcinés par le feu ou mutilés par la cognée se tiennent encore debout sur notre passage. Nous continuons notre marche et nous parvenons dans un bois dont tous les arbres semblent avoir été frappés de mort subite ; au milieu de l'été, ils ne présentent plus que l'image de l'hiver ; en les examinant de plus près, nous apercevons qu'on a tracé dans leur écorce un cercle profond qui, arrêtant la circulation de la séve, n'a pas tardé à les faire périr ; nous apprenons que c'est par là, en effet, que débute ordinairement le pionnier. Ne pouvant, durant la première année, couper tous les arbres qui garnissent sa nouvelle propriété, il sème du maïs sous leurs branches et, en les frappant de mort, il les empêche de porter ombre à sa récolte. Après ce champ, ébauche incomplète, premier pas de la civilisation dans le désert, nous apercevons tout à coup la cabane du propriétaire; elle est placée au centre d'un terrain plus soigneusement cultivé que le reste, mais où l'homme soutient encore cependant une lutte inégale contre la forêt; là les arbres sont coupés mais non arrachés, leurs troncs garnissent encore et embarrassent le terrain qu'ils ombrageaient autrefois. Autour de ces débris desséchés, du blé, des rejetons de chênes, des plantes de toutes espèces, des herbes de toute nature croissent pêle-mêle et grandissent ensemble sur un sol indocile et à demi-sauvage. C'est au milieu de cette végétation vigoureuse et variée que s'élève la maison du pionnier, ou comme on l'appelle dans le pays la *log-house*. Ainsi que le champ qui l'entoure, cette demeure rustique annonce une œuvre nouvelle et précipitée; sa longueur ne nous paraît pas excéder trente pieds, sa hauteur quinze; ses murs ainsi que le toit sont formés de troncs d'arbres non équarris, entre lesquels on a placé de la mousse et de la terre pour empêcher le froid et la pluie de pénétrer dans l'intérieur.

La nuit approchant, nous nous déterminons à aller demander un asile au propriétaire de la log-house.

Au bruit de nos pas, des enfants qui se roulaient au milieu des débris de la forêt se lèvent précipitamment et fuient vers la maison comme effrayés à la vue d'un homme, tandis que deux gros chiens à demi-sauvages, les oreilles droites et le museau allongé, sortent de leur cabane et viennent en grommelant couvrir la retraite de leurs jeunes maîtres. Le pionnier paraît lui-même à la porte de sa demeure; il jette sur nous un regard rapide et scrutateur, fait signe à ses chiens de rentrer au logis, il leur en donne lui-même l'exemple sans témoigner que notre vue excite sa curiosité ou son inquiétude.

Nous entrons dans la log-house : l'intérieur n'y rappelle point les cabanes des paysans d'Europe; on y trouve plus le superflu et moins le nécessaire.

Il n'y a qu'une seule fenêtre à laquelle pend un rideau de mousseline; sur un foyer de terre battue petille un grand feu qui éclaire tout le dedans de l'édifice; au-dessus de ce foyer on aperçoit une belle carabine rayée, une peau de daim, des plumes d'aigles; à droite de la cheminée est étendue une carte des États-Unis que le vent soulève et agite en s'introduisant entre les interstices du mur; près d'elle, sur un rayon formé d'une planche mal équarrie, sont placés quelques volumes : j'y remarque la Bible, les six premiers chants de Milton et deux drames de Shakespeare; le long des murs sont placés des malles au lieu d'armoires; au centre se trouve une table grossièrement travaillée, et dont les pieds formés d'un bois encore vert et non dépouillé de son écorce semblent être poussés d'eux-mêmes sur le sol qu'elle occupe; je vois sur cette table une théière de porcelaine anglaise, des cuilliers d'argent, quelques tasses ébréchées et des journaux.

Le maître de cette demeure a les traits anguleux et les membres effilés qui distinguent l'habitant de la Nouvelle-Angleterre; il est évident que cet homme n'est pas né dans la solitude où nous le rencontrons : sa constitution physique suffit pour annoncer que ses premières années se sont passées au sein d'une société intellectuelle, et qu'il appartient à cette race inquiète, raisonnante et aventurière, qui fait froidement ce que l'ardeur seule des passions explique, et qui se soumet pour un temps à la vie sauvage afin de mieux vaincre et de civiliser le désert.

Lorsque le pionnier s'aperçoit que nous franchissons le seuil de sa demeure, il vient à notre rencontre et nous tend la main, suivant l'usage; mais sa physionomie reste rigide; il prend le premier la parole pour nous interroger sur ce qui arrive dans le monde, et quand il a satisfait sa curiosité, il se tait; on le croirait fatigué des importuns et du bruit. Nous l'interrogeons à notre tour, et il nous donne tous les renseignements dont nous avons besoin; il s'occupe ensuite sans empressement, mais avec diligence, de pourvoir à nos besoins. En le voyant ainsi se livrer à ses soins bienveillants, pourquoi sentons-nous malgré nous se glacer notre reconnaissance? c'est que lui-même, en exerçant l'hospitalité, semble se soumettre à une nécessité pénible de son sort : il y voit un devoir que sa position lui impose, non un plaisir.

A l'autre bout du foyer est assise une femme qui berce un jeune enfant sur ses genoux ; elle nous fait un signe de tête sans s'interrompre. Comme le pionnier, cette femme est dans la fleur de l'âge, son aspect semble supérieur à sa condition, son costume annonce même encore un goût de parure mal éteint ; mais ses membres délicats paraissent amoindris, ses traits sont fatigués, son œil est doux et grave ; on voit répandu sur toute sa physionomie une résignation religieuse, une paix profonde des passions, et je ne sais quelle fermeté naturelle et tranquille qui affronte tous les maux de la vie sans les craindre ni les braver.

Ses enfants se pressent autour d'elle, ils sont pleins de santé, de turbulence et d'énergie ; ce sont de vrais fils du désert ; leur mère jette de temps en temps sur eux des regards pleins de mélancolie et de joie ; à voir leur force et sa faiblesse, on dirait qu'elle s'est épuisée en leur donnant la vie, et qu'elle ne regrette pas ce qu'ils lui ont coûté.

La maison habitée par les émigrants n'a point de séparation intérieure ni de grenier. Dans l'unique appartement qu'elle contient, la famille entière vient le soir chercher un asile. Cette demeure forme, à elle seule, comme un petit monde ; c'est l'arche de la civilisation perdue au milieu d'un océan de feuillage. Cent pas plus loin, l'éternelle forêt étend autour d'elle son ombre, et la solitude recommence.

PAGE 350.

Ce n'est point l'égalité des conditions qui rend les hommes immoraux et irréligieux. Mais quand les hommes sont immoraux et irréligieux en même temps qu'égaux, les effets de l'immoralité et de l'irréligion se produisent aisément au dehors, parce que les hommes ont peu d'action les uns sur les autres, et qu'il n'existe pas de classe qui puisse se charger de faire la police de la société. L'égalité des conditions ne crée jamais la corruption des mœurs, mais quelquefois elle la laisse paraître.

PAGE 566.

Si on met de côté tous ceux qui ne pensent point et ceux qui n'osent dire ce qu'ils pensent, on trouvera encore que l'immense majorité des Américains paraît satisfaite des institutions politiques qui la régissent ; et, en fait, je crois qu'elle l'est. Je regarde ces dispositions de l'opinion publique comme un indice, mais non comme une preuve de la bonté absolue des lois américaines. L'orgueil national, la satisfaction donnée par les législations à certaines passions dominantes, des événements fortuits, des vices inaperçus, et plus que tout cela l'intérêt d'une majorité qui ferme la bouche aux opposants, peuvent faire pendant longtemps illusion à tout un peuple aussi bien qu'à un homme.

Voyez l'Angleterre dans tout le cours du dix-huitième siècle. Jamais nation se prodigua-t-elle plus d'encens ; aucun peuple fut-il jamais plus parfaitement content de lui-même ; tout était bien alors dans sa constitution, tout y était irréprochable, jusqu'à ses plus visibles défauts. Aujourd'hui une multitude d'Anglais semblent n'être occupés qu'à prouver que cette même constitution était défectueuse en mille endroits. Qui avait raison du peuple anglais du dernier siècle ou du peuple anglais de nos jours ?

La même chose arriva en France. Il est certain que sous Louis XIV, la grande masse de la nation était passionnée pour la forme du gouvernement qui régissait alors la société. Ceux-ci se trompent grandement qui croient qu'il y eut abaissement dans le caractère français d'alors. Dans ce siècle il pouvait y avoir à certains égards en France servitude, mais l'esprit de la servitude n'y était certainement point. Les écrivains du temps éprouvaient une sorte d'enthousiasme réel en élevant la puissance royale au-dessus de toutes les autres, et il n'y a pas jusqu'à l'obscur paysan qui ne s'enorgueillît dans sa chaumière de la gloire du souverain et qui ne mourût avec joie en criant : Vive le roi ! Ces mêmes formes nous sont devenues odieuses. Qui se trompait des Français de Louis XIV ou des Français de nos jours ?

Ce n'est donc pas sur les dispositions seules d'un peuple qu'il faut se baser pour juger ses lois, puisque d'un siècle à l'autre elles changent, mais sur des motifs plus élevés et une expérience plus générale.

L'amour que montre un peuple pour ses lois ne prouve qu'une chose, c'est qu'il ne faut pas se hâter de les changer.

PAGE 452.

Je viens, dans le chapitre auquel cette note se rapporte, de montrer un péril ; je veux en indiquer un autre plus rare, mais qui, s'il apparaissait jamais, serait bien plus à craindre.

Si l'amour des jouissances matérielles et le goût du bien-être que l'égalité suggère naturellement aux hommes, s'emparant de l'esprit d'un peuple démocratique, arrivaient à le remplir tout entier, les mœurs nationales deviendraient si antipathiques à l'esprit militaire, que les armées elles-mêmes finiraient peut-être par aimer la paix en dépit de l'intérêt particulier qui les porte à désirer la guerre. Placés au milieu de cette mollesse universelle, les soldats en viendraient à penser que mieux vaut encore s'élever graduellement mais commodément et sans efforts dans la paix, que d'acheter un avancement rapide au prix des fatigues et des misères de la vie des camps. Dans cet esprit, l'armée prendrait ses armes sans ardeur et en userait sans énergie ; elle se laisserait mener à l'ennemi plutôt qu'elle n'y marcherait elle-même.

Il ne faut pas croire que cette disposition pacifique de l'armée l'éloignât des révolutions, car les révolutions et surtout les révolutions militaires qui sont d'ordinaire fort rapides, entraînent souvent de grands périls, mais non de longs travaux ; elles satisfont l'ambition à moins de frais que la guerre ; on n'y risque que la vie, à quoi les hommes des démocraties tiennent moins qu'à leurs aises.

Il n'y a rien de plus dangereux pour la liberté et la tranquillité d'un peuple qu'une armée qui craint la guerre, parce que, ne cherchant plus sa grandeur et son influence sur les champs de bataille, elle veut les trouver ailleurs. Il pourrait donc arriver que les hommes qui composent une armée démocratique perdissent les intérêts du citoyen sans acquérir les vertus du soldat, et que l'armée cessât d'être guerrière sans cesser d'être turbulente.

Je répéterai ici ce que j'ai déjà dit plus haut. Le remède à de pareils dangers n'est point dans l'armée, mais dans le pays. Un peuple démocratique qui conserve des mœurs viriles trouvera toujours au besoin dans ses soldats des mœurs guerrières.

PAGE 479.

Les hommes mettent la grandeur de l'idée d'unité dans les moyens, Dieu dans la fin; de là vient que cette idée de grandeur nous mène à mille petitesses. Forcer tous les hommes à marcher de la même marche, vers le même objet, voilà une idée humaine. Introduire une variété infinie dans les actes, mais les combiner de manière à ce que tous ces actes conduisent par mille voies diverses vers l'accomplissement d'un grand dessein, voilà une idée divine.

L'idée humaine de l'unité est presque toujours stérile, celle de Dieu immensément féconde. Les hommes croient témoigner de leur grandeur en simplifiant le moyen; c'est l'objet de Dieu qui est simple, ses moyens varient à l'infini.

PAGE 485.

Un peuple démocratique n'est pas seulement porté par ses goûts à centraliser le pouvoir; les passions de tous ceux qui le conduisent l'y poussent sans cesse.

On peut aisément prévoir que presque tous les citoyens ambitieux et capables que renferme un pays démocratique travailleront sans relâche à étendre les attributions du pouvoir social, parce que tous espèrent le diriger un jour. C'est perdre son temps que de vouloir prouver à ceux-là que l'extrême centralisation peut être nuisible à l'État, puisqu'ils centralisent pour eux-mêmes.

Parmi les hommes publics des démocraties, il n'y a guère que des gens très-désintéressés ou très-médiocres qui veuillent décentraliser le pouvoir. Les uns sont rares et les autres impuissants.

PAGE 519.

Je me suis souvent demandé ce qu'il arriverait si, au milieu de la mollesse des mœurs démocratiques et par suite de l'esprit inquiet de l'armée, il se fondait jamais, chez quelques-unes des nations de nos jours, un gouvernement militaire.

Je pense que le gouvernement lui-même ne s'éloignerait pas du tableau que j'ai tracé dans le chapitre auquel cette note se rapporte, et qu'il ne reproduirait pas les traits sauvages de l'oligarchie militaire.

Je suis convaincu que, dans ce cas, il se ferait une sorte de fusion entre les habitudes du commis et celles du soldat. L'administration prendrait quelque chose de l'esprit militaire, et le militaire quelques usages de l'administration civile. Le résultat de ceci serait un commandement régulier, clair, net absolu; le peuple devenu une image de l'armée, et la société tenue comme une caserne.

PAGE 525.

On ne peut pas dire d'une manière absolue et généra'e que le plus grand danger de nos jours soit la licence ou la tyrannie, l'anarchie ou le despotisme. L'un et l'autre est également à craindre, et peut sortir aussi aisément d'une seule et même cause, qui est *l'apathie générale*, fruit de l'individualisme; c'est cette apathie qui fait que le jour où le pouvoir exécutif rassemble quelques forces, il est en état d'opprimer, et que le jour d'après, où un parti peut mettre trente hommes en bataille, celui-ci est également en état d'opprimer. Ni l'un ni l'autre ne pouvant rien fonder de durable, ce qui les fait réussir aisément les empêche de réussir longtemps. Ils s'élèvent parce que rien ne leur résiste, et ils tombent parce que rien ne les soutient.

Ce qu'il est important de combattre, c'est donc bien moins l'anarchie ou le despotisme que l'apathie qui peut créer presque indifféremment l'un ou l'autre.

TABLE

PREMIÈRE PARTIE

INFLUENCE DE LA DÉMOCRATIE SUR LE MOUVEMENT INTELLECTUEL
AUX ÉTATS-UNIS.

DEUXIÈME PARTIE

INFLUENCE DE LA DÉMOCRATIE SUR LES SENTIMENTS DES AMÉRICAINS.

TABLE 561

TROISIÈME PARTIE

INFLUENCE DE LA DÉMOCRATIE SUR LES MŒURS PROPREMENT DITES.

QUATRIÈME PARTIE

DE L'INFLUENCE QU'EXERCENT LES IDÉES ET LES SENTIMENTS DÉMOCRATIQUES SUR LA SOCIÉTÉ POLITIQUE.

FIN DE LA TABLE DU TROISIÈME VOLUME

PARIS. — IMP. SIMON RAÇON ET COMP., RUE D'ERFURTH, 1.

www.ingramcontent.com/pod-product-compliance
Lightning Source LLC
Chambersburg PA
CBHW070712280326
41926CB00087B/1762